KB271170

선망과 질시의 로컬리티

| 필자 |

오미일 吳美一 Oh, Mi-il 부산대학교 한국민족문화연구소 HK교수. 한국 근현대사 전공.
조정민 趙正民 Cho, Jung-min 부산대학교 한국민족문화연구소 HK교수. 일본 근현대문학 전공.
문재원 文載媛 Mun, Jae-won 부산대학교 한국민족문화연구소 HK교수. 한국 현대문학 전공.
조명기 曺鳴基 Cho, Myung-ki 부산대학교 한국민족문화연구소 HK교수. 한국 현대소설 전공.
양흥숙 梁興淑 Yang, Heung-sook 부산대학교 한국민족문화연구소 HK교수. 한국 중세사 전공.
손은하 孫銀河 Son, Eun-ha 부산대학교 한국민족문화연구소 HK연구교수. 영상공학 전공.
신지은 辛智恩 Shin, Ji-eun 부산대학교 한국민족문화연구소 HK교수. 문화사회학 전공.
차윤정 車胤汀 Cha, Yun-jung 부산대학교 한국민족문화연구소 HK교수. 국어학 전공.
공윤경 孔允京 Kong, Yoon-kyung 부산대학교 한국민족문화연구소 HK연구교수. 도시공학 전공.
하용삼 河龍三 Ha, Yong-sam 부산대학교 한국민족문화연구소 HK연구교수. 독일 근대철학 전공.
차철욱 車喆旭 Cha, Chul-wook 부산대학교 한국민족문화연구소 HK교수. 한국 현대사 전공.
장세용 張世龍 Jang, Se-yong 부산대학교 한국민족문화연구소 HK교수. 서양 근현대사상사와 역사이론 전공.

부산대학교 한국민족문화연구소 로컬리티 연구총서 06

선망과 질시의 로컬리티

초판인쇄 2013년 5월 10일 **초판발행** 2013년 5월 20일
엮은이 부산대학교 한국민족문화연구소 **펴낸이** 박성모 **펴낸곳** 소명출판 **출판등록** 제13-522호
주소 서울시 서초구 서초동 1621-18 란빌딩 1층
전화 02-585-7840 **팩스** 02-585-7848 **전자우편** somyong@korea.com **홈페이지** www.somyong.co.kr

값 25,000원 ⓒ 부산대학교 한국민족문화연구소, 2013
ISBN 978-89-5626-862-0 94300
ISBN 978-89-5626-802-6 (세트)

이 저서는 2007년 정부(교육과학기술부)의 재원으로 한국연구재단의 지원을 받아 연구되었음(NRF-2007-361-AL0001).

부산대학교 한국민족문화연구소
로컬리티 연구총서 06

선망과 질시의 로컬리티

Locality of Envy and Jealousy

부산대학교 한국민족문화연구소 엮음

선망과 질시 그리고 구조의 선회

로컬리티의 인문학은, '지금 여기'라는 가치와 다양한 외부 규정력의 상호영향관계에 주목하면서 궁극적인 공생의 가능성을 인문학적 차원에서 모색하고자 한다. 그러나 로컬이 대안의 공간이 되기까지는 학문적·실천적으로 지난한 과정을 거쳐야 하는 것은 분명해 보인다. 왜냐하면, 로컬은 국가·중앙·글로벌이라는 각종 층위의 공간단위가 부단히 개입하면서 실천적으로 작동하고 있는 현장이며 다양한 질서들이 중층적으로 얽히면서 복합적인 갈등을 직조해내는 공간이기 때문이다. 갈등의 양상을 세밀하게 분석하고 이해하는 작업은 로컬리티의 인문학이 궁극적인 지향점에 도달할 수 있는 길을 제공할 것이다.

선망과 질시라는 키워드는 갈등의 제 양상과 의미를 분석하고 이해하는 데 유용한 돌파구를 제공한다. 뚜렷한 선조성線條性을 특징으로 하는 각종의 근대적 질서들 즉 로컬들을 위계적으로 포섭함으로써 자신을 일종의 유기체로 조직해낸 근대 국민국가, 시장경제의 우위에 기초해 욕망의 자유로운 발산을 추구하는 자본제적 글로벌 등은 추상적인 차원에서가 아니라 로컬이라는 구체적인 공간에서 작동하며 로컬인을 주체로 호명함으로써 비로소 실현된다. 선망과 질시는 비록 부인할 수 없는 로컬인의 감정이기는 하지만 로컬인을 주체로 호명하기 위해 이용된 도구적 감정인 동시에 선조적인 질서를 긍정하게 만드는 기제인 셈이다. 국가·자본이 구체성을 획득하고 자연성을 인정받는 유력한 방식 중 하나는, 국가(중심공간)와 자본을 중심으로 한 선조적 가치를 통해 개인의 선망과 질시를 유도하고 이 감정을 로컬 전체의 감정으로 유포함으로써 추상적인 선조성을 구체적인 공간위계·사회구조로 전환하는 것이다. 이때 선망과 질시의 감정은 개인적 차원에서 발생되고 해결되는 것이 아니라 사회적 의미망 안에서 구조적으로 조성된다.

따라서, 이 책은 선망과 질시를 개인의 자생적인 감정으로 간주하는 대신 외부발생적 요인을 강조하는 사회구조적인 차원에서 접근한다. 그러나 갈등의 로컬리티를 분석하기 위한 노력의 일환인 이 책이 선망과 질시를 다루는 방식은 결코 단편적이지 않다. 선망과 질시는 근대성의 논리가 만들어낸 양극화와 소외·배제의 고통스런 결과일 뿐만 아니라, 근대적 국민국가와 자본이 자신의 헤게모니를 위해 활용한 감정적 도구라는 점을 이 책은 끊임없이 암시하고 상기시킬 것이다. 자신을 부정하는 방식인 선망과 질시는, 타자 혹은 '텅 빈 공간'을 생산함으로써 자신을 주체로 확립해온 근대의 논리 그리고 소비를 유발하기 위해 끊임없이 결핍을 생산해 온 자본의 논리에 효과적이기 때문이다.

이에 따라, 선조성·위계성에 따른 갈등의 메커니즘을 찾아나선 이 책은 다음 세 차원의 논의를 순차적으로 진행한다. 우선 선망과 질시의 기준점으로 표상된 중심·국가의 분열성·파편성을 확인하는 작업을 수행한 후, 선조성의 내면화로 인해 발생한 로컬리티의 재편성·로컬 내부의 갈등 등을 확인하는 논의들을 진행하고, 마지막으로 공간의 생산에 상당한 영향을 끼치는 자본의 이중적 기능 즉 로컬리티의 재구성과 대안적 가능성을 모색하는 과정으로 진행된다.

　제1부 '표류하는 중심성과 욕망'은, 장소로부터 공간을 탈취하여 중심-주변이라는 이분법적 공간인식 구도를 생성해낸 근대적 인식틀 그리고 여기에 기반을 둔 위계적 공간구도는 선험적이거나 고정적인 구도가 아니라 유동적이고 역사적인 세계 인식의 구도일 뿐임을 밝히는 데 초점을 맞춘다. 위계적 공간구도를 자연화함으로써 발생한 각종 문제들을 구체적으로 지적하기 앞서 이분법적 위계구도나 인식 자체를 먼저 고찰하는 이유는, 현재의 문제를 재인식하고 새롭게 진단하기 위한 인식론적 도구나 시각을 확보하는 작업이 선행되어야 하기 때문이다. 이 작업은, 로컬을 결핍의 공간으로 생산하는 중심지향적 인식구도를 재고할 뿐만 아니라 생산적으로 해체하고 전복하기 위한 이론적 토대를 확보하는 작업, 나아가 대안적 공간인식의 구조를 제시하려는 시도까지 포함한다. 우선, 「제국의 주변·조선의 중심, 경성 일본인의 心像—교육시스템과 진로문제를 중심으로」는 근대적 공간인식 구도의 위계적 선명성이 얼마나 허위적이고 자기모순적인지를 실증적으로 증명한다. 이 글은, 경성에 이주한 일본인들이 양가성 즉 식민지로 밀려났다는 콤플렉스와 일본 본토의 메트로폴리탄에 대한 선망과 동시에 조선의 중심인 경성의 도회적 문명을 목도하면서 갖게 되는 일본 시골 출신으로서의 경성 콤플렉스·경성내기 욕망을 펼쳐보인다. 이를 통해, 제국권력 내의 위계적 공간체계가 만들어낸 식민지·주변이라는 위치, 그리고 일본의 지방보다 오히려 문명화되었으며 식민지 조선의 중심이라는 위치가 중첩적으로 작용하고 있다는 데서

경성의 장소성을 찾는다. 제국주의의 선형적인 공간 위계구도는 그 내부에 이미 균열을 내장하고 있음을 역사적 실증자료를 통해 추적한다.

앞의 글이 제국주의시대 공간의 위계성을 해체하고자 했다면, 문학작품을 기본 텍스트로 삼은 「고향의 발견과 서울 / 지방의 (탈)구축—결여와 선망의 이중구조」는 1960, 70년대 산업화시대가 강력하게 요구한 공간의 이원론적 위계화 역시 산업근대화의 논리에 일방적으로 복무하게끔 수행되지는 않았음을 보여준다. 조국근대화 논리는 결여와 선망의 이중적 구조 안으로 고향을 호출하면서 자신을 강화해가려 하지만, 고향은 선망과 질시를 통해 형성된 근대 이분법의 공간 질서 안으로 온전하게 회귀하지 않는다는 것이다. 나아가 이 글은, 근대적 사유의 포섭력 즉 선망과 질시로 표상되는 공간의 위계화 전략이 내면화되거나 좌초되는 수행적 과정 속에서 로컬리티의 일면을 탐색함으로써 중심 / 주변이라는 이원론적 관점의 로컬리티 연구에 반성의 단초를 제공하기도 한다.

소위 탈근대로 일컬어지는 2000년대 이후의 서울 테마 소설집을 분석한 「일상적 장소성과 관계적 공간성의 두 변증법—『서울, 어느 날 소설이 되다』와 『서울, 밤의 산책자들』을 중심으로」는 서울을 일상적 장소성과 관계적 공간성의 충돌과 조화라는 관점에서 분석한다. 이 글은, 공간에 대한 두 인식방식을 현대성·도시성의 향유와 비판의 공존이라는 표면적·고착적 양가성과 장소와 공간의 기존 결합방식에 의문을 제기하는 또 다른 양가성으로 연계한다. 이를 통해 관념론적 변증법과 부정변증법이 공간 인식의 층위에서 공존하고 있음을 밝히고 두 양가적 태도에 내장된 긴장에서 로컬리티의 면모를 읽어낸다. 주변 공간을 결핍의 공간으로 규정하는 서울이라는 중심 공간 역시, 통합 불가능한 균열을 내장하고 있는 공간 그리고 이 균열을 통합하는 방식들마저도 궁극적으로는 균열을 확인하는 데 기여하고 있는 공간임을 밝힘으로써, 선망과 질시의 대상으로 지정된 공간의 속살을 확인하는 데 기여한다.

제2부 '로컬의 경합과 로컬 재구성'은, 공간의 위계를 부정할 수 없는 현실적 조건으로 인정하는 상황인식에서 출발하여 로컬이 선택할 수 있는 대안적 가능성을 탐구하는 데 초점을 맞춘다. 이 글들은, 로컬이 중앙·자본의 논리를 내면화하여 이를 모방하는 과정에서 로컬은 어떻게 재편성되고 있는지 그리고 로컬 내외부는 어떤 갈등에 봉착하게 되는지를 살핌으로써 중앙·자본에 대한 로컬의 이중적 태도를 탐구하고 나아가 대안적 사유의 단초를 발견하는 데 집중한다. 진주를 대상으로 한 「진주의 '중심성'과 문화예술도시로의 재구성」은 전근대시기에 오랫동안 중심지였던 특정 도시가 국가의 새로운 기획과 구상에 따라 기존의 위상을 상실했을 때 어떻게 새로운 위치와 방안을 모색하는지를 탐구한다. 글은, 진주가 새로이 제시한 도시 구상은 진주를 중심도시로 복구하기 위한 노력의 일환인데 그 속에는 중심을 향한 선망, 새로운 중심도시에 대한 선망 등이 자리하고 있다는 사실을 실증적으로 확인시켜준다. 그리고 전통과 역동성을 다층적으로 활용하여 문화예술도시의 면모를 재구성하려는 노력은 중심도시의 위상을 회복하기 위해 진주시가 선택한 방법론임을 보여준다. 이 글은 로컬리티가 구성되는 과정에서 선망과 질시로 표현되는 관계성이 로컬 내부의 다양한 성격들 중 특정 성격을 선취하도록 유도하고 있음을 구체적인 사례를 통해 소개한다.

「영화 〈고양이를 부탁해〉에서 나타나는 혼종과 우정의 공간」은 로컬에 대한 부정적 인식의 발아 지점을 확인한 후 탈주의 가능성과 방향성에 대해 질문한다. 이 글은 영화의 인물 캐릭터와 미장센을 섬세하게 분석함으로써 로컬 인천은 획일적인 공간이 아니라 각종의 이질적 요소들이 공존하고 있는 공간임을 설명한다. 그럼에도 불구하고 로컬에 대한 부정적 인식이 공통적으로 형성된 이유는 중앙·자본·남성 중심의 원심력이 작동한 때문이라고 분석한다. 고양이·선물 등에서 중앙·화폐경제 등에 대한 상징적 저항의 장치들을 발견함으로써 대안 공동체의 가능성과 방향성을 타진하고 있다.

「간판매체에 반영된 주변화 양상과 지역인의 의식―부산 정관 덕산마을을 중심으로」는 신도시 개발에 따라 중심지역에서 주변지역으로 변모해버린 공간을 중심으로 간판에 반영된 주변화 양상과 지역인의 의식을 살핀다. 이 글은 자본, 시간, 세대, 소비취향 등의 측면에서 중심지역과 주변지역의 간판이 뚜렷한 차이를 보인다는 것에서 출발한다. 중심지역에서 주변지역으로 재조정되는 과정은 피해의식과 좌절감, 신도시에 대한 선망과 질시라는 집단적 감정을 유발하고 있음을 밝힌다. 이를 통해, 로컬 단위에서 진행되는 선망과 질시는 지극히 개인적인 감정으로 간주될 수 없으며 공간의 분리와 위계가 형성해 놓은 자본주의적 공간전략의 한 결과물임을 암시한다. 나아가 로컬 공동체 의식에 기반을 둔 소비행위를 통해 주체적인 삶의 방식을 구축하기 위한 노력을 적극적으로 소개한다.

제3부 '자본과 공간분절'은 자본이 로컬이라는 구체적인 현장에서 작동할 때 선망과 질시라는 자극적인 감정을 유발함으로써 공간을 분절하여 자본 자체의 증식을 도모하고 있다는 전제에서 출발한다. 자본의 이런 작

용은 로컬리티의 생성·변화에 영향을 끼치는데, 로컬은 이에 어떻게 대응해야 하는가를 철학적, 역사적 관점에서 고민하는 글들을 여기서 만나게 된다. 「자본주의적 종교와 로컬리티의 세속화—G. 아감벤의 성스러운 것과 세속적인 것을 중심으로」는 선망과 질시를 동시대적 현상으로 파악하는 대신 그 역사적·철학적 근원을 탐색한 후 이에 대한 인식적 돌파구를 모색한다. 이 글은 근대 이후 국가와 자본이 세속적인 것과 성스러운 것으로 전면적으로 분리되는 현상, 이와 더불어 개인이 공유지에서 분리된 토지를 사적으로 소유하게 되었다는 역사적 변화를 통시적으로 지적하면서 시작한다. 개인의 등장과 사적 소유로의 전환은 선망과 질시라는 욕망의 자유로운 발현 즉 근대 서구의 역사전개와 밀접한 관련을 갖는다는 것인데, 이로 인해 사적 소유를 공동사용으로 환원할 수 없다고 설명한다. 주체와 타자가 몸짓으로 소통하는 무위의 공동체에서 대안의 가능성을 모색하는 이 글은, 대안 모색에 막막한 현재의 상황을 돌파할 수 있는 철학적 토대를 제공한다.

「부산 기지촌 주민들의 역사적 경험과 양면성」은 어떻게 로컬 내에서 선망과 질시의 선형성이 실천되며 로컬 주민은 주체화되고 있는지를 현장 중심적으로 고찰한다. 부산 하야리아부대와 그 주변에 위치한 기지촌을 세심하게 관찰한 이 글은, 부대 내 미군을 상대로 한 기지촌 주민들의 양면적인 행동이 로컬리티 구성에 어떤 영향을 형성해왔는지를 분석한다. 글은 기지촌 주민이라는 로컬인이 미군을 대하는 태도는 일차적으로 경제활동과 관련된다고 설명하면서 출발한다. 그러나 곧이어 로컬 주민의 개인적인 경제활동은 다양한 문화적·인식적 영향을 파생시킨다는 사실을 포착해낸다. 이들의 경제활동 중 하나는 미군의 물품을 부산 전체에 유통시키는 것인데 이는 로컬인을 미국 문화를 부산에 확산시키는 주체로 재구성하는 의미 또한 담고 있다고 설명한다. 그리고, 로컬 주민들은 미군을 점령군으로 보기도 하고 자신들의 로컬 이미지를 저속하게 만드는 주범으로 인식하는 양가적인 태도를 보인다고 분석한다. 동시에 이 양가성은 자신을 미국 문화와 부산을 소통하는 매개체로 인식하는 자기규정과 공존하고 있다는 사실도 놓치지 않는다. 선망과 질시를 유발하는 경제중심적 위계구도가 로컬 내부에서 작동할 때도 문화 · 사유 등의 다양한 층위에서 복잡하고 다양한 영향이 발생하며 질서에 대한 의미 규정 역시 수행적으로 이루어지고 있음을 암시하고 있는 셈이다.

마지막으로 1980년대 후반에 나타난 이탈리아 북동부 지역주의를 다룬 「이탈리아 '북부문제'와 지역주의―로컬경제와 유럽연합의 지역정책과 관련시켜」는 경제위기에 맞서 특화된 소비재 생산인 포스트 포드주의와 노동유연화로 대응하던 북동부 산업지구 중소기업들의 활로 모색 과정에 대해 설명한다. 이 글은, 이 지역 중소기업들의 대응을 내생적으로는 로컬리즘 외생적으로는 유럽연합의 탄생과 신자유주의의 전지구화라는 3중 구조에서 경쟁과 협력이라고 요약한다. 이 경쟁과 협력이란 중심지 로마에 대한 주변의 질시, 유럽연합의 질서에 대한 선망과 거부라는 양가적 태도의 결과물이라고 분석해낸다. 이 글은 유럽 사례를 분석함으로써 한국 사회가 지역주의를 극복할 수 있는 실질적인 계기를 열어준다.

이 책의 의의는 '선망과 질시'라는 키워드를 통해 갈등의 로컬리티를 탐구함으로써 공존 · 공생의 가능성을 타진하기 위한 밑거름을 제공한다는 데 있다. 우리는, 국가 · 자본 · 중심은 악惡이며 가해자이고 로컬 · 주변은 선善이지만 피해자라는 이분법적 사고를 극복하고자 하였다. 전자의 분열성과 파편성(1부) 그리고 후자의 주체화(2부)를 동시에 탐색함으로써 공생의 길을 모색할 수 있는 계기(3부)를 만들어내고자 노력하였다. 그 결과 선망과 질시는 일방향적인 선조성에 의해 직조되지 않을뿐더러 쌍방향적으로 작동하다는 사실을 확인할 수 있으며, 비단 로컬·주변의 문제만이 아니라 보편적인 문제임을 인식하게 되는 기회를 갖게 된다. 또한, 이 책은 철학, 문학, 언어학, 역사학, 사회학, 영상공학, 도시공학 등의 다양한 분야에서 선망과 질시를 갈등의 원인이자 결과로 이해하면서 분석하는 작업을 공간 정치라는 관점으로 일관되게 진행한 후 통합한 결과이다. 따라서 자칫 제기될 수 있는 로컬리즘을 예방하는 동시에 '지금 여기'의 주체적 삶이 외부의 영향력과 변증법적이고도 다양한 방식으로 관계 맺을 수 있는 가능성을 구체적으로 모색하는 데 기여할 것이다. 문제의 발견부터 인식의 전환, 대안적 실천의 탐구에 이르기까지, 이 책이 조금이나마 도움이 되기를 바란다.

2013년 5월
부산대학교 한국민족문화연구소
로컬리티의인문학연구단

차례

1부

표류하는 중심성과 욕망

오미일 · 조정민　제국의 주변 · 조선의 중심, 경성 일본인의 心像
교육시스템과 진로문제를 중심으로

문재원　고향의 발견과 서울 / 지방의 (탈)구축
결여와 선망의 이중구조

조명기　일상적 장소성과 관계적 공간성의 두 변증법
『서울, 어느 날 소설이 되다』와 『서울, 밤의 산책자들』을 중심으로

제국의 주변·조선의 중심,
경성 일본인의 心像[*]

교육시스템과 진로문제를 중심으로

오미일·조정민

1. 경성지역 이주 일본인의 정체성과 로컬리티

경성은 조선 내에서는 중앙이자 중심이었지만, 일본제국권 내에서는 주변도시였다. 따라서 경성의 일본인들은 일상생활에서 누리는 교육·문화의 향유 기회나 사회경제적 여건에 대해 도쿄나 제국의 주요 도시들과 비교하는 입장에 있었다. 경성 거주 일본인들은 본국 정부에 제국의 일등국민으로서의 기본권을 요구하였는데 그중 가장 줄기차게 요구한 사항은 교육문제였다.

경성 거주 일본인들은 교육 기제를 통해 식민통치의 민간지배자적 위치에서 조선인들을 동화시키는 역할을 부여받았으나, 이는 일방적

---

* 이 글은 단국대 일본학연구소 『일본학연구』 제38집 (2013)에 수록된 오미일 · 조정민의 「제국의 주변 · 조선의 중심, 경성 일본인의 心像」을 수정, 보완한 것이다.

인 관계로 이루어질 수 없었다. 즉 경성 거주 일본인들 역시 경성의 자연환경, 지역적 분위기와 문화, 그리고 조선인과의 사회경제적 관계 등에 현지적응하면서 식민지사회에서 새로운 정체성을 구성해나가지 않을 수 없었던 것이다. 그 대표적인 예로, 보통학교의 조선인 아동과 분리되어 있었던 소학교의 일본인 아동들이 조선말이나 조선말에서 전화된 단어, 지역적 시대상황에서 배태된 특정한 유행어를 일상적으로 부지불식간에 사용하고 있었다는 점을 들 수 있다. 즉 경성의 일본인 소학교 학생들은 '아이고' '기집애' '낫뿐(나쁜)' '요보(조선인 남자)' '모보(현대청년)' '몬통구리(멍텅구리)' 등 조선적인 용어를 자연스레 사용하며,[1] 식민지사회의 일원이 되었다. 이런 점에서 교육제도와 학교생활은 경성 거주 일본인들의 정체성이나 심상에 영향을 끼친 주요한 요인이었다고 할 것이다.

종래 조선의 일본인 교육에 대한 일반적 연구는 한국사, 교육사 분야에서 상당히 연구 성과가 축적되어 있는 편이지만, 이는 주로 교육제도에 집중되어 있다.[2] 학교생활이나 진로, 학생들의 정체성 형성과 존재의식에 대한 연구로는 회고록을 분석한 소수 연구가 있을 뿐이다.[3] 그리고 본 주제와 관련하여 이주일본인의 '在京城 의식'이나 경성

---

1 경성부공립소학교, 『京城を中心としたる鄕土調査』, 1932, 642~672쪽.
2 稻葉繼雄, 『舊韓國~朝鮮の'內地人'教育, 九州大學出版會, 2005; 이동훈, 「'경성'의 일본인 사회와 자녀교육－통감부 시기와 1910년대를 중심으로」, 『서울학연구』 45, 2011; 나카바야시 히로카즈, 「1910년대 조선총독부의 교육정책과 재조일본인 교원 통제－조선교육(연구)회를 중심으로」, 『동방학지』 157, 2012.
3 권숙인, 「식민지배기 조선 내 일본인학교－회고록을 통해 본 소·중학교 경험을 중심으로」, 『사회와 역사』 77, 한국사회사학회, 2008; 原智弘, 「재조일본인 교원의 조선체험－어느 사범학교 교원의 사례」, 『한국사연구』 153, 2011.

의 표상, 일본인들의 취미, 도시생활을 다룬 연구도 주목할 만하다.[4]

　이러한 기존 연구성과를 기초로 경성지역에 정착, 거주하는 일본인들이 제국의 메트로폴리탄과 비교하면서 느끼는 주변인적 소외의식과 또한 경성의 조선인과 비교하면서 느끼는 우월감 등 미묘하고도 복잡한 심상을 교육문제를 통해 살펴보려고 한다. 먼저 경성의 소학교와 중등교육기관의 교육제도와 교과목, 교육방침 등에 대해 본토와 비교 검토함으로써 그 특징 및 의미에 대해 살펴볼 것이다. 나아가 이러한 교육시스템 속에서 경성 거류 일본인들에게 내재된 성취동기와 그것을 실현하기 위한 과정에서 전개되는 심상에 대해 접근해보려고 한다. 경성 거주 일본인들의 교육문제 즉 일본과 경성의 교육시스템 비교, 그리고 진학과 사회진로문제를 둘러싼 이중적이면서도 복합적인 심상과 행동에 대한 분석은 조선의 중심이면서도 일본제국의 주변인 경성의 로컬리티를 구명하는 데에 일조할 것으로 기대한다.

4　박광현, 「재조일본인의 '在京城 의식'과 '경성' 표상―'한일합방' 전후 시기를 중심으로」, 『상허학보』 29, 2010; 신승모 · 오태영, 「식민지시기 '경성'의 문화지정학적 위상에 관한 연구」, 『서울학연구』 38, 2010; 신승모, 「식민지시기 경성에서의 '취미'」, 『일본언어문화』 17, 2010; 타무라 히데아키, 「재조일본인의 조선 · 도시로서의 경성―다나카 히데미쓰 '사랑과 청춘과 생활'」, 『한국 현대문학회 학술발표회 자료집』, 2009.

2. 일본인 교육시스템과 경성의 학교

1) 在朝日本人 교육의 목표와 교육제도의 특수성

조선의 일본인 교육의 변화는 대개 ① 개항~청일전쟁 ② 청일전쟁~러일전쟁 ③ 통감부시대 ④ 조선총독부 설치 이후 네 시기로 구분한다. 1기와 2기에는 거류민의 의지에 의해 교육기관이 설립되고 교과내용이 교수되었으며 단지 영사관의 감독을 받는 외에 하등 법령의 준거가 없었다.

3기에 이르러 1905년 '재외지정학교규칙'이 제정되어 지정학교의 생도나 졸업자의 경우 일본의 같은 수준의 학교의 생도 또는 졸업자와 같은 취급을 받게 되었다. 1909년 2월 통감부가 본국의 '소학교령' 및 '소학교령시행규칙'에 준거하여 발표한 '통감부소학교규칙'에 의해 在韓小學校의 아동 및 졸업자는 모두 본토 소학교 아동 및 졸업자와 동일한 취급을 받게 되었고, 또한 국고보조금을 지급받게 되었다. 1909년 12월에는 '학교조합령'을 발포하여 종래의 거류민단 혹은 일본인회를 법인 학교조합으로 함과 동시에 수업료, 조합비 등을 부과징수하는 법적 권한을 부여했다. '통감부소학교규칙'이 교육의 내적 사항에 관한 것이라고 한다면, '학교조합령'은 외적 사항에 관한 조건 정비의 일환이었다.[5]

한일병합 후 식민지 조선의 교육제도는 기본적으로 조선인과 거류 일본인을 완전히 구별하여 각기 다른 법규 하에 교육체제를 수립하고 교육방침을 제정했다.[6] 즉 '국어를 상용하는 자'(일본인)와 '국어를 상용

---

5 稻葉繼雄, 앞의 책, 2005, 9쪽.
6 「朝鮮教育狀況─般」, 『朝鮮諸學校─覽』(1917년판), 조선총독부 내무부 학무국, 1918, 1쪽.

하지 않는 자'(조선인)로 나누어 학제를 분리, 제정했던 것이다. 조선인에 대해서는 1911년 8월 조선교육령을 발포하고 이후 차례로 각급 학교규칙을 제정함으로써 조선인 교육제도를 보통 / 전문 / 실업 학교제도로 체계화시켰다. 반면 재조일본인 교육에 대해서는 1912년 3월 조선공립소학교규칙, 조선고등여학교규칙, 조선실업전수학교 및 간이실업전수학교규칙을 제정하여 감독, 통일을 기했다. 그리고 종래의 중학교규칙에 일부 개정을 가하고, 이어서 1915년 8월 '일본인교육사립학교에 관한 규정'을 발포했다.

1911~1920년 조선총독부 학무과장을 역임한 유케 코오타로^{弓削幸太郎}는 재조일본인 교육이 중요한 이유는 일본인 학생이 장래의 조선연구자로서, 장래의 國情紹介者로서, 그리고 朝鮮理解者, 同情者로서 그 사명을 완수할 것이기 때문이라고 주장했다. 그는 식민지 조선의 문제는 정치가나 행정관의 힘만으로 해결하기 어렵다고 판단하고, 이를 재조일본인 교육을 통해 타개하려 했던 것이다.

1911년 8월 초 데라우치 총독의 각도 일본인소학교원강습회 연설에는 일제의 재조일본인 교육의 취지와 목표가 잘 드러난다.

모국을 떠나 新開地에 도래한 자는 자칫하면 모국의 감화가 박약한 경향이 있으므로 모국을 사랑하고 천황폐하에 대한 奉公의 念을 양성하는 것은

1905년 학부 學政參與官을 지낸 시데하라 타이라는 조선의 교육이 모국인 교육과 토착인 교육을 완전히 분리하는 점에서는 네덜란드령 동인도와 같지만, 모국어를 보급하고 實科的 교육을 보급하는 점에서는 미국령 필리핀과 같다고 주장했다(幣原坦, 『朝鮮教育論』, 合資會社六盟館, 1919, 374~378쪽).

내지에 비해 一段의 노력과 工夫를 요한다. 고로 폐하 및 국가에 대한 관념을 이룰 필요가 가장 절실하다. 병합 후 조선인이 우리 제국의 臣民이 된 금일에, 母國 인민으로서 이곳(조선 ─필자)에 오는 이는 깊이 주의하여 문명된 시민이란 정신을 잃지 말 것을 요하며, 이러한 마음으로써 조선인을 지도할 意思가 없으면 안 된다. 그런 후에 조선인과 친해지고 조선인도 나에게 친해져 지도를 받아들이게 될 것이다. 이러한 정신으로써 온건한 발전을 해나가면 新附의 民을 同化하는 것은 어렵지 않을 것이다. (…중략…) 諸君은 이러한 정신으로써 교육시키기를 바란다.[7]

이를 보면 일제의 재조일본인 교육목표는 첫째 모국의 감화가 미약하여 천황과 국가에 대한 奉公意識이 약하므로 이를 강화하는 데에 역점을 둘 것, 둘째 문명 국민이란 의식으로 조선인을 지도하고 나아가 이들을 동화시키는 식민자로 역할할 수 있도록 정신을 주입하는 것이었다.

조선총독부는 재조일본인의 교육방침은 본토의 교육방침과 하등 다를 바 없으니 교육의 근본취지, 수업연한, 敎科, 학제 등을 동일하게 실시한다고 천명했다. 대체로 본토와 동일하게 하여 同等學校의 입학, 轉學 관계에 있어서 상호 연계시킨다는 방침이었다. 그러면서도 조선의 실상을 고려하여 특별한 규정이 필요하다면 이를 교육 방침이나 학제 또는 교과목에 반영할 수 있다는 입장이었다. 예를 들어 '조선공립소학교규칙' 9조 3항의 "지식기능은 반드시 확실하게 배워서 터득하도록 하되, 특히 지역 상황에 적용하도록 하는 데에 주의를 기울여야 한

---

7   弓削幸太郎, 『朝鮮の教育』, 自由討究社, 1923, 278~279쪽.

다"는 내용이나 10조 2항의 "심상소학교에서는 지역의 상황에 따라 교과목에 농업, 상업을 추가할 수 있다, 다만 농업 및 상업을 더하는 경우에는 아동에게는 그 한 과목을 부과하는 것으로 한다" 등의 내용을 들 수 있다.[8] 또한 11조의 "고등소학교에서는 임의과목으로 조선어를 부과할 수 있는데 그 敎授時間은 매주 2시간으로 한다" 등의 조항도 마찬가지였다. 즉 식민지 현지상황에 학생들이 적응할 수 있도록 교과나 수업시간 등을 탄력적으로 운용할 수 있도록 명시했던 것이다.

산술·지리·과학 등 기초지식을 습득하고 체육으로 신체를 단련하며 음악·그림 등 예술을 통한 정서 함양에 역점을 두어야 할 소학교육에 實業 교과를 편성한 것은 재조일본인 교육이 본토와 달리 다분히 식민지 정착을 위한 실무교육을 지향했음을 나타낸다. 총독부가 소학교에 고등과를 설치하거나 보습과를 두고, 혹은 실업보습학교 부설을 장려한 것 역시 마찬가지였다. 요컨대 재조일본인 교육의 주요한 목표 중 하나는 바로 식민지 현지상황에 대한 적응과 정착이었던 것이다.

3·1운동 후 조선총독부가 문화정치를 표방하면서 교육제도도 크게 바뀌었다. 1922년 4월 1일부터 실시된 신조선교육령이 종전과 다른 중요한 차이점은, 재조일본인과 조선인의 교육제도를 모두 이 교육령으로 통합하고 일본과 동일한 교육제도를 채용했다는 점이다. 따라서 조선인 학교의 입학자격, 수업연한, 학과 및 그 수준 등이 모두 향상되

8　소학교 교육에서 특히 尋常小學校에서도 手工 외에 지역의 情況에 따라 농업 또는 상업을 加設할 수 있게 함에 따라 도시지역에서는 주로 상업을 교과목으로 채택했고, 농촌지역에서는 농업을 채택했다(『朝鮮諸學校一覽』, 1918, 3쪽). 1918년 무렵 전체 소학교 가운데 1/5은 농업과목, 약 1/3은 수공과목, 그리고 주요 상업지에서는 거의 상업과목을 채택했다고 한다(幣原坦, 앞의 책, 1919, 266쪽).

었고, 일본인은 사범교육, 전문교육 및 대학교육을 본토와 같은 정도로 조선에서 향유할 수 있게 되었다.[9] 조선총독부가 신교육령으로 帝國의 교육제도가 조선으로 연장되었다고 표방했지만, 실제 일본어 解得의 차이와 思想習俗이 다르다는 사정을 이유로 보통교육(소학교)과 고등보통교육(중등교육)에서는 여전히 국어를 상용하는 자(일본인)와 그렇지 않은 자(조선인)로 나누어 학교의 명칭과 계통을 구별한 점에서는 종전과 같았다.

재조일본인 소학교육을 일본 본토와 제도적인 면에서 비교할 때 가장 큰 차이는 바로 일본에서는 소학교육이 의무교육이었지만 조선에서는 그렇지 않았다는 점이다. 따라서 일본의 심상소학교에서는 수업료를 징수하지 않았지만, 의무교육이 실시되지 않는 조선에서는 한 달에 50전 이내의 수업료를 징수할 수 있었다.[10] 본토에서는 누리던 국민으로서의 권익을 조선에 건너오는 순간 포기할 수밖에 없다는 사실은 참기 어려운 일이었다.[11]

이러한 제도적 미비함에도 불구하고 소학교육의 질은 떨어지지 않

---

9 『조선교육요람』, 1926, 21쪽. 舊學制에서는 최고교육을 마칠 때까지 11년 또는 12년이 걸렸으나, 新學制에서는 16년 또는 17년이 걸렸다. 또한 구교육령은 경비실용주의였으나 新令은 이를 포기했다(이만규, 『다시 읽는 조선교육사』, 살림터, 2010, 568쪽).

10 조선에서는 소학교육이 일본인의 自活的 經營에 의해 이루어졌으니, 약간의 보조금이 있기는 하지만 일반 조세공과를 부담하는 외에 일찍부터 1인당 평균 1개월 1원 내외의 소학교경비를 부담해야 했다. 그리고 조금 자산이 있으면 학교 경비로 1인당 수천 원을 부담해야 했다. 1907년경 인구 1인당 교육비를 비교해보면 도쿄 18전, 교토 46전, 오사카 64전이었는데 반해, 부산은 무려 2엔 30전으로 도쿄의 12.7배, 오사카의 3.5배를 부담해야 했다(稻葉繼雄, 앞의 책, 2005, 9쪽).

11 弓削幸太郎, 앞의 책, 1923, 269~270쪽. 그러나 재조일본인들은 소학교육을 당연시하여 학령이 되면 취학시켰으므로 1920년대 초에는 사실상 의무교육이 실현되었다. 그러나 법률적인 의무교육이 논의된 것은 1941년 국민학교제도 실시 과정에서였다. 조선총독부는 1946년부터 의무교육을 실시하기로 결정했다.

았다. 그 주요 이유는 조선의 공립소학교원은 본국과 같이 准訓導制가 아니라 모두 訓導로, 그 자격은 고등소학교까지 담임할 수 있는 정교원이며 따라서 전체적으로 우수교원이 많다는 점을 자랑스러워할 정도였다.[12] 조선의 일본인 소학교원은 판임문관으로 신분을 보장받았으며 본봉의 6할에 달하는 外地手當을 받는데다, 일본 당국에서 큐슈나 관서지방의 사범학교 졸업자는 의무연한이 끝나지 않았더라도 조선에 부임할 수 있도록 허용했기 때문이었다.[13]

2) 경성의 일본인 학교–소학교와 중등교육기관

경성의 일본인 교육기관은 유치원에서 대학까지 계열화되어 있었다. 〈그림 1〉에서 보듯이 초등교육과 중등교육은 일본인과 조선인이 분리되어 있었고, 실업학교나 다음 단계의 전문학교부터는 共學으로 체계화되어 있었다. 따라서 경성의 일본인 교육문제를 파악하기 위해서는 소학교와 중학교·고등여학교에 대한 분석이 필요하다고 본다.

---

12 弓削幸太郎, 위의 책, 272쪽. 공립소학교원은 모두 관리로 초기에는 일반관리보다 실수입이 작은 감이 있었으나 1920년대 초에 이르러서는 보통 관리와 똑같은 대우를 받았다.

13 「在韓國小學校教師」, 『교육시론』 738호, 1905.10.15(稻葉繼雄, 앞의 책, 2005, 7쪽에서 재인용). 1907년 '한국에 근무하는 居留民團立在外指定學校 교원의 퇴직료 및 遺族扶助料에 관한 법률(법률 제44호)'이 통과됨에 따라 조선에서 재직 3년 이상이면 퇴직금이나 유족부조금을 일본보다 5할을 더 받게 되었다.

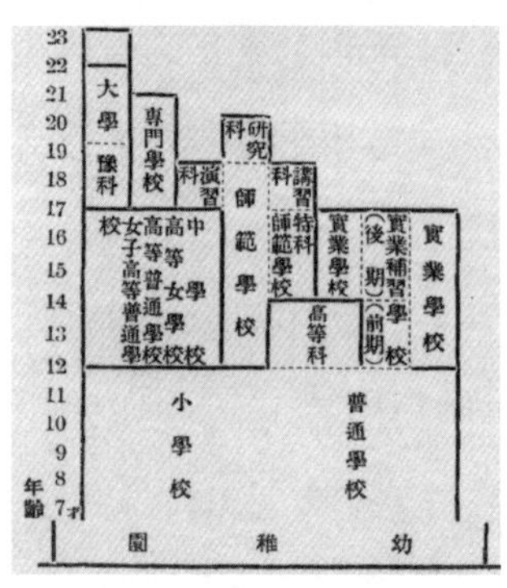

〈그림 1〉 朝鮮의 敎育機關系統圖
자료 : 경성부교육회, 『경성안내』,
1926, 109쪽.

(1) 소학교

일본인의 外地 이주에 하루도 없으면 안 될 최소한도의 필요 시설 세 가지로 경비기관, 신식 의료기관 이외에 소학교를 꼽는 데에서 알 수 있듯이 소학교는 사회 근간시설 중 하나였다. 따라서 경성에서도 교육기관으로는 소학교가 가장 먼저 설립되었다.

〈표 1〉 경성지역 소학교

학교명	설립시기	위치	學制	학생수(연도)
日出尋常小學校	1889.8	일출정	6년	1,081(1915)
용산심상소학교	1903.2	한강통	6	767(1915) → 1,047(1918)
南大門小學校	1908.4	남대문통	6	1,102(1915)
櫻井尋常小學校	1910.4	櫻井町	6	1,042(1915)
종로심상고등소학교	1911.12	壽松洞	6, 2년	817(1915) → 778(1918)
元町尋常高等小學校	1911.12	元町	6, 2년	790(1915) → 737(1918)
西大門尋常高等小學校	1914.4	貞洞	6, 2년	777(1915) → 755(1918)
동대문심상소학교	1917.4	황금정	6	925 + 6(朝)(1927)
三坂尋常高等小學校	1918.12	三坂通	6, 2년	1344 + 9(朝)(1927)
南山尋常小學校	1924.3	남산정	6	898(1927)

자료 : 石原留吉, 『京城案內』, 경성협찬회, 1915, 95~96쪽; 阿部辰之助, 『大陸之京城』, 京城調査會, 1918, 167~169쪽; 岡良助, 『京城繁昌記』, 博文社, 1915, 128~129쪽; 조선총독부 학무국, 『朝鮮諸學校一覽』 1927년판, 1928.
비고 : (朝)는 조선인을 말함.

〈표 1〉에서 보듯이, 경성 일본인에 의해 설립된 최초의 소학교는 히노데소학교日出小學校였다. 이 학교는 1889년 8월 무역상 야마구치山口太兵衛가 居留民役長의 사무실 하나를 빌려 8~9명의 학생을 직접 가르치면서

출발했다. 이후 1년여 동안 東本願寺 京城別院에서 共立學舍란 명칭으로 운영하다가, 1892년 5월 정식으로 정교원을 초빙하여 거류민단에서 재경성일본공립소학교로 개칭하고 경영을 맡았다. 1906년 鑄町日出町에 거금 5만 3천 원을 투입하여 붉은 벽돌로 신축한 校舍는 "당시 일본 본토를 포함하여 전국적으로도 없어, 수에즈해협 以東의 校舍"[14]라고 과장하여 말할 정도였다. 동창회에서 펴낸 『京城日出小學校百年誌』의 부제가 "우리 赤煉瓦의 學舍"인 것을 보더라도 이 붉은 벽돌 校舍는 당시 매우 상징적이었음을 알 수 있다. 이러한 히노데소학교의 규모와 외관은 경성거류민단의 자제교육에 대한 열정을 말해주는 사실이기도 했다.

소학교의 교육 목표나 방침은 앞에서 언급했듯이, 대개 본토와 달리 식민지 현지상황을 전제로 제시되었다. 대표적으로 히노데소학교의 교훈 중 "제4조 내외국인에 대해서는 공덕을 중시하고 我國民의 품위를 유지해야 한다. 제5조 우리들의 조상이 옛날 東亞大陸에서 활동한 사실을 잊지 않아야 한다"와 같은 조항은 거류지 교육의 특색과 개척자적인 프라이드를 보여준다. 식민지에 거주하고 있지만, 국가를 위해 식민지 개척의 선두로 활약한다는 점에서 조선인에 대한 우월감과 본토인으로서의 자부심이 동시에 드러난다.

한편 거류민이 증가하면서 〈표 1〉에서 보듯이, 1908년 히노데소학교의 西部 敎區를 분리하여 제2심상고등소학교(남대문소학교)가 설립되었다. 1910년 4월에는 히노데소학교의 북쪽 일부를 잘라 사쿠라이櫻井심상소학교가 설립되었다. 한일병합 후 일본인들의 거주지가 북쪽으

---

14 경성부, 『京城府史』, 1936, 738쪽. 이 학교는 1907년 1월 8일 낙성식을 가졌다.

로 확산되면서 1911년에 본과 6년, 보습과 2년의 종로심상고등소학교
와 원정심상고등소학교가 설립되었다. 이후 1930년대까지 경성에는 6
개의 심상소학교와 4개의 심상고등소학교가 존재했다.

경성지역 소학교의 학생 중에는 상급학교 진학 등을 고려하여 지방
에서 유학 온 학생들도 있었다. 지방의 일본인들이 친척이나 知人들을
보호자로 하여 자제들을 越境入學시키기도 했던 것이다. 그러나 거류
민단과 학교조합이 수혜자부담 원칙으로 경영했기 때문에, 보호자가
실제 친족이 아닌 경우에는 수업료의 약 10배 정도를 지불해야 했다.

소학교육이 평균적인 재조일본인을 대상으로 대체적으로 실무교육
을 지향한다고 했지만, 장차 엘리트코스로 중학교에 진학하고자 하는
학생도 있었다. 이들의 경우 본토에 유학가지 않는다면 경성중학교와
용산중학교로 진학할 수밖에 없었으므로 입시경쟁은 본토 이상으로
매우 치열했다. 특히 경성중학교에 입학하기 위해서는 소학교시절부
터 중학교 입학시험 공부에 매진해야 했다. 가와노河野 남대문소학교
장이 "현행 중학입학시험제도는 학교가 부족한 금일 참으로 어찌할 수
없는 제도이지만, 넓은 의미의 인도적 입장으로부터 볼 때에는 확실히
아동에 대해서는 심한 暴虐"[15]이라고 말할 정도였다.

경성 내 소학교의 서열은 경성중학교에 가장 많은 입학자를 내는 것
으로 정해졌는데, 히노데소학교가 가장 우위를 점했다.[16] 히노데소학

---

15 「入學試驗の精神化 朝鮮でも採用したらと云ふ議論が盛んになつて來た」, 『경성일보』, 1923.3.8.
이에 1923년경 문부성에서 본토 입학시험의 폐해를 일소하는 방법으로 학생의 이해력과
추리력도 함께 평가지표로 하는 멘탈테스트 채용을 발표하자, 조선에서도 이에 대한 논
의가 전개되기도 했다.
16 1919~1921년에 히노데소학교에 근무했던 교사 武田知星은 "동경의 靑山師範 졸업 후

교로부터 경성중학교를 거쳐 본토의 고교로 유학하여 제국대학으로 진학하는 것은 경성 거류 일본인, 나아가 재조일본인 자제들이 선망하는 엘리트 코스였다.[17]

(2) 경성고등여학교

소학교 졸업생들이 배출되기 시작하면서 이들이 진학할 상급학교기관의 설치가 긴요해졌다. 그런데 상급학교기관으로 중학교보다 고등여학교가 먼저 설립되었으며, 또한 식민지배 기간 내내 중학교보다 고등여학교의 숫자가 많았다.[18] 그 이유는 "여학생은 남학생과 같이 수시로 집을 떠날 수가 없으므로 경성에서 소학교를 졸업한 여자의 수용은 여학교의 存置 如何에 달려 있다. (…중략…) 남자는 그 거주지를 떠나도 크게 지장 없으므로 남자학교는 뒤로 미루고 우선 여학생을 수용할 학교의 증설을 먼저 하는 것이 당연하다"는[19] 여론이 학부모들 간에 조성되었기 때문이다.

〈표 2〉에서 보듯이 1930년대 초까지 경성에는 3개 여학교가 존재했다. 이 가운데 가장 먼저 설립된 경성고등여학교는 1906년 4월 경성부인회의 사업을 계승한 경성여학교의 개설에서 출발했다.[20] 1907년 4월 생도수가 25명으로 늘어나자 1908년 3월 경성거류민단에서 4개년 정도

동경의 좋은 지역의 선생을 하고 있다가 히노데소학교에 와서 아이들의 질이 좋은 것에 크게 놀랐다"고 한다(稻葉繼雄, 앞의 책, 2005, 135쪽).

17 그러나 1926년 경성제국대학 예과가 설치되면서 종래 경성 내 중학 졸업 후 본토 고교로 진학하던 학생들은 이제 본토로 유학가지 않고 조선에서 고교 과정을 공부할 수 있게 되었다.

18 권숙인, 앞의 글, 2008, 59~60쪽.

19 阿部辰之助,『大陸之京城』, 京城調査會, 1918, 180쪽.

20 당시 학생은 9명으로 거류민단으로부터 1개월에 12원, 통감부로부터 50원의 보조금을 받았다(조선총독부 내무부 학무국,『朝鮮教育要覽』, 1915, 106~107쪽).

21 本願寺 朝鮮開教總部에서 경영하는 학교로 정원은 각 학년별 백 명이었고, 초기에는 보

〈표 2〉 경성의 고등여학교

학교명	설립시기	위치	학제	학생수(연도)
경성제일공립고등여학교	1908.4	남대문통→ 남산정 → 정동	4, 2년	661(1918) → 862 + 7(朝)(1927)
경성제이공립고등여학교	1922.5	三坂通	4, 2년	906 + 7(朝)(1927)
龍谷高等女學校[21]	1926.3		4년	약 400명

자료 및 비고 : 〈표 1〉 참조; 「本願寺에서 女學校設立」, 『동아일보』, 1926.2.9.

의 고등여학교 설립을 결의하고 같은 해 4월경 남대문소학교 구내에 가교사를 건축하고 수업을 시작했으며, 9월 5일 재외지정학교가 되었다(〈표 2〉 참조).[22] 이 경성거류민단립고등여학교는 1910년 12월 남산정에 교사를 신축하고 이사했다.

개교 첫해에는 학생 수가 백 명을 넘지 않았지만 그 다음해에는 170여 명에 달했는데, 이렇게 학생 수가 급증한 것은 일본의 여학교에 유학보낸 학생을 불러들여 전학시켰기 때문이었다.[23] 학생의 부모 직업이나 집안을 보면, 대개 관리와 상업이 거의 반반으로 대개 경제적으로 유족한 이들이었다. 학생의 한 달 월사금은 약 2원 50전이었고 경비의 대부분을 경성 거류 일본인이 부담했다.

이 학교의 교육방침은 질박하고 현숙하게 양성하여, 건전한 사회의 내조자로 만드는 것이었다. 부모와 동생을 도와줄 수 있도록 아침 등교시간을 늦추고 집안 살림에 필요한 음식 만드는 법, 가정 다스리는 법을 가르쳤다. 1916년부터는 조선어를 선택과목으로 교수했다.

성학교 이층을 사용했다.

22 阿部辰之助, 앞의 책, 1918, 178쪽.

23 一記者, 「學校めぐりの記」(其一), 『朝鮮』 16호, 日韓書房, 1909.6, 63쪽.

학교를 졸업한 후 여학생들은 대개 가정에서 가사를 도왔지만 체신국 은행 회사 철도국 관청에 취직하는 사람도 있었다. 1912년까지 약 4년간의 졸업생 진로를 보면 졸업생 137명 가운데 시집간 이가 31명(22.6%), 사립일본여자대학 입학자 3명, 도쿄음악학교 입학자 1명, 여자고등사범학교 입학희망자 5명, 소학교 교원 3명, 소학교교원 지망자 5명, 유치원 보모의 조수 2명, 은행 회사 기타 사무원 5명, 補習科 입학생 7명, 사망자 2명이고, 기타 79명(57.6%)은 가사를 돕고 있었다.[24] 이와 같이 결혼과 가사를 제외하면 상급학교 진학이나 직업을 얻기 위한 사회진출은 20% 정도였다.

(3) 중학교

1930년대 후반까지 경성의 남학생 중등교육기관으로는, 〈표 3〉에서 보듯이 경성중학교 · 용산중학교 · 성동중학교 등 3개교가 존재했다. 경성의 소학교졸업생의 상당수는 상급학교 진학을 원했다. 예를 들어 1906년경 경성 내 소학교졸업생의 절반은 실업에 종사하고, 나머지 절반은 중학교로 진학하고자 했다. 그러나 조선 내에 중학교가 없어 과중한 학비 부담에도 불구하고[25] 일본으로 유학가지 않을 수 없었기 때

---

24 一記者, 「京城女學校巡り」(上), 『조선급만주』 71호, 1913.6, 68쪽.
25 도쿄와 경성의 물가를 비교해보면, 도쿄에서 1원에 3升인 백미가 경성에서는 4승이었고, 된장은 도쿄에서 8전이었지만 경성에서는 4전이었다. 도쿄에서 30전인 설탕은 경성에서는 15전, 도쿄에서 한 개에 3전인 과자는 경성에서 1전이었다. 도쿄의 물가가 경성보다 대략 2~3배 정도 높다는 것을 알 수 있다. 도쿄에서 비교적 싼 것은 전차운임이었다. 따라서 "도쿄에서 몹시 빈곤에 찌든 인간이 되기보다는 불만스럽기는 하지만 경성에서 '요보'화되는 편이 눈치있게 사는 것인지도 모르겠다"는 독백을 하기도 했던 것이다(東京にて 須賀野, 「生活上より見た京城と東京」, 『조선급만주』 129호, 1918.3).

문에, 중학교 설립이 급선무였다. 당시 경성거류민단에서는 "중학교에 입학해야 할 청년이 2백 명에 달했는데 금일 중학교를 하나도 설립하지 않고서는 자제 교육에 열심이라고 할 수 없으니 時勢가 요구하는 이상 大奮發하여 설치하자"는 여론이 조성되었다. 거류민단이 자발적으로 설립한다면 在韓日本人에 냉담한 통감부라고 하더라도 수수방관할 리는 없으니 먼저 앞장서야 한다는 주장이 대세였다.

<표 3> 경성의 중학교

학교명	설립시기	위치	학제	학생수(연도)
경성중학교	1909.4	서대문정	5년	899 + 36(朝)(1927)
용산중학교	1918.4	서소문정	5년	916(+)21(朝)(1927)
城東中學校[26]	1936.4	왕십리	5년	

자료 및 비고 : <표 1> 참조.

마침내 1909년 4월경 居留民團立京城中學校가 설립되어 수업을 시작했다.[27] 경성중학교는 조선 내 일본인중학교로는 처음일 뿐만 아니라, 일본 국외에 설립된 일본인중학교의 효시였다. 통감부에 보조를 요청하여 1910년 3월 '통감부중학교관제'의 제정에 따라 4월 통감부중학교가 되었고, 같은 해 10월 통감부의 총독부로의 개편에 따라 조선총독부중학교로 개칭되었다. 중학교는 법령상 고등보통교육을 한다고 하지만, 학생이나 학부형 모두 상급학교의 예비학교라고 생각하고

---

26 高村甚一의 60만 원 육영자금 기부에 의해 府立으로 설립되었다(矢野干城, 『新版大京城案內』, 경성도시문화연구소, 1936, 130쪽; 「신설6개중학교」, 『동아일보』 1936.2.19).

27 靑柳綱太郎, 『最近京城案內記』, 朝鮮研究會, 1915, 157쪽; 一記者, 「學校めぐりの記」, 『朝鮮』 16호, 日韓書房, 1909.6, 61~62쪽. 그러나 정식으로 개교식을 한 것은 5월 22일이었다.

있었다. 때문에 상당한 경비를 들여 학교를 경영하지 않는다면 졸업생이 그 목적을 달성하기 어렵기 때문에 빈약한 학교조합 사업으로는 적합하지 않으므로 모두 관립으로 운영되었다.[28]

조선총독부가 관립중학교의[29] 설치에 주력했던 이유는, 조선의 장래를 생각하여 본토로 유학가는 학생을 데려와 '조선에 대한 장래의 努力者', 즉 식민지 지배의 정책추진자 혹은 실무자로 양성하려는 국가적 교육방책 때문이었다. 이는 비슷한 시기에 "조선인들은 아직 겨우 60여 개의 공립소학교 밖에 없는 상태이므로 일본의 교육제도와 같이 大·中·小 學校制度를 주장하는 것은 무리이며 정치·경제·문학 등을 가르치기보다 實業 부문을 지향해야 한다"는 것을 조선인교육의 一大方針으로 내걸었던 것과 중요한 차이점이다.[30]

"전 조선의 俊才가 응시하는" 경성중학교의 입학경쟁은 매우 치열했다.[31] 1915년도 경성중학교 입학정원은 147명이었는데 517명이 응모하여 3.5대 1의 경쟁률을 보였다.[32] 경성중학교는 소학교졸업자의 진학률 증가에 부응하여 1915년 4월 평양에 分敎室을 설립하고 1916년 4월 이를 평양중학교로 독립시켰다. 또한 1917년 4월 대전에 分敎室을 설치했으며 이

---

28 弓削幸太郎, 앞의 책, 1923, 274쪽. 고등여학교나 실업학교는 거류민의 자영사업이었지만, 관립학교인 중학교 설립은 제국의회의 協贊을 거쳐야만 했다. 시데하라는 조선의 모든 학교 가운데 중학교가 가장 중요하게 여겨지고 있는 것은 다른 학교가 모두 組合立인데 비해 중학교만 총독부립인 점이 이를 증명한다고 했다(幣原坦, 앞의 책, 1919, 294쪽).

29 군산중학교와 경성의 城東中學校를 제외한 모든 관립중학교는 조선총독부 행정개혁의 일환으로 1925년 4월 各道로 이관되었다. 이때 경성중학교도 경기도로 이관되어 공립이 되었다.

30 문학박사 金澤庄三郎, 「余の朝鮮人敎育意見」, 『朝鮮』 35호, 朝鮮雜誌社, 1911.1.

31 池尾勝巳, 「限りなく懷しい京城」, 『仁旺ヶ丘—京中卒業五十周年記念誌』(東京 : 京喜會『仁旺ヶ丘』編集委員會), 1982, 19쪽; 德九定樹, 「"戀" 京中時代に感謝して」, 京喜會『仁旺ヶ丘』編集委員會, 앞의 책, 1982, 306~307쪽.

32 靑柳綱太郎, 앞의 책, 1915, 159쪽.

를 1918년 4월 대전중학교로 독립시켰다. 1917년경 중학교 진학상황을 보면, 경성중학생 150여 명, 대전분교생 50여 명 합하여 2백 명 모집에 수험자는 557명으로 2.7대 1의 경쟁률을 보였는데, 이에 357명의 학생은 學業을 포기하거나 혹은 경제적 부담에도 불구하고 본토 중학교로 입학해야 했다.[33] 〈표 3〉에서 보듯이 1918년 4월 용산중학교가 신설되어 경성과 용산 兩중학교의 입학정원이 3백 명으로 증가했지만, 수험생이 493명에 달해 193명의 수험생은 여전히 경성 내의 중학교로 진학할 수 없었다.[34]

경성중학교의 초기 설비는 불완전했으나, 교장이나 교사진은 매우 우수했다. 이는 경성중학교가 당시의 조선교육계에 있어서 얼마나 높은 지위를 점하고 있었는가를, 또 일본 본토를 포함하더라도 상당한 권위를 가지고 있었다는 점을 말해준다. 따라서 학생들의 학력도 웬만한 일본 중학교보다 우수한 편이었다.

그러나 학생이나 교사진 면에서 본토와 비교해 뒤떨어지지 않는 수준인 경성중학교도 본토의 중학교와 다른 중요한 차이가 있었으니, 그것은 바로 교육방침이었다. "식민지의 학교에게는 해외개척, 신일본 건설의 사상을 주입하여 용감하고 웅대한 청년을 양성하는"[35] 것이 사회적으로 요청되었고 경성중학의 교육방침도 그에 부응했다는 점이다. 창립기 교장인 隈本遇尙은 당시 "평범한 교육가가 아니라 교육계의 식견있는 대가로 통하며 식민지 교육에 대해 큰 포부를 지닌 인물"로 평가

---

33 전국적으로 보면 1917년경에는 모집정원 452명에 지원자는 1,029명에 달하여 43%만 조선 내 중학교에서 수용할 수 있었다(조선총독부 내무부 학무국, 『朝鮮諸學校一覽』, 1917년판, 5쪽).
34 阿部辰之助, 앞의 책, 1918, 174쪽.
35 一記者, 「學校めぐりの記」(其一), 『朝鮮』 16호, 1909.6.

되었는데, 이는 그가 대표적인 식민자적 교육관을 지녔음을 말해준다.[36] 그는 경성중학교의 모델을 영국의 이튼교에 두고 기숙사제를 도입했으며, 또한 5년제 학제를 1부와 2부로 나누어 2부의 4, 5학년생은 물리·화학·어학뿐만 아니라 산업·농업·상업 등 실업지식도 배우도록 교과를 구성했다.[37] 2부는 조선의 실업 방면에서 활동하려고 하는 자들을 위해 고안된 것이었다. 1부 학생이나 졸업자는 다른 학교로 입학, 전학 등의 관계상 보통의 중학교 학생이나 졸업자와 동일한 취급을 받았지만, 2부 학생 및 졸업자는 그렇지 못했다. 2부는 상급학교에 진학하여 조선의 관리가 되고자 하는 데에는 부적당했으나, 바로 조선에 정주하여 사업을 개척하려고 하는 이를 위해서는 매우 편리하고 유익한 제도였다. 따라서 '조선 제일의 진학교'인 경성중학교도 식민지 사회의 환경을 감안하지 않을 수 없었음을 알 수 있다. 즉 경성중학교는 재조일본인 교육의 이중적 지향 즉 본토 교육과 똑같은 교육을 이상으로 하면서도 현지적응을 위한 식민지 교육방침에 부응해야 하는 두 가지 잣대를 저울질할 수밖에 없었던 것이다.

---

[36] 隈本遇尚은 이른바 대표적인 식민주의자였다. 이는 "조선인 교육은 매우 오로지 同化의 實을 거두는 데에 있다. 우선 언어의 소통으로부터 시작하지 않으면 안 되며 그렇다면 금후 全力을 小學敎育에 주력하며 일어로써 훈육하고 점차 우리에게 감화받도록 힘쓴다면 근본부터 병합의 실적을 거둘 수 있을 것이다. 또 實技的인 학교를 증설하는 것도 금후의 급무이니 이로써 식산공업을 가르쳐 스스로 노동하고 스스로 저축하는 정신을 함양한다면 충군애국의 국민이 됨과 함께 또 근면부강의 국민이 되기를 기대할 수 있을 것이다"라는 발언에서 잘 드러난다(「根本の倂合は敎育に在り」, 『조선』 30호, 朝鮮雜誌社, 1910.9, 54쪽).

[37] 天人兒, 「京城の諸學校一瞥」, 『조선』 28호, 조선잡지사, 1910.6, 66쪽; 幣原坦, 앞의 책, 1919, 294~295쪽. 이후 일본의 중학교에서도 2부제가 실시되었다. 하지만 이와 반대로 경성중학교의 경우 어느 시기엔가 2부제가 폐지되었다. 이는 1933년 3월 경성중학교 졸업예정자 165명 중 152명이 진학을 희망할 정도로 졸업 후 바로 실업 방면으로 진출하는 학생이 거의 없었기 때문이었다(稻葉繼雄, 앞의 책, 2005, 185쪽).

3. 경성 일본인의 심상 – 선망과 질시, 콤플렉스의 변주

1) 이중적 콤플렉스를 유발시키는 장소, 경성

경성에 처음으로 설립된 일본인 학교인 히노데소학교는 제국 일본을 상징하는 기표였다. 1910년 4월, 교명이 '재경성일본공립소학교'에서 '경성거류민단히노데심상고등소학교'로 변경될 때, 이미 이 학교의 위상과 표상은 분명해졌다고 볼 수 있다. 청일전쟁의 승리를 계기로 하여 약진하는 일본, 팽창하는 일본의 이미지를 반영한 종합잡지『태양太陽』이 창간된 것처럼,[38] '히노데' 즉 '日出'이라는 교명 역시 식민지 조선에서 팽창하는 일본을 의미하고 있었던 것이다. 교명의 변경을 꽤 커다란 사건으로 기억하고 있는 한 학생은, "히노데라는 명칭은 마을 이름에서 유래한 것이기도 하지만, 태양이 떠오르는 기세를 가진 학교라는 의미도 있다고 선생님께 들었는데, 나도 그런 기분을 느낄 수 있었다. 붉은 색의 멋있고 훌륭한 교기가 완성되어 미쓰코시의 쇼 윈도우에 진열되었을 때에는 일종의 자긍심마저 느꼈다"[39]고 술회하였다.

히노데소학교의 장소적 입지 역시 '작은 일본' 표상을 뒷받침하였다. 히노데소학교는 통감부 및 통감부 관저, 주요 관청과 인접했기 때문에 학생들은 평소부터 "통감부 관저가 우리에게 무언가를 가르치고 있다는 느낌"을 받았고, 통감이 매년 학생들을 초대하여 개최한 원유회도 "히노데소학교 아동이기 때문에 초대받는 것이다"고 생각하며 자랑스

38　鹿野政直,『日本の近代思想』, 岩波書店, 2002, 7쪽.
39　京城日出會,『わが赤煉瓦の學び舍－京城日出小學校百年誌』, 1989, 73쪽.

러워할 수 있었다.[40]

이러한 명성과 권위 때문에 교원들도 히노데소학교에 부임하기를 희망하였다. 1919년 2월 히노데소학교에 부임한 아카쓰 하지메赤津基 교사는 "이 학교는 중등교원의 면허를 가졌다 해도 1, 2등으로 나온 자밖에 채용하지 않는다. 이 학교는 조선 제일의, 조선의 학습원이라고 자타가 모두 인정하고 있다"고 회고했다. 히노데소학교가 "경성의 학습원"이란 별명이 붙을 정도로 전통과 격식을 내세웠다는 것은 목수의 자제가 훈도로 임명되자 교장이 경성부윤京城府尹에게 "우리 학교에는 목수의 자제가 근무할 수 없다"고 항의한 일화에서도 알 수 있다.[41] 또한 히노데소학교가 경성의 소학교 가운데에서도 프리미엄이 상당했다는 것은 히노데소학교에서 미사카소학교三坂小學校로 전출된 교사가 이를 좌천이라고 여겼던 사실에서도 드러난다.[42] 이러한 사실들은 히노데소학교의 학생은 물론 교사들도 학교에 대한 자부와 긍지가 대단했음을 짐작할 수 있게 한다.

이와 같은 사정 가운데서도 특히 주목할 만한 사실은 히노데소학교가 일본에 있는 '학습원'에 자주 비유되었다는 점이다. 일본의 학습원은 에도 말기에 황족 및 화족 자제의 교육을 위해 교토에 설치된 것으로, 1877년에 도쿄로 이전한 이후 1884년부터는 궁내성宮內省 직할 기관이 되어 유치원과 소학교는 물론 대학교육까지 실시하고 있었다.

---

40 京城日出會, 앞의 책, 1989, 76쪽.
41 위의 책, 1989, 56~57쪽. 결국 부윤의 설득으로 그 훈도는 근무하게 되었고, 이후 '경성의 학습원'이라는 의미도 점차 변해 갔다.
42 稻葉繼雄, 앞의 책, 2005, 132쪽. 마사카소학교는 오늘날의 후암동에 위치했다.

'황족과 화족 자제를 위한 교육기관', '궁내성 직할 기관'인 학습원에 히노데소학교가 비유되었던 배경에는 히노데소학교의 학부모 대부분이 조선총독부 관련 요직에 있거나 재계의 유력자였다는 점이 작용하였다.[43] 즉 히노데소학교에서 공부할 수 있는 자는 선택받은 일부라는 특권의식이 '조선의 학습원', '경성의 학습원'이라는 말에 짙게 반영되어 있다고 볼 수 있는 것이다. 이러한 특권 의식을 더욱 강고하게 만든 것은 이 학교에 덕혜옹주가 재학하고 있다는 사실이었다. 졸업생들의 회고록 『わが赤煉瓦の學び舍—京城日出小學校百年誌』(1989)에서 덕혜옹주에 대한 언급을 찾는 것은 어려운 일이 아니다.

당시 히노데소학교라고 하면 이왕李王전하의 왕녀 덕혜공주가 다니는 명문교로 알려져 조선의 학습원이라고 불리고 있었습니다. (150쪽)

이왕가李王家의 덕혜공주, 일본식으로 말하면 황족에 해당하는 신분의 공주가 2학년 밑의 학급에 다니고 계셨는데, 이는 우리들에게 더 없는 명예로운 일이었습니다. (188쪽)

덕혜공주는 쌍두마차를 타고 등교하였다. 멋진 마부가 문을 열면, 품격이 높은 얼굴을 한 공주님이 내렸다. 이 시각에 등교하는 아이들은 자신의 학교에 자부심을 가질 수 있었다. (62쪽)

43　京城日出會, 앞의 책, 1989, 118쪽.

식민자 일본의 일원이면서도 피식민자 왕족이 재학하고 있다는 사실에 기대어 신분의 동반상승을 기도하고자 한 이들의 심경은 경성에 거주하는 일본인의 새로운 정체성 구축 과정을 여실히 보여준다. 이주 경로에는 차이가 있겠지만, 결과적으로 '경성'이라는 식민지 땅에 내몰리게 된 이들은 자신의 입지에 대한 콤플렉스를 어떤 방식으로든 극복하고 정당화하려 하였고, 그러한 시도는 이왕 전하의 왕녀 덕혜공주와 함께 '조선의 학습원'에 재학하고 있다는 점을 부각시키고 강조하는 데에서 잘 나타나고 있는 것이다. 경성의 일본인이 '이왕가李王家'에 자기 동일화하는 과정에서 '식민자 일본-피식민자 조선'이라는 이항 대립적 구도는 적용될 수 없었다. 이들에게 중요한 것은 자신들이 얼마나 선택받은 일부 특권층인가 하는 점이었기 때문에, 그러한 사실을 뒷받침해 줄 수만 있다면 그 대상이 조선인(특권층 집단)이라 해도 상관없었던 것이다. 이러한 경향은 일본인의 요보화ヨボ化를 경계하고 혐오하던 당시의 분위기와 상반된다. 본토를 떠난, 혹은 본토에서 밀려난 이들에게는 본국에 대한 선망과 동경, 그리고 일종의 콤플렉스가 복합적으로 작동하고 있었고, 그러한 심경은 히노데소학교 담론에 잘 표출되어 있다고 지적할 수 있을 것이다.

경성 내 소학교 졸업자의 중학교 진학률은 매우 높았다. 이는 재조일본인 1세대의 성취욕 및 야망과 무관하지 않았다. 총독부 법무부 행형行刑과장 오하라 류조大原龍三는 "재조일본인 중에는 일확천금까지는 아니더라도 높은 지위와 재력을 꿈꾸며 도선渡鮮한 자가 많다. 따라서 자제에 대한 교육열이 자연히 그 자력資力에 비해 왕성하고, 교육을 투자라고 여기는 경향도 다분하다"고 분석했다.[44] 경성 남부 경찰서장이마무라 도모今村鞆도 "조선에 와서 거주하는 일본인은 자존심이 강하다. 어찌해서든 성공해야 한다, 분발하여 새로운 사업을 시작해야 한다, 금의환향해야 한다는 관념이 강하다"고[45] 평가했다. 이와 같이 재경성일본인의 강한 성취 욕망은 자녀교육에도 반영되어 과도한 교육 경쟁, 입시지옥을 초래하기도 했다. 실제로 '조선 제일의 진학교'인 경성중학교에 입학하기 위해 치열한 수험 전쟁을 치러야만 했다고 회상하는 이가 많으며, 또 경성제국대학 예과에 재학하는 학생이 수험생의 집에 기숙하면서 과외 지도하는 경우도 있었다.[46]

히노데소학교의 경우와 마찬가지로 경성중학교 역시 '조선의 학습원'이라 불렸다. 예를 들면 경성중학교 졸업생 중 한 사람은 "京中은 1,900만의 조선민족보다 우월한 입장에 있는 일본인, 말하자면 이민족에 대한 지배계급의 자제를 위한 교육기관으로, 도쿄의 학습원이상으로 학습원적인 분위기였다. 강골 성향의 瀨木昊太郎 선생님이 의기양양하게 '京中은 東京府立一中과 학습원을 합쳐 놓은 학교다'라고 제언했을 정도이다"[47]고 기억하였다.

경성중학교의 장소성 또한 특별했다. 1909년 4월에 개교한 경성중학교는 서대문 밖 독립관을 빌려 증축, 개축하여 마련되었다. 이 건물은 친일단체 一進會의 것으로, 거류민단이 무료차용방식으로 양도받아 개교

---

44 大原龍三, 「敎育觀」, 『隨筆朝鮮』 下, 京城雜筆社, 1935, 107~108쪽.
45 南部 警察署長 今村鞆, 「朝鮮の內地人には重要犯は少ない」, 『朝鮮』 제41호, 朝鮮雜誌社, 1911.7.
46 坪井幸生, 『ある朝鮮總督府警察官僚の回想』, 草思社, 2004, 42쪽. 경성에서 태어나 남대문소학교(1936)에서 수학하고 이후에 경성중학교에 진학한 일본의 작가 가지야마 토시유키 梶山季之의 작품 「京城・昭和十一年」에도 경성제국대학 예과 학생이 소학교 학생 4, 5명을 과외지도하며 월사를 받는 장면이 묘사되어 있다.
47 花園一郎, 「あ, 京中, その比類なき中學」, 京喜會 『仁旺ヶ丘』 編集委員會, 앞의 책, 1982, 355~356쪽.

에 이르게 되었다. 특히 경성중학교의 최초 校舍인 독립관은 "일청전쟁에 의해 획득한 한국의 기념건축물로 (…중략…) 宗主國의 학생을 수용할 校舍가 된 것은 참으로 감개가 깊은 일이다. 이 독립관에서 우리 학생들을 가르친다면 百萬言의 훈육으로도 얻을 수 없는 無言의 큰 교훈을 우리 학생들에게 주는 것이 아닐까"[48]라고 회자되는 곳이었다. 이후 경성중학교는 1910년 11월에 경희궁터로 이전하면서 넓은 부지와 교정은 물론, 기품 있고 유서 있는 건물 등을 확보해 갔다.[49] 경성에서도 역사적으로 의미 있는 독립관과 궁궐터에 자리 잡은 학교의 장소성은 학생들에게 식민지배자로서의 존재감과 자부심을 심어주기에 충분했을 것이다. 이러한 사실은 본국에서 식민지로 떠나오게 된 일본인이 가지는 소외의식과 패배감을 경성의 장소성, 즉 경성이 조선에서 점하는 지리적 중심성과 역사·문화적 상징성을 통해 얼마간 보상하려 했음을 의미한다.

그러나 이러한 의식은 경성지역의 일본인이 가지는 본국에 대한 콤플렉스의 한 단면이다. 비록 식민지로 떠나왔지만 조선의 중심인 경성을 구가하면서 본국과 다를 바 없는 권리를 누리고 있다는 사실을 강조하는 것은 본국을 모방하고 비교하는 심리적 열등감에서 기인한 것이라할 수 있기 때문이다. 예를 들면 다음의 인용문을 살펴보자.

중학교를 마치고 상급학교 수험 때문에 우리들 서너 명은 도쿄로 향했는데, 그 때 동승한 승객들이 물었다.

---

48 一記者, 「學校めぐりの記」(其一), 『朝鮮』 16호, 1909.6, 62쪽.
49 京喜會 『仁旺ヶ丘』 編集委員會, 앞의 책, 1982, 262·357쪽.

　　"학교는 어딥니까?"

　　"경성입니다. 경성중학입니다."

　　우리들은 자랑스러운 표정으로 학교이름을 말했다.

　　"아 그래요? 나는 내지인인가 하고 생각했어요. 그래요? 고향은 조선입
니까?"

　　우리들은 모두 인상을 찌푸렸다. 그 중에서도 가장 불쾌한 표정을 한 친
구가 원적지와 아버지의 혈통, 가문 등에 대해 주절주절 이야기했다.

　　"중학교에는 내지인들만 모여 있습니다. 조선인이 다니는 학교는 고등
보통학교라고 합니다."

　　"그렇습니까? 이거 실례했습니다. 왠지 말투를 들어도 그렇게는 생각이
들지 않아서. 아무 생각 없이 그만……"

　　우리에게 질문한 사람은 어쩔 줄 몰라 했다. 어린 중학생이었기에 불쾌
감은 곧 잊어버리고 언제 그랬냐는 듯 처음과 같은 즐거운 분위기 속에서
조선 풍물 등에 대해 자기 생각을 이야기했지만, 나는 이상한 감정을 떨쳐
버릴 수 없었다. 고향은 조선입니까? ― 라는 질문에 모두는 왜 돌연 불쾌
한 표정을 지었을까.

　　어째서 "네. 그렇습니다"라고 솔직하고 쾌활하게 대답할 수 없었을까.[50]

　　위의 인용문은 7세에 아버지를 따라 조선으로 건너와 수원공립심상
소학교를 졸업하고 경성중학교에 진학한 작가 유아사 가쓰에湯淺克衛
가 쓴 글이다. 유아사는 경성중학교를 졸업한 후, 상급학교 진학을 위

50　湯淺克衛, 「故鄕について」, 『湯淺克衛植民地小說集』, インパクト出版會, 1995, 457~458쪽.

해 도쿄로 가서 와세다제일고등학원에 입학했다. 작가의 체험에 근거한 위의 글에는 조선 및 경성중학교에 대한 본토 일본인과 경성 일본인의 입장 차이가 명확하게 표출되어 있다. 동승한 승객은 경성에서 온 일본인은 '내지인'의 범주에 속하지 않는다고 보고 있는데 반해, 경성중학생들은 자신들이 조선에서 건너오기는 했지만 의심할 여지가 없는 '내지인'이라는 사실을 경성중학교의 지위를 통해 설명하고자 했다. 경성중학생들은 자신들의 정체성을 설명하기 위해 원적지와 아버지의 이력을 동원하는 것은 물론, 경성중학교를 일본인들을 위한 교육시설이자 자랑스러운 명문교라고 주장하지만, 본토 일본인에게 경성중학교는 식민지에 있는 하나의 학교에 지나지 않았다. 그들이 스스로를 "도쿄의 학습원이상으로 학습원적"이라 규정하고 "東京府立一中과 학습원을 합쳐 놓은 학교"라고 위치 지워도 '도쿄의 학습원'이 되는 것은 불가능한 일이었다. 왜냐하면 '도쿄의 학습원'이라는 비유는 본국에 대한 선망과 질시, 그리고 열등감이 복잡하게 교차하는 가운데 만들어진 비유적 표현에 지나지 않기 때문이다.

그런데 이와는 반대로 경성에서 본국 고향의 후진성을 인지하고 근대 도시 경성의 로컬리티를 체득하고자 한 이들도 있었다. 다시 말하면 식민지 조선의 중심인 경성의 도회적 문명이 재경일본인들에게 경성 콤플렉스를 유발시키기도 했던 것이다. 예를 들면 야마구치현山口縣 오시마쵸大島町에서 태어나 이후 경성으로 건너 와 공립사쿠라이심상소학교 5학년에 편입한 한 학생은 하루라도 빨리 '경성내기京城っ子'가 되고자 부단히 노력하였다고 고백한다. 사쿠라이소학교는 서민층 상인의 자녀들이 많이 다니는 학교였지만 일본 본토에 비해 학생들의 복장은 매우 세련되었고, 학우들의 말씨도 야마구치 사투리와는 전혀 다른 도쿄 사투리에 가까워 얼굴을 붉히는 일이 종종 있었으며, 촌놈이라고 비웃음 당하지 않기 위해 빨리 경성내기가 되려고 애썼다는 것이다.[51] 본국으로 수학여행을 갔을 때에는 "도쿄, 오사카, 교토에서는 경성의 거리와 비교하여 그다지 더 대도시라고 말할만한 선망도 동경도 느끼지 못했다. 시내 전차만 하더라도 경성의 보기Bogie전차가 훨씬 모양도 좋고 훌륭하였다. 가장 어이가 없었던 것은 기차였다. 조선의 광궤廣軌와 일본의 협궤狹軌를 비교해 보면 일본쪽이 옹색하여 숨이 막힐 정도였다"[52]고 감상을 이야기하고 있다. 다른 한편으로는 미야지마宮島 바다 위에 펼쳐진 이쓰쿠시마 신사嚴島神社의 붉은 도리이鳥居를 접하고 경이로움을 감추지 않았는데, 이러한 내지 문화에 대한 감상 역시 '조선의 대륙문화와 풍속을 접하며 자란 경성내기'의 입장에서 비롯된 것이었다. 말하자면 화자는 '경성'이라는 장소성과 '경성내기'라는 정체성에 입각하여 타자적 입장에서 본국의 문화를 서술하고 있다. 일본의 시골 출신 학생이 고향의 말투와 옷차림을 하루라도 빨리 벗어버리고 세련된 '경성내기'로 거듭나고자 부단히 노력하는 모습에서는 문명화된 경성을 모방하고 체득하고 싶어 하는 욕망을 읽을 수 있다. 말하자면 '경성내기'는 '경성 콤플렉스'의 또 다른 이름이었던 것이다.

위에서 살펴 본 것처럼 제국의 주변이자 동시에 식민지 조선의 중심이었던 경성은 재경일본인에게 이중적인 콤플렉스를 유발시키는 장

---

51 尾崎新二, 『もう僕は京城っ子には戻れない』, 山口縣コロニー協會, 1994, 16~27쪽.
52 尾崎新二, 위의 책, 1994, 49쪽.

소였다. 다시 말하면 본국과 멀어져 식민지에 정착하고 말았다는 소외
감과 열등감은 본국에 대한 선망과 동경, 그리고 모방으로 이어졌고,
그와는 반대로 본국의 시골보다 문명화된 근대도시로서 경성을 인식
하고 그 문화를 추종하려는 욕망은 '경성내기'라는 새로운 정체성을 탄
생시키기도 하였다. 식민지 조선의 다른 지역들과는 구별되는, 말하자
면 '경성'이기 때문에 가능한 장소성 인식과 경성의 로컬리티는 재경일
본인의 정체성 구성과 불가분의 관계였던 것이다.

2) 본국 일본인에게 투사된 경성 일본인

경성의 일본인은 문명화된 제국의 신민으로 조선인을 지배했지만 본국
에 대한 콤플렉스로부터 자유로울 수는 없었다. 재경성일본인 학생들이
상급학교 진학이나 졸업 후의 진로를 선택할 때 본국의 메트로폴리탄을
선망하고 지향했던 것은 이러한 콤플렉스의 반영이었다. 그런데 이러한
심리적 열등감은 경성 일본인이 본국과 같은 소학교의무교육이나 충분한
고등교육의 혜택을 받을 수 없는 사회 환경에서 비롯된 것이기도 하지만,
본국 일본인에게 투사되어 표상되는 '재경성인 담론'때문이기도 하였다.
　다음의 글은 유아사 가쓰에의 소설 「망향」의 일부분으로, 식민지에
서 자란 일본인 처녀의 현실을 여실히 그려내고 있다.

　"딸을 가지면 고생이 끝이 없어. 우리 집에는 세 명이나 예비군이 대기하
　고 있지. 큰 녀석은 벌써 스물일곱 살이나 됐으니까."

그렇다. 우리 집도, 하고 고스케는 생각했다, 유미코는 이미 스물네 살이고 적령기를 이제 막 넘기려고 한다.

"조선에서 자란 딸들이 범람하고 있어요. 남자들은 모두 내지로 아내를 찾으러 가지. 이래서야 조절이 되겠어요? 우리 딸들은 여자대학에 가고 싶다는 것을 전문학교도 그만두게 하고 후쿠오카에 있는 예비신부학교에 집어넣었어요, 그런데도 전혀 신청이 없어요."

여느 때와는 달리 격정적으로 된 구라야는 "아니, 있긴 있었지만 말이 안 되지"하고 고쳐 말했다. 고스케는 그 심정을 이해할 수 있을 것 같았다. 유미코의 경우도 실제로 그러했다.[53]

조선에서 자란 일본인 처녀들은 결혼적령기가 되었음에도 불구하고 혼처를 구하지 못했다. 딸을 조선의 상급학교에 진학시키지 않고 일부러 본국의 예비신부학교로 보내어 가급적 '내지 여성'과 닮게 만들고자 한 노력은 끝내 수포로 돌아가고 만 것이다. 무엇 때문에 식민지의 일본인 여성은 이토록 결혼하기 힘들었을까. 경성에서 자란 한 일본인은 회고록에서 다음과 같은 흥미로운 지적을 남기고 있다.

내지에서 생계가 막힌 사람, 가난한 사람, 농가의 차남 삼남은 입을 덜기 위해서 조선, 만주, 대만 등의 국외 식민지로 나가곤 했다. 관리, 회사의 전근족은 소수에 지나지 않았고 대부분은 새로운 일을 개척하려는 사람들이었다. 따라서 경성에는 예쁜 처녀는 적다고 다들 이야기하곤 했다.[54]

---

[53] 유아사 가쓰에, 「망향」, 『식민지 조선의 풍경』, 고려대 출판부, 2007, 135쪽.

회고록의 기술을 거칠고 단순하게 해석하자면, 경성에 예쁜 일본인 처녀가 적은 이유는 조선에서 생활하는 이들 대부분이 궁핍한 생활을 하고 있기 때문이며, 새로운 일을 개척해야 하는 상황으로 인하여 억척스러워졌기 때문이다. 실제로 일부 관리나 교사, 군인 등을 제외하면 생계 곤란, 家勢 쇠퇴 등의 이유로 조선 행을 택한 경우가 많았다. 이러한 경위와 조선에서의 생활환경은 식민지에서 자란 일본인 처녀들의 평가에 절대적인 영향을 미치게 되었다. 예를 들면 조선에서 자란 일본인 여학생들에게 교사가 "너희들은 내지에서 태어난 여성들에 비하면 정숙하지 않아"라고 말하거나,[55] 본국의 여학생보다 기풍이 담박하고 시원스러운 점과 신체가 큰 점 등을 거론하며, 이는 교육의 힘이라기보다 "현해탄의 怒濤를 넘어온 强壯한 부모의 피를 이어받은 데다 이 학교에 오기까지 충분히 淘汰를 거친 결과"[56]라고 한 것은 식민지 일본인 여학생의 육체적 정신적 특징을 부정적으로 해석한 것이라 할 수 있다. 또한 "어떠한 일이 있더라도 조선에서 자란 여자를 아내로 맞이해서는 안 된다"는 '조선에서 자란 내지인 여자 배척론'[57]은 이들

---

54 尾崎新二, 앞의 책, 23쪽.

55 澤井理惠, 『母の「京城」私のソウル』, 草風館, 1996, 116쪽. 이 책은 한국어로 번역되어 출판된 바 있다(사와이 리에, 김행원 역 『엄마의 게이죠, 나의 서울』 신서원, 2000).

56 경성지역의 생도를 본토의 여학생에 비교하면 기풍이 담박하고 시원한 점과 신체가 크고 건강한 것에서 현저한 차이를 느낀다. (…중략…) 대개 여자는 잔소리가 많고 시기질투가 끊임없는데, 경성여학교의 생도는 자못 淡白하여 작은 것에는 그다지 신경쓰지 않는 기풍이 있다. 이는 교육의 힘이라고 하기보다 父祖의 유전과 사회의 풍조에 의한 것으로 생각된다. 또 신체 면에서도 현해탄의 怒濤를 넘어온 强壯한 부모의 피를 이어받은 데다가 이 학교에 오기까지 충분히 淘汰를 거친 결과일 것이라고 본다. —記者, 「京城女學校巡り」(上), 『조선급만주』71호, 1913.6, 66~67쪽. 시대하라도 본토 여학생과 비교해서 큰 차이는 없고 오히려 조금 우량한 편인데 특히 18세 이상 우량하다고 했다(幣原坦, 앞의 책, 1919, 299쪽).

57 只松保三, 「京城よいところ」, 『京城雜筆』9호, 1936.9, 25쪽.

이 가부장적 사회체제에 적합하지 않다는 것을 직간접적으로 표현한 것이라 할 수 있다. 비교적 유족한 집안의 딸들이 진학하는 경성여자고등학교조차 "식민지의 사회분위기 속에서 자못 활발하여 남성다운 점이 있다",[58] "너희들은 내지에서 실패한 끝에 신천지를 찾아온 떠돌이의 아이들"[59]이라고 이야기될 정도였다. "외지에서 자란 사람끼리 결혼한 커플은 사이가 참 좋았던 것 같은데, 내지에서 태어난 남자와 결혼한 사람 가운데에는 아무리 노력해도 관계가 좋지 않아서 이혼하거나 본가에 아이를 두고 나온 사람도 있어. 외지에서 자란 우리들을 이해해 주는 남자는 좀처럼 없어"[60]라는 고백에서도 알 수 있듯이, 경성에서 자란 일본인 딸들은 식민지 본국 ― 식민지라는 위계화된 사회적, 문화적 맥락 가운데서 본국의 처녀들과 비교되었으며, 결국에는 상대적으로 부족하고 열등한 '타자'로 전락하는 수순을 밟았다. 이러한 여학생 표상은 재경 일본인 여성 전반에 대한 부정적인 담론으로 확대되기도 하였다. 말하자면 경성의 일본인 여성들은 '출가적 근성'을 가지고 있을 뿐 아니라, 창부와 같은 신분으로 조선의 노동 시장에 참여하고 있고, 낯선 땅에서의 생활로 인한 히스테리 증상을 보이는 것으로 자주 묘사되었던 것이다.[61]

한편, 경성의 일본인 남학생의 경우에는 왜소한 체격과 순량하고 온순한 기질이 그 특징으로 꼽히기도 하였다. 이는 경성의 일본인 여학

---

58 ―記者, 「學校めぐりの記」(其一), 『朝鮮』 16호, 1909.6, 63쪽.
59 澤井理惠, 앞의 책, 29쪽.
60 위의 책, 116쪽.
61 식민지 일본어문학・문화연구회, 『제국의 이동과 식민지 조선의 일본인들』, 문, 2010, 305・320~341쪽.

생이 체격이 크고 강장한 기풍을 지니고 있다고 평가되는 부분과 크게
대조적이다.

　　첫째는 체질인데, 소위 玄海의 怒濤를 건너 해외에서 경험하며 새로 사
업을 개척하려고 하는, 신체와 정신이 強壯한 부형의 피를 이어받은 자제
들이기 때문에 그 체격은 반드시 매우 뛰어날 것이라고 생각했는데, 이는
사실 나 혼자만 예상한 것이 아니라 일본의 교육자들이 모두 상상한 바인
데, 실제로 보니 전국 일반의 중학생과 비교해 중간 또는 그 이하이다. 둘
째 의외로 느낀 점은 생도의 기풍이 매우 順良하다는 점이다. 금일에는 사
회질서가 매우 정돈되어 거의 흠잡을 점이 없을 정도로 진전되었으나 수년
전의 혼돈된 분위기에서 자란 자제의 기질은 剛健하면서도 粗放한 경향이
있으며 진취적이면서도 살벌할 것으로 예기했는데, 사실은 이에 반해 매우
從順하다. 조선의 일본인 학생의 기질이 순량한 것은 기뻐할 현상이지만
그 이면에는 유약한 결점을 면할 수 없는데 특히 남학생이 유약한 기질이
있을 때에는 華美로 흘러 주색을 가까이하고 安逸에 빠지는 등 風紀를 파
괴하고 元氣를 소멸시킬 우려가 있다.[62]

　　1914년경에 경성중학교장으로 있었던 시바사키 데쓰키치柴崎鐵吉는
일본에서 건너와 1년여 정도 생활하는 동안 일본에서 예상했던 것과
현저하게 다른 점으로 남학생들의 왜소한 체력과 유순한 기질을 꼽았

62　경성중학교장, 「植民地教育に對する所感」, 『조선급만주』 83호, 1914.6, 21~22쪽. 경성
중학교 학생의 체격은 본토에 비교해 17세까지는 열등하고 18세부터 이를 따라잡아 19세
부터 양호하게 된다고 한다(幣原坦, 앞의 책, 1919, 296쪽).

다. 그는 현해탄의 노도를 건너왔다고는 생각되지 않을 정도로 남학생들의 몸집이 작고, 척박한 생활환경을 극복하려는 부모의 개척 정신을 계승한 예는 찾아보기 힘들다고 지적하였다. 남학생에게 요구되는 일반적인 자질과 덕목, 다시 말하면 강인한 체력과 진취적인 기상, 굳건한 신념 등이 식민지의 일본인 남학생에게 결여되어 있는 이유는 다름 아닌 '경성'이라는 장소의 탓이었다. 학생들의 주변 정서가 다소 일본과 다른데다가, 모국의 땅을 밟아보지 못한 자제가 대부분이어서 학생들의 정신적 교화가 쉽지 않았던 것이다. 이 때문에 시바사키는 사회관계가 희박한 식민지 학생에게는 국가적 차원의 靈的 신념이 가장 필요하며 이를 함양하는 최선의 수단이자 조선통치의 효과를 얻기 위해 메이지 신궁을 건설해야 한다고 주장하기도 했다.[63]

이처럼 당시의 담론을 살펴보면, 본국의 일본인 여학생과 비교하여 경성의 일본인 여학생은 몸집이 크고 기풍이 강건하지만, 경성의 일본인 남학생은 완전히 그 반대라고 하는 대조적인 해석을 도출할 수 있다. 그러나 이러한 의견은 당시의 학생들의 존재 양상을 실제적으로 반영한 것이라고 하기보다 경성에 거주하는 일본인에 대한 불신과 편견이 다분히 반영된 결과라 할 수 있다. 즉 재경일본인 집단은 일본 땅에서 실패하고 낙오된 자들이 모여 형성된 것이며, 이들이 생활하는 조선사회의 환경과 조건은 일본인이라 부르기에는 부적합한 인물을 양성하고 있다는 선입견이 이와 같은 도식을 만들어낸 것이라고 볼 수 있는 것이다.

경성의 일본인 학생들을 '일본 국민'에 부적격한, 또는 미성숙한 어

---

63 경성중학교장, 「植民地敎育に對する所感」, 22쪽.

떤 대상으로 바라보고 정의하려는 이러한 담론 때문에, 경성의 일본인은 끊임없이 본국, 그 가운데서도 도쿄를 비교의 축으로 끌어들이며 과잉된 모방 욕구를 분출시킬 수밖에 없었다. '경성의 학습원', '조선의 학습원'이라는 비유가 난무하고, 학생들이 본국의 상급학교로 진학하려 했던 것도 바로 그 이유 때문이었다. 자타가 공인하는 '조선의 학습원'인 경성중학교에 재학 중이면서 "특히 내지의 고등학교에 진학하기를 열망했다", "내지 유학은 가계가 허락하지 않아서 경성제국대학 예과에 입학했다"는 고백은 이러한 사실을 뒷받침한다. 경성의 일본인 학생들이 가졌던 본국에 대한 선망과 질시, 그리고 콤플렉스는 본국 일본인들이 이들에 대해 가지고 있었던 오해와 편견에 대한 구체적 반응이자 결과였다. 일종의 인과관계라고 볼 수 있는 양자의 담론은 식민지 시기 경성에서 반복적으로 확대 재생산되어갔다.

4. 식민도시 경성 거류 일본인의 콤플렉스

재조일본인 교육의 주요한 목표는 식민지 현지상황에 대한 적응과 정착이었고, 또한 조선인 동화를 위한 문명국민으로서의 품성 훈육과 자질 계발이었다. 경성의 일본인 교육시스템은 초등·중등 교육은 조선인과 분리되어 있었으며, 이후 실업학교나 전문학교, 대학은 조선인과 공학으로 체계화되어 있었다. 따라서 경성의 일본인 교육시스템과 진로문제 등의 특수성을 이해하기 위해서는 기본적으로 소학교와 중등학교 교육시스템에 대한 분석이 필요하다.

경성지역에는 1930년대 초까지 소학교 10개교, 고등여학교 3개교, 중학교 3개교가 설립되었다. 가장 먼저 설립된 히노데소학교는 재학생이 주로 관료나 부유한 기업가의 자제였기 때문에 '경성의 학습원'이라고 비유될 정도였다. 경성의 일본인 학생들의 엘리트 코스는 히노데소학교 졸업 후 경성중학교를 거쳐 본국의 고등학교로 유학하여 제국대학에 입학하는 것이었다. 소학생 대부분이 실업에 종사하기보다 상급학교로 진학하기를 원했고 경성중학생의 경우에도 상당수가 진학을 원했지만, 중·고등교육기관이 충분하지 않았기 때문에 입시경쟁은 본토보다 더 치열한 편이었다.

초기 경성에 이주한 일본인들은 식민지 조선을 자신들이 개척했다는 프라이드를 가지고 정착에 가장 중요한 교육기관이나 제도를 본국과 똑같은 시스템으로 설치하도록 요구했다. 차츰 교육시스템은 정비되었지만, 시간이 지날수록 그들의 프라이드는 사라지고 자녀 교육과 졸업 후 진로의 불안감으로 인해 본국의 메트로폴리탄에 대한 선망과 질시의 콤플렉스는 심화되어 갔다.

경성에 이주한 일본인들은 관료이든 일반 서민이든, 그리고 자의에 의해서든 타의에 의해서든 식민지로 밀려났다는 의식으로 인해 콤플렉스를 가졌다. 그런데 이러한 콤플렉스는 일본인들이 식민지 경성을 비문명적인 곳이고, 따라서 그곳에 거주하는 일본인 또한 '일본국민' 기준에 미달하는 군상으로 인식하고 규정하는 의식에서 발화된 것이다. 즉 경성의 이주일본인과 그 2세대 학생들이 가졌던 본토 메트로폴리탄에 대한 선망과 질시는 바로 본국 일본인의 경성담론(식민관)에 의해 유발되고 자극받았던 것이다.

　한편 조선의 중심이기도 한 경성의 도회적인 문명은 일본의 지방으로부터 이주한 일본인들에게는 역으로 '경성내기'가 되어야 한다는 '경성 콤플렉스'를 유발하기도 했다. 이는 경성이 식민지이면서도 조선의 중심이자 중앙으로서 기존의 사회문화시스템이 정비되어 있고 또한 일본의 이식문명이 가장 발달한 곳이었기 때문이다.

　이와 같이 이중적인 경성 콤플렉스의 심상은 제국권역 내의 위계적 공간체계에서 어쩔 수 없는 식민지이지만 일본의 어중간한 지방보다 오히려 문명화된 곳, 바로 제국의 주변이자 식민지 조선의 중심이라는 경성의 장소성이 투사되어 형성된 것이라고 볼 수 있다.

참고문헌

『朝鮮及滿洲』,『朝鮮』,『매일신보』,『京城雜筆』.

岡良助,『京城繁昌記』, 博文社, 1915.

경성부,『京城府史』, 1936.

京城日出會,『わが赤煉瓦の學び舍－京城日出小學校百年誌』, 1989.

京喜會『仁旺ヶ丘』編集委員會,『仁旺ヶ丘－京中卒業五十周年記念誌』, 1982.

弓削幸太郎,『朝鮮の敎育』, 自由討究社, 1923.

尾崎新二,『もう僕は京城っ子には戻れない』, 山口縣コロニー協會, 1994.

石原留吉,『京城案內』, 경성협찬회, 1915.

矢野干城,『新版大京城案內』, 경성도시문화연구소, 1936.

阿部辰之助,『大陸之京城發刊の辭』, 京城調査會, 1918.

유아사 가쓰에,「망향」,『식민지 조선의 풍경』, 고려대 출판부, 2007.

조선총독부 내무부 학무국,『朝鮮敎育要覽』, 1915.

　　　　　　　　　　　　　　　　,『朝鮮諸學校一覽』, 1918.

조선총독부 학무국,『朝鮮諸學校一覽』1927년판, 1928.

靑柳綱太郎,『最近京城案內記』, 조선연구회, 1915.

湯淺克衛,「故鄕について」,『湯淺克衛植民地小說集』, インパクト出版會, 1995.

幣原坦,『朝鮮敎育論』, 合資會社六盟館, 1919.

澤井理惠,『母の'京城' 私のソウル』, 草風館, 1996.

권숙인,「식민지배기 조선 내 일본인학교－회고록을 통해 본 소·중학교 경험을 중심으로」,『사회와 역사』77, 한국사회사학회, 2008.

나카바야시 히로카즈,「1910년대 조선총독부의 교육정책과 재조일본인 교원 통제－조선교육(연구)회를 중심으로」,『동방학지』157, 연세대 국학연구원, 2012.

박광현,「재조일본인의 '在京城 의식'과 '경성' 표상－'한일합방' 전후 시기를 중심으로」,『상허학보』29, 상허학회, 2010.

식민지 일본어문학·문화연구회『제국의 이동과 식민지 조선의 일본인들』, 문, 2010.

신승모,「식민지시기 경성에서의 '취미'」,『일본언어문화』17, 한국일본언어문화학회, 2010.

신승모·오태영,「식민지시기 '경성'의 문화지정학적 위상에 관한 연구」,『서울학연구』 38, 서울시립대 서울학연구소, 2010.

이동훈, 「'경성'의 일본인 사회와 자녀교육―통감부 시기와 1910년대를 중심으로」,
　　『서울학연구』 45, 서울시립대 서울학연구소, 2011.

타무라 히데아키, 「재조일본인의 조선·도시로서의 경성―다나카 히데미쓰 '사랑과
　　청춘과 생활'」,『한국 현대문학회 학술발표회 자료집』, 한국현대문학회, 2009.

稻葉繼雄,『舊韓國~朝鮮の'內地人'敎育』, 九州大學出版會, 2005.

고향의 발견과
서울 / 지방의 (탈)구축[*]
결여와 선망의 이중구조

문재원

1. 로컬리티 그리고 한국문학

오늘날 로컬리티는 지구화과정 속에서 기존의 담론적 배치로부터 벗어나 새로운 담론적 배치로 재편되어 가는 움직임을 보이고 있다. 이 경로 역시 엄청난 고착과 종속의 위험이 도사리고 있지만, 반면 고착화된 배치의 선로를 이탈하여 새로운 경로를 모색할 수 있는 계기의 가능성은 분명 존재한다.[1] 여기에서 놓칠 수 없는 것은 로컬의 내부와

---

[*] 이 글은 『한국문예비평연구』 제38집(2012)에 수록된 문재원의 「고향의 발견과 서울 / 지방의 (탈)구축」을 수정, 보완한 것이다.

[1] 이에 대해 아리프 딜릭은, 로컬리티를 '해방과 조작'이 가능한 이중성의 공간으로 보고 있다 (A. Dirlik, "The Global in the Local", R. Wilson & W. Dissanayake(eds.), *Global / Local : Culture Production and the Transnational Imaginary*, Durham : Duke Univ. press, 1996, pp.31~42 참조) 해방의 측면은 앞에서 지적된 것처럼 근대국민국가의 반성기제와 맞물려 자율적이고 역동적인 지역의 가능성이고, 조작의 측면은 세계화의 흐름에 무방비하게 노출되어 자본 흐름의

외부의 시선이 충돌하며 발생하는 이질적인 목소리(들)이다. 근대화 과정에서 탄생된 로컬의 논리를 추적해 보면, 로컬의 자율적인 목소리는 부재한 것이 아니라 억압과 배제의 논리 속에 지워진 것이다. 그러므로 단일한 시점에 수렴되지 않는 이 목소리야말로 외부의 균질화 논리를 거스를 수 있는 틈이 될 수 있다. 이 과정에서 '발견'된 로컬은 단일하고 균질화된 공간 질서에 수렴되지 않는, 혼종과 미결정의 중첩적이고 복합적인 면모를 지니고 있을 것이다. 또한 이 공간에서 발생되는 분열적 주체는 근대 동일성에 통합된 주체에서 비켜난, 그래서 로컬의 한 가능성으로 읽어낼 수 있는 지점이다. 그러므로 이 지점에서 포착된 로컬리티는 일반적으로 근대 국민국가의 중심 / 주변의 구도에 대한 비판적 인식으로 종종 소환된다. 다시 말해 이러한 구도 안에서 발견된 로컬리티는 탈중심, 탈근대, 탈식민의 개념과 함께 중심권력에 대한 지배와 종속의 구도를 전복시키는 운동으로 수용된다.[2]

그러나 로컬을 소수자로 로컬리티를 기층적 물질성에 근거한 주변부의 특징적 성향 정도로 규정하는 것은 로컬리티의 문제를 축소하거나 왜곡시킬 수 있는 오류를 내장하고 있다. 또한 기왕의 중심 / 주변의 표상체계에 의존하여 설명해낼 수밖에 없는 중심 / 주변담론이 갖는 한계 안에서 주변부의 반복적 환기는 결국 기존의 표상체계를 더욱

논리에 흡수당할 수 있는 공간을 지적한 것이다.

2 로컬리티의 인문학 연구단에서는 이를 '위계적' 구도 안에서 지배 / 저항의 담론으로 설명하고 있다(부산대 한국민족문화연구소, 『로컬리티, 인문학의 새로운 지평』, 2009; 부산대 한국민족문화연구소, 『로컬리티인문학』 창간호, 2009 참조); 박승희, 「로컬리티와 1954년, 대구—『마당깊은 집』을 중심으로」, 『인문연구』 64호, 영남대 인문과학연구소, 2012, 62~66쪽 참조.

강화시키는 역할에 공모하게 된다. 위계적인 구도가 갖는 위험성은 중심-악 / 주변-선, 중심-근대, 주변-탈근대라는 도식에서 벗어나지 못하며 이때 로컬은 이미 구체성과 복잡성을 상실하고 추상화되고 고착된 한 방향만을 지정한다. 로컬리티에 내재한 주변의 위계적 구도 자체가 전적으로 부인되는 것은 아니나, 이러한 구도 안에서는 여전히 근대화담론을 벗어날 수 있는 여지가 빈약하다는 것이다.

또한 맥락이 생략된 채 로컬리티와 주변성 그 자체가 곧바로 진보적이고 비판적인 가치와 동일시되는 것 역시 '비난의 수사학'을 넘어서지 못한다. 뿐만 아니라, 중심 / 주변의 구도가 더욱 공고화되면서 중심에 대한 모방만 반복될 뿐이다. 하나의 내러티브가 구조화될 때 항상 어떤 것은 지워지고 생략된다는 마셔레이Pierre Macherey의 논지에서 보면, 국가 / 로컬의 이분법적 내러티브는 기존의 지식체계를 답습하는 '경험론적 오류'에서 벗어나지 못하고[3] 글로벌 / 로컬, 로컬 / 로컬의 복잡한 문맥을 제거한다. 이러한 구도 안에서 로컬리티에 대한 탐색은 근대의 동일성 안에서 지워졌던 로컬의 흔적들을 새롭게 발견한다는 의미는 있지만, 자칫 변방의 열등감과 중심지를 향한 열망이라는 구조적 일반론으로 함몰될 수 있는 지점을 동시에 안고 있다.

이러한 문제는 한국적 상황에서 모순이 더욱 심화된다. 일반적으로

---

3 작품의 담론은 결정되어 있으면서 동시에 끝이 없고, 완성되어 있으나 끝없이 다시 시작하며, 산만하면서 동시에 응축되어 있고, 그것이 감추지도 드러내지도 못할 어떤 부재하는 중심의 주위를 감싸고 있다. 이러한 불완전성과 해체된 중심, 그 의미의 다양성에 텍스트의 필연성이 토대하고 있다(Pierre Macherey, *A Theory of Literary Production*, tr. Geoffrey Wall, London : Routledge & Kegan Paul, 1978, p.3). 마셔레이가 강조하는 텍스트의 지점은 로컬리티를 읽어내는 데 유효하다.

한국사회에서 진행된 왜곡된 근대화는 로컬의 관계항들이 '국가 / 로컬, 서울 / 지방, 중앙 / 주변' 으로 환치되는 구조를 쉽게 용인하게 하였다. 여기서 국가-서울, 로컬-지방의 관계를 어떻게 설명할 것인가. 이것은 서울 = 대한민국이라는 은유적 도식에 대한 암묵적인 동의하에서 가능하다. 그런데 서울과 대한민국은 상이한 스케일이다. 이는 한국사회를 흐름 짓고, 모양 짓는 힘의 대부분이 서울이라는 공간에 모여 있다 하더라도, 국가의 하부단위 서울로, 즉 국가-로컬의 관계로 설명되어야 한다. 서울과 비非서울에 내재된 위계화의 문제는 로컬의 상대화 작업 안에서 그 관계성과 위치성에 대한 탐문이 될[4] 때 '내부 식민지론'[5]에서 벗어날 수 있다. 이에 로컬리티 연구는 중심과 주변 구도에 대한 추인 작업이 아니라 수많은 중심의 구상이 시도되고 좌절되었던 흔적을 더듬는 작업이 된다.[6] 다시 말해 로컬이 절대적으로 자명한 것이 아니라, 관계 속에서 도출된 개념이라는 점을 전제한다.

그러므로 '로컬은 국가가 만들어낸 상상의 정체성이 아닌, 현실의 장소에 기반을 둔 실지정체성과 국가성에 의해 억압받던 주변성, 소수성, 다양성의 가치를 품고 있다'[7]는 전제는, 근대성의 구조 속에서 지워졌

4　로컬이란 절대적으로 규정된 스케일이 아니라 전체와 관계에 의해 결정되는 대타적 개념으로 이해된다. 여기에서도 전체와 부분, 글로벌과 로컬의 관계는 수평적인 관계와 위계적인 관계 모두 포함할 수 있다. 이렇게 볼 때 전체와 부분의 관계에서 상위의 스케일과 상대적인 스케일로 커뮤니티, 지방, 지역region, 국가, 지역area, 글로벌 등을 다양하게 위치지울 수 있다.

5　강준만, 『지방은 식민지다』, 개마고원, 2008, 54쪽.

6　정주아, 「움직이는 중심들, 가능성과 선택으로서의 로컬리티－한반도 서북 지역의 민족주의 문화운동을 사례로」, 『민족문학사연구』47, 민족문학사학회, 2011, 22쪽; 정주아는 '로컬은 당대의 중심과의 비교에서 나타나는 상대적 결여의 발견에서 탄생하고 그 결여를 채우기 위해 움직인다고 주장하면서 '움직이는 중심'으로서의 로컬리티를 제안한다.

7　이상봉(「탈근대, 공간의 재영역화와 로컬 로컬리티」, 『로컬리티, 인문학의 새로운 지평』, 혜안, 2009, 68쪽)의 논의에서 잠정화되어 있는 것은 국가 / 로컬의 이분법이다. 이때 국가는 로컬의

던 로컬의 내재적 가치에 주목해 보자는 동기부여는 될 수 있으나, 한편으로 로컬을 절대적 가치, 혹은 또다른 근대 패러다임으로 소환되는 일이 될 수 있음을 주목해야 한다. 로컬리티의 문제가 로컬 내부에만 국한된 것도 아니고 로컬 안팎의 시선들이 교호하면서 빚어내는 담론적 투쟁의 과정들이며, 담론적 구성물이라는 점에서 로컬 역시 '상상적 공동체'의 산물이 될 수 있다는 점을 인지해야 한다. 로컬리티 연구에서 언표주체나 시선의 문제가 중요하게 대두되는 것은 이 때문이다.

전지구화가 급속도로 진행되는 가운데 역설적으로(여러 문맥상으로) 로컬리티[8]에 관심이 증폭했다. 문학의 경우도 마찬가지다. 한때 한국문학이 어떻게 '세계성'을 담보하는가가 여기저기서 화두로 제시되면서 세계문학으로서의 한국문학이 강조되었다. 그런데 최근 한국문학에서는 로컬리티에 대한 관심이 증폭되었다. 이는 일차적으로 국가 영토 안에서나 한국문학사 안에서나 '지정학적 결정항들geo-political determination'에 대한 문제제기다.

우선, 문학에서 로컬리티에 대한 고민은 지역문학 담론에서 출발되었다. 근대 국민국가를 구성하는 '외부'에 위치지어 있던 지역에 대한 발견은 근대성에 대한 비판적 성찰이 되었으며, 지역문학에 대한 문제제기도 이와 관련 있다. 지역문학은 근대적 제도와 그것이 낳은 문화적

기억과 흔적을 지운 주체로서 '국가-악, 가해자, 로컬-선, 피해자' 라는 공식이 잠재화되어 있다. 이때 국가의 자리에 서울이 안치되면 자리는 대체되지만, 그 속성은 여전히 잠재되어 있다.

8 로컬리티locality와 로컬리즘localism을 구분하고자 한다. 근대적 질서에 편입된 지역의 욕망을 실재로 오인하거나, 그럼으로 그 오류의 경로를 끊임없이 재생산하고 있는 지역담론이나, 이러한 담론에 대해 비판적으로 형성된 지역 내의 담론 역시 중심 / 주변의 이분법적 원리를 내장한 자리바꿈 역시 쌍생아이다. 외부의 시선에 의해 규정된 지역성이나 내부의 '비난의 수사학'으로 가득찬 오독誤讀의 지역중심주의localism 역시 경계해야 할 것이다.

시스템에 의해 형성된 하위의 문화 형식이며 그래서 동일화의 논리에 강제된 타자로 남겨진 흔적이었다. 그러나 최근 지역문학 담론에서는 서열과 표준을 생성해 온 제도와 자본주의적 생산 방식에 문제를 제기[9]한다. 구체적 작업으로 지역적 연고에 바탕한 자료의 발굴, 이에 대한 담론의 확산, 지역문학의 위치성에 대한 재조정 등으로 이어졌다.

'지역의 눈'[10]에 의한 '지역의 특수성'[11]을 구현하는 것이 지역문학이라면, 이때 가장 중점이 되는 것은 이곳과 저곳의 차이를 발견하는 일이 될 것이다. 이러한 차이가 놓이게 되는 배치 전략은 (의도와 무관하게) 이곳의 중심성을 강화하는데 기여할 것이다. 이곳이 지역(문학) 연구가 또다른 중심의 서사를 쉽게 수락하는 지점이다. 이런 점에서 지역문학 담론에서 공통적으로 강조되는 '지역성(지역의 정체성)'이 로컬리티로 곧바로 환치될 수 있을까는 의문이다.

결론적으로 말해, 로컬리티는 중심의 서사를 복원하는 데 궁극적 목적이 있지 않다. 로컬리티는 중심과 주변의 이분법적 관계에 대해 의문을 제기하고, 그 관계 해체에 대한 기획을 지속적으로 한다. 그래서 무엇보다 중요한 것은 로컬, 로컬리티가 놓여있는 관계선을 다르게 배치하는 일이 중요하다. 로컬리티는 선험적으로 결정되는 것이라기보다는 다양한 종류의 관계망에 의해 구축되거나 부정되는 역동적 과정이다. 그러므로 여기와 저기, 나와 너, 이때와 그때 등등의 관계와 배치에 의해 구성되는 로컬리티에 대한 총체적인 시각이 확보되어야 한다.

---

9 송기섭, 「지역문학의 정체와 전망」, 『현대문학이론연구』 24, 현대문학이론학회, 2005, 7~15쪽.
10 김동윤, 「지역문학연구의 현황과 과제」, 『현대문학이론연구』 33, 현대문학이론학회, 2008, 39쪽.
11 남송우, 「지역문학 연구의 현황과 과제」, 『국어국문학』 144, 2007, 국어국문학회, 18쪽.

최근 문학연구에서 지역문학, 지역성이 아닌 '로컬리티'라는 명명은 이러한 고민의 연장이라고 볼 수 있다.[12]

특히 문학 언어는 사실fact이 아니라, 사실을 사실답게reality 만드는 허구적 상상력의 토대 위에 있다. 로컬의 현실 구조와 이것들의 재현을 매개하는 서사의 원리에는 보다 복합적이고 중층적인 맥락이 작용하고 있다. 문학 언어의 현실 구속력과 초월력은 이러한 복합적인 결texture을 중층적으로 매개한다. 르페브르가 자본주의에 의한 근대 공간의 탄생을 넘어설 수 있는 지점으로 '상상의 공간'을 주목한 것도 상상의 공간, 재현의 공간이 갖는 현실구속력과 초월력을 동시에 견인해 내는 이 지점이다.

로컬리티를 대타성, 중층성을 토대로 만들어지는 관계적인 개념으로 정리하는 연구들에서 보여주듯 로컬리티는 항상 '관계' 속에서 발생하는 상대적인 차이를 통해 형성됨을 알 수 있다. 따라서 로컬리티는 선험적으로 결정되는 것이라기보다는 다양한 종류의 관계망에 의해 구축되거나 부정되는 역동적 과정으로 보아야 한다. 그래서 이것의 방향은 특정 국면의 맥락에 따라, 담론적, 실천적 주체의 위치에 따라 생성, 변형의 지점이 다르게 나타난다. 이러한 관계는 중심 / 주변으로 고착될 문제도 아니며, 선 / 악, 진 / 위의 문제로 가치 판단될 문제는 더더욱 아니다. 로컬리티에 대한 이러한 시각을 전제로 해서 1960, 70년대 김승옥과 이청준의 작품에서 제시되는 고향탐색의 서사를 살펴보고자 한다.

---

12 이러한 움직임은 최근 '로컬리티'와 문학담론의 결합을 시도하는 학회의 주제에서도 확인된다. "한국문학의 로컬리티와 지정학적 상상력"(인천문화재단 민족문학사연구소·인하대 한국학과 공동 심포지엄, 2011.8); "로컬리티와 이주의 상상력"(2011년도 한국문학회 추계 전국학술발표대회, 2011.11); 「기획주제—한국문학과 로컬리즘」(『한국문예비평연구』38집, 한국현대문예비평학회, 2012.8) 등.

2. 이동하는 주체와 공간의 중층성

주지하듯이, 1960년대는 4·19와 5·16의 모순적 상황을 배태하면서 정부 주도 하에 본격적인 도시화가 진행되던 시기였다. 이때 1960년대 진행된 도시화는 수많은 이향離鄕을 낳았고, '상경민'들을 탄생시켰다.[13] 이향과 상경의 최종 귀착점은 말할 것도 없이 서울이었고, 서울은 온갖 착종된 욕망들의 집산지가 되었다.[14] 이 때 서울-지방은 물리적 공간 거리가 아닌 중심 / 주변의 구도를 형성하게 되었고, 이 과정에서 중심을 향한 모방 욕구는 서울로의 이향을 더욱 가속화시켰다. 당시 서울에 입성하는 것은 도시민이 되는 것이었고, 도시민이 되는 것은 근대국가의 새로운 주체로서 '호명interpellation'되는 자리였다.

문학에서는 산업화, 도시화의 과정에서 발생하는 자본주의적 모순을 집중적으로 다루면서 환상과 환멸을 넘나드는 공간으로 서울을 주목했다. 당시 이향과 귀향은 1960~70년대 한국문학의 반복적인 모티프가 되었고, 이러한 여로旅路 안에서 근대적 주체의 탄생과 몰락이 형상화되었다. 1960~70년대 소설에서 형상화되는 서울-지방(시골)의 공간대비와 이에 따른 탈향(상경)-귀향의 행위는 이농현상과 계층 이동

---

13 조명래는 1960년대부터 시작된 산업화, 도시로의 인구집중, 그리고 도시를 중심으로 하는 근대경제 및 정치활동의 제도화가 곧 한국적인 근대도시 생성의 경로라고 분석하면서, 이 시기 농촌으로부터 도시 인구가 이동해 간 현상은 인구의 단순한 지리적 이동이 아니라 농촌공동체적 삶의 관계가 도시공동체적인 것으로 급격히 재편되는 현상을 수반한다고 설명한다(조명래, 『현대사회의 도시론』, 한울, 2002, 35쪽).

14 박정희정권은 1962년 '서울행정에 관한 특별조치법'으로서 여러 특권을 부여하고 이듬해 주변지역을 서울에 편입시켜 서울의 면적을 2배로 늘렸다. 1960~70년대 서울의 인구는 2.3배 증가했는데 이는 당시 전체 한국인구 증가 속도의 2배에 달했다(장규식, 「거대도시 '서울공화국'의 명암」, 『역사비평』 65호, 역사비평사, 2003 겨울).

이 시작되는 전란 이후의 1960년대 한국사회의 산업화과정에 대한 '공간적 상징'이라고 명명할 수 있을 것이다.[15]

김승옥과 이청준의 작품들은 이향과 귀향, 혹은 귀향과 이향의 모티프를 서울-지방에 올려놓고 상경민의 서울체험, 혹은 귀향민의 고향 탐색을 집중적으로 다루었다. 김승옥과 이청준의 이러한 문학적 작업에 대한 연구 성과들은 크게 ① 서울과 지방이라는 이분법,[16] ② 도시 체험과 근대적 주체의 탄생,[17] ③ 발견되는 고향(만들어지는 전통)[18] 등으로 초점이 맞추어져 있다. 여기에서 김승옥과 이청준을 보고자 하는 것은 현재 국토공간 안에서 서울이 차지하는 지정학적 위상의 '출발점'을 보고자 하는 데 있다. 이러한 작업은 궁극적으로 오늘날 '자명한 것'으로 표상된 서울 / 지방, 중심 / 주변의 관계에 대한 물음의 출발이다.

김승옥과 이청준은 각각 전남 순천과 장흥에서 성장했다는 점, 서울 대학에 진학했다는 점, 서울의 경험이나 고향감각을 문학적으로 형상화했다는 점 등 작가적 연대기에서 유사한 점이 많다. 특히 서울-지방에 대한 감각을 형성하는 이들의 특수한 삶의 조건과 정서들은 작품 내

---

15 백지연, 「1960년대 한국소설에 나타난 도시공간과 주체의 관련양상 연구」, 경희대 박사 논문, 2008, 271쪽.

16 천정환, 「지역성과 문화정치의 구조」, 『사이』4호, 국제한국문학문화학회, 2008; 조명기, 「중심 / 주변 공간 위계의 내면화 기제」, 『로컬리티인문학』2, 부산대 한국민족문화연구소, 2009 참조.

17 백지연, 앞의 글; 김평전, 「김승옥의 '도시'인식과 '공간'의 정치학」, 『비교문학』42, 한국 비교문학회, 2007; 김지혜, 「김승옥 소설에 나타난 병리적 몸 인식과 근대적 주체 연구」, 『한국문학이론과 비평』45, 한국문학이론과비평학회, 2009; 임환모, 「이청준 소설의 지형도」, 『남도문화연구』16, 순천대 남도문화연구소, 2009 참조.

18 김성경, 「지역주의와 만들어지는 전통」, 『한국 근대문학연구』6-2, 한국근대문학회, 2005; 마희정, 「이청준 소설에 나타난 고향탐색-「귀향연습」, 「눈길」, 「살아있는 늪」을 중심으로」, 『개신어문연구』21, 개신어문학회, 2004 등.

에서 특정한 세계감각이나 문학적 경향을 낳는 원인이 되기도 한다. 이들이 경험한 이동의 경로는 서울과 순천, 목포의 지정학을 어떻게 재구성하는가, 혹은 서울을 어떻게 재구성하는가. 만약, 이들이 탈향과 귀향(의식)의 특수한 경험을 내재하지 않았더라면, 순천에 대한 감각이, 목포에 대한 감각이 혹은 서울을 바라보는 시선이 어떻게 형성되었을까? 에 대해서는 여전히 많은 변수들이 작용하고 있다. 당시 이들의 서울 입성은 물리적인 이동의 문제만을 포함하지 않는다. 이미 대한민국 근대화의 '상징 공간'으로의 입사initiation를 의미하는 것이었다.

김승옥의 「환상수첩」(1962)과 이청준의 「귀향연습」(1972)은 '이향'과 '귀향'이라는 동일한 모티프를 차용하고 있다. 특히 두 작품이 액자형식을 구성하고 있으면서, 서울과 순천, 서울과 목포의 거리를 수용과 거부라는 양가적 태도로 인식하고 있는 주체를 형상화하고 있다. 여기에서 눈여겨 볼 것은 서울과 고향의 이야기를 구성하기 위해 여러 층위에 놓여 있는 공간을 겹쳐놓고 이를 대면하게 한다는 점이 발견된다. 기존 연구에서는 「환상수첩」의 경우 서울-순천의 거리에 대해서만 주목했다. 이청준의 경우도 마찬가지다.

그런데 「귀향연습」에서 주인공 '나'의 위치는 동백골 과수원 / 서울의 경험으로 구성되는 것이 아니다. '동백골 < 신월리 < K시 < 서울'이라는 여러 층위의 공간적 질서를 경험한다. 그런데 여기에서 주목할 것은 최종의 목적지로 제시되는 서울 역시 상위의 모방 공간을 가지고 있다는 점이다.

「귀향연습」에서 음악이라는 문화적 기호를 이용해 공간적 계층화를 보여주는 나의 고백담을 보자. 유년기 내가 고향 산골의 노랫가락이나 유행가를 맘껏 불렀던 동백골. 그러나 이러한 나의 취미는 초등 학교에 들어가면서부터 음악선생님으로부터 '금지' 당한다. K시에 있는 중학교에 와서 만난 음악 선생님은 '시골 초등학교의 여선생님과는 비교가 되지 않을 만큼 고급 노래꾼이었다.

유행가는 원래 촌놈 음악이며 음식으로 치면 중국집 자장면이나 우동 같은 것이라 비교했다. 촌놈들은 중국집 짜장면이나 우동 정도만 하여도 매우 맛이 있어 하겠지만, 진짜 맛있는 음식을 먹어본 사람은 적어도 오므라이스나 비프스테이크 이상은 되어야 제법 맛을 즐길 수 있다고 했다. 진짜 음악은 그러니까 오므라이스나 비프스테이크 같은 음식물이 그렇듯이 그 맛을 잘 몰라 잘 먹을 수도 없고(『김승옥 소설전집』 2권, 205쪽. 이하 쪽수 만 표기함)

위의 인용문에서 유행가 : 고급음악 = 자장면, 우동 : 오므라이스, 비 프스테이크가 설정되어 있는 비유는 작가의 공간적 위계, 혹은 모방 공간에 대한 상상적 위계를 엿볼 수 있다. 이러한 위계는 '촌놈'과 '탈촌 놈'의 문화적 아비투스와 연결되어 있다. 이러한 구별 위에 동백골<K 시<(서울)<세계를 올려놓을 수 있다.

「환상수첩」의 경우도 다르지 않다. 대학에 간 내가 제일 처음 만나 는 것은 개인 '신상카드'이다. 그 카드엔 존경하는 인물을 쓰라는 난이 있다. 여기에서 부러움의 대상으로 설정되는 것은 무엇인가. 이미 습 득된 지식체계, 문화적 아비투스의 풍경을 엿볼 수 있는데, 이것이 실 현되는 곳은 서울이다.

리즈의 수입, 케네디의 인기, 이브 몽땅의 매력, 슈바이처의 명예 혹은 카 뮈의 행운. 이런 것들은 부러움의 대상일 뿐이지 그것 때문에 존경을 받고 있다고는 말할 수 없었다. (…중략…) 남은 것은 환상뿐이었다.(24쪽)

상경민이 된 내가 목도하는 서울은 역설적으로 탈서울의 공간이다. 서울로 올라온 대학생들의 의식적 선망의 대상이 서구의 영화배우나 서구의 인물들로 구성된다. 이는 이미 이전의 대한민국 대학생의 지식 체계가 국가적 위계로 구성되던 선망의 구도가 아니라 국가의 틀을 넘 어 세계적 양상을 보여주고 있음을 알 수 있다. 이것이 의미하는 바는 무엇인가. '탈촌놈'의 욕망을 실현하기 위해 상경한 서울은 다시 상위 의 공간을 가지고 세계적 질서에 편입되고 있음을 보여준다.

이는 서울이 고정된 중심으로 정박된 지점이 아니라 유동적이며, 대 타적인 관계를 형성하고 있음을 보여준다. 주지하듯이, 이미 해방 이 후 '한국적인 것'은 미국 중심의 세계질서 속에 달리 배치되고 세계적 인 것, 보편적인 것과 새로운 중층적 관계를 맺게 된다. 이러한 유동성 은 작품 안에서 제시되는 이동경로에서도 알 수 있다. '서울-순천-여 수-거문도-순천'(「환상수첩」), '서울-신월-(동백골―K시)-서울'(「귀향연 습」). 「환상수첩」의 경우 일차적으로 '서울에서 순천으로' 이동하는 경 로가 제시된다. 그리고 또다른 이동 경로가 이 소설의 주요한 여로를 형성한다. '순천에서 여수로 여수에서 거문도로 거문도에서 순천으로' 의 이동 경로가 그것이다. 주인공 정우는 서울에서 '환멸'을 느끼고 고 향 순천으로 도피해 왔지만, 순천에서도 어떤 '결론'을 만나지 못한다. 그래서 나는 친구 윤수와 다시 서울에서 순천의 이동과 같은 심정으로 여수로 떠난다. 여수에서 만난 서커스단과 동행하면서 또다시 거문도로 이동한다. '서커스단원 이씨의 죽음'으로 거문도에서 다시 순천으로 돌아오는 여러 겹의 여로구조를 취하고 있는 주인공 정우의 공간적 이동에는 세계, 국가, 로컬의 여러 층위들이 교차, 충돌하고 있으며 이러한 공간의 중층성이 주체의 인식을 중층결정한다.

이동하는 주체의 설정은 이미 주체가 정박되고, 고정된 주체가 아니라 유동하는 주체의 성격을 드러내고자 하는 데 있다. 이들의 주체성은 특정한 국면의 정치, 경제, 문화적 조건에 구속되어 있지만, 이 조건의 결정성을 벗어나고 변형시키는 다각적인 정체화 과정, 문화실천, 수행성 및 그 차이들을 잠재하고 있다. 「환상수첩」과 「귀향연습」의 주인공들이 서울의 시공간적 질서에 정박하지 않고 자꾸 비껴나는 지점은 이러한 시각에서 의미를 찾을 수 있다. 이동하는 주체를 액자형식에 배치하고 있는 작가적 전략은 일차적으로는 서울이라는 시공간적 질서와 관계맺고 있는 나를 반성적 주체로 세우고자 하는 것과 무관하지 않다. 다시 말해 주체의 공간적 이동에서 정박하지 않고 경계에 대한 지속적인 물음과 해체를 수반하는 사유의 흔적을 제시하고자 하는 의도를 일차적으로 읽어낼 수 있다. 특히 이동하는 패러다임에서 주체가 무엇을 바라보고 있는가를 살펴보는 것은 주체의 위치를 추적하는 중요한 단서가 된다.

그해 가을도 깊었을 때, 나는 마침내 하향下鄕해버리기로 결심했다. 더 견디어내기 어려운 서울이었다. 남쪽으로 고향이 있는 남해안으로 가면 새로운 생존방법이 있을지도 모른다는 기대로써였다. 서울에서 나는 너무나 욕된 생활 속을 좌충우돌하고 있었다. 그리고 슬프게 마쳐버렸다고나

할까, 환상과 현실과의 거리조차 잊어버려서 아무것도 구별해낼 수가 없게 되었고 사람들을 미워하는 법을 배우고 말았다. 아아, 나는 그들을 죽이든지 그렇지 않으면 내가 떠나든지 해야 했다.(8쪽)

내가 서울을 떠나고자 하는 이유를 통해 곧 내가 순천에서 만나고자 기대하는 것들이 무엇인지 짐작할 수 있다. 서울이 '악'이거나 피로에 지치게 할 때 항상 '선'이거나 활력을 줄 공간으로 고향(지방, 시골)이 제시된다는 점은 서울이 가지지 못한 것을 고향이 가지고 있다는 점을 인정하는 것이고, 여기에 대한 선망을 내포하고 있다는 점을 보여준다. 한편, 이러한 점은 고향에 대한 타자화와 그에 의한 페티시즘으로 설명될 수 있는 소지도 충분하다.[19] 고향에 대한 페티시즘은 그곳이 동경의 대상이면서 동시에 극복의 대상으로 제시되는 상황적 아이러니를 보여준다. 여전히 '생활'의 속도를 따라가지 못해 떠났던 여행지(거문도)에서 나는 '생활'을 만난다(69쪽) 여수에서 만난 곡예단, 곡예단 공연이 아직 유효한 거문도라는 장소, 그 곳에서 자살로 추정되는 곡예단 단원 이씨의 죽음. 여수라는 공간을 윤수와의 결혼으로 탈출하고자 하는 서커스단원 미애. 이러한 사건의 배치는 서울-순천의 공간 배치를 다시 여수-거문도로 이어지게 함으로 서울-순천-여수-거문도의 각각의 공간들이 서로 중첩되고 맞물리고 있음을 보여준다.

서울에서의 환멸이 고향 순천에서 반복되고, 여수로 떠나는 길에서 세상의 일상적 질서에 재편되자고 스스로를 독려하지만, 다시 거문도

---

19 여기에 대해서는 레이 초우, 정재서 역, 『원시적 열정』, 이산, 2005, 31~46쪽 참조할 것.

에서 발견한 생활 앞에서 머뭇거린다. 서울-순천-여수-거문도의 공간 이동을 통해 '나'의 서울(의 질서)에 대한 환멸은 수용과 머뭇거림으로 반복 제시된다. 「환상수첩」에 나타난 이동경로는 나에게 분절적인 경험으로 제시되는 것이 아니라, 각 공간들이 서로 맞물리고 있음을 발견할 수 있다. 서울의 '오영빈'을 순천의 옛친구 '임수영'에게서 발견하며, 순천의 '그럭저럭 아직도 순박한 친구' 윤수는 서울의 큰 구멍을 견디지 못해 자살한 '선애'의 잔영을 지니고 있다. 오영빈과 임수영, 선애와 윤수의 겹침은 무엇을 말하는가. 공간적 중복, 겹침이라는 상징적 재현으로 볼 수 있다. 그러므로 '새로운 생존법'을 기대하며 서울의 질서를 피해 내려온 '나'가 고향 순천에서 결국 죽음을 맞이한다는 것은 내가 새로운 생존법을 발견하지 못했기 때문이다.

세상이 내미는 모든 것을 고분고분히 받아들이자던 나의 약속을 ─ 뒤집어 보면 그러한 나의 생각엔 일종의 비웃음이 섞여 있었지만 ─ 이제는 어쩔 수 없이 실천해야만 하게 되었음을 깨달았다. (56~57쪽)

이곳(순천) 역시 서울과 동일한 질서를 드러내고 있으며 나는 더 이상 도피할 곳이 없음을 증명한다. 다시 말해 고향 순천이 더이상 낙원이거나, 대피처가 될 수 없음을 보여준다. 순천은 이미 새로운 시간성, 동시성에 의해 소진되고 변화[20]하고 있었다. 이때, 순천과 여수, 거문도를 동일시하는 위험은 경계해야 한다. 서커스단을 만난 곳이 여수라

---

20 천정환, 앞의 글, 164쪽.

면, 생활의 형태로 서커스를 체험한 것은 거문도다. 그리고 끝내 생활에 들어가기를 주저하며 자살을 감행한 곳이 순천이다. 이처럼 각 공간들은 서울을 대타적인 공간으로 구성하면서 그것의 질서가 수렴되는 방식에 차이를 보인다. 하여 「환상수첩」은 결국 '서울이 허락하는 서사' 안에서 순천의 이야기가 구성된다는 내적 논리를 체화하는 몸의 서사[21]임이 강조된다. 즉 서울의 질서가 공간적으로 점령함으로 탄생되는 로컬, 순천의 역설을 목도한다(서울로 수렴되는 서사가 아닌, 순천, 여수, 거문도의 자율성을 인지하고 수렴했다면 결말은 사뭇 달라질 수 있었을 것이다). 이동하는 주체가 더 이상 유목적 사유[22]를 생산할 수 없을 때(하지 못할 때), '진眞 / 위僞'의 이분법 속에서 벗어나지 못하고 거리화에 실패한다. 이런 점에서 '나'의 죽음(「환상수첩」)이나 '나'의 재입성(「귀향연습」)은 동일한 지점에서 만날 수 있다.

3. 구심력의 확산과 고백주체

고향으로 돌아가면, 그리고 언젠가 잊어버린 고향을 내게서 다시 찾아내고 나면 나는 고향을 잃음으로 하여 얻게 된 내 모든 증세들을 씻어낼 수 있지 않을까(이청준 문학전집 5권, 179쪽. 이하 쪽수만 표기함)

---

21 박훈하, 「당대적 시원으로서의 김승옥 소설과 위악의 수사학－「환상수첩」을 중심으로」,
    『한국문학논총』 47, 한국문학회, 2007, 422~423쪽.
22 이진경, 『노마디즘』 2, 휴머니스트, 2002, 366~391쪽 참조.

한편, 이청준의 「귀향연습」은 이미 '제의적 공간'이 되어 버린 고향을 제시한다. 「귀향연습」의 '나'가 고향으로 내려오는 동기도 「환상수첩」의 '나'와 유사하다. "서울생활 20년에서 기분 나쁘고 민망스럽고 겸연쩍고 난감하고 불안스럽고 힘겹고 절망스럽고 (…중략…) 도회지에서 만난 일들이란 모두 그런 것들 뿐"(163쪽)인 나는 몸과 마음을 추스르기 위해 고향을, 정확하게 고향의 이웃동네 기태의 과수원을 찾는다. 나는 "늑막염, 폐결핵, 폐렴, 기관지염, 인후염, 대장염, 방광염, 전립선염, 피부염, 결막염, 각막염, 요도염, 전립선염, 위산과다 위하수, 위무력증, 만성장염, 만성기관지염, 괴질 등 고향을 떠난 후로 헤아릴 수 없는 병"(148쪽)에 시달렸다. 내가 과수원에 당도했을 때, 학교에서 음악을 가르치는 정선생, 기태의 조카가 이미 기거하고 있었다. 이들 역시 나와 같은 '실향병 환자'이다. 기태의 과수원에는 세 종류의 실향병 환자들이 기거하고 있다. ①'고향을 가질 수 없는 곳에 태어나'그들의' 도시로 가서 병을 얻은 사람, 정선생과 훈이' ②'고향을 가지고 태어나 도시로 가서 그 도시에서 고향을 잃어가며 병을 얻은' 나 ③'고향을 가지고 태어나 그 고향에서만 살면서 고향을 잊어버렸기 때문에 그 나름의 병을 얻고 만 기태.

고향에 살고 있는 기태마저 실향병을 앓고 있다고 단정하는 데에는 '고향'이라는 곳이 물리적 장소만을 의미하지 않는다는 것을 보여준다. 그러므로 주인공 '나'는 물리적 장소 고향을 찾는 것이 아니라 정확하게 말해 '고향다움'을 찾는 것이며, 이러한 고향은 추체험 속에서 구성되고 만들어지는 전통의 논리와 다르지 않다. 사실 '배앓이'가 고향 동백골에서 시작된 일임이 밝혀졌음에도 동시에 여전히 동백골은 순수한 시원으로 남아 있어야 하는 역설은 이러한 '구성된 고향'을 보여준다. 특히 정선생이 품은 고향에 대한 환상은 기태의 조카에게 반복적으로 학습된다.

> "네. 선생님은 이 시골의 맑은 바람과 순박한 인심과 저 넓은 앞 바다의 수평선과 파도 소리에서 고향을 가지게 되었다구요. 그러면서 저도 여기서 제 병을 나을 수 있을거라구요."
>
> "고향을 배우면서, 고향의 이야기를 들으면서 저의 병을 잊어버리고 싶어서예요."(179쪽)

고향이란 시공간적 분리를 통해 구성된다. 다시 말해 공간적 이동과 그곳을 기점으로 이야기되기 시작한다는 시간적 사후성을 지닌다.[23] 그러므로 고향은 지금 여기에서 구성된 그때 저곳이다. "나의 살던 고향은 꽃 피는 산골" 앞에서 우리는 공통의 감정을 지니며 공통의 감정에 의해서 유지되는 고향이 만들어지고 그와 같은 '고향'이라는 통합성을 가진 '우리'도 만들어지는 것이다. 이러한 고향의 역사는 반복되어 이야기되고 스테레오타입화되는 것을 통해 우리에게 침투된다.[24] 이러한 고향담론은 국가-로컬의 이분법적 관계를 더욱 공고화하였다. 그래서 1970년대 한국소설에 등장하는 귀향모티프는 근대와의 관계 속에서[25] 로컬의 의미가 고찰되기보다 고향탐색 = (근대적) 자아발견의 도식으로 주로 나타나면서 '국

---

[23] 나리타 류이치, 한일비교문화세미나 역, 『고향이라는 이야기 - 도시공간의 역사학』, 동국대 출판부, 2007, 26쪽.

[24] 위의 책, 115쪽.

[25] 고향은 이전부터 있어 온 개념이지만, 고향의 심상은 이산離散의 소용돌이 속에서 편안한 땅을 바라는 동경과 망향의 표상으로 발전되었다는 점에서 고향과 근대를 함께 말할 수 있는 근거가 된다(김태준, 「고향, 근대의 심상공간」, 동국대 문화학술원 한국문학연구소 편, 『고향의 창조와 재발견』, 2007, 14쪽).

민되기'의 과정으로 포섭되기 일쑤였다. 과수원에서 시간을 보내고 서울과 마주할 담대함이 생겨난 「귀향연습」의 '나'의 경우도 마찬가지이다.

악마구리 속이라도 할 수 없지. 나를 그토록 폐허로 만든 곳이 서울이라면 내 병도 아마 그 서울 쪽에 뿌리가 있을 테니까. 뿌리를 뽑고 싶으면 싫더라도 그 뿌리가 내려진 곳으로 돌아가는 게 정직한 태돌 테구……(221쪽)

그러니까 서울이 나를 폐허로 만든 곳임에도 불구하고 나는 서울을 수렴하기로 한다. 이러한 태도가 가능하게 되는 길목에 유사고향 신월의 과수원이 배치되어 있다. 그렇다고 과수원이 이상화된 고향으로 기능한다는 것은 아니다. 과수원은 향수nostalgia에 젖어 있는 정선생을 추방하면서 고향의 유토피아(u-topia, 어디에도 없음)의 역설을 보여준다. 뿐만 아니라, 기태나 기태의 조카 훈이가 앓고 있는 '실향병'의 여러 증상들을 목도하면서 '나'는 고향의 허구성을 인지한다. 그럼에도 끝내 동백골에 가지 않는 이유도 최종 심급으로서 고향의 허구성을 좀 더 지속시키고자 함에 있으며, 이때 고향 동백골은 제의적 공간으로 존재한다.

그런데 거기 너무 오래 발을 끊고 지내다보니 어릴 적 일들이 터무니없는 요술을 부리려 들더구만. 그럴듯한 요술로 나를 마구 속이려 든단 말일세. 내 눈으로 다시 가서 사실을 확인해두고 싶기도 했어 (…중략…) 당분간은 그 동백골 한 곳이라도 나를 속이게 놔두는 것이 나을 듯 싶구만. 그래야 또 자네 말대로 그 악마구리 속 같은 서울살이를 버텨나가기가 나을 듯 싶기도 하고……(222쪽)

「귀향연습」은 이향-귀향이라는 모티프 위에 고백적 주체[26]를 등장시켜 고향공간을 주체구성을 위한 희생양Parmakos의 제의적 공간으로 위치시킨다. '환자들만 모여있는' 기태의 과수원이 마을에서 '가장 부러운 살림'(172쪽)으로 소문나 있는 이유도 질병-치료의 과정이 재연되는 제의적 공간의 기능을 다할 때이다. 여기서 결국 고향탐색은 자아탐색으로 이어지며, 고향에 대한 이해와 서울의 입성은 비례한다. 이것은 나에게 고향 공간이 서울로 입성하기 위한 고백주체의 합리화 명분을 제공하는 구실을 한다. 그래서 「환상수첩」의 나(정우)와는 달리 「귀향수첩」에서는 귀향한 내가 서울로 재입성하는 플롯을 제시한다.

4. 결여와 선망의 이중구조 안에서 발견되는 고향(담론)

로컬이라는 것이 향수나 안락을 불러내는 대상으로 존재하는 것이 아니라 혹은 로컬을 중앙권력의 지배를 거부하는 가치나 대안으로 격상시키는 것이 아니라, 로컬을 다양한 이해관계와 갈등을 지닌 장으로 현재화하는 사유 속에서 로컬리티에 대한 탐문은 가능하다. 로컬을 물신화하는 것이 아니라, '사건화'함으로 로컬의 현재적 시간을 드러내는 것, 순수한 성소가 아니라 삶터로 정치화하는 것이야말로 로컬에 대한

---

26 고백이란 자아 동일성의 위기 경험, 곧 당위적인 자아와 현실적인 자아 사이의 불연속으로부터 나오며, 고백의 주체는 발화를 통해 연속성을 획득하고자 한다. 이때 고백은 말하는 주체와 언표의 주어가 합치하는 담론의 의식이다(미셸 푸코, 이규현 역, 『性의 歷史』 1권, 나남, 1993, 75쪽). 고백의 자기감시와 동일성의 내면화에 대해서는 문재원, 「동일성담론으로 본 1970년대 소설연구」, 부산대 박사논문, 2003, 38~47쪽 참조.

정직한 시선을 마련하는 일이다. 이런 점에서 「환상수첩」의 '나'가 맞닥뜨린 순천은 '지금의 여기'를 생산하고 있다.

사실, '나'(정우)가 도착한 순천은 병자들이 포진하고 있다. 화재로 '장님이 된' 형기, '몸무게가 병적으로 가벼워 군 면제된' 시인 김윤수, 춘화를 팔며 생계를 이어가고 있는 '폐병환자' 임수영. 이러한 신체들로 은유화된 공간성은 근대적 도시공간(서울)과는 대조적인 형상이다. 이러한 점에서 순천은 일차적으로 근대적 공간에서 타자화된 공간이다.[27] 여기에서 순천을 마주하는 임영빈의 위악적 태도는 주목할 만하다. 「환상수첩」이 문제적인 것은 정우에 초점이 맞추어져 있을 때가 아니라, 수영(영빈)이 초점화될 때이다.

죄의 기준이란 게 없어진 지금, 죄의 기준을 비단 죄뿐만 아니라 모든 것의 기준을 일부러 높여서 생각할 필요는 없다고 나는 생각한다. 그는 분명히 환상적인 기준을 만들어두고 거기에 자기를 맞추려고 애썼던 모양인데 참 바보 같은 놈이었다. 그가 고통하며 지낸 밤이 길었다면 내가 고통하며 지냈던 밤은 더욱 길었으리라. 산다는 것, 우선 살아내어야 한다는 것 과연 그것이 미덕이라고까지는 얘기하지 않겠다……(76~77쪽)

임수영은 서울에 있는 법대에 다니던 중 '폐침윤 2기'의 진단을 받고 낙향해 고향에서 춘화를 그리며 생계를 잇고 있는 한마디로 '무시무시

---

27 김승옥의 소설에서 전근대, 시골, 고향, 전근대적 주체, 타자, 여성 / 근대, 도시, 서울, 근대적 주체, 주체, 남성 등의 도식은 많이 지적된다. 이는 김승옥의 경우에만 국한되는 것이 아니라, 1960~70년대 한국소설에 나타난 하나의 '관습법'이었다.

한' 친구이다. 죽음의 공포를 내포한 폐병은 병이 지닌 극한으로 인해 삶에 대한 생명력을 드러내고, 그 생존을 위한 세속화를 용납할 수 있는 기호로 사용되고 있다고 할 수 있다. 그렇기에 「환상수첩」에서는 정우, 윤수, 형기 등 모든 인물이 세속적 삶에서 좌초해 버리지만 폐병에 걸린 수영만이 "세코날에 샤보뎅을 키우며" 살아남을 것을 다짐하고 있는 것이다.[28] 즉 임수영의 폐병은 소모와 소멸에 배치되는 것이 아니라, 생존에 배치된다. 질병이 안고 있는 태생을 숨기기 위해서 수영은 더욱 위악적인 태도로 세상과 대면할 수밖에 없다. 왜냐하면 이러한 질병의 몸은 '근대적인 몸'과는 위배되는 것이며, 거부되는 몸이다. 그러므로 이러한 몸이 근대에 진입하기 위해서 가면은 필수적이며(정우는 이 가면 앞에서 끊임없이 망설임을 보였다) 위악적인 태도로 세상과 마주할 수밖에 없다. 수영의 역습은, 수영이 있는 고향 순천의 역습은 여기에 있다.

정우가 순천에 당도했을 때, 순천은 이미 서울의 시공간적 질서가 도래되어 있었다. 정우와 그의 친구들이 근대적 주체로 소환되기 위한 필요조건은 도래한 서울의 질서로 하나의 '시점視點'을 만드는 일이었다. 이러한 시점이 형성될 무렵 정우는 끝내 죽음을 선택한다. 반면 수영의 병든 몸은 건재하다. 수영이 건재한 것은 기준에 대한 거부에서 비롯된다. 절대적인 기준을 거부하고, 여전히 경계에 서서 환멸의 시선으로 조롱하는 위악적인 전략은 그를 '살아남게' 만든다. 이러한 조롱의 주체가 오히려 근대가 배제시켰던, 서울이 포용하지 않았던 병든 몸, 위반의 몸이라는 반전이 놓여 있다. 이러한 영빈의 몸에 주목할 때, 「환상수첩」은

---

28 김지혜, 앞의 글, 324쪽.

단순한 서울 / 고향의 이분법이 아닌, 중심으로부터 끊임없이 미끄러져 내려가는 지점을 포착하고 생산하는 역설을 보여준다.

특히 여기서 눈여겨 볼 것은 환상과 환멸의 대상이 서울에 국한되지 않는다는 점이다. 나는 고향 순천으로 내려오면서 이미 '서울과 다른 생존법'이 펼쳐질 아직도 '순박한 고향(28쪽)'을 기대하고 있었다. 고향에 대한 나의 환상은 순천에 도착하면서부터 일그러진다. 그래서 또다른 고향을 찾아 이동하지만, 이동하는 곳에서 '서울에서의 나로 되돌아가는 자신을 발견할'(47쪽) 뿐이다. 즉 이미 서울의 질서가 도래한 고향에서 '나'는 다시 편입과 탈출을 반복하면서 그 문턱에서 머뭇거리게 된다.

그러므로 순천이라는 공간에 대해서도 선망과 질시의 기제가 동시에 작동되고 있음을 알 수 있다. 이러한 논리는 일차적으로 선망과 질시의 기제가 중심을 향한 모방담론 안에서만 유효한 것이 아니라는 점을 보여준다. 이때 하위공간에 대해 작동되고 있는 선망과 질시의 태도가 한편으로는 이미 상위공간의 질서를 내재화함으로 가능하다는 점도 역설적으로 제시하면서도, 이 공간 안에는 서울에서 내려온 정우뿐만 아니라, 윤수, 형기, 수영의 시선들이 복잡하게 교차되고 있음을 발견할 수 있다. 이는 근대화 시기 이향과 귀향의 이분법 안에서 만들어지는, 발명되는 고향의 허구성을 폭로하고 환상으로서 전형화된 고향을 거부하는 지점이다. 「환상수첩」에서 보여준 김승옥의 미덕은 이러한 이분법적 위계의 선을 양가성의 맥락 위에 재배치하고 있는 데 있었다. 이러한 양가성의 맥락 위에서 탄생하는 위악적 주체는 통합의 서사를 교란한다.

반면, 욕망과 타협한 자신을 용인하지도 못하고 그 욕망을 포기하지도 못한 채 끊임없이 자신에게 환멸을 느끼는 반성적 주체가 공간과 어떻게 결합하고 있는가의 역설을 통해 고향 순천의 공간성을 엿볼 수 있다.[29] 「환상수첩」의 '나'가 '주체방기'를 통해 근대적 기획으로 수렴되는 것을 지양하고 있다면, 「귀향연습」에서는 '주체보존'을 위해 '화해'[30]하는 양상을 보여주고 있다. 이러한 상이한 결말은 작가적 차이도 있겠지만, '서울공화국'으로 재편되는 1960년대와 1970년대의 거리이기도 하다. 서울공화국이라는 표상체계 안에서 국가의 하부 단위 로컬들 간의 위계화는 결국 상위공간인 국가의 프레임에 얼마나 환수되는가의 문제와 결부된다. 1970년대 들어오면서 더욱 가속화된 한국의 기형적인 도시화는 서울이 다른 로컬들과 위계적인 관계를 형성하는 데 기여했다. 도시화된 서울은 떠나온 고향(지방, 시골)을 대동하면서 위계적 질서를 반복, 재생산하고자 했다. 이러한 근대적 기획 안에서 고향은 근대적 주체들에게 결여의 표상이면서 동시에 현재에 대한 자긍의 증거[31]가 된다. 박헌호는 향토적 서정소설에서 주인공들이 파멸하는 자아를 선택하기보다는 '우리'로 '공동체'로 현존하는 질서로 수렴되는 욕구를 팽창시켜 왔으며, 이를 통해 역설적으로 주체가 보존되었다고 논했다. 이러한 논리가 결국 대타자의 욕망과 명령 속으로, 동일성의 공간으로 수렴되는 근대적 주체의 양상과 다르지 않다.

이청준의 70년대 소설에서 반복적으로 등장하는 '떠남과 되돌아옴'

---

29 공간과 주체의 구성이라는 관점에서 '서울에의 동화'(백지연, 「1960년대 한국소설에 나타난 도시공간과 주체의 관련양상 연구」, 경희대 박사논문, 2008), 위계화의 내면화(조명기, 앞의 글, 2009)에 초점을 맞추거나 한편 '상경민 의식'(차미령, 「김승옥 소설의 탈식민주의적 연구」, 서울대 석사논문, 2002)으로 '경계지식인'을 설정함으로 '경계성'을 고찰하고 있다.

30 박헌호, 『한국인의 애독작품 — 향토적 서정소설의 미학』, 책세상, 2001, 155쪽 참조.

31 위의 책, 108쪽.

의 플롯에 대해 '진정한 의미의 고향의 발견'[32]이라는 해석들이 일반적이다. 그러나 이 글에서는 고향이 자아탐색의 공간이 되는 것에는 동의를 하나, 이러한 자아탐색이 서울에 입성하기 위한 입사적 플롯 위에 있음을 주목한다. 여기에서 서울 / 고향의 위계적 관계가 생산된다. 이는 결국 초-중앙성의 구축에 대한 반사작용으로서 또는 서울 단극구조를 보족하고 그것을 확정하기 위한 기제[33]를 강화하는 동원의 대상으로 탈향주체를 위치시키고 있음을 엿볼 수 있다. 알고 보면 배앓이의 출발이 고향에 있는데도 그 고향을 숭고한 그 무엇으로, 혹은 K시, 서울과의 관계 속에서 위계화로 설명하는 주체의 의식에는 이미 보편적이고 중앙적인 것을 생성하게 하는 대타자의 시각에 침윤되어 있음을 보여준다. 내가 끝내 고향의 문을 열지 못하는 이유가 여기에 있다.

　한편, 이는 지방-중앙의 이분법으로만 설명해내기에는 복잡한 심리구조를 내포하고 있다. 단지 열등하고 주변적인 것으로서 존재성이 부각되는 것이 아니라, 선망의 대상(공간)으로도 존재함을 보여준다. 그런데 다만, 이는 근대적 공간이 결여(결핍)된 것이라는 전제 안에서 가능하며, 결국 결여와 선망의 이중적 구조 안에서 발견되는 고향(담론)의 '흔적' 또한 엿볼 수 있다. 그러므로 탈향을 통해 발견되는 고향이 언제나 계몽의 대상으로만 존재하지 않는다. 탈향한 주체는 현재의 시공간에 대하여 결핍과 자긍, 선망과 질시의 이중성 안에서 고향을 호출하기 때문이다. 한편 선망과 질시의 이중성은 지금 여기의 결핍을 그때 그곳으

32　유경수, 「이청준의 「눈길」 연구」, 『인문학연구』 32권 2호, 충남대 인문과학연구소, 2005, 186쪽.
33　천정환, 앞의 글, 173쪽.

로 보상받으려 하는 욕망을 내재하고 있지만, 이 또한 원시적 페티시즘 안에서 구성되는 고향이라는 함의에서 벗어나기는 힘들다. 서울과 지방의 기형적인 위계화는 1960~70년 한국적 압축 자본주의의 욕망에서 기인하며, 이러한 위계화에 의한 중심 / 주변의 분사는 서울 / 비서울의 단일한 위계를 낳았다. 이 위계화는 지방(고향)을 '저곳'으로 배치시키면서 주변부로 내몰거나 근대의 소실점이 사라진 순수한 시공으로 배치하는 전형화를 반복 생산한다. 한편, 이는 근대화 담론과 교묘하게 접합되어 있는 고향에 대한 이중적 인식의 허구성을 드러내고자 하는 작가의 서사적 전략으로도 읽을 수도 있다.

5. 중심 / 주변의 담론을 넘어

근대국민국가 안에서 고향은 국민 만들기에 동원되면서, 향토, 향수담론 안에서 '그때 그곳'으로 '로컬화'되면서 대상화되기 일쑤였다. 이렇게 대상화된 고향은 대개 중심부가 아닌 주변부, 변두리였고, 도시가 아닌 농촌, 서울이 아닌 지방, 근대적 공간이 아닌 전근대적 공간이자 계몽의 공간이었다. 근대적 공간의 기획 안에서 고향은 장소의 물질성보다는 추상화된 관계적 틀에 의해 지정학적 위치를 부여받았다. 이러한 공간적 위상이 일상적 질서로 내면화되는 출발 지점에서 이 경계를 재사유할 수 있는 틈은 무엇인지, 이 틈이 중심 / 주변, 서울 / 지방의 관계적 로컬리티를 어떻게 재구성할 수 있는지를 고찰해 보았다. 이러한 작업은 당대적 중심 / 주변의 로컬리티에 대한 성찰의 지점을 시사해 줄 수 있을 것이다.

　　1960~70년대 서울의 탄생 혹은 발견된 지역담론에는 '중심의 형성과 배제'의 논리가 강하게 작동하고 있음은 주지의 사실이다. 이 과정에서 발생하는 고향에 대한 선망과 질시의 양가적 태도(인식)는 서울을 중심화하는 기제로부터 비롯되었다. 입성한 탈향 주체들은 환상과 환멸의 몸으로 서울에 대해 양가성을 드러내고, 그 경계 앞에서 서성거리고 있는 이들의 재입사를 타진하는 공간으로 고향을 불러 왔다. 다시 말해 중앙집중화와 탈농으로 요약되는 개발독재 시기의 거대한 '원시적 축적의 반사물로서 고향[34]에 대한 호출은 '서울의 중심화'를 강화시켜 역할을 담당했다.

　　서울-악마 / 시골(고향)-선이라는 이분법 속에서 고향은 추상화되기 일쑤였다. 이때 장소의 역사성은 소거되고, 자기 원형으로서 '로컬의 로맨티시즘'[35]을 생산하면서 동일성의 공간으로 안착되었다. 이청준의 「귀향연습」은 실향병을 앓고 있는 환자들을 통해 실제보다 더 강력해진 환상기제로 작동되는 '고향 이데올로기'에 대한 비판적 기제들을 등장시켰다. 그러나 고향에 대한 탐색이 곧 현재 불편한 서울에 대한 수락으로 이어지면서 여러 공간들의 중층적 서사는 곧 통합의 서사로 봉합되었다.

　　그러나 「환상수첩」에서는 그토록 '내'가 고민했던 '시점' 그 자체를 조롱하고 있는 액자 밖의 위악적 주체를 새롭게 탄생시키고 있다. '결여된 몸'의 수영이 하나의 시점을 거부하고 양가적 태도로서 경계를 조

34　위의 글, 174쪽.
35　마루타 하지메, 박화리 · 윤상현 역, 『'장소'론』, 심산, 2011, 271쪽.

롱하고 있는 이러한 주체는 근대적 기획에서 비껴 있다. 이러한 주체의 탄생은 근대 동일성의 공간에 대한 기획에 균열을 낼 수 있는 지점이다. 또한 이것은 '기억하는 고향'에서는 불가능한 지점이며, '살아내야 하는' 지금, 여기로 응답하는 지점에서야 가능한 일이다. 이 지점에서 순천은 과거의 그곳으로 대상화되는 지점을 넘어선다. 현재적 시공간의 질서가 이미 스며들어온 순천 — 내가 떠났던 순천이 아니다 — 을 형상화하면서 이 순천 역시 서울-여수-거문도의 관계적 위상 안에 (재)배치되어 있음을 보여준다. 이는 근대국민국가 안에서 국가, 국민으로 동원했던 고향담론을 비켜나는 지점이다.

탈향 주체들이 서울을 체험하는 이중적 태도나 이와 매개되어 발견하는(되는) 고향의 모순적 인식에서 당대의 중심 / 주변이 고정적이지 않음을 알 수 있었다. 이미 지방-서울-국가-세계의 중층화된 질서들을 경험하면서 주체의 인식은 중층결정화되고 세계에 대한 양가적 인식은 주체의 분열로 이어졌다. 이러한 주체의 분열은 공간적 위계의 상대화를 설명할 수 있는 틀을 제공해 준다. 다만, 김승옥의 「환상수첩」과 이청준의 「귀향연습」에서 서사화된 '고향담론'의 차이는 1960년대와 1970년대 '서울'의 공간적 분사의 차이를 보여주는 셈이다. 이러한 차이는 정치·사회적 공간의 맥락과 상호텍스트적인 관점에서 보강되어야 하는 부분이다.

참고문헌

강준만, 『지방은 식민지다』, 개마고원, 2008.

김동윤, 「지역문학연구의 현황과 과제」, 『현대문학이론연구』 33집, 현대문학이론학
회, 2008.

김성경, 「지역주의와 만들어지는 전통」, 『한국 근대문학연구』 6-2, 한국근대문학회,
2005.

김지혜, 「김승옥소설에 나타난 병리적 몸 인식과 근대적 주체 연구」, 『한국문학이론
과 비평』 45집, 한국문학이론과비평학회, 2009.

김태준, 「고향, 근대의 심상공간」, 『고향의 창조와 재발견』, 동국대 문화학술원 한국
문학연구소 편, 2007.

김평전, 「김승옥의 '도시'인식과 '공간'의 정치학」, 『비교문학』 42, 한국비교문학회, 2007.

나리타 류이치, 한일비교문화세미나 편, 『고향이라는 이야기-도시공간의 역사학』,
동국대 출판부, 2007.

남송우, 「지역문학 연구의 현황과 과제」, 『국어국문학』 144, 국어국문학회, 2007.

레이 초우, 정재서 역, 『원시적 열정』, 이산, 2004.

마루타 하지메, 박화리 윤상현 역, 『'장소'론』, 심산, 2011.

마희정, 「이청준 소설에 나타난 고향탐색-「귀향연습」, 「눈길」, 「살아있는 늪」을 중
심으로」, 『개신어문연구』 21, 개신어문학회, 2004.

문재원, 「동일성담론으로 본 1970년대 소설연구」, 부산대 박사논문, 2003.

______, 「문학담론에서 로컬리티 구성과 배치」, 『한국민족문화』 32, 부산대 한국민족
문화연구소, 2008.

미셸 푸코, 이규현 역, 『性의 歷史』 1권, 나남, 1993.

박승희, 「로컬리티와 1954년, 대구-『마당깊은 집』을 중심으로」, 『인문연구』 64호, 영남
대 인문과학연구소, 2012.

박헌호, 『한국인의 애독작품-향토적 서정소설의 미학』, 책세상, 2001.

박훈하, 「당대적 시원으로서의 김승옥 소설과 위악의 수사학-「환상수첩」을 중심으
로」, 『한국문학논총』 47, 한국문학회, 2007.

백지연, 「1960년대 한국소설에 나타난 도시공간과 주체의 관련양상 연구」, 경희대 박
사논문, 2008.

부산대 한국민족문화연구소, 『로컬리티, 인문학의 새로운 지평』, 2009.

송기섭, 「지역문학의 정체와 전망」, 『현대문학이론연구』 24, 현대문학이론학회, 2005.

유경수, 「이청준의 「눈길」 연구」, 『인문학연구』 32권 2호, 충남대 인문과학연구소, 2005.

이상봉, 「탈근대, 공간의 재영역화와 로컬 로컬리티」, 『로컬리티, 인문학의 새로운 지평』, 혜안, 2009.

이진경, 『노마디즘』 2, 휴머니스트, 2002.

임환모, 「이청준 소설의 지형도」, 『남도문화연구』 16, 순천대 남도문화연구소, 2009.

장규식, 「거대도시 '서울공화국'의 명암」, 『역사비평』 65호, 2003 겨울.

정주아, 「움직이는 중심들, 가능성과 선택으로서의 로컬리티―한반도 서북 지역의 민족주의 문화운동을 사례로」, 『민족문학사연구』 47, 민족문학사학회, 2011.

조명기, 「중심 / 주변 공간 위계의 내면화 기제」, 『로컬리티인문학』 2, 부산대 한국민족문화연구소, 2009.

조명래, 『현대사회의 도시론』, 한울, 2002.

차미령, 「김승옥 소설의 탈식민주의적 연구」, 서울대 석사논문, 2002.

천정환, 「지역성과 문화정치의 구조」, 『사이』 4호, 국제한국문학문화학회, 2008.

Arif Dirlik, "The Global in the Local", R. Wilson & W. Dissanayake(eds.), *Global / Local : Culture Production and the Transnational Imaginary*, Durham : Duke Univ. press, 1996.

Pierre Macherey, *A Theory of Literary Production*, tr. Geoffrey Wall, London : Routledge & Kegan Paul, 1978.

일상적 장소성과 관계적 공간성의 두 변증법[*]

『서울, 어느 날 소설이 되다』와 『서울, 밤의 산책자들』을 중심으로

조명기

1. 로컬과 공간 감각

인간은 물질적 공간 위에서 살아가며 이 물질적 공간은 다양한 층위의 공간성으로 의미화되고 구획된다. 그리고 이 의미 혹은 가치는 고정되지 않으며 각종 층위의 공간성들 사이에 존재하는 긴장관계에 따라 변화한다. 반면, 개인의 일상생활이 진행되는 장소는 각종 차원의 프레임에 의해 구획된 공간과는 대부분 무관하게 존재한다.[1] 왜냐하면 서울

---

[*] 이 글은 중앙어문학회 『어문논집』 제50집(2012)에 수록된 조명기의 「일상적 장소성과 관계적 공간성의 두 변증법―『서울, 어느 날 소설이 되다』와 『서울, 밤의 산책자들』을 중심으로」를 수정, 보완한 것이다.

[1] 가치 중심적인 장소가 안전·안정·영속의 자질을 강하게 지닌 구획되고 인간화된 공간이라면, 장소보다 추상적인 공간은 개방성·유동성·광대함이란 자질을 강하게 지닌 개념이다. 공간은 우리가 익숙해졌다고 느낄 때에야 장소가 된다(이-푸 투안, 구동회·심승희 역, 『공간과 장소』, 대윤, 2007, 19~20·94·124쪽). 이 글에서, 장소는 개인의 일상

이나 부산 같은 특정한 행정구역에 거주하고 있다 하여도 현대인의 일상은 거의 유사하게 반복되는 이동 동선에 위에서 진행되는데, 이 때 일상적 장소는 그 어떤 스케일의 공간과도 일치하기 않는 경우가 대부분이기 때문이다.[2] 이처럼 개인의 일상적 장소는 특정 스케일의 공간 일부만을 가리키거나, 위성도시에 거주하면서 대도시에 직장을 두는 경우와 같이 두 공간의 일부분에 걸쳐져 있다. 따라서 이 글은, 각종 층위의 프레임에 의해 구획된 공간 또 여기에서 출발하여 지배적인 담론으로 제공되고 고양된 공간성이 개인의 일상적 장소, 그 장소의 장소성을 '직접적으로' 제어하고 규제하지는 않는다는 전제에서 출발한다.

분명 일상적 장소는 그 위력을 의심할 수 없는 신자유주의, 국가주의 등 각종 체제의 영향력 내에 존재한다. 그러나 정치체제·경제체제 등의 각종 프레임이 재구성한 공간(성)과 개인의 일상적 장소(성)를 곧장 연결하는 것은 두 가지 점에서 문제적이다. 하나는 각종 체제가 개인의 일상적 장소(성)을 관장하는 유력한 전략 중 하나는 일상적 장소(성)을 추상적인 공간(성)의 층위에서 반복적으로 재구성·재규정하는 것이라는 점이다. 또 하나는 공간(성)과 장소(성)를 무매개적으로 연결할 경우 정치체제·경제체제에 대한 대응의 몫은 일상의 주체인 개인의 윤리의식 등에 주로 전가될 수밖에 없다는 데 있다. 따라서, 일상적 장소(성)와 각종 프레임이 구획하고 담론화하는 공간(성)이 접맥되는

이 진행되는 곳을, 공간은 각종 기획이나 관습, 우발적인 사건에 의해 그 성격이 관계적·체계적으로 구획되고 생산된 곳, 개체가 지배력을 상실했다고 느끼는 곳을 의미한다.

2 린다 맥도웰, 여성과 공간 연구회 역, 『젠더, 정체성, 장소―페미니스트 지리학의 이해』, 한울, 2010, 23~24쪽.

지점, 개인과 지배 권력의 갈등과 동의가 진행되는 지점을 상정해야 하는데, 이 글에서는 이 추상적 공간을 로컬local이라 부르고자 한다.

로컬을 일부 지리학자들처럼 제한된 범위의 아주 작은 공간을 가리키는 것으로 사용하지 않는다면, 로컬 또한 추상적이고 상상적인 차원에서 인지될 수밖에 없다. 민족국가가 실체 없는 상상의 공동체라면,[3] 그와 똑같은 이유로 로컬 역시 상상의 공동체이기 때문이다. 로컬은 비록 추상적으로 조작된 공간 단위이지만, 이 상상적 공간이 유용한 이유는 각종 지배 권력들이 위계적으로 혹은 획일적으로 재편하고 규정한 공간(성)과 개인의 일상적 장소(성)가 어떻게 충돌하거나 공조하는지를 확인할 수 있는 지점이 바로 로컬이기 때문이다.

이 글은 로컬이라는 장에서 일상적 장소(성)와 관계적 공간성[4]이 접

---

3 베네딕트 앤더슨, 윤형숙 역, 『상상의 공동체』, 나남, 2002, 25~27쪽.

4 이 글에서 관계적 공간성이란, 상위공간을 특정의 유기체로 구성해내거나 중심공간과 주변공간을 긴밀한 짜임관계로 직조해내는 일종의 매트릭스에서 특정 공간이 차지하는 수직·수평상의 사회적 성격과 위치·기능 등에 대한 인지를 의미한다. 이 위치와 기능은 다른 공간과의 차이 그리고 특정 공간 내의 동일성을 강조함으로써 즉 다른 공간과의 대타적 관계에 의해 획득된다. 따라서 관계적 공간성은 추상성, 개방성과 유동성을 근본 자질로 삼는다. 유기체로서의 상위공간 혹은 고정점으로서의 중심공간을 매개로 각 공간들에 특정 기능과 위치감각이 부여되고 이것이 사회문화적 아비투스로 자리잡을 때 관계적 공간성은 보편화·관습화·공고화된다. 상대화되고 틀이 결정된 관계적 공간성은 절대적이고 자연적인 질서로 고착된다. 분류·구분과 체계의 완고함으로 인해 특정 공간 내부는 추상적인 동질성이 강화되고 공간들 사이에는 차이가 강조되는 경향이 있으며, 이런 경향은 종종 소수자·이질적인 개별자(특수자)에 대한 폭력적인 동화 혹은 배제 결과를 빚기도 한다.
반면, 일상적 장소성은 감각의 주체가 특정 공간에 기억과 감정을 투여하면서 형성되는 인간화된 공간인식으로 안전·안정·영속의 자질을 특징으로 한다. 일상적 장소는 개별자가 오감을 통한 체험으로 완전히 익숙해진 구체적인 공간, 개별자에 의한 가치 중심의 공간, 멈춤·고정이라는 어머니의 공간이다. 개별자는 신체의 반복적인 리듬을 통해 일상을 구성하는데, 일상에서 감각되고 인지되는 '지금 여기'는 개별자의 기억을 환기시키는 특징없는 표상체들이 집적되어 있을 뿐만 아니라 관계적 공간성과 동일하지 않은 개별자들의 의지와 욕망이 잠재해 있는 장소이다. 그러나 일상적 장소성은 특정 공간에 한정되지 않는다. 따라서 인식의 주체가 일상적 장소성을 새로운 공간에 투여할 의지를 갖

맥되고 구체화되는 양상을 살펴보고자 한다. 텍스트는 서울이라는 테마 아래 묶인 단편소설집 『서울, 어느 날 소설이 되다』(강, 2009)와 『서울, 밤의 산책자들』(강, 2011)이다. 두 텍스트의 작가들은 "서울에 관한 이야기"를 재현해달라는 요구를 받는다. 이 요구는 작가들의 일상적 장소(성)를 서울이라는 공간적 스케일로 확대해달라는 것이며, 서울이라는 로컬의 보편적인 집단성과 연결해달라는 것이다. 이 작업은 의식적으로든 무의식적으로든 다른 로컬이나 상위 공간과의 관계 파악을 포함할 수밖에 없다. 특정 테마로 기획된 두 소설집은 로컬의 집단성 그리고 로컬의 관계성에 기초해 현재의 로컬 정체성을 생산하려 한다. 두 텍스트는 한국문학사에서 가장 많이 다루어진 로컬 서울을 기획테마로 삼고 있기에, 접맥·긴장의 양상을 기호화할 수 있는 코드 또한 가장 문제적으로 내장한 재현 공간[5]일 수 있다.

추고 있고 또 그 변경된 생활공간이 일상적 장소성을 투여할 만한 조건을 구비했다면 일상적 장소성의 대상공간은 언제든 변경될 수 있다. 특히, 자본과 노동력의 이동이 확대된 자본제적 신자유주의의 시대에 일상적 장소성의 안정성·영속성은 일상적 장소성의 추상적이고 보편적인 자체의 감각이지 구체적인 특정 공간에 고정되어 발현되는 특수한 감각이라고 할 수는 없다. 즉, 일상적 장소성이 동반하는 영속성·고정성이라는 감각의 이면에는 이동성·개방성이 잠재해 있다고 할 수 있다(이-푸 투안, 앞의 책, 19~20·64·94·124쪽 참조; 데이비드 하비, 임동근·박훈태·박준 역, 「공간이라는 키워드」, 『신자유주의 세계화의 공간들』, 문화과학사, 2010, 194쪽 참조).
관계적 공간성과 일상적 장소성은 외부자의 시선과 내부자의 시선과 치환되지 않는다. 왜냐하면, 내부자가 일상적 장소성을 더욱 중시할 개연성과는 무관하게, 내부자 역시 관계적 공간성을 내재화하여 호명하는 주체이기도 하며 외부자 또한 특정 공간의 일상적 장소성을 상상하면서 공감할 수 있기 때문이다.
이 글의 두 텍스트는 작가들에게 서울에 대한 소설을 의뢰하는 기획에서 시작되는데, 작가는 자신들의 일상적 장소를 서울이라는 행정적 공간으로 확장 혹은 행정적 공간과 접맥해야 하는 입장에 처하게 된다. 이 접맥의 과정은 작가 자신이 체험하는 일상적 장소성과 서울이라는 로컬의 관계적 공간성을 결합·통합하는 과정이라고 할 수 있다.
5   앙리 르페브르, 양영란 역, 『공간의 생산』, 에코리브르, 2011, 80쪽.

2. 관계적 공간성의 관습과 현대성·도시성의 전유

1) 도시적 감각과 일상적 양가성

『서울, 어느 날 소설이 되다』와 『서울, 밤의 산책자들』의 소설들이 서울을 대하는 관점은 크게 두 가지로 나뉜다. 하나는 서울을 일상적 체험의 장소로 인지하는 작가의 입장에서 출발한다. 이 소설들은 일상에서 체험되는 장소를 서울이라는 로컬 범주로 확장시킬 뿐, 서울과 다른 로컬의 짜임관계 즉 서울의 관계적 공간성에 대해서는 관심을 보이지 않는다.

이 소설들은 서울을 혼종적인 공간으로 그려낸다. 여기에는 각각 9명과 6명의 작가들이 참여했다는 이유도 있겠지만, 서울이라는 공간이 수없이 많은 얼굴을 지니고 있다는 점이 근본적인 요인으로 작용한다. 그러나 이 소설집들이 보여주는 혼종성은, "식민지, 분단, 전쟁, 산업화로 이어지는 과정에서 서울이 겪은 엄청난 속도의 변화 때문"[6]에 생성된 서울만의 혼종성이 아니다. 왜냐하면 이 역사가 각인되어 있는 공간적 범위는 서울만이 아니라 적어도 한반도 전체이기 때문이다. 그렇지만 두 소설집은 현대성·도시성[7]의 체험을 매개로 일상적 장소를 서울이라는 공간으로 확장하며, 이 체험에 대해 양가적인 대응 태도를 취한다.

---

6   이경재, 「우리 시대의 서울을 위하여」, 전경린 외, 『서울, 밤의 산책자들』, 강, 2011, 184쪽.

7   모더니즘modernism은 도시성urbanism과 종종 등가관계에 놓여 있는 것으로 간주된다. Hana Wirth-Nesher, *City Codes : Reading the Modern Urban Novel*, New York : Cambridge University Press, 1996, p.17.

서울 공간에서 집단의 역사가 어떻게 공간화되고 위치지워지는지를 보여주는 소설은 「북촌」과 「백합과 공룡의 벼랑길」 정도다. 북촌에서 이루어진 남녀의 짧은 사랑을 다룬 「북촌」은 서울을 북촌과 그 외의 공간으로 구분한다. 이 공간적 대립은, 과거 / 현재, 아저씨 / 그 사람, 사촌오빠 / 백·페라리, 기다림(그리움) / 기다림(그리움)의 파괴, 단란한 가족 / 파괴된 가족, 타인의 아픔에 대한 배려와 욕망의 절제 / 욕망의 폭력적인 충족 등의 대립을 파생적으로 생산한다. 여자는 "아저씬 아저씨대로 만나고, 그 사람은 그 사람대로 만나면 안 될까?"[8] 하고 말하지만, "그 또래 여자애들이 혹할 만한 무엇"(22쪽)인 백과 페라리를 얻기 위해 "설레지는 않"(32쪽)는 그를 떠난다. 그 역시 북촌을 떠나는데 왜냐하면 북촌은 그의 소유가 아니기 때문이다. 그는 북촌에서 살거나 여자가 혹할 만한 무엇을 해줄 수 있는 경제적 능력을 상실한, 뿌리뽑힌 존재다. 과거의 기표인 한옥마을 북촌은 배려와 "허물을 벗는"(26쪽) 듯한 사랑의 공간이지만 이미 파괴되어 소유할 수 없는 곳이기도 하다. 더구나, 북촌의 성격을 집약해서 대변하던 모퉁이 집이 드라마 로케지로 상품화되자 그녀는 아끼느라 신지도 못했던 새 구두에서 긁힌 자국을 찾아낸 것 같은 실망을 느낀다. 이 실망은, "더 모르겠는 건 내 마음인데, 그렇게 (나를—인용자) 아프게 한 사람인데 그래도 그 사람이 좋"(31쪽)다는 고백 그리고 그 사람이 선물한 백이 가짜인 줄 알면서도 그 사람을 선택하는 행위와 연결되면서 북촌의 무력함과 환등상의 위력을 증명한다.

---

8 이혜경, 「북촌」, 이혜경 외, 『서울, 어느 날 소설이 되다』, 강, 2009, 32쪽. 이하 권수와 쪽수만 표기.

"보기엔 아름답지만 아주 작은 충격에도 깨어지던 그 얄팍한 유리 인형"(17쪽)은 그 사람을 선택한 여자 혹은 가짜 명품 백을 선물한 그 사람을 수식하는 비유적 표현이지만, 곧이어 아우라를 상실한 북촌을 가리키는 것으로 전유된다. 역사는 탈맥락화되어 상품으로 전시되면서 환등상의 도구로 차용되고 만다. 북촌과 북촌 이외의 공간이라는 대립 구조를 폐기함으로써 현대성·도시성의 압도적인 우위를 증명한다.

「북촌」과 유사하게 「백합과 공룡의 벼랑길」 역시 역사와 현대성·도시성의 대립 위에서 진행된다. 서울을 "어떤 소요와 소동과 축제도 빨아들여 정화하는 오래된 폐부를 가진 고도古都"(2권, 8쪽)로 인식하는 작가는, 노인 / 당신, 백합 / 공룡, 유일한 이웃 / 외국인, 아름다움 / 흉칙함, 일광욕 / 햇빛 알레르기 등의 대립을 반복한다. 심각한 햇빛 알레르기로 인해 '나'는 어둠을 전전하며 또 하나의 현대 표상인 도시의 인공조명에 감탄한다. 외국인처럼 서로 무관심한 이웃들, 협잡꾼·시정잡배·광인·배우에 불과한 '당신', 햇빛 알레르기를 앓고 있는 '나'는 현대의 일상을 살고 있는 존재들이다. 일광욕을 즐기는 노인은 광분한 '당신'으로부터 '나'를 보호하면서 '나'의 병을 치료한다. 이 치료는 '당신'·이웃과의 이별과 동시에 진행되는데, '나'는 이를 두고 "슬픔보다 더더욱 비밀스러운" "생의 기쁨"(37쪽)이라 표현한다. 소설은 소멸된 고도의 폐부가 남겨준 영향을 햇빛 알레르기 치료로 형상화한다. 「북촌」은 현대성의 위력에 「백합과 공룡의 벼랑길」은 역사의 비가시적인 지속성에 더욱 초점을 맞추고 있다. 그러나 두 소설이 공통적으로 기반하고 있는 것은, 서울은 이미 역사의 공간적 기억을 이미 삭제해버렸거나 삭제하고 있는 현대 도시라는 인식이다. [9]

　　역사의 공간적 기억이 소멸되면서, 두 소설집에 수록된 거의 모든 소설들은 현재의 서울을 현대성・도시성만이 범람하는 장소 혹은 공간으로 인식한다. 「1968년의 만우절」은 개인의 고독에 대해 말하는데, 여기서 고독은 서울 위성도시의 변두리에 거주한다는 공간적 열등의식, 지하철을 가득 메운 러시아워의 도시인들 속에 포함되지 못했다는 사회적 소외의식, 소통하지도 못하면서 서로에게 얼레만 되는 가족 간의 단절감, 자신의 존재 자체를 최대의 거짓말로 간주할 수밖에 없는 존재론적 소외감 등이 동반 작용한 결과이다. 「내 비밀스런 이웃들」은 '살아 있으면서도 죽은 상태'의 반복을 통해 도시인의 단절감을 증폭시킨다. '나'는 이웃의 얼굴을 한 번도 제대로 본 적이 없으며, 남편은 암환자인 이웃 앞에서 그가 곧 죽을 거라고 큰 소리로 말하며, '나'는 플래시 불빛 때문에 공포에 질린 이웃 노파의 얼굴을 집요하게 쫓으며 불빛을 깜박이기까지 한다. 「백합과 공룡의 벼랑길」이 그러하듯 단절은 서울의 이웃 사이에 놓인 무관심과 폭력만을 의미하지는 않는다. 부당 해고 노동자들이 매일 밤 진행하는 촛불시위에도 불구하고 "빌딩은 침묵과 어둠에 잠긴 채 꿈쩍도 하지 않"(1권, 121쪽)는다. 가족들은 연금을 계속 받기 위해 아버지가 죽지 않은 채 수면 상태에 있기를 원하며, 남편은 "그들은 오늘도 그곳으로 갈 거라더군"이라는 말을 계속하지만 '나'는 그들과 그곳에 대해 묻지 않으며, 남편 역시 '내'가 관심 가져주기를 바라는 자라에 대해 묻지 않는다. 거의 모든 공간 층위에서 즉, 시위 현장이라는 공적 공간, 이웃이라는 매

9　도시란 누적된 역사의 총합이라기보다는 언제나 '지금 여기'의 생성과 변화의 법칙에 이해 과거적인 것을 지워나가는 '동시대성'의 원칙이 강하게 작동하는 곳이다. 김춘식, 「식민지 도시 '경성'과 '모던 서울'의 표상」, 『한국문학연구』 38, 동국대 한국문학연구소, 2010, 44쪽.

개 공간, 가족이라는 사적 공간 모두에서 서울은 단절과 소외만을 체험하는 공간이다. 단절과 소외 양상은 「삼인구성의 가정식 레시피」에서 실종·살인이라는 극단적 서사와 추리식 구성을 통해 극대화된다. 「벌레들」의 '나'는 빈민계층으로 분류한 A구역 이웃들이 "순식간에, 그리고 한꺼번에 사라져" "이사 가는 것을 한 번도 보지 못"(1권, 248쪽)하며, 같은 다세대주택의 이웃들을 소음과 음식냄새로만 인지한다. 단절과 소외는 두 소설집의 소설들 대부분이 묘사하는 서울의 모습이다.

소설들은 서울의 현대성·도시성에 대해 양가적 정서를 드러낸다. 대부분의 소설들에서 공포와 불안과 고독 등[10]으로 발현되는 안타까움과 부정,[11] 그리고 현대성·도시성에 대한 적응과 자발적인 지향이 공존한다. 「소년은 담 위를 거닐고」에서, 안타까움이라는 정서를 유발한 도덕적 판단은 거대역사에서 탈맥락화된 서울 공간을 개인의 기억으로 재맥락화하려는 시도로 나아간다. 중년 인물들은 학창시절의 서울을 탐방함으로써 미미하고 파편적인 흔적으로 서울에 남아 있는 개인의 기억을 확인해간다. 이 탐방에는 두 계기가 작용한다. 하나는 미국에 사는 친구의 할머니가 죽음을 눈앞에 둔 상황에서 그들의 현재에 대해 질문하는 것 즉 과거로부터의 요구이다. 또 하나는 개인의 기억이 상품을 재의미화하는 경험이다. K는 소파와 관련된 기억을 떠올린다. K의 부모는 물소가죽 소파의 물소가 각각 아프리카와 동남아시아의 물소라고 주장하면서 충돌한다. 이 충돌은 K의 외가와 친가에 대한

---

10 『동아일보』, 2009.9.22. http://news.donga.com/3//20090404/8716025/1(검색일 : 2012.5.15)
11 여기서 부정은 소외, 파편화, 불안 등 소위 도시의 병리현상에 대한 비판적 판단을 가리킨다.

비난으로 이어진다. 그런데 소파를 운반하던 두 남성은 부부 간의 배려와 사랑이라는 새로운 기억을 소파에 부여하고 이 새로운 기억은 K에게 전이된다. 헤어진 그녀에게 분노하고 있던 K는 소파에 앉아 30편도 넘는 영화를 봤다는 기억을 재생하면서 그녀에게 미안해한다. K가 물소가죽 소파를 소유할 수 있었던 이유도, K 부모의 대립·충돌이 여러 매개체를 통해 반복되고 확산된 이유도, 두 남성이 소파에 새로운 의미를 부여하며 K에게 전이시킬 수 있었던 이유도, 소파가 탈맥락화된 교환가치의 상품이기 때문이다. 서울의 과거를 탐방하는 과정을 다루는 소설은 기억의 재생과 공유라는 과정을 거치게 되는데, 이 과정은 현대성·도시성에 대한 부정 위에서 진행되는 듯 보인다. 그러나 이 소설이 우울한 분위기로 채색될 수밖에 없는 이유는, 그들의 탐방이 기억의 내용과 기억의 물질적 근거가 손쉽게 분리되는 현대성에 기반하고 있기 때문이다. 소파가 고착성과 이동성의 공존을 상징하고 할머니가 기억의 재생·공유에 대한 요구와 죽음의 공존을 상징한다면, 여기서 출발하는 그들의 탐방 역시 기억의 흔적과 소멸의 확인 그리고 현재에 대한 부정적 승인으로 귀결될 수밖에 없다.

창틀에 그들의 이름이 희미하게 새겨져 있었다. "이게 우리들이에요." L이 남자에게 말했다. "이 방에 사는 사람은 누구든지 멋진 인생을 살게 될 거예요." (…중략…) "누가 그런 소릴 해요." "이 집 주인 할머니가요."(1권, 198쪽)

그들은 소원 하나씩을 적은 아이스크림 막대를 매일 육교 틈에 숨겼지만 그 육교는 철거되어 사라졌다. 그들의 아지트였던 방의 창틀에

"희미하게 새겨져 있"는 그들의 이름은 육교와 함께 사라진 소원들의 흔적이다. 소원의 내용은 "멋진 인생"이고 그 소원은 예지몽을 자주 꾸던 할머니에 의해 신뢰할 만한 것이 된다. 그러나 350개가 넘는 그들의 소원은 육교와 함께 철거되었고 현재 그들의 아지트에는 코를 막아야 할 만큼 지저분한 모습으로 중년 남자가 살고 있으며 그들 역시 소시민의 삶을 살고 있다. 그들은 이름, 할머니 같은 기억의 흔적들을 통해 "멋진 인생"을 소원하지만, 중년 남성과 그들의 현재 삶은 그 기억과 소원의 무력함을 스스로 증명하고 있는 셈이다. 안타까움은 현재를 부정적인 방식으로 인정하는 정서이다.

소설은 양가성의 또 다른 양상을 보여주는 먹기대회 에피소드를 마지막에 배치한다. 먹기대회 우승 상금으로 부모에게 집을 사주기도 한 W는 호빵 먹기대회 참가를 위해 서울 과거 탐방을 거절한다. "호빵을 먹는다는 느낌은 전혀 들지 않"고 "그저 호빵이 호빵을 밀어 넣고 있"(1권, 203쪽)는 것 같은 먹기대회는 한 끼도 먹지 않은 K에게 식욕을 전혀 불러일으키지 못한다. 이런 물화현상은 현재를 가능케 한 과거의 부끄러운 기억을 억압하기 위해 이 기억을 정당한 삶의 방식으로 치환하려는 개인의 의식적 욕망이 현대성과 결합한 결과이다. 신고하지 않겠다고 약속했음에도 불구하고 어린 W는 탈옥수를 신고하여 상을 받고 불고기를 먹게 된다. 약속의 배반은 물질적 보상으로 이어지는데 먹기대회는 이 과정의 강화라 할 수 있다. 안타까움은 W가 음식으로 인해 질식하게 된 상황에서 일어난다. 그때 그가 떠올리는 것은 자신에게 한없이 관대했던 어린 시절이다. 부끄러운 기억은 W가 관대했던 과거로 회귀하는 데 장애물로 작용하고 있다. 죽음 가까이 가서야 장애물을 장애물로 인정하고 극복할 수 있다는 것은 물화의 자연화·내면화 정도를 증명한다.

이런 도시적 감각이 일상의 보편적인 차원에서 체화되어 있음을 보여주는 소설은 「죽음의 도로」다. 소통의 중요한 방식인 이메일은 회신이 불가능한 스팸 메일과 발신 전용 메일로 가득 차 있는 상태다. 이런 도시의 일상에 최적화되어 있던 '나'는 아버지처럼 자살을 꿈꾸게 되고 강북강변로를 죽음의 도로로 일컫는다는 말에 따라 그곳을 자살할 장소로 선택한다. 그러나 죽음의 도로에서 '내'가 확인하는 것은 살고 싶은 욕망이며, 그 순간 "머릿속이 환해지면서 실타래처럼 엉켰던 것들이 다 풀리는 기분"(1권, 153쪽)을 느낀다. 곧이어 진행되는 것은 발신 전용 메일이 반환을 요구하는 디비디의 발견 즉 일상이다.

도시성과 일상성의 무균열적 결속을 가장 잘 보여주는 소설은 "서울에 관한 이야기라면, 이미 많이 썼다"[12]고 말하는 김애란의 소설집 『달려라, 아비』에 실려 있는 「나는 편의점에 간다」이다. 편의점은 "전설"처럼 존재하고 있으며 '나'는 매일 습관적으로 편의점에 가는데 이 '습관'은 구원과 동일한 기능을 한다. '나'는 상품을 구매함으로써 "일상을 구매"하려 한다. 그리고 '내'가 구매하려는 일상은 개인의 일상이 아니라 "평범한 소비자이자 서울시민"(41쪽)의 일상이다. 편의점은 개인성은 물론이고 소비 기호조차 기억하거나 기록하지 않는다는 것을 '나'에게 증명한다. 소비 즉 일상의 구매만을 허용하는 편의점은 익명화된 추상의 소비자에게 '습관'처럼 익숙하고 편안한 '구원'의 공간이다. 소설은 이러한 현대성·도시성에 대한 적응 위에서 개인적인 고통의 은

---

12 김애란, 「작가의 말」, 이혜경 외, 앞의 책, 236쪽.

닉을 조심스레 환기시킨다. 결국, 이 소설들은 소외, 물화, 익명 등을 체험하는 장소를 현대성・도시성의 서울로 확장하여 설명하며, 추상적인 소비자로 존재할 뿐인 개인은 일정한 회의에도 불구하고 일상의 장소 역시 이런 성격이기를 요구하고 있다고 묘사한다. 이로 인해 장소와 공간은 빈틈없이 밀착되는 듯 보인다. 그런데, 이런 밀착 현상은 기성의 관계적 공간성을 인정하기에 가능한 것이다. 이 소설들이 일상적 장소(성)를 로컬의 공간(성)과 접맥하는 데서 만족할 수 있는 이유도 기존의 관계적 공간성에 문제를 제기하기 않기 때문이다.

2) 도시적 감각의 전유와 관계적 공간의 선형성

역사의 소멸과 현대성의 범람, 그리고 이에 대한 양가적 반응은 앞서 살펴보았듯 두 소설집의 소설들이 공통적으로 전경화하는 서울의 모습이다. 이 소설들은 일상적 장소에서의 체험 중 현대성・도시성에 대한 양가적 체험을 선택적으로 추출함으로써 로컬 서울의 정체성을 재현해 낸다. 그러나 두 소설집의 소설들이 재현하는 현대성・도시성은 서울만의 전유물이 아니다. 2009년 한국의 도시화율이 90.8%를 이른 상황[13]에서 현대성・도시성의 체험은 부산 등 한국 대도시의 보편적인 체험일 수밖에 없다. 물론 서울에서 진행되는 일상적 체험의 상당 부분은 도시성・현대성의 목격이겠지만, 이 소설들은 서울이라는 공간을 일상적

---

[13] 국토해양부 보도자료, 2010.7.30. http://www.mltm.go.kr/USR/NEWS/m_71/dtl.jsp?id=1 55642018(검색일 : 2012.5.12)

장소가 아니라 자본주의 시장경제에 의해 고도로 촉진된 도시라는 추상적 공간으로 인식하도록 만든다. 즉, 개인이 체험하는 것은 구체적인 장소이지만 소설은 이 장소를 공간적 차원에서 인식하고 상상하고 설명한다. "지금의 서울보다 더 크고 더 중심이 되는 새로운 대도시가 세워진다면, 우리는 그 도시를 서울이라 불러야 할 것"[14]이기에, 이 소설들이 재현한 서울은 실체 없는 텅 빈 기표로서의 서울, 고유명사가 아니라 도시라는 일반명사이거나 도시의 대명사다.[15]

더구나 앞서 살펴보았듯, 거대역사는 삭제되거나 상품화되었으며 개인의 역사 역시 현재에 부합하지 않는 것으로 증명되면서 부정되기에, 현재의 서울을 체험한다는 것은 현대성·도시성의 감각적 체험일 수밖에 없다. 일상적으로 반복 체험하게 되는 장소들은 거대역사나 개인의 역사 위에서 맥락화되지 못하고 기억의 내용과 분리된 채 재현되며, 텍스트의 서울은 무장소성의 공간이 되고 만다. 결국, 서울의 공간성과 개인의 일상을 현대성·도시성의 범람과 그에 대한 양가적 반응으로 묶어낸 듯 보이는 이 소설들은 서울 고유의 지방색·장소성을 탐구하는 소설이 아니다. 이 소설들은 국가라는 매트릭스에서 서울이 다른 로컬과 관계 맺고 있는 양상 즉 "더 크고 더 중심이 되는 대도시"라는 기존의 확고한 관계적 공간성에 전적으로 의지하고 있다.

이것은, 서울은 한 국가를 주도하고 온전히 담아내는 절대적인 수도라는 문학적(사회적) 관습과 호응을 이룬다. 이상이 과잉의 감각으로

---

14 이수형, 「서울, 어느 날 텅 비어버리다」, 『문학과사회』 통권86호, 문학과지성사, 2009 여름, 510쪽.
15 loc. cit.

1930년대의 경성에서 근대성을 제련하면서부터 박태원과 김승옥, 이호철, 조세희 등을 지나 지금에 이르기까지 한국문학이 근대성·도시성을 체험하고 논하는 공간은 절대적으로 서울이었고, 그래서 그것은 일종의 문학적 관습이었다. 한국의 문학은 서울을 선진적인 경향들의 결정체로 인식했고, 다른 로컬들은 서울을 추종하거나 서울이 견인해야 할 로컬 혹은 서울의 선구적 역할을 위해 희생하거나 보조하고 지원하는 공간으로 그려냈다.

> 서울을 대상으로 한 작품은 한 지역적 특수성을 드러내기에 지역문학으로 볼 수도 있다. 그러나 서울을 소재로 한 작품들은 지역문학인 동시에 곧바로 한국문학으로서의 특징을 지닐 수밖에 없다. 서울의 특수성은 이미 한국적 보편성을 지닐 수밖에 없을 정도로 서울이 차지하는 역할과 위상은 절대적이기 때문이다.[16]

인용문은 서울의 절대적인 공간 위상에 근거하여 서울의 특수성과 한국적 보편성이 서울 공간 안에 수렴된다고 말한다. 이 주장을 일단 수긍하게 하는 하나의 반증은, 서울을 제외한 지역문학은 대체로 지역도시들의 현대성·도시성을 다루는 데 소극적일 뿐 아니라 지역도시들의 역사적 지역성을 강조하는 경향을 띤다는 것이다. 그 일례를 부산을 다룬 두 소설집 『부산을 쓴다』와 『부산데일리 훌랄라 기획부』에서 찾을 수 있다. "부산의 명소나 장소를 배경으로 하되 그 장소의 역사

---

16 이경재, 앞의 글, 184쪽.

적, 문화적 특성이 잘 드러나는 소설"[17]이라는 기획 의도에 맞게 『부산을 쓴다』의 소설들은 거대역사 혹은 개인의 기억들과 부산의 현재를 유의미하게 연관 지음으로써 부산을 장소화하려 한다. 뿐만 아니라 2012년에 발간된 도요문학무크지 소설집 『부산데일리 훌랄라 기획부』의 소설들 역시 역사와 기억의 문제에 집중하면서 부산을 그려나간다.[18] 두 소설집의 소설들은 도시 부산의 현대성·도시성의 문제를 거의 다루지 않는다. 대도시 부산의 일상 역시 현대성·도시성의 체험으로 점철되어 있지만, 두 소설집은 부산이라는 공간에 역사의 귀환을 시도할 수 있을 뿐이다.

서울에서 발간된 두 소설집이 현대도시의 현대성·도시성에 집중한다는 것은, 부산에서 발간된 두 소설집이 부산의 현대성·도시성보다 지역성 근원으로서의 역사에 주목한다는 것과 밀접하게 연관된다. 왜냐하면, 한국의 도시화율이 90%를 넘었다는 사실에도 불구하고 서울의 관계적 공간 위상이 절대적이라는 것은, 서울이 지방 대도시의 미래를 선취하고 있다는 의미이기도 하며 그 성격이 이질적인 지방을 서울의 관장 아래 질서짓는다는 의미이기도 하기 때문이다. 전자의 선조적인 관점에 의하면 서울 이외의 대도시·중소도시는 서울의 하향적 확산, 서울의 흘러넘침에 해당한다. 서울이 절대적 지위에서 추동하는 삶의 방식은 자연적이고 보편적인 현대적 삶의 방식이 된다. 이때 지방은 선형적 질서 위에 자리매김 되는 동일자의 공간이다. 서울

---

17 정태규, 「편집후기」, 정태규 외, 『부산을 쓴다』, 산지니, 2008, 298쪽.
18 황국명, 「장소에서 삶을 묻다」, 배길남 외, 『도요문학무크1 부산데일리 훌랄라 기획부』, 도요, 2012, 167~174쪽.

과 동일자이지만 후진적인 지방은 서울의 과거에 해당하며 따라서 서울에서는 사라진 공간이 된다. 이로 인해 현대성·도시성은 서울의 전유물로 간주된다. 이는 도시성·현대성을 '서울성'으로 전유하거나 독점하겠다는 욕망으로 인해 발생한 결과가 아니다. 오히려 서울이라는 로컬에 대한 문학적·사회적 관습 즉 절대적 중심이라는 관계적 공간성이 일상적 장소를 인식하는 방식을 규정하고 제한한 결과이다. 이 결과로 인해, 「빈 찻잔 놓기」가 보여주듯 현대화·도시화의 정도라는 '차이'는 극단적인 유무의 이분법적 대립으로 변이되어 각 로컬에 상대적인 지위를 부여하는 근거가 된다.

　「빈 찻잔 놓기」는 서울의 중심 공간과 주변공간의 관계에 대해 다룬다. 한강변의 H오피스텔 / 망원동 M연립, 감상 대상으로서의 물 / 피해 원인으로서의 물, 등장인물 연 / 고, 거룩 / 조잡이라는 이분법에 기초해 중심공간과 주변공간의 관계 양상을 해부한다. 제목인 '빈 찻잔 놓기'는 해부 결과의 일부를 압축해 보여준다. '찻잔'은 중심이 약속하는 성공의 약속인데, '빈'은 그 약속이 허상에 불과하다는 것이다. '놓다'는 허상인 줄 알면서도 성공의 신화에 유인될 수밖에 없음을 암시한다. '놓다'의 위력은 한강변의 H오피스텔처럼 실질적이기도 하다. 그러나 '빈 찻잔'은 "타락한 궁전"(1권, 93쪽)이라는 도덕적 판단으로 이어진다. 사실에 대한 인지에서 출발한 도덕적 판단과 그에 대한 대응은 어떤 결과를 불러오는가. 등장인물 연은 시나리오의 핍진성을 위해 공동작가 고를 남녀의 삼각관계로 유도한다. 삼각관계로 인한 고의 괴로움은 시나리오에 녹아들고 영화는 비교적 괜찮은 평가를 받는다. 고는 자신의 괴로움이 연의 허위적이고 작의적인 조작에 의해 발생한 것임을 뒤늦게 알고 분노한다. 고가 또 하나 깨닫게 된 것은, 연 또한 동일한 삼각관계로 인해 괴로워했지만 고를 그 괴로움 속으로 유도함으로써 시나리오 완성에 기여토록 만들었다는 점이다. 영화사 대표 고와 보조작가 연의 차이는 감정의 차이가 아니라 그 감정의 처리 방식 즉 감정을 교환가치로 전환하는 능력의 차이에서 발생한다. 이 차이가 결과에 미치는 영향은 절대적이다. 왜냐하면, 고는 상대를 잔혹하게 칼로 난자하는 장면을 상상하면서 이를 영화 시나리오에 삽입하리라 마음먹는데, 이것은 자신의 감정을 상품으로 전환하는 연의 방식을 모방한 것이기 때문이다. 그리고 이런 모방에도 불구하고 고의 깨달음 혹은 변화는 연이 요구한 스릴러 장면에 사용될 것이기 때문이다. 즉, 이번에는 스릴러 장면이 필요하기에 연은 고를 분노시켜야 하는데, 이를 위해 고가 과거의 사실을 알도록 만든다.[19] '차이'는 여전히 지속될 뿐만 아니라 "저 높다란 오피스텔 건물에 입주"(1권, 67쪽)한 영화사 공동대표와 "보조작가 주제"(1권, 94쪽)라는 중심과 주변의 위치를 강화시킨다.

결국, 부산 등의 로컬이 지역사를 통한 지역성·장소성의 탐구에 몰두하는 이유는 차이가 유무로 전환되는 구조를 그대로 수용했기 때문이다. 부산에서 발간된 두 소설집은 현대성·도시성을 전유한 서울의 두 소설집과 양상만 다를 뿐 동일한 구조 위에 놓여 있는 셈이다.

19　고는 사실을 알기 위해 한 번도 적극적으로 노력하지 않으며, 연을 추종하는 인물들의 말을 통해 과거 사실을 알게 된다.

3. 지식 체계의 수행성과 부정변증법

1) 관계적 공간성의 대상화와 지식 체계

「빈 찻잔 놓기」, 「크림색 소파의 방」, 「프라자 호텔」, 「결투」 등은, 두 소설집이 서울을 재현하는 또 하나의 관점, 즉 서울 내 소지역들의 관계성 혹은 서울과 다른 로컬과의 관계성에 주목한 외재적·공간 중심적 관점을 보여준다. 이 소설들은 서울의 공간 위상을 규정하는 관계 양상 자체에 더욱 주목한다. 관습적인 관계적 공간성을 문제적으로 인식함으로써 일상적 장소(성)와 관계적 공간(성)이 서울이라는 로컬의 장에서 새롭게 구성될 수 있는 기회를 제공한다.

「크림색 소파의 방」은 서울과 지방 소도시의 관계 그리고 지방에 대한 서울의 인식이 어떤 방식으로 형성되는지를 보여준다. 박은 "서울에서 태어나지 않았지만 서울을 고향이나 마찬가지라고 생각하고 있다."(1권, 225쪽) 그는 서울 본사에서 명예퇴직 당하는 것을 피하기 위해 지방 소도시 근무를 자청한다. 귀양살이와 같은 소도시 생활 8년을 보낸 후 그는 서울 본사 발령을 통보받고 상경을 한다. 소설은 상경을 위해 이사하는 과정을 그린다.

박은 그들이 떠나온 도시 쪽을 바라보았다. (…중략…) 파이프와 철제 계단과 연료통이 죄다 바깥으로 드러나 기이한 느낌을 주는 공장 단지를 거닐 때면 외계도시에 와 있는 기분이었다. 도시의 정방형 고층 건물에 익숙해져 있던 탓이었다.

박은 이번에는 그들이 가야 할 쪽을 바라보았다. 박이 있는 곳에서 서울은 전혀 보이지 않았다. (…중략…) 그 때문에 시끄럽고 불꽃 튀는 망치질과 용접의 세계를 벗어나 형체가 불분명하지만 단단하고 질서 정연한 서류의 세계로 진입하고 있다는 것을 실감했다. (…중략…) 형체가 보이지는 않았지만 바로 그 점 때문에 박에게는 가장 익숙하고도 편안한 곳이었다.(228쪽)

서울은 "형체가 보이지 않"기에 "단단하고 질서 정연한 서류의 세계"이며, 이 세계에 익숙해 있는 박에게 형체를 가진 소도시는 "외계도시"처럼 "기이한 느낌"을 준다. 기이하다는 느낌이란 소도시는 혼란스럽고 무질서해 보이는 쥬이상스의 공간이라는 인식에서 기인한 감정적 반응일 것이다. 서울과 소도시에 대한 대립적인 인식을 단적으로 보여주는 것은 소파다. 소도시 사택의 검은 소파는 "불편하고 좁고 고단한 생활", "울적"(222쪽)과, 서울의 크림색 소파는 "부드러운 이불처럼"(229쪽) "정갈하고 단란한 세계", "평온한 표정"(230쪽), "따뜻하면서도 안온하고 세련된 느낌"(229쪽)과 연결되고 있다. 이런 대립은 그에게 있어 너무나 명확한 것이다. 그가 소도시 출신의 아내에게 청혼을 하는 이유도 "사투리가 심하지 않은 것이 무엇보다 마음에 들었"고 "그 도시 출신답지 않게 목소리가 작고 조곤조곤한 것도 좋았"기 때문이며, "독특한 억양을 숨기려는 말투가 귀엽기까지 했"(218쪽)기 때문이다. 그는 아내에게 소도시의 낙인이 없을 뿐만 아니라 표준어라는 서울의 징표를 획득하려는 의지가 있다고 믿으며 이 점에 만족해한다. 그는 이 소도시를 잘 안다고 믿는데 이분법적 대립 구조가 이 지식의 기반이자 결론이다.

그러나 이분법에 기반한 지식은 줄곧 의심받는다. 그는 비가 오지

않을 거라고 장담하지만 비가 내리며, 부근에 주유소가 없을 거라고
말하지만 주유소는 나타난다. 그는 소도시의 청년들은 어딘가로 떠날
꿈만 꾸면서 자신을 비난하느라 위축되고 소심해져 있으며 해를 입거
나 통제당하는 것이 두려워 오히려 다른 사람을 위협한다고 지식화한
다. 그러나 알 수 없는 독한 냄새를 풍기는 청년의 티셔츠에 호랑이가
그려져 있는 것에 과장되게 반응하는 것은 그다. 돈을 부당하게 강탈
당했음에도 불구하고 해를 입는 것이 두려워 그곳을 빠져나온 후에야
참았던 숨을 내쉬며 알 수 없는 냄새를 마약냄새로 규정하여 경찰에
신고하는 사람도 그다. 서울의 징표를 획득한 것처럼 보이는 아내는
긴장하거나 화가 나면 소도시의 낙인인 사투리를 숨기지 못한다. 더구
나, 그는 소도시의 청년들은 서울같은 대도시로 떠날 꿈만 꾸면서 위
축되고 소심해진 "건달"(216쪽)이라 생각하지만, 그 또한 그런 모습에서
그다지 멀지 않다. 그는 알 수 없는 기계 뭉치인 차가 고장난 탓으로 서
울에 도착하지 못한 채 서울과 소도시의 중간인 길 위에 머물 수밖에
없으며, 호랑이 티셔츠를 입은 청년이 다가오는 것을 두려움 속에서
지켜볼 수밖에 없다. 그의 지식이란 알지 못해 두려운 세계를 질서지
으려는 불완전한 도구에 불과하다. 또한, 서울은 크림색 소파를 제대
로 놓을 수 없는 공간 즉 그가 기대하는 "새로운 인생"(223쪽)이 불가능
한 공간이다. 정작 형체를 알 수 없는 공간은 서울이지만 그에게 있어
서울은 '그래서' 질서정연한 공간이다. 서울이든 소도시든 알 수 없는
공간인 점에서는 마찬가지이지만, 두 공간은 질서의 공간과 폭력적이
고 두려운 공간이라는 이분법에 의해 잘 아는 공간으로 규정되고 지식
의 체계 안에 포섭된다. 지식체계가 형성될 수 있는 이유는 그가 서울

을 고향으로 여기고 서울에 익숙해져 서울을 질서의 공간으로 삼고 있기 때문이다. 서울의 절대적인 위상에 기초한 이분법적 구조의 '지식 체계'가 미지의 공간들을 기지의 공간으로 전환시킨다.

「프라자 호텔」은 서울과 다른 로컬의 관계적 공간 위상을 구축하는 지식 체계를 상대적인 관점에서 조망한다.

> 윤서는 서울이 고향이라고 했다.
> "난 여기가 싫어. 사람도 너무 많고 너무 시끄러워. 거리에는 똑같이 생긴 아파트들밖에 없고 공기는 탁하고. 밤에도 너무 밝아 잠을 잘 수가 없어."
> 사람이 많고 시끄러워서 나는 오히려 좋았다. 나까지 덩달아 흥이 났으니까. 서울은 어디를 가도 똑같은 곳이 한 군데도 없고 마음만 먹으면 1년 365일 데이트 코스를 365가지로 짤 수도 있었다. 밤에도 밝으니 혼자 있어도 덜 외로운 것처럼 느껴졌다. (2권, 57쪽)

'나'는 대학 진학을 위해 "택시 기본요금이면 읍내 어디든 다 가는 손바닥만한 고향 땅"(43쪽)을 벗어나 상경한다. 서울만의 징표가 아닐 수도 있는 것들, 즉 절망의 시대에 명품 옷을 입는 것에 대한 비난, 능숙한 수강신청, 변화무쌍한 거리의 풍경, 우연히 지인을 만나는 경우가 없는 거리, 시위대 옆 헌혈의 집의 평화 등을 접하면서, 서울은 과연 놀라운 곳이라고 반복한다. 그의 놀라움은 다소 과장스럽다. 그러나 이 과장은 서울과 지방의 관계적 공간성을 이해하는 출발점이기도 하다. 그는 서울의 징표가 아닌 것들도 서울의 징표인 양 받아들인다. 그가 감탄하는 서울의 모습은 자동화된 일상의 감각만을 자아낸 고향과 대비되는 모습이다. 다시 말해, 서울에 대한 그의 감탄에는 현대성·도시성에 대한 찬탄과 함께 낯선 공간만이 지닐 수 있는 신기성에 대한 매혹이 포함되어 있는 셈이다. 위 인용문은 서울을 일상의 공간으로 생활하는 인물과 그렇지 않은 인물의 차이를 보여준다. 따라서 문제가 되는 것은 서울이나 지방이 지닌 성격 자체가 아니라 서울을 대하는 인물의 위치이다. 지방 소읍 출신의 그가 감탄하고 낯설어 하는 서울의 성격은 서울 출신의 윤서가 지겨워하고 싫어하는 바로 그 지점이다.

"예컨대, 내가 이십 년 전 부모에게 버림받고 외국으로 입양된 고아인데……" (…중략…) "스무 살이 되고 나서 처음으로 고국을 찾았어. 친부모를 만나러 온 거지. 그래서 프라자 호텔에 묵어. 서울 한복판에 있으니까 상징적이잖아. 시청 바로 앞이기도 하고 포인트제로도 가깝고. 아무튼 그래서 부모님을 만나기로 한 전날 밤, 호텔에서 고국의 수도 야경을 내려다보며 상념에 잠기는 거야." (…중략…) "그런 상황에서 바라보는 서울은 굉장히 낯설고 새롭겠지. 내가 한 번도 본 적 없는 곳 같을 거야. 이십 년간 부대끼며 살아온 익숙한 고향 땅이 아니라 난생처음 보는 어떤 매혹적인 이방의 땅. 하지만 나를 버린 비정한 도시. 그걸 보고 싶은 거야."(58~59쪽)

나는 그날 일을 아무에게도 말하지 않았다. 호텔 방에 혼자 있었다고. 내내 창밖만 보다 잠들었다고. 새벽에 깨어서는 고국에 처음 와본 입양인 것처럼 불현듯 외롭고 서럽고 막막하여 복도를 서성였다고. 그러다가 탁자에 놓인 전화기를 발견하고 프런트 데스크 안내원의 목소리를 들었던 것이라고. (64~65쪽)

윤서는 '나'에게 프라자 호텔에 가보고 싶다고 말한다. 첫 인용문은 그 이유를 설명하는 부분이다. '나'는 고향을 떠나 서울로 이동함으로써 놀라움을 경험하지만, 윤서는 고향 서울을 떠날 생각을 하지 않는다. 그녀가 체험하고 바라보고자 하는 곳은 오로지 서울이다. 서울 이외의 다른 공간에 대한 고려는 없다. 그러면서 그녀는 너무나 익숙한 서울을 새롭게 바라보고 체험하기를 원한다. 그래서 그녀는 자신의 위치를 "외국으로 입양된 고아"로 "상상"한다. 지방은 그녀가 상상할 수 있는 곳이 아니다. 갓 상경한 '나'는 자취방 비용 석 달분의 거금으로 프라자 호텔의 하룻밤을 구매하지만 그녀는 약속을 잊고 나타나지 않는다. 호텔에서 홀로 지내는 '내'가 체험한 것은 그녀가 상상했던 외로움과 서러움과 막막함이다. 그녀가 잊어버린 지방의 시선은 그녀가 상상했던 외국 입양아의 시선 그것이다. 그녀에겐 새롭게 인식하고 싶은 서울만 있을 뿐이며 그 새로운 인식도 외국으로의 이동이라는 상상으로만 가능할 뿐이다. 서울에 감탄하는 지방 출신의 '내'가 곁에 있음에도 불구하고, 지방은 그녀의 지식 체계 안에 위치하지 않기에 그녀의 시선 내에 지방은 없다.[20] 지방은 그녀가 상상할 수 있을 뿐 체험할 수는 없는 시선이라는 형태로 지식의 체계에 포섭될 수 있는 잠재태이다.[21]

---

20 결혼한 그들은 휴가를 서울의 호텔에서 보낸다. 서울의 거리가 "눈 감고도 떠올릴 수 있는 풍경"(54쪽)이 된 '나'는 호텔 로비에 들어서며 내 집에 온 듯한 안락함을 느끼며 돈으로 완벽을 살 수 있는 것을 자본주의의 축복으로 찬양한다.

21 나는 아내가 된 윤서에게 그날의 일을 "슬쩍 얘기해봐야겠다"(65쪽)고 생각한다. 그러나 아내가 그의 말을 믿을 것인가에 대해선 의문을 품고 있다.

2) 대타공간의 부재와 수행성

"이 도시는 나의 고향이다. (…중략…) 고향인 탓에 완전히 길을 잃고 헤매지도 못한다. 도망칠 곳도 돌아갈 곳도 마땅찮다"[22]는 작가의 말처럼, 서울을 고향으로 둔 현대의 작가들[23]은 1960, 70년대의 작가들과는 서울에 대해 다른 감각을 가질 수밖에 없다. 물론 앞서 살펴보았듯 서울이 양가적인 애증의 대상이라는 점에서는 다를 바 없지만, 현대의 작가들에게는 1960, 70년대의 작가들과 달리 기억에 기초하여 생산해낼 수 있는 대타 공간으로서의 고향이 존재하지 않는다. 그들에게 서울은 유일한 공간이다. 따라서 서울에 대한 부정적·비판적 정서라는 오랜 문학적 관습[24]을 잇는다 할지라도, 그들은 편의점을 구원처럼 여기거나, 자살로 치달을 정도로 부정적인 태도를 취한 직후엔 곧바로 일상으로 복귀할 수밖에 없으며, "그 수많은 지치고 권태롭고 불안한 익명의 얼굴들을 견뎌내야만 하는 곳",[25] "나와 가장 닮은 도시"[26]라고 고백할 수밖에 없다. 그들의 비판·부정은 물적(공간적) 토대를 갖고 있지 않기 때문이다. 그래서 2장에서 살펴보았듯, 서울이라는 유일한 공간에 대한 그

22　이신조, 「작가의 말」, 이혜경 외, 『서울, 어느 날 소설이 되다』, 강, 2009, 156쪽.

23　물론 여기에는 「크림색 소파의 방」의 박처럼 서울 출생은 아니지만 서울에 거주하면서 그곳을 고향처럼 여기거나 "도망칠 곳도 돌아갈 곳도 마땅찮"은 작가들도 포함된다.

24　현대소설에 담겨 있는 배경으로서의 서울, 인물의 행위와 사유와 감각을 가능케 하는 진원지로서의 서울, 역사적으로 변천하면서 자본주의를 완성해가는 근대 도시 서울의 형상은 이중성과 병리적 성격을 조감하고 비판하는 성격이 우세하게 나타난다. 유성호, 「한국 현대문학에 나타난 '서울' 형상 연구」, 『서울학연구』23, 서울시립대 서울학연구소, 2004, 220쪽.

25　김숨, 「작가의 말」, 이혜경 외, 앞의 책, 100쪽. 권태와 피로는 자본주의 도시의 일상성이 만들어내는 대표적인 감각이다. 백지연, 「박태순 소설에 나타난 도시공간 고찰」, 『비평문학』26, 한국비평문학회, 2007, 87쪽.

26　편혜영, 「작가의 말」, 이혜경 외, 앞의 책, 210쪽.

들의 태도는 결과적으로 긍정이나 적응으로 귀결된다.[27]

서울의 관계적 공간 위상이 절대적이라는 것의 두 번째 의미 즉 이질적인 공간을 서울의 지배력으로 질서 짓는다는 것 역시 지식체계를 통해 현재의 서울을 긍정하는 행위로 이어진다. "단단하고 질서정연한 서류의 세계"가 공장 단지를 "외계도시"로 규정하는 「크림색 소파의 방」이 보여주듯, 명백하고 위계적인 것을 신뢰하는 지식은 서울이라는 공간을 거점으로 삼아 그와는 이질적인 불가지의 공간을 비동일자로 분류하고 부정함으로써 서울을 재긍정하려는 의지로 이어진다. 물질적 기반을 갖춘 대타공간으로서의 고향을 지니지 못한 작가들은 지식에 의지하여 타자를 생산할 수밖에 없는데, 이 지식은 반복해서 비동일자를 생산하고 추출하는 체계이다. 이 과정을 정면에서 다루는 소설은 환상소설의 기법을 차용한 「결투」다.

사람들은 계속 분열했고, 분열은 분리로 이어졌다. 분열은 암 같은 것이 아니어서 한번 시작된 것을 도중에 중단할 방법은 없었다. 분리체가 떨어져 나와야 끝나는 일이었다.

그러나 실은 거기서부터 시작이었다. 한 사람이 쓰던 것을 갑자기 두 사람이 나눠 쓸 수는 없고, 자리가 하나뿐인 직장에 둘이 함께 출근할 수도 없다. (…중략…) 본성이 악하기 때문이 아니라 물리적으로 불가능하기 때문이다.

자신과 DNA가 동일한 몸을 불법적인 방식으로 처리하다 발각되면 대기

---

27 에드워드 렐프는, 특히 집이라는 장소가 개인의 정체성을 뒷받침하는 유일무이한 토대라고 말한다. Edward Relph, 김덕현 외역, 『장소와 장소상실』, 논형, 2005, 97쪽.

환경보전법과 폐기물관리법에 따라 엄중한 처벌을 받게 된다. 국가는 늘어나는 분리체들의 생존에 직접 관여하지는 않았다. 대신 공간과 도구를 제공했고, 나머지 일들은 분열을 일으킨 시민 당사자의 책임으로 결론지었다.(2권, 98쪽)

사람들은 분열을 거쳐 분리를 일으키는데, 분리부터 제거의 과정은 수분 응결 현상 등의 증상-분리원 입원-체육관(결투)-분리체의 제거라는 법적 절차와 단계에 의해 체계적으로 관리되고 진행된다. 분열·분리는, 밤에 구원을 요청하는 사람에 대한 측은지심, 환경과 생태에 대한 관심 등과 같이 "순간적"으로 "스치곤 했던 것 같"(109쪽)은 "굉장히 사소한 것들"(107쪽)에서 시작된다. 현대성·도시성에 대한 부정·비판이라 할 수 있는 이런 생각들은 본체와 동일한 신체를 지닌 분리체라는 물질성을 지니게 되고 결투를 거쳐 제거된다. 분리와 결투는 본체의 안녕과 존속에 기여한다. "일단 제 몸에서 분리돼 나온 존재가 그러니까, 그건 또 그렇게 괴롭지는 않더라고요"(110쪽)에서 알 수 있듯, 부정·비판은 온전히 분리체의 몫으로 전가되기에 본체는 현재의 도시를 적극적으로 긍정할 수 있게 된다. 또한, 결투는 "내가 일방적으로 죽이는 게 아니"라 "정정당당하게 목숨을 걸고 싸우는"(112쪽) 것이기에 지극히 공정한 절차에 따라 진행되는 것처럼 보인다. 그러나 "결투에서 이기는 쪽이 본체이자 인간으로 인정"되고 "지는 쪽은 분리체이자 이물질로 분류되어 법에 의해 처리"(95쪽)되기에, 무조건적인 승리가 결투의 유일한 목표다. 본체와 분리체는 개체의 특성에 따라 규정되는 것이 아니라 승리 여부에 따라 결정된다. 현대성·도시성에 비판적인 신체는 "슬픔과 갈망, 차분한 체념"을 드러내면서, 결투 진행요원에게 "저 아이(또 하나의 신체-인용자)와 친구가 되어주세요. 누군가가 필요해요"(96쪽)라고 요청한다. 이 신체는 치명적인 무기를 선택할 수 없는 신체다. 반면, 또 다른 신체는 "개가 곤봉을 든 걸 보고" "나만 나쁜 사람이 된 것 같"(112쪽)아 "더 잔인하게 죽이고 싶"(103쪽)어 하는 신체이다. 물론 승리하는 신체가 본체·인간으로 인정받는 체계에 더욱 적합한 신체는 후자다. 반복되는 분열·분리와 결투는 현대성·도시성에 대한 비판의식을 끈질기게 추출하여 제거하는 과정 그 자체이다. 반복되는 결투에 점점 긴 시간이 소요되다가[28] 마침내 분리체였던 신체가 승리하게 되지만, 이 신체는 분리체가 아니라 본체이다. 결투의 체계에 따라, 승리한 신체는 더 이상 현대성·도시성에 대한 비판이 물질성을 구비하게 된 신체가 아니라 "증오"를 담고 있는 현대성·도시성의 신체이기 때문이다. 결투의 체계는, 부정적인 것(현대성·도시성의 부정적인 면모)을 부정하고 비판하는 것이 현 체제를 긍정하게 되는 역설에 기반을 둔다. 따라서 서술의 측면에서 볼 때, 이 소설은 역설적인 체계를 인용하면서도 지식 체계가 생산한 효과를 변형하여 대상화하는 수행성을 획득하고 있다.[29]

<ol start="28">
<li>첫 결투는 4분 42초가, 두 번째 결투는 15분 이상 소요된다.</li>
<li>Judith Butler, Exitable Spech : A Politics of the Performative, Routledge, 1997, p.34. 여기서는 주창규, 「수행되는 상상의 공동체」, 『영화연구』 16, 한국영화학회, 2001, 83쪽; 박규택·하용삼·배윤기, 「(탈)중심화 경관의 해석을 위한 틀―권력, 주체성, 수행성」, 『한국사진지리학회지』 제16권 제4호, 2010, 355~358쪽.</li>
</ol>

4. 로컬리티 – 즉자와 대자 사이에서

"근대도시가 자본주의의 발전과 함께 균질하고 통제된 계획으로 거듭 더듬어나가고 있는 역사 현실은 자체만으로는 악도 선도 아니다. 변하는 것은 지역공간의 위상"[30]이라면, 서울을 포함하여 로컬리티에 대한 탐구는 일상적 장소(성)와 관계적 공간(성)이 로컬이라는 층위에 어떻게 접맥되고 통합되고 있는지에 대한 연구를 담지해야 할 것이다. 이의 일환으로 시작된 본 연구는 『서울, 어느 날 소설이 되다』와 『서울, 밤의 산책자들』을 텍스트로 삼아 일상적 장소(성)와 관계적 공간(성)이 로컬 층위에서 어떤 방식으로 결합하고 상호 영향을 끼치는지 그리고 그 결과로 어떤 로컬리티가 생산되는지를 밝히고자 하였다.

두 소설집은 일상적 장소로서의 서울이 현대성·도시성의 공간임을 강조하면서 적응·습관화와 부정·비판이라는 양가적인 태도를 취한다. 이런 양가적인 대응의 진정성에 대한 신뢰와는 무관하게, 현대성·도시성에 대한 오랜 문학적 관습과 사회적 관습이 지식 체계라는 형태로 두 소설집의 소설에 영향을 끼치고 있음을 확인하였다. 두 소설집의 많은 소설들은, 국가라는 상위 공간이나 다른 로컬과의 관계에 의해 형성되는 관계적 공간성은 문제삼지 않으며 순환적인 상호근거로 전제할 뿐이다. 이 소설들은 현대성·도시성으로 서울을 그려내지만 이때의 서울은 일상적 장소로서의 서울이 아니라 일반적인 현대도시로 재맥락화될 수밖에 없다. 오랜 문학적 관습과 사회적 관습에 의해 당연시되어온 서울

---

30 정훈, 「생성의 조건」, '해석과 판단' 비평공동체, 『지역이라는 아포리아』, 산지니, 2009, 291쪽.

의 절대적 위치라는 관계적 공간성은 이 소설들이 그리고자 한 바는 아니
지만 이 소설들의 토대가 되는 동시에 결과로서 재생산되고 있다.

　현대성·도시성은 현대도시들의 공통적인 성격이지만 그 강도와 정
도는 동일하게 발현되지 않으며 일정한 차이를 두고 발생한다. 그러나
문학적·사회적 관습은 차이를 유무로 전환함으로써 서울 공간에 절대
적인 지위를 부여해 왔고, 서울의 현대성·도시성 전유·독점은 이들
소설의 배경·결과가 되고 있다. 부산의 최근 소설들이 지역사의 복원
을 통한 지역성·장소성 생산에 주력하고 서울이 현대성·도시성을 독
점적으로 재현하는 이유는 '차이'가 '독점'으로 전화되는 신자유주의적
구조 위에 두 로컬의 소설집들이 동일하게 서 있기 때문이다. 또한, 여
기에는 1960, 70년대와는 달리 두 텍스트의 작가들에게는 기억에 기초
하여 생산해낼 수 있는 대타 공간으로서의 고향이 존재하지 않는다는
사실이 중요하게 작용한다. 비록 1960, 70년대 작가들처럼 현대성·도
시성에 대해 양가적인 태도를 취한다 하여도 그들이 존재할 수 있는 곳
은 서울밖에 없다.

　서울의 관계적 공간성에 일정한 관심을 둔 소설들이 서울 외의 로컬
들을 인지하고 생산할 수 있는 유력한 방식은 상상이다. 이 상상은 서울
에 절대적 지위를 부여해온 공간 재현의 지식 체계에 의해 작동한다. 지
방은 지식 체계 밖에 외존재하거나 타자의 모습으로 체계 속에 포함된
다. 현대성·도시성에 대한 부정·비판은 물질적(공간적) 토대를 갖지
못한 지식 체계가 작동하는 양상 중 하나이다. 따라서 텍스트가 보여주
는 양가성은, 부정적인 것을 부정하는 것이 곧 현재를 긍정하는 결과로
환원될 위험을 안고 있는 주관 우위의 관념론적 변증법[31]의 두 대립항

일 수 있다. 1960년대 문학이 서울 안팎에 있는 사람들 모두가 서울이라는 도시공간에 자신의 욕망을 투사시키는 방식을 통해 서울을 한국 사회의 중심으로 재생산하는 데 기여했다면,[32] 두 텍스트는 지식 체계를 통해 상상과 통합의 방식을 한정함으로써 기존의 질서 유지에 기여하고 있다고 할 수 있다. 부정·비판으로 연결되지 않는 역사에 대한 사유는 기존 질서에 대한 인정으로 귀결되며, 역사에 대한 사유를 포기한 부정·비판은 환상방황에 머문다.[33] 공간을 자기만족적 질서로 재편해온 부르주아의 지식[34]을 무기를 "고르고 토의하고 운반하는" "미지의 사람들"이 만들어낸 "비밀"(「결투」, 2권, 115쪽)로 인정하여 포기해버릴 때, 이 누군가의 관점에서 상대화되고 틀이 결정된 상대적 공간[35]은 절대적이고 자연적인 질서로 고착된다. 이런 점에서 서울의 관계적 공간성을 다룬 소설들은 관습적인 지식 체계를 인용·모방하면서 동시에 이 지식 체계를 대상화하는 변형을 수행한다.

두 텍스트의 소설들이 보여주는 양가적 반응은 일상적 장소(성)와 관계적 공간(성)의 결합방식이라 할 수 있다. 현대성·도시성에 대한 적응과 비판의 공존이라는 표면적인 양가성 외에, 두 텍스트가 재현하는 궁극적인 양가성은 장소와 공간에 대한 기존의 결합 방식을 직간접

---

31 윤선구, 『아도르노 『부정변증법』』, 서울대 철학사상연구소, 2006, 56쪽.
32 송은영, 「현대도시 서울의 형성과 1960~70년대 소설의 문화지리학」, 연세대 박사논문, 2007, 15쪽.
33 김명인, 「근대도시의 바깥을 사유한다는 것」, 『한국학연구』 21, 인하대 한국학연구소, 2009, 215쪽.
34 그램 질로크, 노명우 역, 『발터 벤야민과 메트로 폴리스』, 효형출판, 2005, 162쪽.
35 데이비드 하비, 임동근·박훈태·박준 역, 「공간이라는 키워드」, 『신자유주의 세계화의 공간들』, 문화과학사, 2010, 194쪽.

적으로 대상화하면서 발생한다. 궁극적인 양가성이란, 서울과 지방을 동일자로 인식하는 오랜 관습과 지식 체계 내에서 비동일자를 생산하고 추출하여 현재의 질서를 긍정하려는 의지를 통합하는 관념론적 변증법, 그리고 현재의 관습적인 지식 체계를 분열시킬 수 있는 비동일자가 곁에 뚜렷이 존재하고 있음을 인정하는 모순[36]을 통해 새로운 지식 체계를 구축하려는 부정변증법의 공존·양립을 가리킨다. 이는 두 텍스트가 비동일자에 대해 양가적인 태도를 취하고 있음을 의미한다. 이 양가적 태도에 내장되어 있는 긴장은 2000년대 이후 서울의 로컬리티 탐구에서 새로운 출발점이 될 수 있다.

---

[36] 아도르노는 모순을 비동일자에 대한 의식으로 규정한다. 이에 따르면 부정의 부정은 여전히 부정이다. 윤선구, 앞의 책, 13쪽.

참고문헌

이혜경 외, 『서울, 어느 날 소설이 되다』, 강, 2009.
전경린 외, 『서울, 밤의 산책자들』, 강, 2011.

그램 질로크, 노명우 역, 『발터 벤야민과 메트로 폴리스』, 효형출판, 2005.
김명인, 「근대도시의 바깥을 사유한다는 것」, 『한국학연구』 21, 인하대 한국학연구소, 2009.
김춘식, 「식민지 도시 '경성'과 '모던 서울'의 표상」, 김춘식, 『한국문학연구』 38, 동국대 한국문학연구소, 2010.
데이비드 하비, 임동근·박훈태·박준 역, 「공간이라는 키워드」, 『신자유주의 세계화의 공간들』, 문화과학사, 2010.
린다 맥도웰, 여성과 공간 연구회 역, 『젠더, 정체성, 장소-페미니스트 지리학의 이해』, 한울, 2010.
박규택·하용삼·배윤기, 「(탈)중심화 경관의 해석을 위한 틀-권력, 주체성, 수행성」, 『한국사진지리학회지』 제16권 제4호, 2010.
백지연, 「박태순 소설에 나타난 도시공간 고찰」, 『비평문학』 26, 한국비평문학회, 2007.
베네딕트 앤더슨, 윤형숙 역, 『상상의 공동체』, 나남, 2002.
송은영, 『현대도시 서울의 형성과 1960~70년대 소설의 문화지리학』, 연세대 박사논문, 2007.
앙리 르페브르, 양영란 역, 『공간의 생산』, 에코리브르, 2011.
에드워드 랠프, 김덕현 외역, 『장소와 장소상실』, 논형, 2005.
유성호, 「한국 현대문학에 나타난 '서울' 형상 연구」, 『서울학연구』 23, 서울시립대 서울학연구소, 2004.
윤선구, 『아도르노 『부정변증법』』, 서울대 철학사상연구소, 2006.
이-푸 투안, 구동회·심승희 역, 『공간과 장소』, 대윤, 2007.
이경재, 「우리 시대의 서울을 위하여」, 전경린 외, 『서울, 밤의 산책자들』, 강, 2011.
이수형, 「서울, 어느 날 텅 비어버리다」, 『문학과사회』 통권 86호, 문학과지성사, 2009 여름.
정 훈, 「생성의 조건」, '해석과 판단' 비평공동체, 『지역이라는 아포리아』, 산지니, 2009.

정태규 외, 『부산을 쓴다』, 산지니, 2008.
주창규, 「수행되는 상상의 공동체」, 『영화연구』 16, 한국영화학회, 2001.
황국명, 「장소에서 삶을 묻다」, 배길남 외, 『도요문학무크1 부산데일리 홀랄라 기획
　　　부』, 도요, 2012.

Hana Wirth-Nesher, *City Codes : Reading the Modern Urban Novel*, New York : Cambridge
　　　University Press, 1996.

국토해양부 보도자료, 2010.7.30, http://www.mltm.go.kr/USR/NEWS/m_71/dtl.jsp?id=1
　　　55642018(검색일 : 2012.5.12)
『동아일보』, 2009.9.22, http://news.donga.com/3//20090404/8716025/1(검색일 : 2012.5.15)

2부

로컬의 경합과 로컬 재구성

양흥숙　진주의 '중심성'과 문화예술도시로의 재구성

손은하 · 신지은　영화 〈고양이를 부탁해〉에서 나타나는 혼종과 우정의 공간

차윤정 · 공윤경　간판매체에 반영된 주변화 양상과 지역인의 의식
부산 정관 덕산마을을 중심으로

진주의 '중심성'과
문화예술도시로의 재구성[*]

양흥숙

1. 진주에서의 '중심'과 경남도청

1) 진주 상징물 속의 '중심'

진주는 흔히 서부경남의 중심도시로 알려져 있다. 경상남도를 크게 3개로 구분한다면 부산과 울산을 중심으로 하는 동부 경남권, 창원과 통영을 중심으로 한 중부 경남권, 진주와 거창을 중심으로 하는 서부 경남권이다. 즉, 경남의 동부와 중부는 근대 개항 이후 성장한 도시부터 신흥 공업도시까지 도시 성장이 뚜렷하여 행정체계의 변화와 함께 생활권도 재

---

* 이 글은 부경역사연구소 『지역과역사』 제32집(2013)에 수록된 양흥숙의 「진주의 '중심성'과 문화예술도시로서의 재구성」을 수정, 보완한 것이다.

차 분화되고 있다. 반면 서부경남은 동남임해 공업지역과 거리가 멀고, 한국의 산업화가 본격화 된 후에는 인구가 계속 유출되는 지역이므로 경남 내에서 낙후된 지역으로 여겨지고 있다. 이러한 서부경남의 상황은 서부경남의 중심도시인 진주가 느끼는 정황과 크게 다르지 않다.

진주가 산업화, 도시 구조, 도시 개발에서 소외되면서 진주를 거점으로 하던 서부경남 역시 개발에서 소외된 지역으로 여겨지고 있다.[1] 진주와 서부경남의 지리적, 문화적, 역사적으로 맺어진 연대 위에 오늘날 '낙후되었다'라는 동일한 정서까지 더해지면서, 진주의 발전이 곧 서부경남의 발전이라는 논리를 생산하기도 한다.

진주가 이러한 지역 소외를 극복하고, 서부경남의 구심으로서의 도시로 재현 / 재구성하는 데에 있어서 주목되는 것은 '중심' 드러내기이다. 진주에서 '중심' 찾기란 어렵지 않다. 진주시의 여러 상징물에서도 쉽게 발견된다.

진주의 상징물은 市旗, 캐릭터, 브랜드, 시민헌장, 시민의 노래, 市鳥·市花·市木 등으로 다양하다. 시의 상징물이므로 도시의 전통과 가치, 공공의 삶, 미래상 등을 표방한다. 그러므로 도시발전의 지향점을 주변지역과 경쟁 지역과의 비교우위 속에 '중심'지로 발전하는 것으로 둘 수 있다. 진주의 경우도 시의 주요 상징물에서 '중심'이란 키워드가 드러나고 있다.[2]

---

1   소외는 경남의 도시 발전과 산업화가 중부경남에서 활발하게 일어나면서, 진주와 서부경남지역이 상대적으로 저개발지역이 된 것을 단적으로 나타내주는 말이다. 소외는 진주와 서부경남의 상실감도 내포되어 있지만, 도지사 선거, 시장 선거를 비롯한 여러 선거에서 진주와 서부경남 주민들을 동원해야 할 필요가 있을 때 흔히 등장하는 정치 전략이기도 하다. 소외지역이라는 것이 장기적으로 인식되면서 진주와 서부지역이 소외되었다고 낙인 시켜 버린 것이기도 하다.
2   부산은 '세계도시'를 표방하면서 2005년에 '대양의 관문이며 대륙을 향한 교두보로 동북

진주 시민헌장은 시민헌장탑이 1974년 세워진 것으로 보아 그 이전에 마련된 것이다. 시민헌장에는 '여기는 자랑스러운 문화의 터전, 경남의 심장'이라고 되어 있다. 서부경남의 중심이 아니라 경남의 심장을 내세우고 있다. 탑을 세운 이는 진주청년회의소JCI로 진주시민의 의식과 향토애 고취를 목적으로 세웠다. 당시 경남에는 부산이 직할시로 독립되었을 뿐 중소도시가 산재해 있었다. 도청 역시 경남으로 이전되지 못하고, 여전히 부산에 있던 상태였다. 1970년대 진주는 경남의 중심이라는 자부심이 여전하고 또 그렇게 되어야 함을 표방하고 있었다. 남강변에 최초로 세워졌던 시민헌장탑은 진주시의 환경정비사업으로 철거되었으나 진주청년회의소가 2008년 '시민헌장탑 건립의 역사적 의미를 되살리고자' 초전공원에 다시 세웠다.[3] 진주의 위상이 많이 변한 시점에서도 시민헌장을 수정하지 않은 채, 다시 세운 것은 진주가 여전히 '경남의 심장'이 되었으면 하는 선망의 실천이라고 할 수 있다.

그런데 2009년 진주시 조례로 만들어진 진주 市旗의 의미는 시민헌장과는 달리 진주를 상징하는 표현이 '경남의 중심'에서 '서부경남의 중심'으로 달라져 있다. 이 기의 의미를 '진주시는 서부경남의 중심지며, 민족문화의 진원지로서 금후 살기 좋은 대도시 건설을 목표로 일익 발전상을 상징하고 있음'이라고 하였다. 또한 휘장의 모양은 약진, 4통 5달의 교통산업의 중심지, 경제개발의 중심, 진주성곽이 있는 명

아의 중심에 우뚝 서서'라는 시민헌장을 새로 만들었다. 이전에는 1962년 공포한 '우리나라의 관문, 복된 내일, 문화 항도, 내고장 건설, 바다 개척, 새로운 문화 창조'라는 단어로 이루어진 시민헌장을 사용한 바 있다. 시민헌장은 각 시의 홈페이지와 시민헌장비 참조.
3 네이버 카페(http://cafe.naver.com/milksend/32, 2013.2.28 검색).

승고적의 도시, 시민의 합심단합을 의미한다고 하였다. 이 기에 대한 설명은 1994년 만들어진 『진주시사』에도 나와 있는데 '진주시는 서부경남의 중심지이며 민족문화의 진원지로서 금후 생산공업 대도시 건설을 목표로 일익 발전상을 상징하였음'이라고 기에 대해 설명하고 있다.[4] 진주가 서부경남의 중심지인 것과 문화의 발원지라는 것은 동일하게 하고 있으나, 공업도시로의 목표가 2009년 진주시 조례에서는 사라졌다. 1995년 1월 진주시와 진양군이 통합하여 통합 진주시가 되어 도시가 확대되었지만, 공업도시 전략은 수정되고, '살기 좋은 대도시'로 바뀌었다. 도시의 전략이 생산도시에서 '살기 좋은' 도시로의 재편을 강조하는 것으로 볼 수 있다.

한편 창원시가 1980년에 시로 승격하고 1983년에는 부산에 있던 경상남도청이 창원으로 이전되었다. 신흥 공업도시이자 행정중심지인 창원이 탄생하자 진주는 경남을 내세우기 보다는 서부경남을 내세우면서 서부경남의 중심지임을 표방하였다. 또는 1995년 진주시와 진양군이 통합한 후에는 남부지역의 중심도시라는 슬로건도 나타난다.[5]

비단 중심 찾기는 진주에서만 나타나는 것은 아니다. 진주가 시민헌장을 만들고 경남의 중심지를 표방할 때 창원시의 경우는 오늘날과 같은 마창진, 통합 창원시는 아니었다. 통합 전에 세운 창원의 시민헌장비에는 '중심'이라는 단어는 없고, 시민헌장은 '오랜 역사적 전통을 누려온 고장으로 조국 근대화의 상징적인 새 산업도시를 건설하였다'로

---

4   진주시사편찬위원회, 『진주시사』(상), 진주시, 1994, 책 도입의 상징물 설명 부분.
5   진주시청 홈페이지-행정정보-기본현황-연혁-진주시의 유래(www.jinju.go.kr, 2013.2.4 검색).

시작하고 있다. 통합 후 2011년 7월 1일에 공포한 시민헌장에는 '드넓은 기름진 벌판에서, 그 파란 바다에서 꽃 피운 오랜 역사와 문화를 보라'로 시작되는 전문은 왜적을 막고, 항일 독립운동의 햇불을 높이 든 충절의 고장으로 불의에 굴하지 않은 민주 성지, 경제발전 중추적 역할, 한국 기계공업의 요람, 환경수도[6]를 표방하고 있다. 마창진 세 도시의 통합으로 100만 이상의 인구와 도청소재지라는 위상 외에 정치, 경제, 전통, 문화까지 아우르는 장점들을 내세우면서 경남 최대의 도시임을 자부하는 것이다. 그러므로 통합 창원시 출발을 기해 진주가 더욱 소외되지 않을까라는 우려를 하고 있다. 또한 경남에서 중요 사안이 있을 때 마다, 각각이 지역의 구심 도시임을 내세우면서 충돌하고 상호 질시를 수반하였다.

2) 중심지였던 진주

진주가 경남의 중심, 서부경남의 중심이라고 불리는 것은 오랜 역사적 경험에서 비롯된다. 진주에서 발행되는 안내 책자, 팜플렛 등에는 진주가 천년의 역사를 가진 도시임을 강조한다. 가야 문화권이 발달한 것도 있지만 지방제도가 수립되는 통일신라 이후만 보더라도 진주의 역사는 오래되었을 뿐 아니라 경상도의 중심지였다. 통일신라 때 전국에 9주5소경이 설치될 때 9주 중의 한 곳이 진주였다. 고려 때 진주로 명칭

이 변경되었고, 통일신라 때보다 지역의 위상이 더 높아졌다. 고려 성종대에 전국을 12牧으로 구획할 때 경남에서는 유일한 牧이었고, 전국 10도 중 하나인 山南道를 통치하는 도지사격인 晋州定海軍節度가 파견되기도 하였다. 문종대에는 경상도 지역에 있었던 세 개의 도인 嶺南道, 嶺東道, 山南道를 통합하였는데, 해당 도의 이름을 경상진주도라고 명명하였다. 牧 단위의 중심지 진주가 아니라 큰 道의 이름에 진주가 들어갔다. 이후에도 진합주도, 상진안동도, 경상진안도라고 道이름이 변경되는데 그 道名에도 진주라는 지명이 들어갔다. 조선시대에는 군사적 요충지인 鎭管이 설치되고, 임진왜란 이후 경상우병영까지 진주에 들어서면서 행정중심지 뿐 아니라 군사요충지, 군사거점지역이 되었다. 1896년에는 경상도가 경상남북도로 분리되는데 경상남도의 도청이 진주에 자리하면서 진주는 경남도청시대를 맞이하였다. 1896년은 경상남도가 탄생한 해로, 道政의 시작 해였다. 그러므로 1996년에는 경남 탄생 100주년의 행사가 경남의 여러 곳에서 진행되었다.

행정중심지는 중심 관아가 소재하는 곳만은 아니었다. 중심 관아가 주변지역을 아우르는 위상을 가진다는 점이다. 통일신라 9주 중의 하나인 강주(진주)는 남해, 하동, 함안, 거제, 궐성(산청), 천령(함양), 거창, 고령, 강양(합천) 등 11군 27현을 속령으로 두었다. 고려 초기 강주는 하동 · 남해 · 고성 · 함안 · 거제 · 단성 · 거창 · 함양 · 합천 등 9개의 군현을, 전국 8목 때의 진주목은 단성과 하동을 속군으로 두었다. 더욱이 고려의 계수관 실시로 진주는 지방 대읍으로서, 합천 · 고성 · 남해 · 거제를 통괄하는 계수관이 파견되기도 하였다. 고려 충숙왕 때 지방제도 개정 이후 지금까지 경상도란 명칭이 이어져 오는데 이때의 진주목 관할 지역이 4

군 26현에 이르렀다. 조선 초기 진주는 『경상도지리지』를 통해 보면 전국 17목의 하나로, 2도호부 3군현 12현이 관할 지역이었다. 임진왜란 이후 행정권과 병권을 가진 진주목사(진주절도사)가 4군 9현을 관할하였다.

더욱이 행정중심지에는 행정기관 뿐 아니라 군사, 교육, 문화를 담당하는 여러 기관들이 함께 설치되었다. 또한 주변지역과의 관계들을 더욱 긴밀히 하는 것이 육로와 해로의 발달이었다. 진주는 고려 이후 山南道의 거점 지역이고, 사천만을 중심으로 하는 조창이 발달하면서 사람과 물류가 이동되는 중심지이기도 하였다. 이러한 제도의 전승과 경험은 진주가 주변의 지역을 관할하면서 동질한 문화권을 형성하고, 지역의 구심으로 자리하는 데 지대한 영향을 미쳤다.

'천년의 도시'라는 진주는 통일신라부터 대한제국기까지, 일제가 강점한 1910년부터 1925년 3월 31일까지 행정중심지로서의 위상이 한 번도 흔들린 적이 없는 곳이다. 경북은 안동, 상주, 경주가 오랜 중심지였으나 조선시대 경상도 감영이 대구로 이전된 후 대구가 중심이었고 오늘날까지 이르고 있다. 그러므로 1925년 4월 1일 경상남도 도청이 이전되기 전까지는 경상남도, 경상도에서 가장 오래된 행정중심지가 진주이다.

전근대 지방에 파견된 수령은 왕권의 상징이다. 근대의 도청 역시 중앙집권화를 위한 기관이다. 모두 중앙의 지방통제를 효율적으로 해나가기 위한 관청이었기 때문에 지방 행정의 중심지는 중심지가 아닌 지역에 비해 중앙 및 중앙권력과 가까울 수밖에 없었다. 진주는 주변의 현 서부경남을 아우르고 통괄하였다. 그러므로 진주의 현안, 진주 차원의 일들이 일어날 때 진주에서 경남, 영남을 호명하는 일이 적지 않았고 지역의 것을 국가적인 것으로 확대, 위치지우는 것도 나타난다. 진주는 늘 중심에 있었기 때문에 '국가적'인 질서에 익숙하였고, 지역 사회에 국가를 개입시키기도 하였다.[7] 그런데 근대에 들어 도청이 이전되면서 진주는 진주를 지지하던 기반을 잃어버리게 되었다. 이러한 까닭으로 진주를 진주다움으로 재구성하기 위해서 어떤 계기를 맞을 때마다 도청을 소환하는 방식을 취하였다.

3) 빼앗긴 '도청'

경상남도의 오랜 행정중심지였던 진주가 근대 이후 힘을 잃게 된 것은 1925년 4월 1일 부산으로의 경상남도 도청 이전 때문이었다.[8] 근대 철도를 중심으로 한 도시의 발달에서 진주는 배제되어 있었고, 광복 후 신흥 공업도시들이 생겨나면서 경남은 점차 다핵화 되어 나갔고, 진주는 크게 두각을 내지 못하는 도시가 되었다. 그런데 진주의 위상을 단적으로 나타내던 도청마저 부산에서 돌아오지 못하고 창원으로 재차 옮겨감으로써 진주는 더욱 소외감을 크게 가지게 되었다. 그러므로 '도청'은 항상 진주사람들에게 '빼앗긴 것'이고 되찾아 와야 하는 것으로 기억되었다. 도청이 이전되어야 하는 상황에 직면할 때마다 진주사람들은 시

---

7 국가논리가 지역 내부의 논리와 결합하는 방식을 진주에서의 논개 재현을 소재로 하여 고찰한 연구성과가 있어 주목된다(차철욱, 「진주지역 논개 재현방식의 다양성」, 『지역과 역사』 31, 부경역사연구소, 2012).

8 도청이전은 지방의 중대 문제로서 주민에게 미치는 정신적 반향은 실로 컸을 뿐 아니라 경제적으로 미치는 바가 더욱 커서, 다수의 생활을 급히 전환시키는 일대 격변을 초래할 것은 필연적인 결과였다(勝田伊助, 『진주대관』, 1940, 진주대관사, 35~36쪽).

민대회, 궐기대회를 열어 진주의 도청 이전을 표명하였다. 도청이전반
대운동이 가장 극심하였을 때는 1925년 부산으로 이전할 때였다.[9]

도청 이전설은 처음 1909년에 불거지는데 이전을 제기한 것이 경남
관찰사인 것으로 보아 통감부 내에서는 도청 이전이 이 무렵부터 계획
되고 있었던 것이다. 이후에도 1911년, 1916년, 1920년, 1924년에 도청
이전설이 언론을 통해 나왔다. 경남도청 이전설이 나올 때마다 이전
이유로 제기된 것은 진주가 '교통이 불편하다'였다. 전근대시기에는
육로, 해로가 모두 발달되어 물류의 중심지였던 진주가 근대로 접어들
면서 교통의 불모지로 치부되었다.

조선총독부가 공식적으로 도청 이전을 발표한 것은 1924년 12월 8
일 「조선총독부관보 제3,696호 府令 제76호」였다. 道廳의 위치, 관할
구역을 명시한 1913년의 府令을 개정하는 것이었다. 그때의 내용이
'경상남도 위치 진주'를 '경상남도 위치 부산'으로 바꾸고 1925년 4월 1
일부터 새로 개정된 府令을 실시하는 것이었다.

도청이전 발표로 진주가 큰 혼란에 빠져있을 때, 부산에서는 조선총
독부 총독과 통감에게 '경남도청의 이전은 큰 영단이라 지방행정의 쇄
신과 일반의 복지 증진의 점에 있어 경하'함이라는 내용으로 축전을 보
냈다. 당시 신문에서는 '경남도청 이전과 一喜一悲의 兩地'이라고 하
여[10] 경남도청 이전에 따른 진주와 부산의 반응을 그대로 드러내었다.

---

9 1925년 경남도청으로의 이전과 관련해서는 손정목, 「日帝下의 道廳移轉(II)」, 『지방행정』
34-376, 대한지방행정공제회, 1985와 김중섭, 「일제하 도청 이전과 주민 저항운동」, 『경
남문화연구』 18, 경상대 경남문화연구소, 1996에 자세하다.

10 『시대일보』, 1924.12.10, 1면.

몇 차례에 걸친 이전설로 조선인과 일본인이 모두 참여하는 시민대
회가 계속 개최되었다. 조선총독부라는 권력이 실행한 도청 이전이지
만 관주도의 일방적인 정책 실현에 대해 진주시민들은 조선과 일본이
라는 국가를 초월하여 시민차원으로 연대하였다.

당시의 도청이전반대운동이 극렬하게 추진될 수 있었던 것은 1919
년 삼일운동, 1923년 형평운동이 전개되면서 진주사람들의 저항은 강
하게 결속되어 진행될 수 있었다. 연이은 시민대회 개최로 운동역량이
고조되었고, 조선인과 일본인의 연합도 한 몫을 담당하였다. 도청이전
반대 운동의 막바지에는 조선인과 일본인의 운동방향이 분리되기도
하였는데 일본인들이 도청 이전의 반대급부인 진주지역 부흥책에 좀
더 주력해 나갔기 때문이었다.[11] 그러나 일본인들이 조선총독부가 제
시한 진주부흥책에만 동조한 것은 아니었다. 도청 이전에 반대한 핵심
인물 중 한사람인 石井高曉는 1926년 10월 晋州神社에서 도청이전방
지운동에 관한 글을 낭독하고 권총 자살을 하였다. 石井高曉는 도청이
전 문제로 열린 진주 번영회 주최 內鮮有志大評定에서 좌장을 맡은 인
물이었다. 그가 사망한 3일 후 진주 市民葬이 거행되었고, 이후 진주신
사 앞에는 추모의 비석이 세워졌다.[12] 도청이전은 진주의 일본인에게

---

11 김중섭, 앞의 글, 233~235쪽.
12 勝田伊助, 앞의 책, 39~41쪽. 도청이 이전되고 나서 1년 6개월 후에야 자살을 한 石井高
    曉를 두고 자살을 한 이유에 대해서는 의문점이 나타난다(김중섭, 앞의 글, 249쪽 각주
    70 참조). 이 글에서는 도청이전방지운동 실패에 따른 책임감으로 자살을 하든, 도청이
    전 이후 사업 부진에 따른 자살이든, 조선인이나 일본인이라는 민족개념을 떠나 지역의
    상징인 도청이 이전한 것에 대해 한 지역인의 저항으로 볼 수 있지 않는가에 더 초점을
    맞추었다. 또한 1960년대 도청환원운동 때에도 石井高曉가 저항의 일부분으로 등장하
    기도 하였다.

도 그저 바라만보고 있을 일은 아니었다. 그들이 건설하려고 했던 진주가 쇠퇴하는 것을 그저 바라볼 수 없는 상황에서 지역의 쇠락은 곧 자신의 쇠락으로 판단하고, 극단적인 선택을 한 그는 중앙권력에 저항한 지역인일 뿐이었다.

경남도청 부산시대가 열리기 10일 전, 진주에서는 1925년 3월 21일 '경남도청 영결식'이 치러졌다.[13] 진주시민들은 도청을 빼앗긴 상실감을 죽음으로 시사한 것이다. 조선총독부란 거대한 권력 앞에서 저항하는 행위들, 당당히 영결식을 할 수 있는 것은 진주에서 도청이 가지는 상징성의 한 단면이었다.

2. '도청' 트라우마와 중심으로의 선망

1) 반복되는 도청의 소환

1949년 진주에서 발간된 『嶺文』 迎春號(7집) 뒷표지에는 「史都復興의 構想」이란 제목으로 수록된 사업 10개조 내용이 수록되어 있다.[14] 사업을 추진하는 곳은 진주번영회로, 회장은 진주부윤이었다. 진주번영회가 도시 부흥을 위해 계획한 사업 10개조 중 제1조가 경남도청의 이전이었다. 광복 이후 진주를 재구성하는 방안으로 제일 먼저 제시된 것이 경남도청이었다.

---

13 『동아일보』, 1925.3.30, 5면.
14 영남문학회, 『嶺文』 迎春號(제3권 제1호, 不定期刊 7집), 1949, 뒤표지.

　진주에서 도청 문제가 본격적으로 불거진 것은 부산시가 부산직할시로 승격한다는 발표가 있었던 1962년 무렵이었다. 부산이 직할시로 승격되면서 경상남도에서 행정적으로 분리되자 도청이전이 경남 일대에서 제기되었다. 부산직할시 승격 당시 언론에 실린 '시민표정'을 보면 여인숙업, 음식점, 요정, 일반도매상인은 도청 이전에 따른 인구이동 격감을 걱정하고, 반대로 건설 및 사회복지사업 관련 업자는 직할시 승격에 따른 건설의 붐을 기대하였다.[15] 도청 이전은 부산 내부에서도 큰 이슈가 되었지만 경상남도 내에서도 도청이전, 세금 부담 문제 등으로 많은 논란이 일었다. 부산직할시 승격 후에도 수년 안에는 경남도청을 이전하지 않겠다는 내무위원장의 말이 있었지만, 당시 양찬우 경남도지사는 부산직할시 승격 이후 곧장 '道政을 용이하게 수행할 수 있는 위치 조건을 첫째 조건'임을 전제하면서[16] 도청이전을 가시화하였다. 게다가 이전계획이 빨리 수립되지 않자 마산과 진주를 중심으로 맹렬하게 유치운동이 전개되었다. 마산은 마산상공회의소 내에 경남도청유치운동본부라는 간판을 내걸고 마산시청 및 각 사회단체를 망라한 마산시민 15만의 호응을 얻으면서 유치 운동에 돌입하였다. 마산이 도청이전의 명분으로 내세운 것은 '경남의 허리에 해당하는 지리적 위치', '행정의 효율성' 등이었다. 진주의 경우는 도청 이전을 도청유치가 아닌 '도청 還元'으로 주장하였다. 도청을 원래 — 진주에 있었던 것 — 대로 돌려놓자는 의미이다. 이미 진주공설시장번영회, 진주상공회의소를 중

---

15 『경향신문』, 1962.11.15, 6면.
16 『경향신문』, 1962.11.14, 1면 · 1962.12.13, 6면.

심으로 '국가백년대계'를 위해 도청환원을 박정희의장에게도 제의한 상태였다. 또한 진주시민들은 도청환원을 지속해 나갈 기구로써 향토문제연구소를 설립하여 몇 년이 걸리더라도 꼭 목적을 이룬다는 목표를 세웠다. 게다가 당시 진주시민 뿐만 아니라 산청, 의령, 거창, 함양 등 서부경남의 150만 주민이 함께 한다고 하여, 도청환원이 진주만의 요구가 아닌 것도 제시하였다. 범진주권을 형성하면서 운동을 확대해 나갔고 일제강점기에 石井興이 자살한 것과 진주시민이 스크럼을 짜고 시민저항운동을 전개한 것도 함께 상기시켰다.[17]

1925년 진주의 도청이전반대운동이 1962년에 재현되는 양상이었다. 마산과 진주를 중심으로 도청유치 경쟁이 일어났지만 한 해가 가도록 도청문제는 해결되지 않았다. 특히 1964년 제15회 개천예술제가 열리는 진주의 길가에는 「경남도청 진주유치」라는 구조물을 세워 눈에 두드러지게 하고, 「도청진주환원」이라고 적힌 깃을 5만 개 만들어 시민들이 가슴에 꽂도록 하였다. 지역유지들은 진주에 온 중앙관리들에게 도청이전과 관련하여 브리핑을 해나가는 분주한 모습을 보이자 '정치색 짙은 개천예술제'라는 질시를 받기도 하였다.[18] 다음해 진주와

---

17 차철욱, 앞의 글, 80쪽;『경향신문』, 1963.4.2, 3면. 신문지상에는 石井興이라고 했는데, 도청이전반대운동의 주도한 石井高曉이다.
18 『동아일보』, 1964.11.6, 1면. 박정희대통령은 13회(1962) 개천예술제부터 국가재건최고회의 의장 자격으로 참석하고 있었다. 그래서 이미 도청환원 문제로 정치권과 논의가 전개되었을 것으로 생각된다(한국예술문화단체총연합회진주지부 · 개천예술제40년사편찬위원회, 『개천예술제사십년사』, (사)개천예술재단, 1991, 27쪽).
그러나 개천예술제를 처음부터 준비해왔던 주최측은 12회(1961)부터 20회(1969)까지 예술제의 시련기로 설정하고 있다. 예술제를 준비하는 핵심 요직자는 군인 출신들로 교체되고, 몇몇 제의들이 삭제되는 등 예술제가 통제, 간섭되는 일들이 발생되었기 때문이다. 이렇게 예술제가 왜곡, 운영된 이후에 도청이전문제가 맞물리면서 정치적 예속성을 드러낸 것이다.

마산에서는 지역출신 국회의원을 동원하여 도청이전을 입법화하는
것으로 운동을 확대시켰다. 도청유치문제가 국회 議案으로 확대되면
서 두 지역 간의 유치경쟁은 분쟁으로 치달았다. 진주는 마산에서 생
산되는 술에 대한 불매운동을 전개하였다. 마산은 도청진주이전의 입
법안을 제출한 具泰會에 대한 질책으로 '러키' 상품(러키는 현재의 엘지그
룹의 모회사로, 당시 사장이 진주출신의 구인회. 구태회는 구인회의 동생)의 불매
운동을 전개했다.[19] 도청유치경쟁 기사가 연일 신문지상을 오르내리
면서 두 지역 간의 분쟁이 계속된다면 도청은 이전 안 될 것이라는 추
측도 나왔다. 결국 도청은 이전되지 않고 부산직할시에 잔존하게 되었
다. 이후에도 간헐적인 두 지역 간의 유치 운동은 계속되었다.

　도청이전이 다시 크게 불거진 것은 1978년 1월이었다. 마산·창원 출
신인 여당 국회의원이 마산에서 기자들과 만난 자리에서 도청이 창원
신도시로 이전될 것이라고 한 발언이 알려졌다. 도청진주환원위원회는
즉각 반발하고 '여당의원 화형식'을 운운하면서 진주출신 국회의원들에
게 항의서한을 보내고, 도청의 창원이전에 대한 진위를 확인하고자 하
였다.[20] 그러나 도청이 처음 부산으로 갔을 때처럼 1970년대 후반에 이
미 창원으로의 도청이전계획은 수립된 상황이었다. 창원은 1973년 11월
이후 세계최대 규모의 공업단지로 조성되기 시작하였고, 1977년부터는
공단 배후도시를 10년간 건설한다는 도시계획이 수립되었다.[21]

　1978년 12월 12일 제10대 국회의원 선거 때에는 두 지역의 국회의원 입

---

19 『동아일보』, 1965.11.17, 1면 · 1965.11.30, 3면 · 1965.12.1, 1면; 『경향신문』, 1965.12.1, 1면.
20 『동아일보』, 1978.2.1, 3면.
21 『경향신문』, 1977.4.11, 1면; 『매일경제』, 1977.7.27, 1면.

후보자가 한결같이 도청이전을 약속하는 등 공약이 남발되었다.[22] 국가 행정에 대한 의제가 입법부의 경쟁으로 되어버렸다. 1979년 2월에는 내무부장관이 직접 나서 경상남도 도민의 불편을 해소하기 위해 빠른 시일 안에 마산, 진주, 창원 중 한 곳으로 도청을 이전하겠다고 발표하였다.[23] 진주시민이 다시 한번 좌절한 것은 경남도청을 창원으로 이전하는 '경상남도사무소의 소재지변경에 관한 법률안'이 입법회의 내무위원회를 통과한 1981년 3월 27일이었다. 그리고 3월 31일 해당 법률안은 본회의를 통과하고 1983년 7월 1일자로 창원 도청시대를 예고하였다.[24]

당시의 도청이전문제는 지역 간 분쟁을 야기하고 있었으므로 국회 내부에서는 해당 법안이 의결되기까지 2급비밀로 철저한 보안을 유지했다. 진주가 도청이전지로 적합하지 않았던 이유로 거론된 것은 진주가 인구 20만 명을 최대수용능력으로 계획되었기 때문에, 도청이 이전된 후 증가하는 인구를 수용할 수 없다는 것이었다. 마산 역시 면적에 비해 인구가 이미 과밀하여 도청부지가 마땅하지 않다는 것이었다. 경남의 중앙부에 해당하는 함안 역시 도청이전 후보군에 있었으나 인구 30만 명을 수용하는 新都市 개발이 함께 추진되어야 하기 때문에 부적합하다는 결론이 내려졌다.[25] 진주는 경남도청 이전이라는 꿈이 다시 무산되고, 진주가 산간의 중소도시로 낙후될 것이라는 실망감이 적지 않았다.[26]

---

22 『동아일보』, 1981.3.30, 5면.
23 『경향신문』, 1979.2.28, 7면.
24 『경향신문』, 1981.3.28, 3면;『동아일보』, 1981.3.27, 1면.
25 『매일경제』, 1981.3.28, 3면.
26 『동아일보』, 1981.3.28, 7면.

당시 진주에서는 1925년 진주시민들이 '경남도청 영결식'을 거행한 것처럼, 진주는 이제 죽은 도시가 될 것이라고 하고, 검은 리본을 달면서, 진주의 절망을 나타냈다.[27] 진주와 마산 사이의 두 지역간 오랜 경쟁이 끝나는 듯 보였으나 진주의 도청유치에 대한 열망은 숙원으로 여전히 남아 있었다.

2) '도청' 기억의 재현

진주에 소재한 『경남일보』가 선정한 2006 경남 10대 뉴스 중의 하나는 경상대학교와 창원대학교의 통합 무산이었다.[28] 2004년 경상대와 창원대는 대학경쟁력 강화를 목적으로, 통합추진을 위한 양해각서를 체결하였으나 통합 논의가 순조롭지 못하였다. 두 대학 통합에 가장 걸림돌이 된 것은 통합 대학의 본부를 어디에 두는가의 문제였다.[29] 두 대학이 통합되어 경쟁력을 가지게 되면 경남지역은 상생의 효과를 볼 것이라는 기대가 잠시 있었지만, 두 대학 모두 본부를 진주와 창원에 두려고 하는 의견을 제시하면서 갈등이 첨예화되었다. 통합 대학교

27　당시 진주의 도청환원(환수)위원장은 '(위원회실에서) 오늘부터 우리 진주는 죽었다. 사망신고 했다. 그 리본을 가슴에 달자. 그것이 호응이 되어 시민들이 전부 검은 리본을 달았거든. 내 형님이, 대학교수를 한 사람이 그것을 달고 활보했으니 당국에서 가만있었겠나? (…중략…) (당국에서 나에게 말하기를) 진주가 어떻게 죽었습니까? 원자탄이 터졌습니까? 라고 해서 (나는) 당신은 진주의 정서를 모른다. 빼앗긴 그 원한이라는 것은 그것은 우리 시민 정서에 엄청 영향을 주는 것이다'라고 회고하였다. 2011.9.6 인터뷰. 당시 위원장을 맡았던 분은 현재 진주 문화 관련 시민단체의 이사장이다.

28　『경남일보』, 2006.12.27(http://old.gnnews.co.kr/, 2013.1.13 검색).

29　『경남일보』, 2004.5.8・11.29・2005.1.2(http://old.gnnews.co.kr/, 2013.1.14 검색).

의 대학본부를 어디에 둘 것인가의 논의는 두 지역 간의 팽팽한 '중심' 잡기에서 비롯되었다. 대학본부의 위치를 두고 의견은 좁혀지지 않고 통합논의는 교착상태에 빠졌다.

진주는 우수 학교 다수, 시민의 1 / 3 이상이라고 할 만큼의 많은 학생 등의 이유로 교육도시라고 불리어 왔다. 그러나 고교평준화 실시, 타 도시의 종합대학 설립 등으로 교육도시로의 위상은 많이 낮아졌다. 그래서 경상대학교와 창원대학교의 통합설이 제기되었을 때에 '국립경상대는 진주의 마지막 자존심이다', '교육도시 진주의 마지막 자존심', '서부경남 모든 지역민의 자부심'이라고 하여, 통합 대학의 본부를 진주 밖으로 이전하는 계획을 반대하고 진주 내 대학 간 통합을 더 바래기도 하였다.[30]

이렇듯 두 학교는 각 지역을 대표하는 대학교인 만큼 학내 구성원뿐 아니라 지자체, 시민들까지도 많은 관심을 가지고 있었다. 대학 통합 논의 중에 진주에서는 다시 '빼앗긴 도청'이 거론되었다. 진주의 언론은 대학 통합문제가 '경남도청을 빼앗긴 이후 서부경남 지역사회의 가장 큰 현안으로 부상'하는 것으로 기사화하였다.[31]

통합 대학본부 위치를 두고 창원대와 갈등이 심해지자 진주에서는 오히려 창원대보다는 진주에 있는 국립대학교간 통합을 이루어 큰 대학이 진주에서 이전되는 일이 없도록 의견을 제시하였다. 그 배경을 적은 신문 기사에는

---

30 『경남일보』, 2006.9.1(http://old.gnnews.co.kr/, 2013.1.16 검색).
31 『경남일보』, 2006.9.9(http://old.gnnews.co.kr/, 2013.1.13 검색).

    "도청도 뺏기고 대동공업도 놓치고 남은 것은 국립 경상대밖에 없다"는
지역주민들의 '정서'가 깔려 있다는 것을 되새겨봐야 할 것이다. 정서는 때
로는 논리보다 더 강하게 상대방을 설득하기도 한다.[32]

라고 하였다. 진주에서는 지역의 큰 이슈가 있을 때마다 빼앗긴 도청
은 진주시민의 정서를 자극하는 트라우마였다. 만약 대학본부가 창원
으로 이전한다면 그 역시 '뺏기는 것'으로 여겨질 뿐이었다. 진주 시의
회 역시 '대학본부가 창원으로 이전될 경우 경상대의 모든 중심이 창원
으로 흡수되는 것은 시간문제 (…중략…) 이는 경남도청을 뺏기고 경
상대 본부 또한 창원으로 이전될 경우 (…중략…) 모든 것이 창원에 종
속돼 시민들에게 감내하기 힘든 치욕을 안겨줄 것은 명약관화한 것'이
라고 하면서 절대 반대를 선언하였다.[33]

    특히 경상대의 대학본부 이전설이 나오자 서부경남에서도 반발이
만만하지 않았다. '경상대 본부 이전 중지'라는 제목으로 서부경남 8개
시장·군수들이 결의문을 채택하여 경상대에 전달하였다. 결의문은

    그동안 서부경남 지역은 정부의 경제발전 과정에서 소외돼 대외적으로
경쟁력이 약화되었으며 진주에 소재하던 경남도청을 부산에 빼앗긴 아픈
역사가 있고 서부경남 지역경제를 주도하던 대동공업이 경북으로 이전해
가는 수모를 겪는 등 (…중략…) 우리 지방에 있는 경상대학교 본부를 도청

---

32 『경남일보』, 2006.8.11(http://old.gnnews.co.kr/, 2013.1.14 검색).
33 진주시의회 홈페이지-공지사항-1(http://www.jinjucl.com, 2013.1.25 검색).

소재지인 창원으로 이전해 가는 통합을 추진하려고 하니 서부경남 80만 시·군민이 분노하지 않을 수 없다.[34]

라고 밝히고 있다. 경상대 통합문제로 서부경남 지자체 수장들이 결의문을 채택한 것은 지역정서를 극명하게 보여주는 사건이라고 할 수 있다. 경남도청이 부산으로 가고, 다시 창원으로 이전된 상황에서 '경상대 본부이전'이란 것은 진주를 비롯한 서부경남이 느끼는 소외감은 '빼앗김'의 반복이며, 상실감을 넘어선 '죽은 도시'에 이르는 위기의 문제였다.

경상대 문제로 진주시의회의 반발, 서부경남의 8개 시·군 시장과 군수의 결의문은 마산과 창원 지역에서 질시를 불러일으켰다.

8개 시·군 시장과 군수의 결의문을 두고 '그 동안 지역여건에 비해 진주에 지나친 국립대학들의 건설과 진주권 개발이라는 잘못된 특혜 지원이 또 다른 특혜를 요구하는 습관화된 버릇에서 비롯'한다는 잘못된 지역감정으로 비하하거나 '서부경남이 지역실정을 무시하고 그동안 진주를 중심으로 집중 개발되었는데도 경제개발에 소외되었다고 하는 것은 어부성설' 등의[35] 노골적인 질시도 드러냈다. 경상대와 창원대의 통합이 난항을 겪을 때 창원에 기반을 둔 언론에서는

---

34 『경남일보』, 2006.8.28(http://old.gnnews.co.kr/, 2013.1.14 검색). 서부경남의 8개 시군은 진주, 사천, 남해, 하동, 산청, 함양, 거창, 합천임.

35 국가록관 대통령기록관 홈페이지-대통령웹기록-제16대대통령-청와대브리핑-열린마당-회원게시판(http://www.pa.go.kr/WMS/16th_president/16th_president.html, 2013.2.12 검색). 본문의 내용은 정보보존을 위해 이전된 웹사이트에 있어 쉽게 찾기 어렵다. 원 내용은 http://16cwd.pa.go.kr/cwd/kr/bbs/popup_bbs_view.php?meta_id=member_bbs&id=7f8d65df0b23927711d29fa&portlet_categorynews_2currPage=&_pageLabel=news_page_02를 다시 누르면 볼 수 있다.

　　대학본부를 진주에 두고 통합대학의 중심으로서 기존 경상대학을 고수하
려는 경상대 측의 입장도 이해되지 않는 바는 아니다. (…중략…) 그러나 타
시도의 거점 국립대는 모두 도청소재지에 있는 것이 기본이다. 경상대가 명실
상부한 거점국립대의 위상을 찾기 위해서는 도청소재지이고 인문지리적으
로 경남의 중심인 창원에 본부를 두는 것이 경쟁력을 높이는 길일 것이다.[36]

라고 하여 통합 대학본부는 창원에 있어야 하는 이유를 나타냈다. 대
학경쟁력은 역사·전통에서 나오는 것이 아니라 현재적 관점에서 비
롯되어야 한다는 것이다. 다른 시도의 사례를 들어 통합 대학본부 창
원유치의 정당성을 제시하였다. 마산이나 창원시민의 입장에서 보면
도청이 진주의 것도 아니고 경상대가 국립대학이지, 진주시립대학이
아니라고 말할 수 있을 것이다. 전통적인 위상을 유지하면서 중심지로
부상하려는 진주의 선망과 이를 바라보는 여타 지역의 질시가 '경남도
청'을 사이에 두고 교차·반복하고 있다. 최근 경남도지사 선거에서
도청이전, 도청 제2청사 건립 발언 등으로 다시 도청문제가 불거졌다.
또한 마창진, 통합 창원시의 출발로 창원시에 개발이 집중되는 나머
지, 다른 경남지역이 소외될까 우려하는 목소리가 나온다. 통합창원시
가 광역화될 것에 대비하여 벌써부터 진주와 김해 지역에서는 다시 도
청유치 경쟁에 들어갈 듯하다.
　　지난 100여 년 동안 경남도청은 경남 내에서 끊임없이 회자되고 있
다. 경남도청은 진주에서는 행정기관이 아니라 자존심이고 지역사람

---

36 『경남신문』, 2005.4.20(http://old.gnnews.co.kr/, 2013.1.16 검색).

들에겐 빼앗긴 원한으로 남아 있다. 중심이었던 진주는 잃었던 중심을 찾는 회복의 문제이고, 환원시켜야하는 것이 도청이었다.

3. 새로운 도시 구상, 문화예술도시

1) 의도하지 않은 문화자원들

도청이 나간 빈자리를 채우면서 진주의 삶을 채우는 것이 '문화예술'이라는 키워드였다. 최근 진주시장 선거 시기에 '모든 것(교육, 문화, 예술)을 잃고 딱히 내세울 것이 없는 진주'가 언론에 기사화되었다.[37] 이 기사는 진주시장의 역할을 기대하면서 진주시민의 기대에 부응해달라는 의미였다. 진주를 폄하하는 의미의 기사는 아니다. 모든 것을 잃고 딱히 내세울 것이 없다는 것은, 진주가 가진 가치들이 없어진 것이 아니라, 다른 도시들과 큰 차이를 가지지 못했다는 의미라고 생각된다.

교육도시와 마찬가지로 문화예술도시란 것도 다른 도시들과의 경쟁에서는 힘겹다. 시민의 삶터로서의 도시가 강조되면서 행복, 복지, 문화, 환경 등이 도시를 재구성하는 중요한 요소로 자리하고 있다. 그래서 도시마다 문화, 예술을 강조하고 시립미술관, 시립예술단 등이 생겨나고 있다. 더욱이 1995년 지방자치제 실시 이후에는 지역마다 경쟁적으로 문화행사를 개최하고 있어 한국의 어느 도시인들 문화예술

---

[37] 『경남신문』, 2010.7.9(http://old.gnnews.co.kr/ 2013.1.16 검색).

도시가 아닌 도시가 없을 정도이다.

진주를 문화예술도시로 만드는 데 크게 기여한 것은 문화적 전통성이지만, 진주의 의도와는 상관없이 문화기반들이 확충·삭제되기도 하였다.

> 도청을 빼앗기더니 진주다리가 놓였고 진주 새다리가 놓이려니 『경남일보』가 없어진다. (…중략…) 진주교는 어떤 의미에 도청과 『경남일보』를 실어날랐다. 앞으로도 다시 실어날아야 한다. 이제 진주시민과 서부경남도민은 진주에 행정과 현대문화와 정치적 복지의 천년고향 진주의 봄을 스스로 만드는 것이다.[38]

이 글은 1980년 언론 통폐합으로 진주의 『경남일보』가 폐간될 때 마지막호에 기고된 글이다. 글은 1925년 진주에서 도청을 이전시키는 대신 그 보상책으로 진주다리(진주철교)가 남강에 놓여진 것을 상기시키고 있다. 또한 그 진주다리가 낡아서 새 것으로 교체해야 할 때 새다리가 가설되는 것 대신 진주의 언론사인 『경남일보』가 마산의 『경남매일신문』에 통합되어 사라진 것을 비판한 글이다. 글의 마지막에는 진주는 계속 잃어버리는 도시가 될 것이기 때문에, 진주시민과 서부경남도민 스스로 행정, 문화, 복지가 발전하는 지역을 만들자는 강한 메시지도 들어있다.

진주가 소중한 것을 잃어버릴 때 당국은 보상책으로 진주시민을 달래보고자 하였다. 일제강점기의 도청 이전 때에는 진주교 뿐 아니라

---

[38] 기리리명길박사문집간행위원회, 『기리 리명길 박사문집 보리수 아래서』, 1998, 525~526쪽. 리명길 경상대 교수가 「도청은 부산에 신문은 마산에」이란 제목으로 『경남일보』(1980.11.25)에 기고한 글을 수록한 것이다.

진주 근대 학교 설치 등의 보상책이 따랐다. 이 때문에 진주가 교육도시로의 면모를 유지할 수 있었고, 도청이전 반대운동의 '의도하지 않은 결과'라고 간주되었다.[39] 진주에 진주교 가설, 남강치수사업이 이루어지면서 남강은 위험적 요소가 아니라 문화자원으로 돌아올 수 있었다.[40] 『경남일보』가 언론 통폐합되면서 진주의 문화자원이 상실되었지만 곧 박물관과 문화예술회관이 진주에 들어섰다.

지역간 문화격차 해소라는 목표로, 제5공화국의 지방문화육성 5개년계획이 1984년에 확정됨에 따라 각 지역 도청소재지에 문예회관을 설립되었다. 진주의 경우 경상남도문화예술회관(이하 경남문예회관)의 설계공모를 1981년에 이미 마친 상태였다. 그리고 1984년에 착공하여 1988년에 완공하였다. 문예회관은 도청소재지에 세우는 계획이었으므로 그 이름이 모두 강원예술회관, 충남예술회관, 경기문예회관, 제주문예회관, 경북문예회관 등이었다. 경남의 경우는 직할시인 부산에 도청이 있었으므로 별도의 부지가 필요하였는데 진주가 선정되었다.[41]

뿐만 아니라 1984년에는 국립박물관도 들어섰다. 진주에 국립박물관 건립이 확정된 것은 지방문화육성에 역점을 둔 제2차 문예중흥 5개년 계획이 1979년 5월에 발표되었을 때였다. 각 지역에 국립박물관을 세워 지역 특성을 살린 유물들을 전시하고, 지역 문화행사의 중요한 역할들을 해 나갈 것으로 계획되었다. 당초 문화재관리국에서는 진주

---

39 김중섭, 앞의 글, 254쪽.

40 남강치수사업은 1925년 도청 이전 보상책으로 제시된 진주 20개 부흥책 중에 몇 개를 차지할 정도로 당시 진주사람들에게 시급히 추진해야하는 사업이었다.

41 『동아일보』, 1982. 2. 17, 3면; 『매일경제』 1982. 2. 17, 1면 · 1984. 2. 4, 11면. 경남문예회관의 설계, 착공, 준공은 본 회관 홈페이지 참조.

성전투를 주제로 하는 진주전승기념관을 건립하려던 계획이었으나 임진왜란 유물 외 이 지역에서 출토된 가야유물 및 고대 이후의 문화재들이 함께 전시되는 박물관이 되었다.[42]

주목되는 바는 국립진주박물관이 1998년 1월, 임진왜란 전문역사박물관으로 재개관된 점이다. 그 무렵 가야문화를 주제로 하는 국립김해박물관이 개관함으로써 경상남도 일대의 가야유물을 모두 김해로 모으는 일이 추진되었다. 국립진주박물관은 임진왜란 전투 장소인 진주성 내에 자리하였다. 국립진주박물관은 임진왜란 전문박물관이 됨으로써 진주를 임진왜란 전문도시로 재구성하는데 일조를 하게 되었다.

국립진주박물관의 홈페이지에는 '임진왜란 최대 격전지인 진주성에 자리한 국립진주박물관은 경남의 전통문화와 역사에 대한 국민의 관심을 높이고, 임진왜란에 대한 올바른 역사관을 보급하는데 힘쓰고 있습니다'라고 소개되고 있다. 그리고 국립진주박물관 기공식이 있을 무렵 10년간 진행되던 진주성정화사업이 마무리되었다. 진주성정화사업 계획은 일찍 마련되었지만 1979년 이후 본격적으로 진행되었다.[43] 성 안에 이미 복원되어 있는 彰烈祠, 義妓祠, 촉석루, 그 외 20여 군데의 임진왜란 관련 시설물과 함께 진주성은 임진왜란이 기억되는 장소로 완성되고 있었다. 이후에도 晉州城壬辰大捷殉義壇이 건립(1987)되는 등 진

---

42 『경향신문』, 1979. 5. 29, 5면·1980. 10. 17, 5면. 진주의 박물관 계획은 광복 직후부터 진주 시민들에 의해 이루어지고 있었다. 광복직후 진주에는 도서관박물관독립기념탑 건성위원회가 조직되었고 진주공원 촉석루 앞에 개인이 주도하여 세운 박물관이 건립되었다(『경향신문』, 1947. 12. 11, 2면).

43 『매일경제』, 1980. 12. 2, 7면. 국립진주박물관, 『晉州城』, 2000, 5쪽에는 1979년부터 진주성 복원사업이 본격적으로 이루어져 오늘날의 모습을 갖추었다고 한다.

주성 성역화사업은 계속되고 있다.

임진왜란 최대 격전의 장소인 진주성 정화사업, 진주성 내부에는 전쟁 관련 인물과 유물, 기념비 등 콘텐츠가 전시됨으로써 '임진왜란 3대 대첩지' 진주의 외형이 갖추어졌다.

2) '임진왜란 도시'로의 재구성

진주성 정화사업이 이미 1970년대에 마무리되고, 국립진주박물관이 1998년 임진왜란 전문박물관으로 재개관하면서 임진왜란의 전투 장소인 진주성은 외형과 내실을 갖추어 나갔다. 또한 임진왜란 인물들의 사당이 보존되고, 제향이 전승되면서 진주시민은 임진왜란을 선양하는데 역사성을 담보하고 있었다.

임진왜란의 인물과 사건에 대해 기념하고 제사를 거행한 것은 일제강점기에도 중단되지 않고 계속 이어졌다. 임진왜란 관련 의례는 의례대로 이어져 오고 있는 한편, 진주의 도시문화로 임진왜란이 동원되고 보편화된 것에는 개천예술제가 크게 기여했을 듯하다. 개천예술제 축하행사 중에 임진왜란을 주제로 한 행사들이 생겨나고 이들 행사에서 임진왜란을 재현하고 기념하면서 시민의 관심과 참여가 크게 증가하였다.

개천예술제에서 임진왜란이 등장하는 것은 우선 행사 포스터로, 제26회(1975) 개천예술제 포스터에는 임진왜란의 장소인 진주성이 등장하였다.[44] 이후의 포스터에는 진주성이 거의 빠짐없이 포스터 중앙에 자리하고 있다.

또한 제6회(1955)부터 생겨난 가장행렬과 유등대회에서 임진왜란이 적극 재현되기 시작하였다.[45] 가장행렬 주제가 임진왜란이 제시되는 경우가 많았고, 유등은 김시민, 조선군의 전술, 조선관군과 의병의 소통을 상징하면서 유등대회는 그 자체가 임진왜란 때를 재현하는 것이었다. 제13회(1962)의 가장행렬은 임진왜란 때의 전사한 三壯士, 논개를 추모하는 특별행사로 진행되었다. 여기에 진주지역 중고등학생 수천 명이 참여하고, 그 예산은 경남도지사의 특별지원으로 이루어지고, 예술제 전체예산에 맞먹을 정도로 대형행사로 진행되었다.[46] 제14회부터는 가장행렬이 경연으로 이루어졌는데 경연 주제로 주어진 것인 '삼장사와 논개의 애국심 추모', '개국개천의 사상 앙양'이었다. 제15회(1964)는 임진왜란 관련 주제는 물론 당시 진주에서는 도청환원운동이 일어나고 있었으므로 이를 알리는 학생들의 가장행렬도 다수 있었다. 제26회(1975)부터는 유등대회도 주제가 주어졌는데 '임진계사년의 조상의 얼 추모', '총력안보 및 멸공통일'이었다.[47] 이후 유등대회 주제로 추가된 것은 '남강을 밝혀 진주시민의 긍지와 애향정신 고취'(32회~40

---

44 개천예술제 포스터는 『개천예술제사십년사』, 42~43쪽 참조. 이 책에는 전 회의 포스터가 없어 진주성이 정확하게 언제 등장하였는지는 알 수 없으나, 책에 수록된 포스터 가운데에서는 제26회가 가장 빠르다.

45 제5회 영남예술제를 마친 후 진주성 내 義妓祠 앞에 논개 彰烈碑를 세웠다.

46 임진왜란이 크게 부각된 것은 당시의 군사정권과 관련이 있다. 신문에 개천예술제 명칭을 '5·16혁명기념 제2회(독립기념 12회) 개천예술제'라고 밝히는 점도 그러하다(『경남일보』, 1962.11.15, 3면).

47 한국예술문화단체총연합회진주지부·개천예술제40년사편찬위원회, 앞의 책, 30~40쪽. 제28회부터는 「경상남도 교육감기 쟁탈 유등대회」 격상되어 이루어지고 대학교 참여도 늘어나면서 그 주최도 진주시중고등교육회가 아닌 진주시교육회(이후 진주시 교육청)가 주관하였다. 유등대회는 처음에는 개천예술제의 외곽행사 또는 축하행사로 진행되고 그 개최날짜도 하루였다가 점차 증가하였다.

회), '남강을 밝혀 개천예술제 축하'(32회~40회) 등으로 유등대회가 임진왜란을 재현하는 데에서 나아가 남강과의 적극적인 결합, 진주시민의 의식 함양, 예술제의 축제로의 제고 등 그 의미를 확대시켜 나갔다. 유등대회는 2000년 제1회 진주남강국제등축제로 개천예술제에서 독립되었고, 2002년부터 문화관광부 지정 축제가 되어 국비를 지원받으면서 크게 확대되었다.[48]

그러므로 진주의 축제 속에서 임진왜란은 쉽게 발견된다. 진주의 관광안내 팜플렛[49]에 소개된 세 축제는 '진주남강유등축제', '개천예술제', '진주논개제'이다. 이 외에도 진주에는 코리아드라마페스티벌, 진주전국민속소싸움대회, 이형기문학제, 이상근국제음악제, 진주실크박람회, 국화작품전시회,[50] 남인수가요제, 영호남연극제, 진주비빔밥축제, 청소년 환경축제 등이 있다. 앞의 세 축제가 진주의 축제 중에 가장 대표적이기 때문에 팜플렛이 소개되고 있는 것 같다. 진주남강유등축제가 대한민국 대표축제로 지정되었기 때문에 세계적, 전국적으로

---

48 최근 서울시에서 진주의 유등축제와 유사한 서울등축제를 연례화하는 방침을 내놓자 2012년 12월부터 진주시의회, 진주시민, 진주문화재단 등 진주의 반발이 거세다. "진주유등축제는 진주의 역사이고 지역민들의 삶 자체다. 지역의 축제를 베낀 행위는 우리의 역사, 시민들의 삶을 무시하는 행위"라든지, "대한민국에서 좋은 건 다 서울에 있다. 그것도 모자라 한 지역의 전통마저 탐을 낸다는 것은 과욕"이라든지, "빼앗아 갈 걸 빼앗아 가야지, 우리문화를 눈뜨고 훔쳐가는 격이다" 등 진주시민들의 여러 반응이 있었다(『경남일보』, http://www.gnnews.co.kr, 2013.3.1 검색). 가장 많은 혜택을 누리고 권력을 가진 서울에 대한 격한 질시의 표현이며 유등축제에 대한 '원조'를 강조하는 도시마케팅 논란이기도 하다. 또한 진주문화를 전국 단위에서의 유일함 또는 역사적임, 서울보다 나은 우수함을 남강유등축제를 통해 드러내고자 하는 표현이다.
49 이 관광안내 팜플렛은 언제 제작되었는지 발행일이 없어 정확하지는 않으나 진주남강유등축제를 문화체육관광부 지정 대한민국 대표축제로 알리고 있어, 대표축제로 지정된 2011년 이후에 제작된 것이다.
50 국화작품전시회까지는 진주시에서 발행한 진주 관광안내책자에 소개된 진주의 축제이고, 남인수가요제부터는 앞 축제와 함께 「디지털진주문화대전」에 수록된 진주의 축제들이다.

진주남강유등축제/晋州南江流灯祭
- ⊙ 축제기간 : 매년 10월 1일~10월 12일
- ⊙ 장소 : 남강, 남강둔치 일원
- ⊙ 동반축제 : 개천예술제, 코리아드라마페스티벌, 진주소싸움대회
- ⊙ 진주남강유등축제 제전위원회 055) 761-9111, 755-9111

- ⊙ 祝祭期間 : 毎年10月1日～10月12日
- ⊙ 場所 : 南江周辺一帯
- ⊙ 同時開催 : 開天芸術祭、コリアドラマフェスティバル、晋州闘牛大会
- ⊙ 晋州南江流灯祭り 祭典委員会 055) 761-9111, 755-9111

문화체육관광부 지정 대한민국 대표축제이다. 1592년 임진왜란 당시 남강에 등을 띄워 왜군의 도하를 저지하기 위한 군사적인 신호와 전술로 쓰임은 물론 멀리 떨어진 가족에게 안부를 전하는 통신수단으로 사용된 데서 유래되었다.

文化体育観光部が指定した韓国を代表する祭りである。1592年の壬辰倭乱当時、南江に灯籠を浮かべ、豊臣秀吉軍の渡河を阻止するための軍事的な信号や戦術として使われ、または遠くに離れた家族に安否を伝えるための通信手段として使われたことに由来している。

개천예술제 / 開天芸術祭

우리나라 지방문화예술제행사의 효시로서 예술문화의 발전과 진주성대첩 및 개천정신을 예술을 통해 이어받고 계승하기 위하여 1949년에 제1회 영남예술제로 개최되어 오늘에 이어져 오고 있다.

- ■ 축제기간 : 매년 10월 3일~10월 10일
- ■ 장소 : 진주시내 일원
- ■ 개천예술제 제전위원회 055) 752-0111
- ■ 祝祭期間 : 毎年10月3日~10月10日
- ■ 場所 : 晋州市内一帯
- ■ 開天芸術祭祭典委員会 055) 752-0111

韓国の地方文化芸術祭の先駆けとして、芸術文化の発展と晋州城大勝を讃え、また開天(建国)精神を芸術を通じて受け継ぎ継承するために、1949年に第1回嶺南芸術祭で開催されてから今日まで行われています。

진주논개제 / 晋州論介(ノンゲ)祭

1593년 임진왜란 당시 진주성에서 7만의 민관군이 전멸하자, 일본군의 자축연에 스스로 참석하여 적장을 껴안고 남강에 투신한 의기 논개의 충절과 전통문화가 엮어내는 매혹적인 축제이다. 촉석루 아래 의암에서는 논개의 투신 장면이 재연된다.

- ■ 축제기간 : 매년 5월 넷째주 금, 토, 일
- ■ 장소 : 진주성
- ■ 진주시문화관광과 055) 749-5072
- ■ 祝祭期間 : 毎年5月の第4 金, 土, 日
- ■ 場所 : 晋州城
- ■ 晋州市文化観光課 055) 749-5072

1593年壬辰の乱(文禄・慶長の役)当時、晋州城で7万の民官軍が全滅すると、日本軍の祝宴に自ら参加し、倭将を抱えこんで南江に身を投げた義妓ノンゲの忠節と伝統文化から生み出された魅惑的な祭りです。矗石楼の下の義岩ではノンゲの投身シーンが再演されます。

진주를 알린다는 위상을 가지고 있다. 개천예술제는 지방예술문화제의 효시라는 최고성을 가지고 있다. 진주논개제는 논개가 곧 진주의 캐릭터이고 진주의 역사를 온전히 알려주는 상징성이 있기 때문일 것이다. 그런데 팜플렛에 소개된 이들 세 축제에 대한 설명을 보면 진주남강유등축제는 그 유래로, 개천예술제는 '예술문화의 발전과 진주성 대첩 및 개척정신을 예술을 통해' 라는 개최 목적[51]으로, 진주논개제 역시 축제의 유래로 임진왜란을 수록하고 있다. 도시의 대표 축제가

---

51 개천예술제는 1983년 경상남도 대표축제로 선정되는데 이 이유 중 하나가 임진왜란 진주성 전투(진주대첩)의 승전 역사 등 진주스타일을 재현한다는 것이었다. 뉴스웨이 경남 홈페이지(http://gyeongnam.newsway.kr/, 2013.2.10 검색).

모두 임진왜란으로 구성되어 있다.

도시의 축제가 발전하는 과정에서 염려되는 것은 관과 시민의 관계이다. 유등축제만 예를 들어서 살펴보면 원래 유등행사는 외부의 큰 지원없이 개천예술제 내에서 자체적으로 치루어지던 행사였다. 시비와 국비를 지원받으면서 관광상품이 되고 대표축제가 되면서 오히려 유등행사의 자생력을 잃어버리는 상황이 발생될 수 있다. 현재의 축제 양상을 보면 관의 지원 없이 축제를 이어나가지 못할 수 있다. '지원'이라는 명목으로 관의 개입이 증가한다면 진주시민의 목소리는 줄어들 수밖에 없고 축제는 도시의 이미지만으로 남을 수 있다.

또한 제1회 진주 시민의 날은 1996년 개최되었는데 1995년 진주시와 진양군을 통합하여 통합 진주시 행사로 열렸다. 진주와 진양의 결합임에도 불구하고 시민의 날은 임진왜란 제1차 진주성전투(1592)의 승전일을 기념하여 10월 10일로 정하였다. 게다가 2001년부터는 시민의날 행사를 전통행사 위주로[52] 구성하면서 여타 지역과 차별화 하면서 진주의 역사성을 부각시킬 수 있는 행사로 만들고자 하였다. 이외 진주논개가락지날을 지정한다든지, 논개를 비롯한 임진왜란 때의 전몰자 제향(창렬사, 의기사, 촉석루, 임진대첩계사순의단 등에서 거행되는 다양한 제향) 등이 매년 행해지고 있다.[53]

---

52 『경남일보』, 2001.9.19(http://old.gnnews.co.kr/, 2013.1.9검색).
53 이는 논개부인 제향과 의암별제를 통합하자는 논의하고도 일맥 통한다. 각각 다른 주체들이 전승하던 의례를 두고 현재의 관점에서 성격이 비슷한 의례라고 간주한다든지, 논개 제향에 대한 지원을 일원화하려는 방향들은 진주에서 논개제향을 단순히 하여 논개 강조전략으로 채택할 수는 있다. 다만 진주에서 다양한 전승이 이루어지는 배경과 역사적 맥락은 주체들 간에 공유되어 사유되는 과정이 필요할 듯하다. 진주에서의 논개에 대한 제향, 재현, 역사적 전승은 차철욱, 앞의 글 참조.

진주의 도시 경관을 조성하는 데에도 임진왜란은 부각되고 있다. 1999년 확정된 (신)진주8경은 진주성 촉석루, 남강 의암, 뒤벼리, 새벼리, 망진산 봉수대에서 바라본 시가지 전경, 비봉산의 봄, 월아산 해돋이, 진양호 노을이다.[54] 진주8경은 문화의 향기짙은 진주의 명소와 풍광을 알리기 위해 현재 진주시에서 출간되는 각종 관광안내 책자, 시내 곳곳의 관광안내판에서 쉽게 찾아볼 수 있다. 진주의 한 시민단체에서 진주 경관을 정하는 것을 발의하고 시민공모, 시민공청회, 전문가간담회를 거쳐서 선정하였다.[55] 진주8경에 진주성, 촉석루, 남강, 의암, 봉수대가 포함되면서 임진왜란이 도시의 문화자원, 관광자원으로 적극 활용되는데 기반을 마련하고 있다.

진주가 '임진왜란 도시'로 재구성되는데 가장 이목을 집중시키는 것은 도시의 캐릭터를 논개로 선정한 것이다. 진주에서는 논개 캐릭터를 2000년부터 사용해왔다.[56] 논개를 선정한 이유에 대해서 '논개는 호국충절의 상징', '진주정신의 표상'이라고 하고 논개는 '호국충절의 강인한 의지와 21세기 당찬 여성의 모습을 형상화'한다고 설명하고 있다.[57] 논개가 기생이므로 진주를 기생도시로 만드는가라는 비난, 논개 신분

---

54 진주문화원, 『진주문화』 21, 1995, 186~188쪽에는 金重坤이 쓴 「晉州絶景歌」가 수록되어 있는데 '촉석루, 남강, 서장대, 의암, 뒤벼리, 비봉산, 진양호, 천수교' 진주 절경 8곳을 노래하였다. 진주에는 진주경관에 관한 다양한 12경, 10경, 8경이 존재하고 있었다.

55 (사)진주문화사랑모임 홈페이지-진주문화사랑-문화사업소개-팜플렛 보기(www.jinjuculture.or.kr, 2013.1.20 검색). 디지털진주문화대전 홈페이지-관광지와 진주팔경(http://jinju.grandculture.net, 2013.1.9 검색).
『진주신문』, 1997.2.10에 진주 12경이나 진주 8경을 새로 정하자는 기사가 났는데, 해당 사업의 추진위원회가 5월 12일에 결성되었다.

56 『경남도민일보』, 2008.6.4(http://www.idomin.com 2013.1.15 검색).

57 진주시청 홈페이지-행정정보-기본현황-상징물-시의 캐릭터(www.jinju.go.kr, 2013.2.4 검색).

을 따지지 말고 논개의 호국충절 정신만 살리자 등의[58] 의견이 분분한 것이 사실이다. 이 또한 진주시와 장수군이 각각 논개의 고장임을 마케팅하는 논쟁과도 무관하지 않다.

도시의 상징인 캐릭터는 시각 아이덴티티의 구성요소로서, 아이덴티티를 인식하고 기억하기 쉽도록 한다.[59] 그러므로 논개 캐릭터는 진주문화를 형성하는데 큰 영향을 미칠 수 있다. 진주는 논개가 순절했다는 장소적 특성을 가지고 있다. 도시공원인 진주성 내외의 촉석루나 의암, 의기사 등지에서 논개를 늘 경험할 수 있고, 각종 문헌에 남겨진 논개의 일화, 설화는 진주시민들에게 친근함으로 다가간다.

진주의 문화예술도시 구상 안에는 임진왜란과 관련된 것이 많다. 자칫 전쟁의 도시로 비화되거나, 지역보다는 국가를 강조하는 '忠'과 '義'의 도시가 되기 쉽다. 진주는 소위 진주정신이라는 것을 내세우면서 진주의 역사, 문화, 저항, 의식체계 등을 만들어나간다. 상실감에 빠진, 새롭게 도시를 구상해 나가는 주체들을 결속시키고 정체성 확보를 위한 의식체계를 만들어 나가는 과정이었다. 국가 전체의 변란이었던 임진왜란을 강조하면서도 그 속에서 가장 진주다움, 진주다운 문화를 찾는 하나의 방안으로 '임진왜란'이 작동되었다.

---

58 『경남도민일보』, 2003.7.5(http://www.idomin.com 2013.1.15 검색).
59 김은경, 「서울시 도시브랜드 아이덴티티 접근방법과 자치구 프로모션 캐릭터 연구」, 이화여대 석사논문, 2009, 4쪽.

4. 도시 주체들의 결집과 성찰

진주는 익숙하게 불려졌던 '史都', '文鄕 — 역사와 문화의 고장 — 을 여전히 충분히 호명하면서 교육도시, 문화예술도시임을 자부하고 있다. 그와 관련된 별명들, 傳統藝鄕, 경남문화의 中原, 독특한 남도문화의 산실, 전통문화 예술의 본향, 정말 진한 과거의 도시[60] 등이 오래된 역사도시의 전통성과 도시가 가진 문화·예술의 가치들을 일깨워준다. 도시 주체들에게 전승되어온 역사의식, 도시에 내재한 역사성, 그리고 중심지를 잃어버린 상실감은 진주시민을 더욱 결속하게 하는 추동력으로 작동하였다.

진주가 문화예술도시를 재구성하는데 요구되는 것은 '진주문화'를 어떻게 규정할 것인지. 진주문화의 저변에 있는 정체성은 어떻게 구현될 것인지일 것이다. 그러므로 전 진주를 결속하고 그들이 가진 문화의 창발, 자부심의 발로로 '진주정신'이란 말도 종종 사용되고 있다.

진주의 역사적 경험에서 형성된 진주정신은 여러 개념으로 나타나는데 「主體, 好義, 平等」이라고 정의되거나[61] 진주에서 논개를 현창할 때에는 진주시민들의 「好義, 大同」 정신을 강조하기도 한다.[62] '진주정신'이라는 호명은 특정 개개인에 국한되는 것이 아니라 진주 역사, 진주 문화, 진주 정체성 등을 설명할 때 널리 사용되면서 내재되고 있다.

---

60 『경향신문』, 1983.7.16, 5면·1987.7.4, 7면; 『동아일보』, 1984.3.7, 5면.

61 진주에서 문화활동을 주도하는 인물 중의 한 명은 진주정신을 키워드로 하여 논문을 작성하기도 하였다. 진주정신을 주체, 호의, 평등으로 보았다. 이러한 진주정신이 형성되는 것은 고려노비민란, 남명사상, 임진왜란 때 진주성전투, 1862년 임술농민항쟁, 일제시기 형평운동, 임진왜란과 한말 의병운동에 기인한다고 하였다(김장하, 「진주정신에 관한 소고」, 『경상대 최고관리자과정 논문집』 13, 경상대 경영행정대학원, 1998).

62 김수업, 『진주문화를 찾아서 1 – 논개』, 지식산업사, 2008(2쇄), 80쪽.

'진주정신' 고양이 있어야만 진주에서 일어난 각종 저항운동, 신분해방 운동의 정신을 이해할 수 있다고 하면서 진주가 가진 사상적 전통을 이해하는 기제로 사용되기도 한다.[63]

또한 진주의 일반시민도 형평운동을 언급하면서 '진주정신에 대해 알아가다 보면 이곳 진주는 그야말로 진보와 개혁의 땅이면서도 강력한 보수의 땅임을 늘상 느끼게 됩니다. 그런데 그것이 오히려 진주정신의 토대가 되는 것이 아닐까 싶기도 합니다'라고 적고 있다.[64] 개인뿐 아니라 진주의 시민단체에서도 진주정신은 자주 호명된다. (사)진주문화사랑모임의 창립 취지에 '진주의 오랜 역사를 통하여 가다듬어 온 올곧은 진주정신과 진주문화 사랑에 헌신한다'로 진주정신이 나타나 있고, 진주문화원의 5대 지표 중 하나가 '진주정신의 고양'에 있었다.[65] 1993년 4월 통합된 시민주 신문인 『진주신문』을 두고 '현재까지 진주정신을 담아내는데 힘쓰고 있다'라는 의미가 부여되기도 한다.[66] 최근에는 선거 전략에서 진주시민을 동원하고, 진주의 미래상을 제시하기 데에도 사용되면서[67] 그 사용 범위를 확대해 나가고 있다.

진주정신이 진주문화를 형성하는데 인식적 근거로 제공된다면, 진

---

63 기리리명길박사문집간행위원회, 앞의 책, 524쪽. 리명길 선생이 「형평운동 70주년 기념 학술회의를 참관하고」란 제목으로 『진주신문』(1993.5.16)에 기고한 글에서 진주정신의 고양을 주장하였다. 이 글에는 1200년의 진주노비민란, 1862년의 진주농민혁명, 그리고 1923년의 형평사운동을 진주의 3대 민권운동이라고 하고, 진주사람들이 가진 孝忠 好義 民權의 사상적 바탕을 밝히기 위해서는 진주정신의 고양이 필요하다고 하였다.

64 다음 블로그(http://blog.daum.net/namsimp/15710554, 2013.2.11 검색).

65 진주문화원, 『진주문화』 15, 1993.

66 디지털진주문화대전 — 개념어 신문.

67 진주의 제19대 국회위원 예비후보자의 블로그 네이버 블로그(http://blog.naver.com/smgskis, 2013.2.28 검색) 및 네이버 블로그(http://blog.naver.com/chkwon411, 2013.2.28 검색) 등에 진주정신, 신진주정신 등의 용어들이 보인다. 현재 진주에는 진주정신지키기모임도 존재한다.

주문화의 선도성과 대중성을 확보하는데 기여한 것은 개천예술제였다. 개천예술제는 진주문화중흥의 기폭제, 우리나라 대중예술제의 효시,[68] 경남출신 예술가 치고 학교 다니면서 개천예술제에 와서 겨루어 보지 않은 사람이 없을 정도[69]라고 여겨진다. 그러므로 진주 내부에서도 진주시민이 예술제의 주체가 되어야 한다는 논의가 자주 나왔다.

> 세세년년 개천예술제의 철이 다가올수록 시민적 주체의식은 높아진다. 더욱이 제17회 민속예술제인 큰 행사가 자칫하면 주객이 뒤바뀌는 일이 없도록 우리 예술인들은 정성을 다하여 전통성의 확립과 문화의 창달에 헌신하는 자세로 나서기를 바랄 뿐이다.[70]

라고 하면서 진주에서 개최되고, 전국적인 자랑거리인 개천예술제에 시민과 예술가들의 주체적으로 참여하는 자세를 강조하는 대목이다.

개천예술제는 제1회 대회장이었던 설창수 역시 1862년 진주 임술농민항쟁을 한국의 민권운동 제1호, 형평운동을 백정해방운동 제1호, 개천예술제를 향토예술운동 제1호로 언급하면서 진주는 문화의 발상지라고 하였다.[71] 진주문화의 선도성을 언급하는 부분이다. 특히 개천예술제에서 주목되는 바는 설창수가 쓴 「취지문」에는

---

68 『경향신문』, 1987.7.4, 7면.
69 『경향신문』, 1983.7.23, 5면.
70 기리리명길박사문집간행위원회, 앞의 책, 149쪽. 리명길 선생이 「예술문화전통의 확립」이란 제목으로 『예총진주』(제12호, 1996)에 기고한 글을 수록한 것이다.
71 『동아일보』, 1984.1.30, 5면.

　　여기 獨立된 一周年을 기리기리 아로새기고 儼然하게 되살아난 겨레의

아우성과 마음의 노래와 그 꽃의 一大盛典을 史都 晉州에서 이룩하여 젊은

全嶺南의 정성으로 開天의 祭壇앞에 삼가히 바뜰기를 뜻하는 바다(올해만

은 舊曆 開天節로써 차림키로 함).[72]

라고 한 것처럼 국가의 독립을 축하하는 기념제전임을 강조하는 점이
다. 또한 그 제전의 장소가 역사도시 진주이며 그 주체는 영남 전체로
확대하였다. 이는 설창수가 보여준 광복 이후의 영남을 아우르는 문단
활동과도 밀접한 관련이 있다.[73] 또한 그가 『영남문학』을 탄생시키면
서[74] 영남을 호명한 것은 광복 이후 진주의 문화적 역량을 드러내는 것
이었다. 그 위상은 영남을 아우르기에 충분하였고, 지역에서 국가적
제전을 치루어 낼 수 있을 정도였다. 행정중심지로서의 위상을 잃고
중심지가 되려는 진주였지만 문화예술도시를 재구성하는 데 있어서
는 일방적으로 중앙만을 선망하는 것은 아니었다. 오히려 국가적 제전
의 성격을 가지는 지역 축제를 만들고 국가를 지역으로 불러들이는 방
안이었다. 이것은 예술제의 이름을 진주예술제가 아닌 개천예술제라

72　영남문학회, 『嶺文』 가을마지(제3권 제2호, 不定期刊 8집), 1949, 139쪽. 취지문은 예총
　　진주시지부, 『진주예총』 창간호, 1965, 10~11쪽 등 여러 곳에 수록되어 있는데 본문에
　　약간씩 차이가 있다. 본문의 한글과 한자 표기 등은 『嶺文』 원문을 따름.
73　진주시인협회가 발간한 『등불』은 1948년 5월부터 『영남문학』이라고 바꾸어 출판되었는
　　데, 이를 두고 설창수가 진주 지역문학에서 시작한 반공 민족문화 건설 투쟁이 진주를 거
　　쳐 '영남 지역 모두에 완결되었다는 자긍심이 담긴 것을 읽힌다라고 하였다(박태일, 「한국
　　근대 지역문학의 발견과 파성 설창수」, 『파성 설창수 문학의 이해』, 경진, 2011, 25쪽).
74　설창수가 『영남문학』을 탄생시킨 것은 中央敬遠主義나 소지방주의가 아닌 중앙과 지방
　　의 유기적 생존을 도모하는 것이라고 하였다(이순욱, 「근대 진주 지역문학의 전통과 『삼
　　인집三人集』」, 『파성 설창수 문학의 이해』, 경진, 2011, 230쪽).

고 호명한 것과도 관련이 있다.

개천예술제는 처음에는 영남예술제로 출발하여 제10회 1959년부터 개천예술제라고 이름하였다. 처음부터 개천예술제라고 부르려고 하였지만 예술제 고문을 담당한 이의 신중론으로 영남예술제라고 명명하였다고 한다.[75] 영남을 호명한 것도 진주가 영남의 문화중심지임을 충분히 드러낼 수 있는데 개천절이라는 국경일에서 그 명칭을 가져온 것은 晋州發 汎晋州性, 국가적 예술제라는 것을 나타낸 것이다. 다만 시작하는 단계에서 국가를 호명하는데 부담을 느낀 나머지 예술제 이름을 영남이라고 줄여 불렀다. 예술제를 개최한 지 10년이 지나서 예술제가 명실상부한 전국적 성격의 예술제로 자리하자 개천예술제라고 하였다.[76]

시작부터 개천예술제는 국가의 독립 기념, 예술의 대중화라는 목적을 내세웠는데 실제 행사를 진행하는 데에서도 국가나 국가의 경험이 동원되었다. 예술제 행사 중에 가장 진주적이면서도 가장 국가적인 성격의 행사가 임진왜란 관련 행사들이었다. 임진왜란은 전라도 일부 지역을 제외하고는 조선 내 거의 모든 지역이 경험한 國難이었다. 진주는 임진왜란 전 전투 가운데서도 1, 2차에 걸쳐 치루어진 대전투가 있었던 도시이다. 그것도 제1차 전투는 勝戰, 제2차 전투는 晋州民의 全殲과 논개로 대표되는 殉國이란 이미지가 극명하게 교차되는 곳이다. 또한 전투 장소인 진주성은 촉석루, 남강 등의 절경 즉 도시의 경관과 역사적 경험과 기억이 결합되는 장소였기 때문에, 도시 문화로서 임진왜란이 적극 호명될 수 있었다.

---

75 한국예술문화단체총연합회진주지부·개천예술제40년사편찬위원회, 앞의 책, 18쪽.
76 10년 사업을 이어온 기념으로 진주성 내에 「개천예술탑」을 건립하였다(위의 책, 204쪽).

중심지 도청을 잃어버린 진주는 또 다른 중심이 되기 위해 도시가 가진 역사와 문화 자원, 시민들의 문화적 역량을 기반으로 하여 문화예술도시를 재구성해 나갔다. 신흥 근대 공업도시에서는 따라올 수 없는 역사, 보편적인 한국사 속에서도 상징적인 진주의 역사를 내세울 수 있는 역사적 사건들을 동원하였다. 또한 개천예술제로 상징되는 문화의 발상지 진주는, 전국적 차원에서도 용인될 수 있는 문화 선도 지역으로 자리할 수 있었고, 역사의식을 바탕에 둔 진주정신은 진주시민과 진주의 내부 에너지를 결집시키는 데 적극 활용되고 있다. 그리고 외부로부터 의도하지 않게 얻어지는 문화자원을 수용하면서 문화예술도시로서의 都市像을 구축해 나가고 있다.

특히 진주가 문화예술도시로 재구성되면서 자주 호명되는 것은 임진왜란이었다. 임진왜란은 한국 내 대부분의 지역에서 경험한 국가적 사건이다. 진주가 진주의 위상을 제고하려고 할 때 과거의 키워드 '중심'이나 국가적 사건인 임진왜란을 계속 호명한다면 진주보다는 국가가 우선되기 쉽다. 더욱이 중심이었던 진주에서는 중앙과의 위계적 질서에 익숙하다. 그러나 임진왜란은 진주를 진주다움으로, 진주를 전통에 기반을 둔 문화예술도시로 재구성하는데 중요한 기제로 작동될 뿐이다.

진주와 다른 지역 사이의 선망과 질시, 진주 내에서의 추동과 좌절, 즉 逆動Retroaction은 타자와의 관계 속에서 주체의 역량을 발견하고 力動性을 발휘하게 한다.

참고문헌

『경남도민일보』,『경남신문』,『경남일보』,『경향신문』,『동아일보』,『매일경제』,『시
　　대일보』.
경남도정백년사편찬위원회,『경남도정백년사』, 경상남도, 1996.
국립진주박물관,『晋州城』, 2000.
기리리명길박사문집간행위원회,『기리 리명길 박사문집 보리수 아래서』, 1998.
김수업,『진주문화를 찾아서 1 - 논개』, 지식산업사, 2008(2쇄).
勝田伊助,『진주대관』, 진주대관사, 1940.
영남문학회,『嶺文』迎春號(제3권 제1호, 不定期刊 7집), 1949.
＿＿＿＿＿＿,『嶺文』가을마지(제3권 제2호, 不定期刊 8집), 1949.
예총진주시지부,『진주예총』창간호, 1965.
진주문화원,『진주문화』15, 1993.
＿＿＿＿＿＿,『진주문화』21, 1995.
진주시사편찬위원회,『진주시사』(상), 진주시, 1994.
한국예술문화단체총연합회진주지부 · 개천예술제40년사편찬위원회,『개천예술제사
　　십년사』, (사)개천예술재단, 1991.

김은경,「서울시 도시브랜드 아이덴티티 접근방법과 자치구 프로모션 캐릭터 연구」,
　　이화여대 석사논문, 2009.
김장하,「진주정신에 관한 소고」,『경상대 최고관리자과정 논문집』13, 경상대 경영
　　행정대학원, 1998.
김중섭,「일제하 도청 이전과 주민 저항운동」,『경남문화연구』18, 경상대 경남문화
　　연구소, 1996.
박태일,「한국 근대 지역문학의 발견과 파성 설창수」,『파성 설창수 문학의 이해』, 경
　　진, 2011.
손정목,「日帝下의 道廳移轉(II)」,『지방행정』34-376, 대한지방행정공제회, 1985.
이순욱,「근대 진주 지역문학의 전통과『삼인집(三人集)』」,『파성 설창수 문학의 이
　　해』, 경진, 2011.
차철욱,「진주지역 논개 재현방식의 다양성」,『지역과 역사』31, 부경역사연구소, 2012.

진주시청, http://www.jinju.go.kr/main/
국가기록원 대통령기록관, http://www.pa.go.kr/
디지털 진주문화대전, http://jinju.grandculture.net/
(사)진주문화사랑모임, http://www.jinjuculture.or.kr/

영화 〈고양이를 부탁해〉에서 나타나는 혼종과 우정의 공간[*]

손은하 · 신지은

1. 영화로 인천보기

〈고양이를 부탁해〉는 2001년에 개봉한 정재은 감독의 첫 영화이다. 영화가 개봉한 후 다른 상업영화에 비해 흥행 성적이 좋지 않아 비교적 빨리 접어야했다. 그렇지만 이 영화를 본 인천지역 사람들 사이에서 재상영을 요구하는 목소리가 높아지더니 '고양이를 부탁해 살리기 인천 시민 모임'이라는 단체가 만들어지고, 급기야는 영화가 재개봉되는 해프닝이 있었다.[1] 도대체 영화의 어떤 면 때문에 인천 시민들이 재

---

* 이 글은 인문콘텐츠학회 『인문콘텐츠』 제28호(2013)에 수록된 손은하 · 신지은의 「영화 〈고양이를 부탁해〉에서 나타나는 혼종과 우정의 공간」을 수정, 보완한 것이다.

1 「〈고양이를 부탁해〉 재상영」, 『한국일보』, 2001.11.22. 영화제 수상을 기념하여 재개봉되는 경우는 있었으나 관객에 의해서 재상영되는 첫 번째 기록이라고 한다. 또 베를린국제영화제에서는 유럽 최초로 공개 영화만을 대상으로 상영하는 관례를 깨고 〈고양이를

상영을 요구한 것일까? 우리는 이 영화 속 여성들에 주목한 기존의 젠더 관련 연구들과 달리, 영화 속 인물과 미장센을 통해 표현되는 인천이라는 도시의 특이성과 욕망에 주목하고자 한다.

본 연구는 영화의 미장센[2]을 통해 각 캐릭터가 표출하는 욕망을 심리지리적으로 확장시켜 인천(사람)이 가진 지리적, 심리적인 코드들을 시각적으로 살펴볼 것이다. 즉 10대 후반의 인천 소녀들이 지배적인 사회 질서인 서울에 대면하여 드러내는, 갈등하거나 초조해 하고, 싫어하거나 그곳을 벗어나고자 하는 다양한 반응의 양상을 통해 인천의 도시 코드를 읽어내고자 하는 것이다. 영화 속 인물들의 대사는 극의 스토리와 캐릭터의 감정, 심리를 직관적으로 나타내지만, 미장센 요소에서 나타나는 상징적 의미 전달은 심리와 감정 상태를 간접적이지만 효과적으로 보여주는 기능을 한다. 이 감독은 각 캐릭터마다 이러한 요소들을 감각적이고 섬세하게 연출해 그들의 심리상태와 관계설정을 시각적으로 나타내고 있어, 인천의 로컬리티 고찰에 몇 가지 의미 있는 단서를 제공하고 있다.

이 영화는 10대 후반 소녀들이 사회의 상징적 질서에 대면했을 때 뒤따르는 적응과 결핍, 실패와 새로운 방안의 모색 등을 다루고 있다. 영화 속 인물들은 사회의 질서 속에 자리매김하면서 인정받고자 하지만, 그 노력은 쉽사리 좌절되거나 현실 감각을 잃은 채 표류한다. 우리

부탁해〉를 공식 초청하기도 했다.

2 미장센mise-en-scène이란 연극과 같은 극무대에서 기원된 용어로, 직역하면 '무대에 배치한다'라는 의미를 가지고 있다. 영화라는 장르에서 미장센은 장소, 조명, 의상, 장식, 소품, 배우 등을 요소들을 모두 포함하고, 배우와 배우, 배우와 소품, 카메라와 관객 사이의 관계까지도 포함하는 개념이다. 한마디로 영화의 한 장면(프레임)을 구성하는 모든 것을 미장센 요소라고 할 수 있다. 최병근, 「미장센 요소들의 창의적 기능에 대한 연구」, 『영화연구』 No. 29, 2006, 347~348쪽.

는 이 인물들을 분석하면서 이들이 과거로부터 현재로 이어져 오면서 형성된 인천의 로컬리티와 역사를 상징적으로 보여주는 것으로 해석해 보고자 한다. 또한 우리는 이 인물들이 가부장제와 자본주의의 법칙이 지배적으로 작동하는 사회 질서 속에서 '선물', '우정' 및 '공동체' 개념을 통해 감성 공동체를 이루고 있다는 점에 주목하고자 한다. 특히 마르셀 모스를 참고하여 우리 시대의 차별과 소외, 소통의 단절 등이 공동체 정신의 상실로 인해 비롯된 것임을 지적하고, 다양하고 다채로운 차이들이 폭력적으로 동질화되어 가는 현상을 비판하고자 한다. 화폐 경제의 논리 속에서 모두가 동일한 것을 욕망하게 되면서, 결국 한정된 가치 예컨대 부와 권력, 중심, 서울 등을 향한 선망과 그 외의 것에 대한 질시가 사회의 주된 정조가 될 수밖에 없지만, 이 속에서 선물과 증여의 가치를 회복시킴으로써 다양성과 차이의 가치들을 재조명할 수 있을 것이다.

2. 등장인물과 미장센 분석

1) 교차된 거울 이미지─타인에게 비춰진 자아

영화는 졸업을 앞둔 다섯 명의 여주인공들이 부둣가에서, 새로운 출발의 기대감과 불안감을 안고 이제는 더 이상 입을 일없는 교복차림으로 그들만의 추억을 사진으로 담는 모습으로 시작된다. 고무줄놀이 노래에 맞춰 동작을 하고 있는 가지런한 발 장면에서 서서히 얼굴 쪽으로 카메라

워킹이 되면 그녀들은 열을 흩트리며 자유롭게 이동하며 페이드 아웃fade . out된다. 고등학교 시절에는 같은 교복을 입고, 학업환경도 비슷해 서로 의 차이점을 그다지 느끼지 못했었지만, 이제 졸업을 하게 되면 이전과는 다른 제각각의 삶이 펼쳐질 것이라는 방향성을 암시하고 있다.

(1) 자기 비하와 선망–혜주

혜주는 서울로의 입성을 갈망하는 인물이다. 인천이라는 공간이 주는 주변성과 같은 비주류적인 성격을 본인의 처지에 투영시켜, 성년으로의 진입 시기에 겪는 방황과 불안정한 모습을 직·간접적으로 표현하고 있 는 캐릭터다. 이러한 장치들의 미장센은 여러 곳에서 발견되고 있다.

우선 복잡하게 얽힌 전철과 전선, 그리고 전철역과 관련된 것이다. 오 프닝 크레디트도 이런 장면을 배경으로 시작된다. 전철과 철로들이 복 잡하게 얽힌 모습에서 시작하여, 수도권의 복잡한 지하철 노선도, 영어 회화책 앞표지와 혜주의 모습이 오버랩 되어 나타난다. 역은 떠남과 돌 아옴이 동시에 일어나는 곳이다. 일정한 돈을 지불하고 입구를 넘어서 면 떠나는 자와 남는 자의 경계가 지워진다. 혜주는 어떠한 대가를 감수 하더라도 이 경계를 넘어 가고 싶어 한다. 지하철 안에 들어서도 좌석에 앉지 않고 문가에 기대어서서 창밖 풍경들만 주시한다. 자신이 인천에 거주하고 있음을 스스로가 외면하고 부정하며, '그들과 나는 다르다'는 점을 온몸으로 표현하고 있다. 〈그림 1〉의 구도를 보면, 혜주의 화면 위 치는 오른쪽으로 치우쳐있다. 보통 주인공의 화면위치는 중앙에 놓이 는 경우가 많은데 이러한 구도는 불안한 주인공의 심리적 상태를 나타 내고 있다.[3]

〈그림 1〉 지하철 역사에서의 혜주　　　〈그림 2〉 지하철 열차 안에서의 혜주

　이런 그녀의 감정은 서울로 이사 온 후 언니와 나눈 대화에서 노골적으로 드러난다. "언니야 서울 특별시민이 된 기분이 어떠니? 내가 제일 싫었던 게 뭔지 알아? 퇴근하고 돌아올 때 전철 안에 진동하는 돼지갈비 냄새, 아 생각만 해도 역겨워!"라 말한다. 자기의 고향을 거부하는 것은 곧 자기 정체성의 일부를 부인하는 것이다. 그럼에도 불구하고 이러한 표현을 하는 것은 서울로 진출하는 것만이 사회에서의 성공이라고 믿는 까닭이다.

　두 번째는 콘택트렌즈와 관련된 것이다. 렌즈는 혜주의 본 모습을 가릴 때 필요한 상징적인 장치이다. 혜주는 콘택트렌즈로 인해 자주 곤경에 처한다. 렌즈를 떨어뜨리는 바람에 바닥을 더듬거리다가 "찾았다"라는 말과 함께 화면이 클로즈업되면, 거기엔 찢겨진 렌즈만 보인다. 또 다른 장면은, 눈이 아파서 렌즈를 빼고 거울을 보면서 눈을 비비며 친구와 통화한다. 혜주의 말을 살펴보자. "네가 사회생활의 맛을 못봐서 그래. 네가 생각하는 것처럼 절대 호락호락하지 않아. 내 20 평생

3　프레임 안에 무엇을 넣고 뺄지를 정하는 작업은 미장센에서 매우 기본적이고 중요한 과정이다. 이 때 인물이 화면의 어디에 위치하느냐는 중요한 의미를 갖는다. 곽한주 외, 『영상의 이해』, DIMA출판사, 2009, 30쪽.

에 가장 큰 실수가 뭔 줄 아니? 별 생각 없이 여상 간 거. 후회는 안 해. 정신 차리고 살 수 있었다고 생각해. 사람들은 잠시라도 허점을 보이면 바로 무시해 버린다고. 잠시라도 방심하면 꽝이야 꽝"이라며 인천에 있는 친구들을 향해 우월감을 가지며 훈계하듯 말하지만, 그녀의 실상은 참담하다. 혜주의 롤 모델인 여 팀장은 여상출신의 그녀를 저부가가치 인간으로 비하한다. 혜주는 자신이 가지고 있던 콤플렉스가 '렌즈'라는 가면을 쓸 때 모두 가려진다고 생각한다. 부득이하게 그 가면을 벗어야 될 때는 제대로 얼굴을 들지도 못하고 시선을 피한다. 그러다가 결국은 수술을 통해 영원히 가면을 장착하는 방법을 택한다. 그녀는 여기서 만족하지 않고 "다음번엔 코도 높이고, 눈도 찢을 거야! 날 바꿀 수 있는 데까지 바꿔볼 거야"라고 다짐한다. 소품과 의상은 캐릭터에 대한 상징으로, 인물의 성격이나 역할을 간명하게 보여주는 매체다.[4] 콘택트렌즈뿐만 아니라 회사의 유니폼도 그녀의 캐릭터를 나타내는데 도움을 준다. 여 팀장을 비롯하여 남자사원들이 사복을 입는 것에 비해, 고졸출신 여직원들은 유니폼을 입어 그들과 차별되고 있음을 시각적으로 보여주고 있다.

혜주에게 있어서 친구들과의 우정이란 학생시절까지만 가능한 관계이다. 지영과의 말다툼 끝에 "네 눈엔 내가 어떻게 보이는지 모르겠지만 난 최선을 다해서 이 자리까지 왔어. 내가 어떻게 이 자리까지 왔는데? 적어도 너처럼 살진 않아!"라며 그녀들과 자신을 구별 짓는다. 그렇지만 혜주가 그토록 열망하던 서울이라는 공간과 그 공간의 특성을 압축

---

4 위의 책, 48쪽.

<그림 3> 혜주의 절단된 모습

하고 있는 증권회사 내에서 그녀의 위치는 어떠한가?

　인천이 집이지만 제일 일찍 회사에 출근해 블라인드를 올리고 다른 이들의 책상을 정리해주며 하루를 시작한다. <그림 3>은 책상정리를 마치고 창문을 열어 바깥풍경을 보는 모습이다. 프레임 구성상 이렇게 극단적으로 인물을 잘라내는 경우가 잘 없으나, 그녀의 위치와 심리를 표현하기 위해 감독은 과감하게 프레이밍을 했다. 노엘 버치는 프레임의 한계는 오히려 충분히 역이용될 수 있는 장점임을 역설한다.[5] 내화면 공간은 테두리라는 일정한 경계 내에 갇혀버릴 수밖에 없지만, 외 화면은 화면 밖에서 무슨 일이 일어나는지는 공개되지 않기 때문에 오히려 더 자유로운 상상의 표현이 가능하다는 것이다. 이것은 파스칼 보니체르가 영화프레임이 사건의 일부분만을 보여주는 하나의 감춤cache으로서의 기능을 한다고 언급한 것과 일맥상통한다.[6] 그녀가 여는 창문은 활짝 열리는 창이 아니라 고층 건물에 장착된 앞으로 당겨 여는 창문이다. 문

5　데이비드 보드웰, 주진숙 외역, 『영화예술』, 이론과실천, 2008, 262쪽.
6　양영철, 『영화프레임에 대한 시지각 반응 연구』, 동국대 석사논문, 2010, 26쪽.

〈그림 4〉 이분할 된 혜주 장면 1   〈그림 5〉 이분할 된 혜주 장면 2

을 활짝 열어젖히고 '멋진 신세계' 서울시의 풍경을 만끽하고 싶지만, 그녀에게 허락된 것은 손바닥만 한 공간뿐이다. 바깥을 감상하는 혜주의 모습은 완전히 프레임 밖으로 잘려나가고 턱 선과 일부의 모습만 간신히 걸쳐져 보인다. 온힘을 다해 그 속으로 들어가고 싶지만, 그곳은 결코 혜주를 받아들이지 않는다는 것을 구도를 통해 나타내고 있다.

〈그림 4〉는 한 손엔 휴대폰을 들고 친구들과 회사 일이 바빠서 생일 파티에 참석하지 못할 거라는 통화를 하면서, 다른 한 손에는 주스 네 잔을 들고 사무실 복도를 걷다가 멈춰서 있는 장면이다. 복도를 지나 마침내 그녀가 멈춰선 곳은 여 팀장이 카메라와 조명을 받으며 인터뷰 하고 있는 회의실 앞이다. 오른쪽에 그 모습이 포커스 아웃 처리되어 있고, 화면 왼쪽에 주스 잔을 들고 있는 혜주의 뒷모습이 보인다. 그녀를 가로막고 있는 유리문은 틈이 보이도록 선명하게 이분할二分割된 모습이다. 한쪽은 혜주가 꿈꾸는 이상이고, 다른 한쪽은 주스 잔을 나르는 자신의 현실이다. 이 '틈'은 혜주의 이상이 실제로는 접근 불가능한 것임을 분명하게 보여주고 있다. 이와 비슷하게 해석되는 장면은 〈그림 5〉로, 혜주가 복사를 하기위해 서류가 꽂혀있는 길을 지나 복사기가 있는 구석으로 걸어온다. 이때 카메라는 고정된 채 그녀의 움직임만 보여 준다.

<그림 6> 팩스를 보내는 혜주, 줌인 장면

혜주에게 허용된 공간은 이처럼 한쪽 모퉁이 공간일 뿐이다. 본인이 머물기 원하지만 그럴 수 없는 공간(왼쪽)과 자신에게 허락된 공간(오른쪽)은 이렇듯 확실하게 나뉘어져 표현되고 있다.

또 다른 미장센을 살펴보자. <그림 6>은 월말이라 다들 바쁘게 보내고 있는 회사 내의 모습이다. 분주하게 움직이며 일을 하고 있는 사람들, 중국어, 한국어, 영어가 섞여 더 한층 복잡해 보이는 장면 가운데 홀로 동떨어져 이들을 응시하며 팩스를 보내는 혜주를 줌인zoom in하고 있다. 자신도 뭔가를 하고 싶으나 오히려 이런 바쁜 날은 혜주가 할 일이 더더욱 없다. 같은 공간에 있지만 결코 그들과 섞일 수 없다는 군중 속의 고독을 느끼는 것이다. 그들을 향한 부러움과 자신의 처지에 대한 복잡한 심경을 드러내는 그녀의 모습 뒤로, 그녀의 심경을 대변하기라도 하는듯한 배경음악이 나지막이 깔리고 있다. 유성영화가 나온 초기의 영화에서 사운드는 이미지에 밀려 소외되었지만 점차 그 중요성이 부각되면서 예술적인 형식으로 발전되어갔다. 그 중 월터 머치Walter Murch와 벤 버트Ben Burtt는 '사운드 디자인'이라는 개념을 형성하기도 했는데[7] 본 영화에서 배경음악으로 사용된 음악은 캐릭터와 장면의 분위기 설정과 심리적 표현에 탁월한 역할을 하고 있다.

7　김미라, 「<왓 라이즈 비니스>의 사운드 미장센 분석」, 『영화문화연구』No.4, 2002, 121쪽.

(2) 현실 부정과 불안–지영

　인천의 대표적 재개발지역인 만석동에 거주하고 있는 지영도 자신의 환경에서 탈출하고자 하는 마음이 강하지만, 혜주처럼 노골적으로 표현하지는 않는다. 하지만 그녀의 현실은 쓰러져가는 집에 병든 조부모와 생활하면서 경제적 책임까지 떠안고 있어 모든 상황이 불안하고 불만스럽다. 다니던 회사의 부도, 입사 면접에서도 부모가 없다는 이유로 떨어진 점, 급기야는 집이 무너져 내려 조부모를 모두 잃는 상황 등, 그녀의 환경은 대단히 암울하다. 이러한 지영의 내면을 암조광과 답답한 공간 배치를 이용하여 표현하고 있다. 영화에서의 색채와 조명은 심리적인 표현을 요할 때, 섬세하고 폭넓은 효과를 만들어내는 요소이다. 그림자는 입체적인 공간감의 표현이 가능하고, 측면이나 후면 하부조명 등의 빛의 방향은 캐릭터의 감정과 심리표현에 용이하다.[8] 이러한 암조명의 기능을 지영의 내면과 동일화 하고 있다. 〈그림 7〉은 면접을 보고 나오는 지영의 모습이다. 화가 난 듯 빠른 걸음으로 어둡고 긴 터널을 걷고 있는 지영의 실루엣이 보인다. 터널의 저편은 환한 빛이 보이지만, 지영은 이 터널을 통과해 나갈 수 있을지 알 수 없는 현실이다. 〈그림 8〉은 친구들과 함께 서울 동대문에 놀러갔다가 혜주와 다툰 후 혼자 인천으로 가는 장면인데, 지영의 참담한 기분을 어두운 조명과 사운드로 효과적으로 표현하고 있다.

　그리고 지영은 학창 시절 가장 친했던 혜주와 점차 갈등의 폭이 커지는 데서 가장 큰 불만이 나타난다.

8　곽한주 외, 앞의 책, 52~55쪽.

〈그림 7〉 터널을 통과하는 혜주 　　　　〈그림 8〉 인천으로 가는 전철 안

혜주 : 근데 너 요새 뭐해?

지영 : 뭐 좀 생각하느라고 그냥 있어.

혜주 : 생각? 무슨 생각?

지영 : 유학가면 어떨까 생각 중이야. 요즘 텍스타일 공부하는 사람들 외국으로 다들 나가잖아.

혜주 : 유학은 뭐 아무나 가니? 돈이 있어야 가지.(지영을 툭 치며 화장실로 들어가 버린다.)

그러지 말고 이 언니가 알바자리 소개해 줄 테니까 용돈이나 벌어서 학원이나 다녀. 어때?

화가 난 지영은 혜주의 말이 끝나기도 전에 나가버린다. 지영은 혜주에게 자신의 힘든 현재 상황을 보이고 싶지 않다. 오히려 '유학'을 갈 것이라는 말로 애써 자신을 포장하려 한다. 이 대화 장면(〈그림 9〉)은 혜주의 생일파티 날, 혜주와 지영이 화장실에서 마주쳐 이야기를 주고받는 모습이다. 이 장면에서 손을 씻는 지영이 거울에 비춰지고, 그 뒤로 화장을 고치는 혜주가 비춰지고 있다. 이 둘은 관객의 시선에서는 거울에 교차되어 다른 방향을 향하고 있는 듯 보인다. 서로 속내를 드러내지

<그림 9> 지영 / 혜주의 거울이미지

않은 채, 포장되고 가식적인 대화들만 주고받으며 갈등하는 이들의 모습이 이렇게 표현되고 있는 것이다. 하지만 이들은 사실 반대편을 향한 데칼코마니처럼 닮은꼴이다.

지영이 텍스타일 작업을 할 때, 책상위로 비춰지는 초록색 스탠드는 유럽에서 만들어진 수입품이다. 이는 그녀의 집이 예전에는 잘 살았다는 것을 보여주는 소재이다. 태희가 지영의 집을 방문했을 때 줌인해서 보여주는 사진들은 지영의 아버지가 경인선 전철 착공식에 참여했다는 사실을 알려준다. 그렇지만 지금 지영이 사는 곳은 인천 가운데서도 가장 열악한 동네인 것이다. 이 동네를 묘사하는 장면들을 살펴보자. 우선, 지영이 처음 고양이를 가지고 집으로 오는 길에 할머니를 만나는 장면인데, 골목길이 너무 좁아서 둘은 나란히 걷지 못하고 일렬로 지나가고 있다. 두 번째는, 태희가 지영의 집을 방문하는 장면이다. 좁은 골목을 빠져 나가는 태희의 모습을 핸드 헬드hand held로 촬영해 그녀의 불안한 모습을 리얼한 움직임으로 포착하고 있다.[9] 좁고 구불구불한 미로 같은 골목길과 위태로운 계단을 배경으로 헤매는 태희의 모습은 어두

운 사운드와 함께 불안하고 어지러운 만석동의 모습을 보여준다. 동네
초입에는, 지금은 사람들이 다니지 않는 철로가 길 가운데 있고, 그 바
로 옆으로 허름한 집들과 남루한 차림의 사람들이 옹기종기 앉아 일을
하는 모습들이 보인다. 이후 지영을 만나고 날이 어둑해진 후 동네를 같
이 걷는 장면에서도 밤늦게까지 사람들이 일하는 모습이 보인다. 하지
만 밤늦게까지 아무리 열심히 일을 해도 이들은 늘 가난하고, 지영은 악
순환의 고리에 있는 이곳에서 어떻게든 벗어나고 싶어 한다.

　위에서 인용한 혜주와의 대화에서도 알 수 있듯이 지영은 자기 모습이
그럴듯해 보이길 원한다. 유학을 생각중이라는 말에서도 나타나지만, 텍
스타일 디자인을 전공하고 싶어 하는 점도 마찬가지다. 텍스타일 디자인
은 실을 베틀에 짜서 패브릭으로 만들기 전에 하는 작업으로 문양과 색채
등을 미리 구상하는 디자인이다. 과거에는 복잡한 패턴을 손으로 직접
그렸기에 시간이 많이 걸렸고 힘든 작업이었지만, 현재는 컴퓨터로 작업
을 한다. 영화 속 배경이 되는 시절에도 이미 텍스타일 작업은 컴퓨터로
전환되었으나, 그녀는 아날로그 방식으로 작업하고 있다. 지영이 다니다
부도난 회사는 그 일대의 회사로 추측해 보았을 때 방직공장일 가능성이
높다. 사실 방직공장과 텍스타일은 서로 이어진다. 그러나 텍스타일이
이미 컴퓨터 작업으로 전환된 시점에 수작업을 고집하며 유학을 꿈꾸는
것은 자기 현실을 부정하고 자신을 포장하고자 하는 욕망의 표출로 밖에
보이지 않는다. 돈을 빌려 신형 핸드폰을 장만하는 것이나 머리카락을

9　카메라의 이동과 촬영에 대한 상세한 내용은 다음 논문 참고. 김계중, 「영화의 양식에 관
　한 교육 사례 I : 사운드와 카메라를 활용한 감상 및 실습교육을 중심으로」, 『한국콘텐츠
　학회논문지』, Vol. 11 No. 2, 2011.

〈그림 10〉 혜주의 사무실복도   〈그림 11〉 지영이 갇힌 수감원

염색하는 것도 동일한 맥락으로 해석될 수 있다.

결국 지영은 혜주의 내면과 상반되는듯하지만 결국은 똑같이 닮아 있다고 볼 수 있는 것이다. 이들은 인천을 벗어나야 하는 곳으로 인식하고 있지만, 아이러니한 것은 혜주가 이 갑갑한 인천에서 벗어나 드디어 도달한 서울은 여전히 감옥과 같다는 점이다. 〈그림 10〉은 혜주가 팀장에게 무시를 당한 뒤 복도에서 훌쩍이는 장면이고, 〈그림 11〉은 지영의 수감원 장면이다. 다른 장소, 다른 상황이지만 이 두 장면에서 사용된 미장센은 놀랍도록 비슷하다. 세로선, 가로선이 일정한 간격으로 그어져 창살 같은 이미지를 연출해 이들의 답답한 상황을 보여주고 있다.

인천산産 혜주가 서울에 대해서는 막연한 동경과 선망의 감정을 품고 인천은 노골적으로 무시하고 질시한다면, 지영은 이런 혜주를 미워하지만 그녀 역시 자기 현실(인천)을 받아들이지 못하고 지겨워한다. 혜주의 열등감은 고졸 출신이라는 점과, 어디서 사느냐는 여 팀장의 질문에 고개를 숙이며 '인천'이라고 겨우 대답하고 컷cut되는 장면에서 자신이 사는 공간에 대한 열등감이 여지없이 드러난다.

일견 이 영화 속에서 인천은 "고작 경인 국철의 종착지, 서울의 한 쪽 관문에 불과한 곳"으로 "누군가가 따버린다면, 힘없이 떨어져 동일자의 바구니 속에 담겨질 수밖에 없는 아주 작은 존재로 그려지고 있다"[10]고 볼 수도 있겠지만, 영화에서는 인천이 '루저들'의 도시, '짠물'로 부르던 자기비하의 감정이 지배하는 비주류 도시로만 표현되지는 않는다. 우리는 이 영화 속에서 (서울보다 못한) 인천이라는 도시가 가지는 위상, 그리고 그 속에서 지영과 혜주가 투영해 내는 인천의 병리적인 정념(선망, 질시 등) 뿐만 아니라, 또 다른 인간 군상들을 통해 우리는 획일적이지 않은 실천과 욕망도 읽어낼 수 있다.

특히 다섯 명의 인물이 월미도에 놀러갔다가 서울로 이동하는 장면은, 감독이 심혈을 기울여 인천의 모습을 담고 있다. 영화의 주제곡이 배경음악으로 깔리고 창밖의 풍경들을 긴 시간에 걸쳐 사실적으로 담아낸다. 우리는 먼저 월미도 내의 남루한 상가나 빛바랜 노점상의 파라솔, 공사 중이라 어지러운 철골들, 인천항, 공장 등, 초라하고 조용한 거리를 볼 수 있다. 이윽고 디졸브 된 화면에는 불 켜진 터널이 나온다. 터널 천정 조명만 클로즈업하여 빠른 속도로 지나가면서 몽환적인 분위기를 연출한다. 긴 터널이 끝나면 서울에 도착했음을 알리는 동대문 상가 간판을 하나하나 비춰주고, 차들로 가득한 도로와 역동적인 비보이들의 공연장면을 보여준다. 이 장면은 비교적 두 도시간의 차이가 극명하게 드러난다.

감독은 한 인터뷰에서 인천이라는 도시를 이 영화에 어떻게 담으려고 했는지에 대해 다음과 같이 설명하고 있다. "인물 설정과 인천은 불

---

10 구영민·최해안, 「인천의 여성성과 도시 정체성에 관한 연구―영화 〈고양이를 부탁해〉에 나타난 페마주Femmage적 해석을 중심으로」, 『인천학연구』 제4권, 2005, 434쪽.

가분의 관계다. 인천은 주변도시다. 우울하고 비관적인 '주변'이 아니라 생성하고 움직이고 도시 자체로서 열려 있고 중심을 향해 가는 공간으로서 미래에 대한 에너지가 있다. 지저분한 뒷골목, 식당, 전깃줄, 고가, 원목 트럭들, 인천이라는 도시의 그 풍성한 이미지들이 첫 영화 속 여자 아이들의 풍경을 훨씬 풍부하게 해줄 거라고 생각했다. 애들의 동선에서 크게 벗어나지 않는 한에서 인천의 다양한 공간을 가능하면 많이 끌어들이려 했다."[11] 영화 속 주인공들은 인천이라는 도시 공간 속에서 살아가면서 이 공간의 일부를 이루고, 또한 이 공간의 영향을 받으며 공간의 여러 모습을 반영하고 있다.

2) 정주하는 여행객, 여한旅韓 — 비류와 온조

비류와 온조 쌍둥이 자매는 화교출신이다. 이들은 인천 중구 차이나타운에 살면서 자신들이 만든 액세서리 노점상을 한다. 아직은 어린 나이라 상점을 소유할 수는 없었겠지만, 그들의 직업을 고를 수 있는 시장도 넓지 않았을 것이다. 한국과 중국 양국 사정에 정통한 화교들은 보통 양국에서 인기 있는 물건들을 실어 날라다 교차 판매해서 수익을 챙겼다. 실제로 한국에서 화교들이 자기 기반을 다잡을 수 있었던 것은 대부분 이러한 보따리 무역을 통해서였다고 한다.

화교의 역사를 거슬러 올라가보면, 사마천의 사기에 한반도로 이주

---

11 「아낌없이 드러내길 꿈꾸었다」, 『씨네 21』 NO.323호, 〈고양이를 부탁해〉 정재은 감독 인터뷰, 2001.10.17.

한 기록이 나오기는 하지만, 흔히 1882년 임오군란 시기를 기점으로 그 이후부터 화교들의 인구수를 비롯하여 다양한 기록들이 정리되어 나타나고 있다. 이 영화에서 마지막까지 인천에 남아, 고양이마저 떠안게 된 캐릭터도 다섯 친구 중에 비류와 온조다. 화교의 기독교단체인 '여한중화旅韓中華기독교회'[12]와 1983년 중화민국 한국 연구학회가 간행한 『여한 60년 견문록旅韓 60年 見聞錄』에서 보이듯 화교를 '여한', 즉 한국에 정착하지 못하고 여행하는 사람으로 표현하고 있다. 우리는 흔히 '한국화교'라고 하면 한국에 '정착'한 중국인을 가리킨다는 데 이의를 표하지 않는다. 하지만 이들은 왜 '정착민'이 아닌 '여한'의 신분으로 머물고 있다고 표현되고 있는 것일까?

한국사회에서 한국화교에 대한 관심은 90년대 이래 본격적으로 시작되었는데, 이는 우리 사회가 당면한 현실적 필요와 요구에서 진행된 것이다. '우리'의 필요에 의해 시작된 이러한 연구와 관심은 한국화교를 '그들' 즉 타자로 설정했고, '그들'이 '우리'에게 완벽히 동화되지 않는 한(완벽한 동화란 불가능하다), '그들'은 언제나 타자일 수밖에 없었다. 특히 식민지, 전쟁, 냉전, 민족주의 등 한국의 극단적 시대상황은 자와 타의 구분을 극단적으로 요구했고, 이에 따라 한국화교는 주로 '고립'과 '배회'라는 특성을 부여받았다.[13] 그리고 여기서 '배회'라는 단어는 바로 그들의 처지를 집약적으로 나타내는 '여한'이라는 단어의 또 다른 표현이다.

---

12 한국 화교 교회인 '여한중화기독교회'는 1912년 미국 선교사 부인 C. S. 데밍Deming과 중국에서 온 청년 처다오신車道心이 경성 YMCA에서 중국인을 위한 집회를 열면서 설립되었다. 현재 서울 정동, 영등포, 인천, 수원, 군산, 대구, 부산 등지의 7개 교회가 있다.
13 최승현, 「한국화교의 정의 및 범주에 관한 시론」, 『중국인문과학』 49, 2011.12, 461~477쪽.

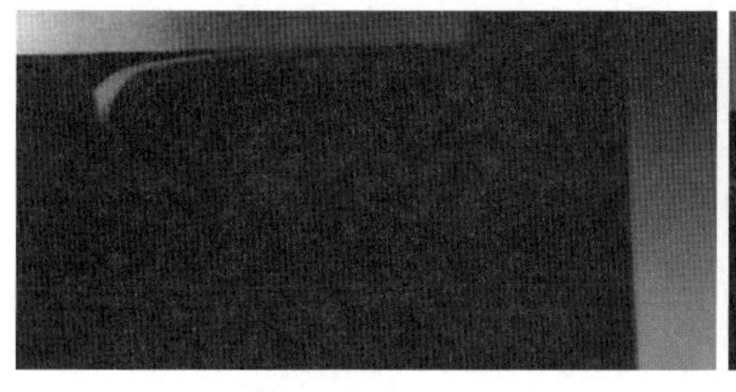 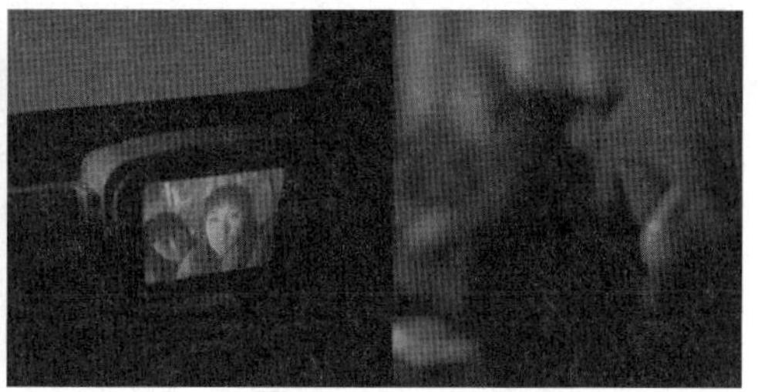

<그림 12> 비디오폰 블랙화면　　　　　　　　　〈그림 13〉 이분할 된 화면

　비류와 온조의 외조부모는 여전히 인천의 차이나타운에 거주하고 있지만, 어머니는 중국에 따로 살고 있다. 외조부모는 딸과 손녀들을 인정하지 않고 이들 존재마저 거부한다. 화교 1세대와 화교 2~3세대는 그 사회적 처지와 정체성이 대단히 이질적이고, 그 중에서도 화교 여성은 또 다른 차별의 대상이 된다. 한국 화교라 하더라도 그 안에는 다양한 경험이 있고, 따라서 이들을 화교라는 단일 범주로 다루는 것은 어렵다.[14] 영화 속에서 화교 1세대(외조부모)와 3세대(비류 / 온조)의 관계는 화면 분할과 명암 등의 미장센으로 극명하게 드러난다.

　〈그림 12·13〉은 비류와 온조가 엄마에게서 온 외할머니의 선물을 들고 외조부모 집을 방문하는 장면이다. 초인종 소리가 들린 후 인터폰을 비추는 화면이 보이면 잠시 동안 블랙화면으로 비춰진다. 외조부에게 이 손녀들은 블랙아웃black out된 존재, 지워버린 존재이다. 이윽고 비류와 온조의 모습이 왼쪽(비디오폰)에 보이면 오른쪽에는 수화기를 든 외조부의 얼굴이 잘려나간 모습과 그 뒤로 앉아 있는 외조모의 모습이 포커스 아웃되어 완벽하게 이분할 된 장면이 보인다. 손녀들을 자기 공간으로

14　안미정, 「부산 화교의 가족 분산과 국적의 함의」, 『역사와 경계』 제78권, 2011, 4~5쪽.

들이지 않을 뿐 아니라, 서로의 공간에 대해 철저하게 선을 긋고 있다.

이들 간의 관계는 대화를 통해 더욱 명확하게 드러난다. 손녀들은 한 국어로 대화를 하는 데 반해 외조부모는 중국어를 사용한다. 서로의 말을 알아듣지만 끝까지 자신이 사용하는 언어를 고집한다. 그리고 심지어 외조부모는 자신에게는 딸이 없다며 외손녀들에게 문을 열어주지도 않는다. 어쩔 수 없이 엄마의 안부만 전하고 돌아서는 손녀들의 뒷모습을 위에서 아래로 부감high angle 쇼트로 잡아 동정심을 유발한다. 부감 쇼트는 카메라에 잡히는 대상에 대해 관객으로부터 동정심을 유발한다.[15] 한국에서 화교들은 정책적, 실질적 차별 속에서 뿌리 없는 삶을 영위했는데, 비류와 온조의 경우에도 자신의 조부모로부터도 천대받고 배척되고 있다. 그렇지만 이 영화 속에서 우리의 시선을 사로잡는 점은 영화의 마지막에 인천 출신 태희, 지영, 혜주가 모두 인천을 떠나지만, 끝내 인천에 남는 자들이 바로 이들이라는 점이다. 여한旅韓의 신분이지만 이들이 인천 사람들을 대신하여 고양이를 책임지는 인천 사람이 되는 것이다.

이러한 아이러니는 비류와 온조라는 이름을 통해 극대화된다. 이들의 이름은 『삼국사기』에서 찾아볼 수 있다.[16] 비류와 온조가 인천의 오래된 역사를 담고 있는 한국식 이름으로 개명했다는 것은, 이들이 인천 사람보다 더욱 더 인천 사람이 되고자 했던 열망에서일까? 항구도시로 다양한 문물이 들어오는 접경지이자 혼종의 공간인 인천에서

---

15 김수남, 『영화예술의 모든 것』, 월인, 2011, 255쪽.

16 이 책에 의하면 비류는 고구려의 시조 주몽朱夢이 졸본부여왕의 딸과 혼인하여 낳은 첫째 아들이라고 한다. 그러나 고구려 제2대 왕으로 주몽이 북부여에서 낳은 아들 유리瑠璃가 되자, 비류는 그의 동생인 온조와 함께 남쪽으로 이주하여 비류는 미추홀(彌鄒忽, 지금의 인천) 부근에, 온조는 하남위례성(河南慰禮城, 지금의 서울 근처)에 정착했다.

화교는 인천 사람이 되고, 인천 사람은 인천을 떠나버리는 아이러니가 발생하는데, 비류와 온조는 이 혼종의 공간 인천의 로컬리티를 대단히 압축적이면서 아이러니한 방식으로 보여준다.

사실 화교가 한국 국적으로 바꾸려면 호적등본의 본관을 쓰는 칸에 반드시 한국 지명을 써야 했다. 예컨대 인천서씨仁川徐氏 같은 걸로 바꿔야 한다는 것이다. 이 현대판 창씨개명은 한국 사회의 화교들이 아웃사이더로 살 수 밖에 없는 위치를 잘 보여준다. 이들이 한국 국적을 취득하지 못할 경우 의료 혜택부터 각종 다양한 사회적 보장에서 제외되고, 차별 받는다. 이들은 이런 차별 때문에 자신들의 정체성을 실제로 자신들이 정착하고 거주하는 장소에 의해 형성하기 보다는, 후이會나 관시망關係網 등의 사회적 관계와 의례적 행위를 통해 형성해 갔다. 즉 이들은 지리적 장소보다는 사회적 관계에 바탕을 둔 인지적 지도에 근거하여 삶의 공간을 파악해 온 것이다.[17] 이렇게 볼 때, 이 영화의 공간적 배경이 되는 인천이라는 도시를 특징짓는 한 가지 요소인 '차이나타운'은 그것이 물리적, 지리적 공간상의 의미뿐만 아니라, 사회적 관계로도 해석될 수 있을 것이다.

3) 탈주와 접속–태희

태희는 인천을 벗어나 본 적이 없다. 등장인물들 가운데 가장 경제적 상황이 좋은 태희의 집은 인천에서 찜질방 사업을 하고 있다. 아버지가 요즘

---

17 이창호, 「한국 화교의 공간인식과 이주성」, 『호모 미그란스』 Vol. 2, 2010.6, 121쪽.

유행이라며 찜질방 안에서 계량한복을 입으라고 권하지만 태희는 "싫어. 내 스타일도 아닌 걸 내가 어떻게 입어?"라며 거절한다. 아버지는 아들 — 태희의 남동생 — 에게 남성성을 과시하며 살 것을 가르치며 만족해 하지만, "때리는 것만 폭력이 아니야. 이런 것도 인권을 무시하는 폭력"이라며 대응한다. 그녀는 아버지의 법에서 계속해서 미끄러진다. 〈그림 14(좌)〉는 뇌성마비 시인의 집에서 봉사활동을 하고 늦게 집으로 들어오면서 집안의 눈치를 살피는 장면이다. 개인의 특이성을 인정하지 않고 권위적인 기성세대와 공감대를 이루기 어려워하는 모습이다. 이것은 오른쪽의 밝은 조명 아래의 가족들과 어둡게 처리된 태희의 모습이 시각적으로 완벽하게 대비되어 표현되고 있다. 어두운 조명으로 그녀의 실루엣마저 잘 보이지 않는데, 이것은 집안에서 그녀는 그림자와 같은 존재임을 표현한다. 지영으로부터 받은 고양이를 데리고 귀가하는 장면, 〈그림 14(우)〉도 마찬가지이다. 그녀를 제외한 나머지 사람들은 밝은 조명 아래 즐거운 분위기를 연출하고 있는데 반해 그녀는 어둠 속에서 머뭇거리고 있다. 이 두 장면의 미장센은 조명을 사용하여 대단히 유사하게 연출되고 있다.

계급과 자본에 의해 서열을 매기는 주류 사회의 시선으로 볼 때는, 여성-아이와 지방-인천은 지속적으로 타자의 위치에 머물게 될 위험이 큰데, 이 상황 속에서 혜주가 남성 중심의 욕망의 경제에서 교환 가치를 지닌 상품으로 자신을 전시하려 한다면, 태희는 남성 위주의 모델을 거부하고 자신의 욕망과 언어로, 자기만의 상상을 실천해 간다. 즉 지배적 질서를 모방하며 자기를 그 틀에 맞추기 위해 몰두하는 대신 오히려 다른 삶의 질서를 꿈꾸며 타자들과 끝없이 접속한다. 영화의 마지막에 태희는 아버지가 상징하는 지배적 경제망, 가부장적 질서에 자신이 어울리

<그림 14> 봉사활동 후 늦은 귀가 장면(좌), 고양이를 데리고 귀가하는 장면(우)

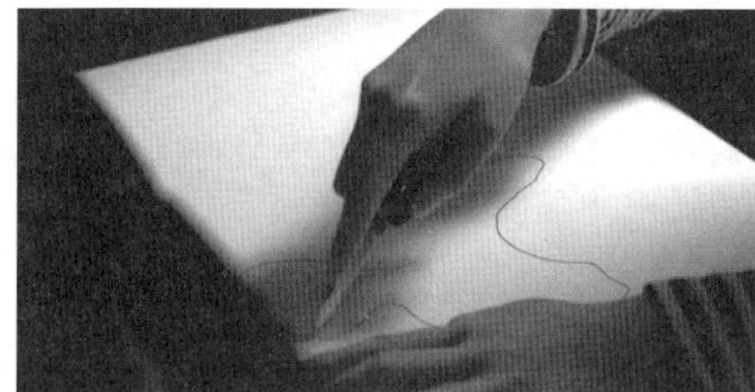

<그림 15> 가족사진에서 도려낸 태희의 사진

지 않는다며 자신의 얼굴을 가족사진에서 도려낸다(<그림 15>). 이렇게 자기 사진을 오려냄으로써 그녀는 가족이라는 집합에 자신의 흔적 즉 자신의 부재와 현존을 동시에 남기게 된다.[18] 이런 식으로 아버지의 상징적 공간, 오이디푸스적 공간을 벗어나고 아버지(민족, 장소)가 부여한 고정된 자기 정체성을 부정하며 새로운 자아와 정체성을 찾아 탈주한다. 이를 들뢰즈 식으로 표현하자면, '~로 존재하기être'가 아니라 '~되기 devenir'라고 말할 수 있을 것이다.[19]

끝없는 '되기'의 과정 중에 있는 노마드는 무한한 가능성에 자신을 열어놓고 있다. 그렇기 때문에 노마드는 망각하는 존재이기도 하다. 고정

---

[18] 구영민 · 최해안, 앞의 글, 439 · 450쪽.

[19] 질 들뢰즈 · 펠릭스 가타리, 김재인 역, 『천 개의 고원』, 새물결, 2001, 443~451쪽.

된 자아에 대한 기억을 지우는 망각이 바로 '되기'의 기반이기 때문이다. 고정된 자아를 망각하고 새로운 자아를 찾아가는 탈주와 방랑 속에서 자신은 과거를 잊고 다른 것들과 접속한다. 즉 분열과 탈주는 단순한 지배 질서에 대한 저항에 그치는 것이 아니라, 다른 이들의 잠재성으로 열려있고 끊임없이 그것들을 매개하고 타자들과의 접속을 통해 새로운 질서를 창출해 낸다.

태희가 등장하는 장면들을 살펴보면, 부두, 공항, 버스, 지하철 등의 배경이 매우 많다. 끊임없이 사람들을 연결시키는 이동 수단은 그녀의 캐릭터를 잘 드러내 준다. 또한 여러 다양한 극중 인물들을 서로 연결시키는 역할을 한다. 예컨대 뇌성마비 시인의 집에서 그를 도와 타자기를 치는 장면에서 우리는 이 시인이 세상과 소통하기 위해서는 '태희'라는 매개가 필요함을 알 수 있다. 또한 조부모 살해혐의를 뒤집어쓰고 수감원에 갇힌 지영에게 검사는 "아무도 네 상황을 대변해 줄 순 없는 거야. 넌 말할 수 없는 거니, 말하기 싫은 거니?"라며 답답해하지만, 태희는 "네가 어떻게 말해도 네가 하는 말을 믿을 것이다"라며 지영을 두둔한다. 월미도에서 미얀마 이주노동자들과 같이 놀자고 하는 장면("같이 놀자는데? 같이 놀면 재밌을 텐데")에서도 친구들과 이주 노동자들을 매개하는 것도 그녀다. (하지만 이 장면에서는 친구들의 거절로 인해, 두 개의 그룹이 연결되지는 못한다.) 뿐만 아니라 핸드폰으로 계속해서 친구들 사이의 연락책 역할을 하는 등, 태희는 타인을 향해 열림과 연대를 끝없이 반복하며, 입이 있으나 말할 수 없는 존재들(서발턴subalterns) ─ 장애인, 사회 부적응자, 빈자, 이주 노동자 ─ 을 대신하여 기꺼이 그들의 입이 되어 주고 있는 것이다.

다시 한 번 들뢰즈의 용어를 사용한다면, 이것이 바로 '리좀rhizome'[20]
이다. 리좀이란 수직적인 위계 구조와 달리, 중심 뿌리가 없이 서로 분리되고 연결되는 줄기들의 구조로, 탈주하는 노마드들의 관계가 만들어 내는 하나의 신체이다. '되기'와 접속의 무한한 가능성을 보여주는 태희 캐릭터는 동아시아의 허브hub로서의 인천의 모습을 대변하는 것으로 해석될 수 있다. 인천은 황해의 중심이 되고 있는데 황해는 우리나라를 중국, 태평양, 동남아시아로 연결하는 거점이다. 냉전 시대에는 황해의 가치가 사장되어 있었지만, 중국의 개방과 함께 점차 황해를 통한 동아시아 교류와 문명 창출의 가능성이 회복되고 있다.[21]

이와 연관되어, 실제로 지역별 거주 외국인수 분포를 살펴보더라도 인천시 거주 외국인 비율은 서울과 경기도를 제외하고는 가장 높은 편이다.[22] 그에 따라 (경기도, 안산시 등과 함께) 인천시는 다른 지자체에 비해 외국인에 대한 정책적 지원 활동이 활발한 편이고, 또한 이주공동체도 다수 존재한다. 인천 차이나타운은 문화의 차이를 공간화 함으로써 이질적인 외국 문화가 유입되어 형성되는 이주자들의 존재를 가시화하는 혼종의 공간이다.[23]

---

20 위의 책, 18쪽.
21 김만수, 「창의도시로서의 인천-환황해권의 관점에서」, 『동아시아 해항도시의 문화와 예술』, 부산대 한국민족문화연구소, 2012년 동아시아 해항도시 국제학술회의 자료집, 93쪽.
22 이진영, 「수도권에서의 외국인 거주지 분포에 관한 실증분석」, 서울시립대 도시과학대학원 석사논문, 2011, 21쪽. 참고한 자료는 1997~2009년 자료이지만, 초기에도 유사한 비율을 보인다.
23 물론 이 공간이 화교들의 자발적인 의지에 따르기 보다는 정부의 정책에 따라 전략적으로 개발이 주도되었기 때문에 화교의 문화적 특성에 대한 배려가 미흡하다는 비판도 대단히 많다.

3. 혼종과 우정의 공간, 인천

인천은 국내 최초로 각국 공동조계지가 설정된 곳으로, 1883년 개항을 전후로 열강들의 긴장 상태가 팽팽히 유지되는 가운데 서구의 문물이 들어오는 관문이었다. 인천에서 중국인들이 살기 시작한 것도 그즈음으로, 1884년 청국 조계지가 설치되면서 중국인들이 인천에 정착했다. 차이나타운이 들어선 지 130여 년이 지난 지금 현재 이곳에는 화교 2, 3세대들이 500여 명이 살고 있다. 한국 최초의 철도가 개통한 것도 인천이라는 점도 주목할 만하다. 1899년 한국 최초의 철도, 노량진과 제물포(현재의 인천)를 잇는 경인철도가 개통되었는데, 첫 기차의 종착역이 인천이었던 것은, 아마 당시 인천이 가장 번화한 항구도시 중 하나였기 때문이었을 것이다. 그 후 분단과 동시에 이북 피난민들이 인천에 정착하기도 했고, 경제 개발 이후에는 공단과 수출의 전진기지로서 다양한 지역 출신 사람들이 거주하게 되었다.

이처럼 해문요충海門要衝으로서의 인천은 다양한 문물이 들어오고 교류하며 소통하는 공간, 또한 갈등하고 충돌하며 긴장이 유지되는 공간의 특성을 가지고 있다. 인천은 우리나라 도시로서는 거의 유일하게 중심이 없다. 인천의 도심은 인천(하인천)에서 동인천으로, 다시 주안과 간석으로, 관교동과 구월동으로 옮겨져 왔다. 앞으로는 송도특별자치구로 옮겨갈 수 있다. 기존의 도심은 계속해서 용도가 변경되고 리모델링된다. 특히 인천 중구 구도심이 아트팩토리 등의 문화예술 공간으로 리모델링되었고, 중구의 시민회관은 공원으로 변환되었다. 이는 버려진 도심을 의미 있는 텅 빔으로 변환시킨 성공적인 사례로 꼽을 수 있다.

그리고 이 텅 빔은 타인을 위해 자리를 마련하는 것으로, '환대'의 출발이다. 그리고 여기에서 관건은 그 공간이 누구의 소유가 되는 것이 아니라, 많은 이들이 접속할 수 있는 것이 되는데 있을 것이다.[24]

〈고양이를 부탁해〉 속 캐릭터들은 공교롭게도 모두 '고아'이다. 이혼한 부모와 떨어져 사는 혜주, 가부장적인 아버지를 거부하고 떠나는 태희, 부모와 떨어져 살고 조부모로 부터도 환영 받지 못하는 비류와 온조, 부모는 없고 조부모마저 사고로 잃은 지영. 이들은 사회의 주류적 가치로부터 떨어져 나온 경계적 존재들이고, 또한 하나의 이름으로 묶일 수 없는 이질적인 차이들을 간직하고 있다. 이들은 아버지의 법이 상징하는 화폐 경제와 가부장제적 권력 구조 속에서 배제되거나 혹은 스스로 그곳에서 떠나와 다양한 방식으로 사회에 반응한다. 우리는 특히 가진 것도 없고 뿌리도 없는 이들이 초청(주기)과 응함(받기)이라는 원칙 속에서 선물 교환과 우정을 나누며 연대를 만들어 가고 있음에 주목할 수 있을 것이다. 하지만 이들이 공존하며 만들어 내는 공간은 잡종화의 공간, '제3의 공간', 이질적인 문화들이 만나 형성하는 공간으로, 여기서 파생되는 불안정과 간극을 내포하고 있다.[25]

고향도, 부모도 없는 이들이 함께 살아가는 모습은 우리 사회의 이방인들을 연상시킨다. 영화 속 인물들은 일차적인 준거집단이 되어주는 부모의 부재로 인하여 심리적 고립 속에서 고통을 느끼지만 아니 어쩌면 고통을 느끼기 때문에 이들은 공동체를 구성해 나간다. 예컨대

---

24 김만수, 앞의 글, 96쪽.
25 구영민 · 최해안, 앞의 글, 438쪽.

영화 속 비류 / 온조와 같은 2세대 화교들은 자신들의 거주 사회에 대해 부모들과 다른 경험을 하고 자신의 종족성에 대해서도 부모와 완전히 상이한 의미를 부여한다. 따라서 2세대들이 자라나는 공동체는 '새로운 현지field'이며 이들은 자신들이 태어나고 자란 지역성을 생산해낸다.[26] 이들은 부모들과 달리 현실의 경제적, 문화적 환경에 따라 자신의 고향을 지속적으로 재규정, 재구성하므로, 자신의 인종과 민족에 한정시켜 공동체를 구성하지는 않는다.

영화 속의 소녀들의 공동체는 선물(고양이)의 교환(순환)망 속에서 직조된다. 이들의 소수자적 특성은 흔히 외부의 다수자에 의해 타자화되어 포섭되거나 배제될 위험이 있지만, 이 위험 앞에서 이들은 자기들의 사적이고 개별적인 차별과 배제의 경험을 공유하며 집단적인 '소수자성'으로 변화시킨다. 사실 사회적 몰인정의 체험, 차별과 멸시 등이 사회운동의 동력이 된다는 호네트Axel Honneth의 주장처럼[27] 상실과 고통의 경험은 결국 이들이 연대하고 새로운 소수자의 질서를 향해 움직이게 만든다. 물론 이 때 소수자성은 매우 다양한 방식으로 구성될 수 있겠지만, 이 영화 속에서는 중앙중심주의의 논리에 대한 인천이라는 중심 없는 혼종의 공간이란 특성을 내세우고, 성인 남성들의 논리에 소녀들의 우정을 대립시키며, 동질화하는 자본주의의 욕망에 반대하여 선물 교환의 반공리주의를 보여준다.

---

26 이창호, 「이주민 2세대의 고향home의 의미와 초국적 정체성 — 화교 동창생들의 인터넷 커뮤니티를 중심으로」, 『한국문화인류학』 45-1, 2012, 6쪽.

27 Axel Honneth, *The Struggle for Recognition : The Moral Grammar of Social Conflicts*, Cambridge, Ma. : The MIT Press, 1995.

1) 고양이－우정과 탈주의 메타포

영화에서 고양이를 맨 처음 발견한 지영은 혜주의 생일날 선물로 이 고양이를 주었다가 그것을 거부하는 혜주에 의해 되돌려 받고, 지영의 조부모가 죽은 후 수감원에 갇히면서 태희에게 넘겨주고, 태희는 온조와 비류에게 고양이를 맡긴다.

고양이가 순환되는 장면들을 영화의 미장센을 통해 살펴보면 분명하게 수용과 거부의 의도가 드러난다. 〈그림 16(좌)〉에서 혜주의 생일날 지영은 혜주에게 선물로 고양이(가 든 상자)를 전달하고, 17(좌)에서는 수감원에 갇힌 지영이 태희에게 전달한다. 그러나 그 후 혜주는 상자 속에 든 것이 고양이라는 사실을 알고 지영에게 되돌려 준다〈그림 16(우)〉. 〈그림 17(우)〉에서는 지영과 함께 떠나는 태희가 비류 / 온조에게 고양이를 부탁

〈그림 16〉 혜주가 지영에게 고양이를 선물로 받음(좌), 지영에게 고양이를 되돌려줌(우)

〈그림 17〉 지영이 태희에게 고양이를 맡김(좌), 태희가 비류 / 온조에게 고양이를 맡김(우)

하는데, 이 장면에서 비류 / 온조는 썩 내켜하지 않는다. 고양이(선물)에 대한 거부는 〈그림 16(우)〉에서는 지하철역 티케팅 게이트의 경계를 통해, 〈그림 17(우)〉에서는 반쯤 열리다가만 문의 경계를 통해 표현된다.

흔히 고양이는 애완동물이긴 하지만 그 독특한 자립적 습성으로 인해 청춘의 불안과 탈주에 대한 욕망, 현실과 타협하지 않는 이들의 자유에 대한 욕망을 비유하기에 적합한 존재로 많이 다루어져 왔다. 이 영화 속에서 고양이는 주인공들 사이의 감정의 망을 드러내는 메타포로 쉽게 이해된다. 이 영화에 대한 여러 글들에서 고양이는 주인공들 간의 "감정적 흐름에 대한 메타포", 혹은 "남근적 경제에서는 인지할 수 없는 여성들 간의 욕망, 소녀 / 여성의 불안정한 제 위치, 그리고 증여의 방식으로 그녀들 사이의 망을 형성해 주는 메타포"로, 그리고 "고양이의 교환을 통해서 같은 위치에 놓여 있는 여성들은 함께 연결되고, 이는 남근적 경제의 외부에 놓여 있는 여성들의 연대를 함축하는 것"이라고 해석되고 있다.[28] 사실 이 영화에는 남성과의 관계가 거의 드러나지 않는다. 이 영화 속에서 남성들의 배제와 소녀들의 연대, 그리고 여성적 케어care 속에 남성을 위치시키는 것(태희가 뇌성 마비 시인을 돌보는 모습)은 남성 주류 사회의 판타지를 깨는 것으로 읽힐 수 있다. 이 영화에서는 남성을 배제함으로써 소녀들의 연대는 강화되고, 기존의 판타지 속에 제한 된 여성의 자리와 관계를 복원 · 확장시킨다.[29]

---

28 김선아, 「당신들에게 부탁하지 않은 고양이 – 영화 〈고양이를 부탁해〉」, 『당대비평』 18, 생각의나무, 2002.3, 356쪽.
29 안민화, 「트랜스-아시아 영화의 가능성 : 인터 / 아시아 문화 속의 하위-글로벌 여성 영화 〈고양이를 부탁해〉와 〈바운스 코갸르〉, 〈여고괴담 2〉와 〈1999년의 여름방학〉을 중심으로」, 『영화문화연구』 제5호, 2003.

우리는 영화 속 고양이를 여성들 간의 수평적인 우정의 교환 즉 선물의 증여, 그리고 자매애와 탈주의 원칙 등을 드러내는 상징으로 읽을 수 있을 것이다. 이 상징적인 의미들은 근대의 아버지의 법에 의해 움직여지는 위계적 가부장제와 화폐 경제(교환 가치에 따라 가격이 매겨지고 그에 따라 수용하거나 거부하는 것) 및 정주의 원칙 등에 대척점을 이루고 있다.

2) 선물에 기초한 우정 공동체

마르셀 모스는 『증여론』(1924)에서 사회를 구성하는 다양한 사람들, 남성과 여성, 성인과 아이, 살아 있는 자와 죽은 자, 자연적 실체들과 초자연적 실체, 가시적 세계와 비가시적 세계 사이에는 재화, 부, 생산물뿐만 아니라 농담, 저주, 복수까지도 일정한 규칙에 따라 순환하고 있음을 지적했다. 그는 이러한 순환 규칙을 지배하고 있는 원리를 '주고-받고-되돌려주는' 증여의 세 가지 의무 체계로 설명한다. 여기에서 흥미로운 것은 증여가 단순히 호의에 의해 이루어지는 것이 아니기 때문에 개인의 선행으로 해석되어서는 안 된다는 점이다. 그것은 오히려 사회적 인간 행위의 한 영역을 구성하는 의무적인 것으로 보아야 한다. 하지만 그렇다고 증여가 단순히 의무인 것만도 아니다. 증여는 자발적으로 주어야 한다는 역설 위에 기초한 것으로, 자유와 의무를 밀접하게 결부시키고 있다.

우리가 영화 속 소녀들이 꿈꾸는 우정의 공동체가 선물의 교환에 기초하고 있음에 주목한다면 그것은, 이 선물이라는 것이 경제적 교환의 논리 저편에 있는 호혜성의 원리에 따르고 있기 때문이다. 증여의 순환에 따라 이전되는 물건은 그것이 지닌 유용성에 따라 평가되지 않는다. 중요한 것은 그 물건이 증여자의 특성을 담고 있다는 사실이고, 따라서 물건을 받는 이는 단순히 물건만을 받는 것이 아니라 그 물건 속에 있는 증여자의 영혼을 받는 것이라 할 수 있다. 그리고 물건을 받은 이는 답례를 통해 자신의 영혼을 다시 돌려주어야 한다.

이 고대의 원시적 선물 교환이 지금 우리 사회에 어떤 의미를 가질 수 있을까? 우리는 모스의 논의를 통해 교환과 시장이 분리될 수 있을 뿐만 아니라 고대 사회에서는 실제로 분리되어 있었다는 사실을 알게 되고, 증여에 기초한 이 원시적인 교환 형식들이 현재 우리 사회의 냉혹한 화폐 경제에 대한 하나의 대안으로 제시될 수 있으리라고 기대할 수 있을 것이다.[30] 사실 화폐에 의해 공동체가 붕괴되었고, 그 붕괴의 자리에서 '사회'가 탄생했다. 사회라는 단어의 어원인 '소키에타스societas'가 대외적 교역상인들을 지칭하는 말이었듯이,[31] 오늘날의 사회는 교환하는 관계, 상업적 이익을 계산하는 관계를 뜻한다. 폴라니가 전하는 렐레 족 이야기는 화폐관계가 얼마나 폭력적으로 공동체를 해체시키는가를 잘 보여주는 사례이다.[32] 1949~53년 콩고 지역 렐레족 공동체가 붕괴된 사례를 살펴보면, 이 공동체의 젊은이들이 공동체 외부에서 돈을 벌고

---

30 모스가 『증여론』에서 시도한 분석의 방향은 '태고로 돌아감'이라는 명제로 압축될 수 있다. 태고로 돌아간다는 것은 사회생활의 기저에 침전된 과거로 하강하면서 동시에 이 과거의 영속적 효과를 검증하기 위해 현재로 상승하는 이중적 탐구 방식으로 이해될 수 있다. 그리고 이런 이중적 고찰 속에서 증여는 인간 사회의 반석을 '현재화'하는 데 가장 적합한 대상이다(박정호, 「마르셀 모스의 『증여론』」, 『문화와 사회』 7권, 2009, 20~21쪽).

31 고병권, 『화폐, 마법의 사중주』, 그린비, 2005, 189쪽.

32 칼 폴라니, 홍기빈 역, 『거대한 전환』, 길, 2009.

재화를 사들이자, 연령을 기준으로 재화를 유통하던 부족의 독특한 분배 원칙이 파괴되면서 공동체가 무너졌다는 것을 알 수 있다.

그런데 여기서 문제는 단순히 공동체가 해체되고 사람들이 낯선 관계에 무차별적으로 노출되게 되었다는 데 있는 것이 아니다. 더 큰 문제는 화폐라는 척도가 작동할 때 타자와의 관계 속에서 표현되던 다양한 질적 가치는 사라진다는 사실에 있다. 화폐는 하나의 척도로 비교할 수 없는 다양하고 이질적인 차이들을 동질화하면서 교환을 수행한다. 이 속에서 개인은 자신의 활동을 가치화하고 서열의 상위에 진입할 때에만 살아남을 수 있고, 화폐로 환산되지 않는 모든 것은 도태된다. 이러한 적자생존의 원칙이 지배하는 화폐 공동체를 우리는 이전의 원시공동체와 구분하여 '사회'라 부르는 것이다.

우리는 선물에 관한 모스의 논의 속에서, 이러한 '사회'에 대한 대안적인 공동체 정신을 우리 사회에 다시 소환해 낼 가능성을 발견하게 된다. 사실 '선물'이라는 개념은 '공동체'라는 개념과 어원적으로 결합되어 있다. 즉 공동체community를 뜻하는 라틴어 cum munus에서 cum은 '함께' 혹은 '서로 간에'라는 의미를, munis는 '선물'을 의미한다. 한 마디로 공동체란 '서로 선물하는 관계'라는 뜻을 가진 셈이다.[33]

모스에 따르면 증여자와 주어진 사물 간에는 이 둘을 분리되지 못하게 막는 '하우hau', 즉 '선물의 혼'이라는 것이 있다.[34] 이 개념은 대단히 많은 비판과 논쟁을 불러일으킨 개념이긴 하지만,[35] 증여의 궁극성이 인격화

---

33 한경애, 「화폐의 권력, 반화폐의 정치학」, 이진경 편, 『모더니티의 지층들: 현대사회론 강의』, 그린비, 2007, 112쪽.
34 이재혁, 「선물의 hau : 증답경제의 정치경제학과 관계자본」, 『한국사회학』 제45집 1호, 2011, 51쪽.

된 사물의 순환을 통한 인간과 인간의 상징적 교류에 있다는 사실을 강조했다는 점에서 의미가 있다. 즉 증여를 자발적이면서 동시에 강제하는 것은, 제도적 강제력이 아닌 강요하는 어떤 힘('하우')인데, 이는 증여를 통해 교환된 사물에 각인된 주술적이고 종교적이며 영적인 힘이다. 주어진 물건은 그것을 준 사람의 혼을 간직하고 있기 때문에 증여자는 증여된 이 물건과 결코 분리되지 않고, 따라서 물건을 주면서 사람들은 그 자신을 주게 되고, 선물을 받는다는 것은 곧 영혼의 일부를 받는 것이 된다.

이 논의를 따라 영화를 해석해 본다면, 지영이 텍스타일 상자에 고양이를 담아 혜주의 생일 선물로 줄 때, 지영이 건네는 것은 단순히 상자와 고양이가 아니다. 지영은 혜주에게 자신의 일부를 넘겨주는 것이고, 그럼으로써 혜주의 내부에 거주하기를 기대한다. 하지만 혜주는 오직 그 상자 속에 담긴 내용물의 유용성에만 주목하기에 텍스타일 상자에는 전혀 관심이 없어 그것을 찢어버리고, 이후에는 그 속에 담긴 선물(고양이)까지 거부하고 되돌려준다. 따라서 혜주가 거부하는 것은 바로 고양이와 상자가 아닌 지영이 자체인 것이다. 고양이의 순환에 따라 만들어지는 것은 소녀들의 감성적 유대이고, 이 때 증여의 행위는 그녀들 간의 커뮤니티를 팽팽한 긴장 관계 속에서 직조하는 원리로 볼 수 있다.

---

35 모스는 뉴질랜드 마오리족의 '하우' 개념으로 이 신비한 힘을 설명했지만 레비스트로스는 이를 비판한다. 레비스트로스는 선물을 되갚아야 하는 이유를 설명하며 모스가 '하우' 개념을 내세운 것을 모스의 실패라고까지 평가했다. 즉 모스는 하우의 토착적 의미에 집착함으로써 현상의 심층구조를 보지 못하고, 사회생활을 무의식적 관계로 이해할 수 있는 길에서 벗어나 버렸다는 것이다. 레비스트로스는 하우와 같은 기능을 담당하는 용어가 세계 각지에 존재하며, 이를 보편적 사유로 이론화시킬 수 있다고 주장한다(고원, 「마르셀 모스와 문명의 역사」, 『역사와 경계』 제76권, 2010, 75~76쪽; 김성례, 「증여론과 증여의 윤리」, 『비교문화연구』 제11집 1호, 2005, 160~161쪽).

인간의 정신적 유대의 체계는 증여에 의해 형성되는데, 모스는 이 의무를 폴리네시아 씨족들의 예를 들어 설명한다. 여기에서는 선물을 주는 것과 그 선물을 받는 것, 초대를 하는 것과 초대에 응해야 하는 것이 모두 의무이다.[36] 영화 중반에 태희가 지영의 집을 방문했을 때 태희는 배가 불렀지만 지영의 할머니가 권하는 만두를 거절하지 못하고 다 받아먹는다. 버스에서 칫솔을 사달라는 시선을 피하지 못하고 그것을 사주고, 같이 놀자는 이주 노동자들의 제안에 자신의 친구들을 설득한다. 태희는 주는 것을 받아야 하고, 식사 초대에 반드시 참여해야 하며, 제안에 응해야 한다는 원시공동체의 의무를 충실히 따르고 있는 것이다. 이처럼 타인의 제안과 초청에 응하며 수용하는 태희에게 혜주는 "너 그렇게 남들 부탁 다 들어주다가 사람들한테 이용만 당한다"며 핀잔을 준다.

근대 화폐 경제에서 볼 때 선물 교환에 대한 자발적 의무에 대한 이야기는, 상업적인 법칙에 짓눌려 사라져버린 과거 사회에 대한 향수를 불러일으키는 정도의 순진한 것으로 이해되기 쉽다. 하지만 우리는 원시공동체의 사람들이 교환을 몰라서가 아니라 교환을 너무도 잘 알기 때문에 그것을 거부했던 것은 아닐까라는 들뢰즈와 가타리의 의문을 다시 제시할 수 있을 것이다.[37] 원시공동체는 근대의 화폐 교환과 전혀 다른 방식으로 재화를 소통했는데, 이들은 교환할 수 있는 것조차 선물의 형식으로 바꾸거나, 자기가 증여하는 물건의 가치를 낮추거나 하는 등, 교환에 대한 의식적인 거부를 표현했다.

---

36 마르셀 모스, 이상율 역, 『증여론』, 한길사, 2009, 72~74쪽.
37 질 들뢰즈, 최명관 역, 『앙띠-오이디푸스』, 민음사, 1994, 280~281쪽.

이렇게 본다면 영화 속에서 혜주의 태도는 공동체의 기초적인 도덕적 의무를 거부하는 것으로, 공동체적 가치, 함께 하는 삶의 가치를 무너뜨리는 것일지도 모른다. 함께 하는 삶의 어려움은 주어야 하고, 받아야 하고, 되갚아야 한다는 '의무'에서 기인하는 것으로 볼 수 있다. 하지만 이 의무는 단순한 의무가 아니라, 개인들의 자발적인 충동과 스스럼없는 감정의 총체라 보는 것이 적절할 것이다. '주고자 하는 자발성'과 '주어야 하는 의무' 중 어느 한쪽이 우위를 가지지 않는 선물 교환 체계 속에서 타인에 대한 환대의 의무와 자발적인 공동체의 정신이 발현될 것이다.

4. 선물에 기초한 우정공동체

이상으로 우리는 영화의 미장센과 인물들에 대한 분석을 현대의 인천 공간 속으로 소환해 냄으로써 인천 연구, 좀 더 일반적으로는 지역 연구에 하나의 시사점을 제기하고자 했다. 각 캐릭터가 갖고 있는 특성들은 인천이라는 공간에 대한 인식과 연동되고 있고, 그녀들이 다른 이들과 맺는 관계와 심리는 미장센을 통해 표현되고 있는 것을 살펴보았다. 전지구화 시대에 이질적인 것들이 유입되면서 수차례 정체성의 변화를 겪으며 혼종의 공간, 혼종의 정체성을 형성해 온 인천이라는 공간을 기존의 정책적이고 거시적인 입장에서 접근하기 보다는, 서울(중앙)에 대비되면서 겪는 감정의 변화들 예컨대 혜주와 지영이 서울을 향해 드러내는 선망과 인천에 대한 질시, 태희와 다른 인물들이 직조해 가는 우정 등에 주목하고자 했다. 이것은 차이나타운과 인천국제공항, 항구가 상징적으로 드러내는 인천의 역사를 미시적인 측면에서 접근한 것으로 읽힐 수 있을 것이다.

영화 속 캐릭터들은 모두 고아이다. 물론 혜주에게는 이혼한 아버지가, 태희에게는 가부장적인 아버지가, 그리고 비류 / 온조에게는 어머니 (어쩌면 아버지도)가 존재한다. 그리고 지영에게는 방에 꼼짝 없이 누워있는 할아버지와 할머니가 존재한다. 하지만 이들 부모는 소녀들에게 자유와 안전을 보장해 주지 못하고, 이들은 결국 홀로 존재한다. 그런 이들이 공존하며 엮어 내는 공간은 인천과 같은 잡종적인 공간이다. 하지만 이 공간은 이질적인 요소들로 만들어진 공간으로, 이 속에는 계속해서 분열과 갈등이 내재해 있지만 또한 우정과 환대의 실험이 이루어진다.

각각의 인물은 정도의 차이는 있지만 비정한 '사회' 속에서 '공동체'적인 것을 가지고 대응한다. 우리는 모스의 논의를 참고하면서, 사회적 관계의 기초는 사고팔기라는 경제적 논리가 아닌 주고 / 받고 / 답례하는 비공리적인 인간적 교류, 타인을 향한 이해와 공감에 뿌리 내리고 있다는 점을 보여 주고자 했다. 영화 속 소녀들은 함께 모여서 고양이를 교환하며 서로를 교환하고, 반공리주의적인 실천을 통해 화폐로 '값을 매길 수 없는 것들의 값'[38]을 보여준다. 우리는 이를 통해 우리 사회의 지배적인 경제 논리에 따른 폐해들, 특히 뿌리 깊은 차별과 위계적인 구도를 비판적으로 성찰할 수 있으리라 기대한다.

---

[38] Jean Duvignaud, *Le prix des choses sans prix*, Actes Sud, 2001.

참고문헌

고병권, 『화폐, 마법의 사중주』, 그린비, 2005.

고　원, 「마르셀 모스와 문명의 역사」, 『역사와 경계』 제76권, 2010.

곽한주 외, 『영상의 이해』, 디마출판사, 2009,

구영민·최해안, 「인천의 여성성과 도시 정체성에 관한 연구—영화 〈고양이를 부탁해〉에 나타난 페마주Femmage적 해석을 중심으로」, 『인천학연구』 제4권, 인천대 인천학연구원, 2005.2.

김계중, 「영화의 양식에 관한 교육 사례 I : 사운드와 카메라를 활용한 감상 및 실습교육을 중심으로」, 『한국콘텐츠학회논문지』 Vol.11 No.2, 한국콘텐츠학회, 2011.

김만수, 「창의도시로서의 인천—환황해권의 관점에서」, 『동아시아 해항도시의 문화와 예술』, 부산대 한국민족문화연구소, 2012년 동아시아 해항도시 국제학술회의 자료집.

김선아, 「당신들에게 부탁하지 않은 고양이—영화 〈고양이를 부탁해〉」, 『당대비평』 18, 생각의나무, 2002.

김성례, 「증여론과 증여의 윤리」, 『비교문화연구』 제11집 1호, 서울대 비교문화연구소, 2005.

김수남, 『영화예술의 모든 것』, 월인, 2011

김정선, 「나의 'home'은 어디인가? 필리핀 결혼이주 여성 공동체 형성과 의미」, 『유라시아 경계인들의 정체성 문제』, 한국외대 역사문화연구소 주최 학술대회, 2010.

데이비드 보드웰, 주진숙 외역, 『영화예술』, 이론과 실천, 2008.

마르셀 모스, 이상률 역, 『증여론』, 한길사, 2009.

박정호. 「마르셀 모스의 『증여론』」, 『문화와 사회』 제7권, 한국문화사회학회, 2009.

안미정, 「부산 화교의 가족 분산과 국적의 함의」, 『역사와 경계』 제78권, 부산경남사학회, 2011.

안민화, 「트랜스—아시아 영화의 가능성 : 인터 / 아시아 문화 속의 하위—글로벌 여성영화 〈고양이를 부탁해〉와 〈바운스 코갸르〉, 〈여고괴담 2〉와 〈1999년의 여름방학〉을 중심으로」, 『영화문화연구』 제5호, 한국예술종합학교 영상원 영상이론과, 2003.

양영철, 『영화프레임에 대한 시지각 반응 연구』, 동국대 석사논문, 2010

이재혁, 「선물의 hau : 증답경제의 정치경제학과 관계자본」, 『한국사회학』 제45집 1호, 한국사회학회, 2011.

이진영, 「수도권에서의 외국인 거주지 분포에 관한 실증분석」, 서울시립대 도시과학 대학원 석사논문, 2011.

이창호, 「이주민 2세대의 고향home의 의미와 초국적 정체성-화교 동창생들의 인터 넷 커뮤니티를 중심으로」, 『한국문화인류학』 45-1, 한국문화인류학회, 2012.1.

______, 「한국 화교의 공간인식과 이주성」, 『호모 미그란스』 Vol.2, 이민인종연구회, 2010.6.

질 들뢰즈, 최명관 역, 『앙띠-오이디푸스』, 민음사, 1994

질 들뢰즈·펠릭스 가타리, 김재인 역, 『천 개의 고원』, 새물결, 2001.

최병근, 「미장센 요소들의 창의적 기능에 대한 연구」, 『영화연구』 No.29, 한국영화학 회, 2006.

최승현, 「한국화교의 정의 및 범주에 관한 시론」, 『중국인문과학』 49, 중국인문학회, 2011.12.

칼 폴라니, 홍기빈 역, 『거대한 전환』, 길, 2009.

한경애, 「화폐의 권력, 반화폐의 정치학」, 이진경 편, 『모더니티의 지층들. 현대사회 론 강의』, 그린비, 2007.

Axel Honneth, *The Struggle for Recognition : The Moral Grammar of Social Conflicts*, Cambridge, Ma. : The MIT Press, 1995.

Jean Duvignaud, *Le prix des choses sans prix*, Actes Sud, 2001.

『씨네 21』 NO. 323호, http://www.cine21.com/

『한국일보』, http://news.hankooki.com/

간판매체에 반영된 주변화 양상과 지역인의 의식*
부산 정관 덕산마을을 중심으로

차윤정 · 공윤경

1. 공간의 문화 표상, 간판

오늘날 권력과 자본은 공간과 사람들의 생활 세계를 구조화하고 재편한다. 신도시 개발은 이러한 권력과 자본에 의한 공간과 생활 세계구조화의 대표적인 예이다. 신도시는 자연발생적으로 성장한 도시가아니라 처음부터 계획적, 인공적으로 만들어지는 도시로서, 대도시로의 과도한 인구 집중을 해결하고 지역 전체의 균형발전을 도모하기 위하여 조성된다. 좁은 의미로 신도시는 대규모 주택단지를 일컫기도 하지만, 일반적으로 생산, 유통, 소비의 기능을 고루 갖춘 자족적 경제독

---

* 이 글은 한국문화역사지리학회 『문화역사지리』 제24권 제2호(통권47호)(2012)에 수록된 차윤정·공윤경의 「간판매체에 반영된 주변화 양상과 지역인의 의식―부산 정관 덕산마을을 중심으로」를 수정, 보완한 것이다.

립도시를 일컫는다. 이러한 신도시 개발은 공간적, 경제적, 사회적 측면에서 주변지역에도 적지 않은 영향을 끼친다. 특히 신도시 개발은 편중된 개발이 이루어지는 경우가 많아 지역적 차이가 발생할 수밖에 없는데, 주변지역에 사는 사람들은 이로 인해 경제적, 사회문화적 변화뿐만 아니라 심리적으로도 변화를 겪게 된다.

본 연구의 논의 대상지역인 정관면은 신도시 개발 지역이다. 신도시 개발계획이 실시되면서, 정관면은 전체적으로 많은 변화가 일어나고 있다. 특히 과거 정관면의 중심지였던 덕산마을은 제척지가 되면서 인구 변화와 함께 학교와 면사무소의 이전 등 공간적으로도 큰 변화를 겪고 있다. 이러한 변화 양상이 대표적으로 가시화 되는 곳은 덕산마을의 소비공간이다. 그 중에서도 상점 간판은 이 지역의 변화 양상을 중층적으로 보여주고 있다.

지역에서 소통되는 기호는 지역이 가진 의미체계를 반영한다. 특히 간판매체는 그 지역의 사회문화적 상황 하에서 소통이 이루어지는 것으로, 일상생활에서 계속적으로 생산과 소멸을 거듭하면서 하나의 장소를 점유하고 있는 문화를 표상하고 있다. 따라서 특정 지역을 대상으로 한 간판에 대한 연구는, 그 지역에 퇴적된 사회문화적 특성을 읽어내는 중요한 매체가 될 수 있다. 이러한 관점에서 본 연구는 신도시 개발 이전 정관면의 중심지였던 덕산마을의 간판매체에 주목한다.

지금까지 신도시에 대한 선행연구들은 대부분 신도시 개발 자체와 관련하여 개발방향, 공간(구조), 주거환경(만족도) 등을 분석하는 데 중심을 두었다. 하지만 신도시 개발에 따른 여러 가지 현상이나 문제점들이 신도시에만 영향을 끼치는 것이 아니라 파급효과가 주변지역으로까지 확산된다는 인식이 생기기 시작하면서 연구대상을 확장하여 신도시뿐만 아니라 인근지역[1]이나 제척지[2]를 포함한 연구들도 이루어지고 있다. 그러나 이 연구들도 신도시와 인근지역(또는 제척지) 주민들의 삶의 질, 시행사와의 갈등, 지가상승 등의 문제에 초점을 두었을 뿐 공간 분화에 따른 양극화, 주변화와 그에 따른 주변지역 주민들의 의식을 다룬 연구는 거의 찾아 볼 수 없다. 그리고 간판매체를 문화적 측면에서 살핀 선행연구로는 간판명에 나타난 어휘 분석이나 이에 반영된 업종분석, 언어문화적 특성들을 살핀 연구,[3] 간판을 문화정치적 입장에서 해석한 연구,[4] 소비문화경관의 측면에서 부분적으로 간판을 포함시킨 연구[5] 등이 있다. 하지만 간판매체를 중심으로 지역 간의 사회문화적 차이와 주변화 양상을 분석한 연구는 거의 없다.

---

1 권해수, 「경기도 신도시 개발에 따른 지역갈등과 해소방안—소지역주의의 형성과정과 정책과제를 중심으로」, 『경기21세기』, 경기개발연구원, 1996, 92~103쪽; 손장권, 「신도시와 구도시의 생활실태 및 생활만족도에 관한 비교연구」, 『사회와문화』 10(1), 고려대 사회학연구회, 1996, 141~169쪽; 윤현신, 「신도시와 주변 구舊도시 주민의 삶의 질에 관한 의식의 비교 연구—일산신도시와 구舊일산을 사례로」, 『지리학논총』 36, 서울대 사회과학대학 지리학과, 2000, 97~123쪽; 최성호·이창무·성장환, 「중심성과 수요에 따른 시설의 규모 및 이용 양태—분당신도시 및 주변지역을 중심으로」, 『부동산학연구』 13(1), 한국부동산분석학회, 2007, 85~101쪽.

2 임주호·안건혁, 「신도시 개발에 있어 제척지의 지가상승효과 연구」, 『국토계획』 35(5), 대한국토·도시계획학회, 2000, 89~100쪽; 김진경·이재준, 「동탄2 신도시 제척지역의 주민과 시행사의 이해갈등조정에 관한 사례연구—화성시 동탄면 성원아파트를 대상으로」, 『한국지역개발학회지』 22(4), 한국지역개발학회, 2010, 87~107쪽.

3 김혜숙, 「간판 매체 어휘의 분석으로 본 언어문화적 차별성과 동질성—한국 명동과 연변 서시장 간판 매체 어휘의 비교를 통하여」, 『이중언어학』 28, 이중언어학회, 2005, 55~79쪽; 변정민, 「언어활동의 사회문화적 고찰—간판 언어와 광고 언어를 중심으로」, 『새국어교육』 72, 한국국어교육학회, 2006, 291~328쪽; 채완, 『광고와 상표명의 언어 연구』, 지식과교양, 2010.

4 조흡·강준만, 「간판의 문화정치학」, 『한국언론학보』 53(6), 한국언론학회, 2009, 104~126쪽.

5 심승희·한지은, 「압구정동·청담동 지역의 소비문화 경관 연구」, 『한국도시지리학회』 9(1), 한국도시지리학회, 2005, 61~79쪽.

본 연구의 목적은 정관 신도시 개발에 따라 중심지역에서 주변지역화한 덕산마을을 중심으로 간판매체에 반영된 주변화의 양상과 주변화 과정에서 나타나는 지역인들의 의식을 살펴보는 데 있다. 이를 위해 먼저 정관 신도시 개발계획에 따른 신·구 공간의 형성과 변화를 살피고, 신도시 지역 간판매체와의 비교를 통해 구 중심지역인 덕산마을의 주변화 양상을 알아보고, 또한 구술조사를 통해 주변화 과정에서 나타나는 지역인들의 의식을 살펴보고자 한다. 구술조사는 2012년 4월 2일부터 4월 16일까지 진행되었으며 구술자 명단은 아래와 같다.

순번	이름	출생연도	출생지	거주기간
1	이○년	1954	정관면 달산리(강변마을)	59년
2	정○환	1961	정관면 매학리	51년
3	최○동	1961	정관면 병산리	2년
4	정○봉	1963	정관면 매학리	30년
5	신○호	1964	정관면 상곡리	49년
6	이○만	1966	정관면 방곡리	47년
7	이○식	1969	정관면 병산리	10년
8	이○선	1969	정관면 용수리(덕전마을)	44년
9	조○자	1949	정관면 방곡리(덕산마을)	64년
10	허○종	1950	정관면 방곡리(덕산마을)	63년
11	문○만	1956	정관면 방곡리(덕산마을)	57년
12	최○열	1962	정관면 방곡리(덕산마을)	50년
13	김○연	1948	철마면	38년
14	황○숙	1960	충남 음성	2년

2. 신·구 공간의 형성과 변화

부산시 기장군 정관면은 농경지 6.70㎢를 포함하여 총면적 38.22㎢로 10개 법정리, 17개의 자연마을이 있는 마을이다.[6] 지리적으로 부산 북동부 지역과 울산 남부 지역 생활권에 근접해 있으며 양산 물금신도시와 김해 장유신도시의 영향권에 자리하고 있다. 정관면은 1973년 동래군이 폐지되면서 경상남도 양산군에 속하였으나 1994년 행정구역 개편으로 기장군이 설치되어 기장군 정관면이 되었다. 그리고 1995년 기장군이 부산시에 편입되어 부산광역시 기장군 정관면이 되었다. 신도시가 들어서기 전인 2008년 11월 정관면 전체의 인구는 4,988명, 1,899세대였지만 정관 신도시가 들어서면서 급격한 변화가 생겨났다.

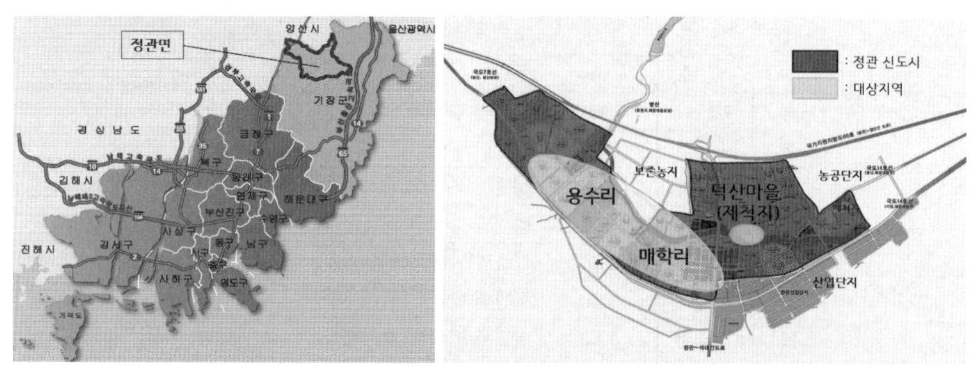

〈그림 1〉 정관면의 위치와 대상지역

---

6 예림리(예림마을, 서편마을), 달산리(독점마을, 달산마을, 강변마을, 대전마을), 방곡리(방곡마을, 덕산마을), 매학리(매곡마을, 상곡마을), 용수리(가동마을, 덕전마을, 평전마을, 산막마을), 모전리(양수마을), 병산리, 두명리(부명마을, 두전마을), 월평리, 임곡리로 구성되어 있다.

1) 정관 신도시 – 개발되는 곳

정관면 모전리, 용수리, 매학리, 방곡리 일원에 형성된 정관 신도시는 4.16㎢(약 126만평) 부지에 86,241명, 28,747세대가 거주할 수 있는 대규모 택지개발사업으로 조성되고 있다. 개발과정에서 개발방식, 재산권 제약, 토지보상, 기존 공장의 이전, 제척지,[7] 이주대책 등의 문제로 주민들의 반발이 심하였다.[8] 개발계획에 포함되어 있던 덕산마을은 보상문제로 갈등을 겪다가 주민들의 요구로 결국 개발사업에서 제외되었으며 그 인근의 성림아파트, 대우통신사원아파트, 재흥아파트도 제척지가 되었다.

정관 신도시는 2003년 5월 택지조성공사에 들어갔고 2004년 3월 주택건설공사가 착공되어 2008년 12월부터 4,857세대의 입주가 시작되었다. 그러나 초기에는 부산 도심과의 교통시설, 교육시설, 공공시설, 생활편의시설 등의 미비로 인하여 입주가 원활하게 이루어지지 못했다. 2008년 12월 부산울산고속도로, 2009년 11월 정관 신도시 진입도로인 회정로, 2011년 12월 정관면에서 양산, 울산으로의 연결도로가 완성됨으로써 정관면은 부산 도심은 물론 양산과 울산을 연결하는 교통망을 갖추게 되었다. 이런 분위기에 맞춰 아파트 주민들의 입주가 늘어나고 상가들이 들어서면서 본격적으로 인구가 늘어나 2012년 4월 정관면에

---

7   제척지란 '토지구획정리사업 등의 시행지역 안에 있는 토지이지만 실제 사업시행에서는 제외된 토지'를 말한다. 즉, 부산시 도시계획구역으로 지정되어 있었으나 정관 신도시 개발사업에는 포함되지 않은 토지를 뜻한다. 『국제신문』, 1999.12.3 · 12.14 · 12.16 · 2000.1.24 · 4.25 · 4.27 · 5.17.

8   『국제신문』, 1997.4.16 · 5.15 · 9.6 · 1998.10.9 · 1999.5.11 · 6.2 · 9.21.

<그림 2> 정관 신도시 경관

는 29,012명, 10,219세대가 살고 있다.[9] 신도시 아파트 입주 전인 2008년 11월 말과 비교하면 인구는 4.81배, 세대는 4.38배 증가한 것이다. 인구의 증가는 교육시설의 확대에서도 드러난다. 신도시가 들어서기 전까지 정관면의 교육시설은 초등학교 한 곳 밖에 없었지만 불과 3년 뒤인 2011년에는 초등학교 3곳, 중학교 1곳, 고등학교 1곳이 생겨났다.

1990년대까지만 해도 전형적인 농촌이었던 정관은 농공단지, 산업단지, 신도시 개발사업 등으로 몇 백 년을 이어온 논과 밭, 길과 집들이 사라지고 아파트, 학교를 비롯한 여러 건축물과 도로들이 조직적, 계획적으로 배치되었다. 곧게 뻗은 도로, 어디든 연결되는 교통망, 다양한 편의시설 등으로 주민들의 생활은 편리해졌다. 하지만 신도시 부지에서 농사를 짓고 살았던 235세대 주민들은 자신들의 의지와 상관없이 국가의 개발정책에 의해 삶의 터를 강제적으로 떠나게 되었다. 그래서 이전의 자연마을들이 사라지고 이웃들도 흩어졌다. 과거 정관의 모습, 이전의 마을 모습은 전혀 알 수 없게 되었다. 정관, 자연마을의 장소성은

---

9   정관면사무소, http://junggwan.gijang.go.kr(검색일 : 2012. 4. 10).

소멸되어 버리고, 완전히 새로운 공간, 어디서나 볼 수 있는 경관이 연출된 것이다. 이주세대 중에서 68세대는 덕산마을 맞은편에 위치한 정착지로 이주하여 '구연마을'을 이루었다.[10] 그러나 나머지 이주세대들은 이곳에 정착하지 않고 인근 지역이나 다른 곳으로 이사하였다.

2) 덕산마을－개발되지 않는 곳

산업화, 근대화, 도시화 그리고 세계화를 겪으며 도시공간은 빠르게 재구조화되고 있으며 이런 현상은 신자유주의의 거대한 자본과 더불어 공간의 분절화, 양극화, 주변화를 심화시킨다. 또한 공간의 양극화는 직업과 소득, 교육, 소비수준 등을 통한 사회적 양극화와 함께 공간을 분화하고 있으며 교통시설, 문화·복지시설의 집중, 명문학교를 중심으로 형성된 교육환경 등은 이러한 양극화를 촉진시키는 중요한 역할을 하게 된다. 앞에서 살펴본 것처럼 정관이라는 공간 역시 신도시 개발로 인해 공간의 재편이 일어나고 있다.

정관면 방곡리에 있는 덕산마을은 주위가 산과 하천으로 둘러싸인 정관면의 한가운데 있는 마을로서 예전부터 관공서가 입지하였고 상권이 발달해 정관면의 중심지 역할을 했던 곳이었다. 그래서 덕산마을에 있는 버스 정류소 이름이 '정관'이었으며 아직도 그대로이다. 그러

---

10 이곳이 대한주택공사에서 마련해준 이주정착지이다. 다른 신도시부지보다 저렴한 가격에 이들에게 분양되었다. 이주정착민들은 옛것을 이어간다는 의미로 마을이름을 '구연久連'이라고 지었다고 한다(정○환).

〈그림 3〉 덕산마을 경관

나 개발사업이 진행되면서 인구 증가뿐 아니라 대형 유통시설을 비롯한 상업시설 점포수와 면적이 지속적으로 늘어나고 있는 신도시 지역은 중심지로서의 입지를 굳히고 있지만 개발에서 제외된 덕산마을은 흔히 볼 수 있는 농촌 읍내 모습을 지닌 채로 인구의 감소, 상권의 침체 등을 겪으며 점차 쇠퇴하여 주변화 되고 있다.

덕산마을의 상점들은 2차선 도로 주변에 입점해 있다. 상점건물들은 대부분이 1~2층 규모이며, 1990년대에 세워진 4층 건물이 두 개 있다. 한 곳에는 은행, 치과, 의원, 학원이 입점해 있으며 다른 한 곳에는 교회, 당구장, 유흥업소 등의 업종이 입점해 있다. 과거 덕산마을에는 정관면사무소가 있었다. 지금 면사무소는 신도시 쪽으로 옮겨갔으며 그 자리에는 현재 기장군 도시관리공단이 들어와 있다. 그리고 파출소, 우체국, 농협, 은행, 의원, 약국, 마을회관(노인정) 등 생활에 필수적인 공공시설과 편의시설들이 20년 이상 자리를 지키고 있다. 하지만 신도시가 생기기 전까지 정관면에 하나밖에 없었던 초등학교인 정관초등학교는 현재 신도시로 이전하였으며 그 터는 중학교 야구부 연습장으로 사용되고 있다.

원래 덕산마을은 신도시 개발계획에 포함되어 있었다. 하지만 적은

보상비 때문에 주민들은 대한주택공사(현 한국토지주택공사, 이후 LH공사)
와 합의점을 찾지 못하였고 결국 마을은 제척지가 되었다. 만약 원안
대로 개발사업에 포함되었더라면 덕산마을의 지금 모습은 모두 사라
지고 신도시에 조성된 상업지역처럼 변했을 것이다. 편도 1차선의 좁
은 도로는 2차선 이상으로 넓혀졌을 것이며 높고 큰 상가들이 새롭게
들어섰을 것이다. 그러나 이곳에서 장사를 하던 대부분의 사람들은 낮
은 보상비로 높아진 지가를 감당할 수 없어 다시 이곳에서 장사를 하
기는 어려웠을 것이다.

3. 간판에 반영된 주변화

흔히 현대사회를 소비사회라고 한다. 그만큼 소비문화가 발달하고
중요해졌다는 뜻이다. 오늘날 소비는 단순히 개인적 욕구를 충족하기
위한 차원을 넘어 가치관, 제도, 규범 등의 사회적 차원과도 밀접하게
관련되어 있다. 소비는 생활의 질을 결정하기도 하고 다른 사람과 나
를 구별하는 표지가 되기도 하며, 동일한 방식의 소비를 하는 사람들
을 결집시키는 역할을 하기도 한다. 이러한 소비사회에서 소비행위의
강력한 매개체 역할을 하는 것이 광고이다. 다양한 광고매체 중에서
도, 간판매체는 공간을 배경으로 상품을 광고하고 설득하여 소비를 유
도하는 기능을 한다. 그래서 간판매체는 그 지역의 사람들을 설득할
수 있는 다양한 차별화 전략을 구사하며, 소비자들에게 가장 매력적으
로 다가갈 수 있는 방향으로 제작된다. 이런 점에서 특정 지역의 간판

은 그 지역 소비자들, 즉 지역인들의 소비문화적 특성은 물론 그 지역의 사회문화적 특성을 반영한다고 할 수 있다.

이 절에서는 소비경관을 대표하는 '간판'에 주목하여 구 중심지역이었던 덕산마을의 주변화 양상을 살펴보겠다. 이를 위해 정관 신도시 지역의 간판매체와의 비교를 시도하고자 한다.

1) 간판에 반영된 자본의 규모

구 중심지인 덕산마을의 거리에는 양복점, 음식점, 설비업체, 세탁소, 식육점, 렌트카사무실, 미용실, 열쇠점, 떡집, 마트 등 대략 70여 개의 상점들이 있다. 대부분의 상점들은 2층 이하의 건물에 입점해 있으며, 상점마다 하나의 간판이 아니라 가로형, 세로형, 돌출형 간판 등을 2개 이상씩 복합적으로 사용하고 있다. 이 중에는 가로형 간판이 가장 많으며 그 다음으로 돌출간판이 많다. 그리고 세로형 간판도 일부 보이며 '외환은행 정관점', '이랴'처럼 지주형 간판도 있다. 하지만 몇몇 새로 설치된 간판을 제외하고는 대체로 낡고 녹이 슨 상태이다. 그리고 영일양복점처럼 파손된 간판을 수리도 하지 않은 채 그대로 장사를 하는 곳도 있다. 간판을 바꾸라는 고객들도 있지만 옛 느낌이 난다고 그냥 두라는 고객도 있다고 한다. 무엇보다 고객들이 꾸준히 계속 있기 때문에 가게 주인은 특별히 간판을 교체할 필요를 느끼지 못한다고 한다(이○년).

신도시 지역에 새로 들어선 상점들은 5층 이하의 저층형 상가들이 많으나 중심지에는 5층 이상의 규모로 다양한 업종들이 입점해 있는 건물

<그림 4> 덕산마을 간판 1

도 있다. 가로형, 세로형 간판이 가장 많으며 돌출간판, 지주형 간판이 그 다음으로 많다. 또한 덕산마을에서는 거의 찾아볼 수 없는 '던킨도너츠'의 입체형 가로형 간판, '정관우리아동병원'의 옥상간판, '홈플러스'의 현수막게시틀과 입체형 가로형 간판 등도 신도시에서는 사용되고 있다. 이 중 입체형 가로형 간판이나 별도의 설치틀이 필요한 옥상간판은 다른 종류의 간판에 비해 제작 및 설치비용이 많이 드는 것들이다.

덕산마을과 신도시 지역의 간판을 비교해 볼 때 드러나는 가장 큰 특징은 자본의 차이다. 이러한 특징을 업종별로 살펴보면 다음과 같다. 먼저 덕산마을에는 제과점이나 커피 전문점, 닭집 간판이 하나도 없는 데 비해, 신도시 지역에는 '파리바게뜨, 뚜레주르, 던킨도너츠' 같은 제과점은 물론, '하겐다즈' 아이스크림점, '엔제리너스, 카페베네, 탐앤탐스' 같은 커피 전문점 간판이 있으며, 닭집 간판도 9개가 있다. 그런데 이들 제과점과 아이스크림점, 커피 전문점은 모두 전국적 유통망을 가진 대형업체의 체인점들이다. 닭집 또한 규모의 차이는 있으나 모두 체인점들이다.

　음식점을 보면, 덕산마을의 경우에는 15개의 간판 중 '이랴, 한양왕족발, 황궁쟁반짜장' 3개가 체인점 간판인데 비해, 나머지 12개의 간판은 모두 단독 자영업의 간판이다. 그러나 신도시 지역에는 '본죽, 채선당, 조마루감자탕, 봉추찜닭'은 물론 '고봉김밥, 김밥천국'과 같은 김밥집 간판들도 체인점임을 보여준다. 단독 자영업 간판도 있기는 하지만, 현재까지는 체인점 간판들을 더 많이 볼 수 있다. 그외 화장품 가게 간판 같은 경우도 신도시는 '더페이스샵, 아리따움, 토니모리' 같이 모두 체인점 간판을 달고 있다. 이에 비해 덕산마을의 경우는, '마임화장품 마임건강식품'이라는 체인점 간판과 '화장품'이라는 단독 자영업 간판을 달고 있다.

　이로 보아 신도시 지역과 덕산마을의 간판에서 나타나는 두드러진 차이는 신도시 지역에는 체인점 간판이 많다는 것이고, 덕산마을에는 상대적으로 그런 간판이 드물다는 것이다. 이는 일차적으로 두 지역의 상점에 입점해 있는 사람들의 자본력과 관련이 있다. 체인점 간판을 달게 되면 가맹비와 본사보증금 등을 지불해야 하지만, 단독 자영업일 경우에는 그런 부담이 없어 사업비가 상대적으로 적게 든다. 실제로 덕산마을의 상점 임대료는 신도시 지역의 1/5~1/10 선이다. 이런 점에서 보면 덕산마을 상점들의 주인 대부분은 영세한 자본으로 상점을

〈표 1〉 간판 비교-1

업종	덕산마을	신도시
제과점 및 커피 전문점	-	파리바게뜨(2개), 뚜레주르, 하겐다즈, 던킨 도너츠, 엔제리너스, 카페베네, 탐앤탐스
닭집	-	BBQ, 페리카나, BHC치킨, 더후라이팬, 오븐에 꾸운 닭(오꾸닭), 또래오래, 강정이 기가 막혀, 지코바양념치킨, 상문이숯불두마리치킨
음식점	부일숯불갈비, 칠암회센터, 오늘김밥&수제돈까스, 현진포장마차, 정관민물매운탕, 태화관, 왕성루, 장인촌국수, 우정식당, 방곡식당, 개경목장, 솔밭집국밥, 이랴, 한양왕족발, 황궁쟁반짜장	본죽, 이바돔, 채선당, 조마루감자탕, 무봉리토종순대국밥, 조마루감자탕, 봉추찜닭, 아딸, 고봉김밥, 김밥천국
화장품가게	마임화장품 마임건강식품, 화장품	더페이스샵, 아리따움, 토니모리
피자 가게	달리는 피자 아저씨	미스터피자, 피자에땅, 7번가 피자
유통업	빅마트, 동양마트	• 홈플러스, 훼미리마트, GS슈퍼마켓, 농협 하나로마트 • 세븐일레븐(3개), GS25(2개), 애니타임 • 초록마을

운영하는 사람들임을 알 수 있다. 그래서 비용 부담이 큰 체인점 대신, 개별적인 간판을 다는 단독 자영업을 선택하는 것이다.

이에 비해 피자 가게 간판의 경우는 두 지역 모두 체인점 간판을 달고 있다. 하지만 이 경우 두 지역의 체인점은 규모에 있어서 차이를 보인다. 덕산마을의 '달리는 피자 아저씨'는 부산경남 지역을 유통망으로 하는 체인점이지만 신도시 지역의 '미스터피자, 피자에땅, 7번가 피자'는 전국 유통망을 가진 체인점이다. 소규모 유통망을 가진 체인점은 대규모 유통망을 가진 체인점에 비해 가맹비와 본사보증금이 작아서 상대적으로 자본력이 떨어지는 상인들이 가입하는 경우가 많다. 그리고 두 지역의 피자 가게는 공간규모에서도 차이를 보인다. '달리는 피자 아저씨'의 경우는 주문배달만 가능하고 그곳에서 피자를 먹을 수

있는 공간이 없는데 비해, '미스터피자, 피자에땅, 7번가 피자'에서는
가게에서 피자를 먹을 수 있는 공간이 마련되어 있으며, 실내 또한 고
급스럽고 세련되게 꾸며 놓았다. 이러한 상점의 규모나 장식 같은 경
관 역시, 두 지역의 자본 차이를 반영하는 것이다.

두 지역 상점의 자본 규모의 차이는, 유통업 간판에서도 드러난다.
덕산마을에는 중소규모의 유통업체인 '빅마트'와 '동양마트' 간판이 있
는데 비해, 신도시 지역에서는 대형 유통업체인 '홈플러스'와 중소규모
의 'GS슈퍼마켓, 농협하나로마트' 간판, 그리고 다양한 편의점 간판들
을 찾아볼 수 있다.

간판매체를 통해 볼 때, 덕산마을에는 단독 자영업이나 중소규모의
유통업체들이 들어와 있는데 비해, 신도시 지역에는 대부분 체인점이
나 대규모 유통업체들이 들어와 있음을 알 수 있다. 이러한 차이는 자
본의 측면에서, 덕산마을이 정관 내에서 주변화 되었다는 것을 반영한
다. 그리고 이러한 주변화는 신도시 계획에 따른 공간 분화와 평행한
모습을 보이고 있다.

2) 간판에 반영된 시간적 층위

두 지역의 간판을 비교했을 때 드러나는 또 다른 특징은 업종의 차
이다. 덕산마을 간판에는 2000년대 이전 성행했던 업종들이 여전히 남
아 있는 데 비해, 신도시 지역 간판들은 요즘 성행하는 업종들이 주류
를 이루고 있다.

　〈표 2〉를 통해 보면 덕산마을에는 신도시 지역에는 없는 업종의 간판들이 있음을 알 수 있다. '대하비디오, 영일양복점(수선), 구두맞춤수선, 남광식육점' 등이 그것이다. 이 중 비디오 대여점은 1980년대 후반부터 1990년대 후반까지 성업했던 업종이며, 양복점은 기성복이 유행하면서 쇠퇴한 업종이다. 두 업종 모두 2000년 이후에는 쇠퇴하여 그 간판 역시 도심 지역에서는 찾아보기 어렵다.

〈표 2〉 간판 비교-2

업종	덕산마을	신도시
비디오 가게	대하비디오,	-
수선집	영일양복점(수선), 구두맞춤수선	-
식육점	남광식육점	-
떡집	떡사랑, 제일떡방앗간	-
휴대폰 가게	-	황소텔레콤, 마이더스텔레콤, LG유플러스, 성우텔레콤, 휴대폰 할인매장, SK Telecom, Olleh, T Word
이미용점	• 화장품, 마임화장품 마임건강식품 • 정영숙미용실, 유리미용실, 향숙 헤어 갤러리	• 아리따움, 더페이스샵, 토니모리 • 라인에스테틱, 백지영코스메틱 • 샤넬 네일아트 • 머리에 봄, 아르보떼헤어살롱, 오즈헤어, 엄은주헤어젬
병의원	정관제일내외과의원, 이편한치과	한빛메디칼의원, 조훈내과, 정관고려한의원, 푸른부부치과, 정관우리아동병원, 우리소아청소년과의원, 이인메디컬, 바른정형외과, 청담정한의원, 정관연합소아청소년과의원, 수이비인후과의원, 정관보스톤치과, 아름다운피부과, 새봄한의원, 명진의원, 수이비인후과, 정관뉴욕치과, 정관미소치과

　이에 비해 신도시 지역의 제과점과 커피 전문점 간판인 '파리바게뜨, 던킨도너츠, 엔제리너스' 등은 덕산마을에서는 찾아볼 수 없는 것들이다. 이 상호명은 1988년부터 2000년 사이에 만들어진 것들로 2000년대 중반 이후부터 양적 팽창을 보이고 있다.[11] 신도시 지역에서 이들 간판이 보이는 것도 이러한 연장선에 있다. 이와 같이 2000년대 이후의

시대적 흐름을 반영하는 간판의 또 다른 종류로는 휴대폰 가게 간판들이 있다. 휴대폰 가게 간판 역시 덕산마을에는 없지만, 신도시 지역에는 8개가 있다. 이러한 특징은 휴대폰 사용의 일반화라는 최근의 사회적 모습을 그대로 반영하고 있다. 이미용 업종의 경우 역시 덕산마을의 간판에는 요즘 유행하는 미용 관련 업종의 간판이 하나도 없는데 비해, 신도시 지역에는 최근의 외모가꾸기 열풍에 따라 성업 중인 네일아트, 피부 및 몸매 관리시설 간판들이 보인다. 이렇게 간판에 드러난 두 지역의 시간적 층위를 비교해 보면, 덕산마을 간판들에는 1980년대부터 1990년대까지의 모습이 아직도 남아있는 반면, 신도시 지역에는 2000년대 이후 특히 2000년대 후반의 사회적 흐름을 반영하는 간판들이 주류를 이룬다는 것을 알 수 있다.

시간적 층위의 차이는 두 지역에 모두 존재하는 업종에서도 나타난다. 예를 들어 두 지역 모두 병원 간판이 있지만, 업종 분화면에서 차이를 보인다. 덕산마을에는 '정관제일내외과의원'과 '이편한치과' 두 개의 병원 간판이 있다. 이 중 '정관제일내외과의원'은 내과와 외과를 겸업하면서, 하나의 간판으로 두 개의 분야를 동시에 광고하고 있다. 이처럼 병원 간판에 전문분야를 표기하지 않고 서로 다른 분야를 동시에 표기하여 광고하는 것은, 최근에는 거의 찾아볼 수 없는 현상이다. 이에 비해 신도시 지역의 병원들은 〈표 2〉에서 보이는 것처럼 각 전문분야별로 세분화 된 간판들을 내걸고 있다. 간판의 전문분야별 세분화

---

11 엔제리너스, http://www.angelinus.co.kr(검색일 : 2012.6.5), 던킨도너츠, http://www.dunki
ndonuts.co.kr(검색일 : 2012.6.5), 파리바게뜨, http://www.paris.co.kr(검색일 : 2012.6.5).

는, 각 분야별로 전문가가 나누어지고 그 전문가가 대우 받는 요즘의 사회적 분위기를 반영하고 있다. 이처럼 두 지역 간판의 업종 세분화 여부는 두 지역사회에 쌓인 시간적 층위의 차이를 반영하고 있다.

두 지역의 시간적 층위의 차이는 간판의 상호명에서도 드러난다. 덕산마을의 간판에는 외래어가 거의 사용되지 않는데 비해, 신도시 지역 간판의 명칭에는 외래어가 많이 등장한다. 예를 들어 덕산마을의 이미용업 간판에는 '미용실'이라는 단어가 사용되는데, 신도시 지역에는 '헤어살롱, 헤어젬' 등의 단어들이 사용되며 '라인에스테틱, 백지영코스메틱, 샤넬 네일아트' 등의 외래어들이 사용되고 있다. 간판 명칭에 외래어를 사용하는 것은 학원 명에서도 많이 나타난다. 학원 간판의 경우에는 외래어의 사용뿐만 아니라 간판명 자체가 영어로 된 것도 있다(〈표 3〉 참조). 휴대폰 가게 간판의 경우도 마찬가지다. 이처럼 상호에 외래어 사용이 증가하는 것은 글로벌 시대에 따른 서구문화의 유입과 선호라는 시대적 분위기를 반영하고 있다.

그리고 그 다른 한 축에는 순 한글 간판도 눈에 띈다. 덕산마을의 '떡사랑'과 신도시의 '아리따움, 머리에 봄' 같은 간판들이다. 이는 외래어 간판이 유행하는 반대편에서, 순 한글 이름 간판이 유행하고 있는 최근의 흐름을 반영한 것이다. 그런데 덕산마을 '떡사랑'의 경우는 이전의 빵집이 문을 닫고 2년 전 외지에서 이사 온 주인이 떡집을 차리면서 간판을 새롭게 단 것이다. 떡집 주인은 간판과 실내외 장식을 세련되게 바꾸고 싶었다고 한다(황○숙). 실제로 덕산마을 상가 거리에서 '떡사랑' 간판은 외부 장식과 함께, 가장 눈에 띈다.

이처럼 간판을 비교해 볼 때, 두 지역은 시간적 층위에 있어 이분화

〈그림 5〉 덕산마을 간판 2

양상을 보이며 덕산마을은 신도시에 비해 시간적으로 느린 흐름을 보이고 있다. 이는 덕산마을이 동시대의 시간적 흐름에서 상대적으로 주변화 되고 있음을 의미한다.

3) 간판에 반영된 연령과 소비문화적 특성

두 지역 간판에 나타나는 또 다른 특징은 거주자의 연령층을 반영하고 있다는 점이다. 두 지역 간판을 비교할 때, 신도시 지역 간판에서 보이는 두드러진 특징은 학원과 휴대폰 가게, 병의원 간판이 많다는 것이다. 특히 신도시 지역의 학원을 간판에 따라 분류하면 음악학원, 미술학원, 수학학원, 영어학원, 단과학원, 영재학원, 태권도학원 등으로 구분된다. 총 30여 개의 간판이 있어 간판이 가장 많은 업종 중의 하나이다. 그런데 이에 비해 덕산마을에는 입시학원 간판과 태권도장 간판이 각각 1개씩 있다.

두 지역 학원 간판의 숫자와 종류의 차이는, 두 지역 거주민들의 연령과 관련이 있다. 덕산마을은 신도시 지역에 비해 거주자의 연령층이 상대적으로 높다. 신도시 지역은 주로 40대 이하의 거주 비율이 높은 반면, 덕산마을은 50대 이상의 비율이 높다. 따라서 두 지역에서는 이러한 거주민들의 연령층을 중심으로 한 업종의 간판이 많이 나타나는 것이다. 덕산마을 거주민의 연령층이 높은 원인 중의 하나는 신도시 개발과 관련이 있다. 신도시 개발로 덕산마을 주민들 중 젊은층들이 다른 지역으로 많이 이주했기 때문이다. 정관초등학교가 신도시 지역으로 이전하게 된 것도 거주민의 연령층 변화와 신도시의 증가하는 인구가 원인이었다. 그 결과 덕산마을에 있던 문구점은 문을 닫고 지금은 '삐에로'라는 간판만 남아 있다. 현재 덕산마을 학생들은 신도시에 있는 초등학교까지 약 25~30분 정도를 걸어서 통학하고 있다.

병원의 경우에도 덕산마을에는 치과 간판과 내과와 외과를 같이 광고하는 의원 간판이 1개씩 있다. 이에 비해, 신도시 지역에는 전문과목별 세분화는 물론 '우리소아청소년과의원', '정관연합소아청소년과의원'처럼 아동이나 청소년이 주 대상이라는 점을 특별히 부각시킨 간판들이 있다. 그리고 덕산마을에는 사진관이 한 곳도 없는 데 비해, 신도시 지역에는 '뽕쁘앙베이비스튜디오'와 같이 아기를 대상으로 하는 사진관도 있다. 이러한 간판의 상호명들은 신도시 지역에서 아동이나 청소년들이 차지하는 비중의 크기를 보여준다.

〈표3〉 간판 비교-3

업종	덕산마을	신도시
학원	정관태권도장, 진영입시학원	뮤직스토리, 믹스실용음악학원, 이화뮤즈학원, 베르디성악학원, 칸탄타실용음악, SK뮤직폼 뮤직센터, 지젤무용학원, 토마토미술학원, 천지창조 미술학원, SOGA어학원, 서울대 가는 수학, 생각하는 수학원, 해법수학, 정관씨매스수학학원, 하이츠수학학원, 교원, 배정영어교습소, 튼튼영어, ECC영어학원, 고려e스쿨, 글로벌 단과종합학원, 창의성영재교육 키즈닥터, 토론하는 아이들 스터디법, World Vision English School, 드림태권도, 용인대태권도, 용인대석사태권도, 야무진태권도, 정관태권도장
문구점	삐에로	색종이, 드림오피스, 육일문구, 오피스종합문구센터
사진관	-	뽕쁘앙베이비스튜디오, 아이유스튜디오

또한 이 지역 간판은 지역민의 연령층과 함께 그들의 소비문화적 특성을 담고 있다. 덕산마을에는 '정관태권도장, 진영입시학원' 외에는 청소년이나 청년층의 소비자를 주 대상으로 하는 간판이 없어, 그들과 관련된 소비문화적 특성을 반영하는 간판이 거의 없다는 것을 알 수 있다. 이에 비해 신도시 지역에는 청소년은 물론 청장년층을 주 대상으로 하는 업종 간판들이 많이 있다. 신도시 지역에서 학원 간판이 다른 업종 간판들에 비해 높은 비율을 보이는 것은 이 지역 사람들의 자녀 교육에 대한 소비욕구를 보여주는 것이라고 할 수 있다. 또한 앞에서 살펴보았던 커피 전문점, 외모 관련 업종 등이 신도시 지역에만 있는 것 역시, 이 지역 거주자들의 소비문화적 특성을 반영한 것이다. 특히 커피 전문점의 경우에는 매장의 규모, 내부 장식, 외관에서 다른 상점들과 차별화 된 모습을 보이고 있다.[12]

---

[12] 규모면에서 볼 때, 상대적으로 주변의 다른 상점에 비해 면적이 넓은 편이며, 3곳 중 2곳은 두 개의 층을 사용하고 있다. 내부에는 간접조명을 사용하여 은은한 분위기를 조성하였으며 곳곳에 놓인 화초들을 통하여 쾌적한 실내환경을 만들어 내고 있다. 그리고 넓은

〈그림 6〉 덕산마을 간판 3

　이미용업 간판의 경우에도 덕산마을에는 화장품과 미용실 간판밖에 없는데, 신도시 지역은 네일아트는 물론, 피부 및 몸매 관리시설 간판들까지도 보인다. 이것은 신도시 지역의 거주민들이 외모 가꾸기에 관심이 있고 이를 소비하려는 욕망을 가진 사람들이 많다는 것을 보여준다.

　이처럼 간판을 통해서, 덕산마을의 경우에는 주로 장노년층이 거주하며 신도시 지역에는 주로 청장년층많이 거주한다는 것을 확인할 수 있다. 그리고 거주 연령층에 비례하여 덕산마을에는 청소년이나 청년층 소비자들의 소비문화적 특성을 반영하는 간판이 거의 없다는 것을 알 수 있다. 이에 비해 신도시 지역에는 소비자들의 자녀 교육에 대한 욕망을 반영하는 간판이 많을 뿐만 아니라 최근의 외모 가꾸기 열풍과 관련된 업종 간판들이 눈에 띄는 것으로 보아 청소년이나 청년층 소비자들의 소비문화적 특성을 반영하는 간판들이 많다는 것을 알 수 있

공간에 테이블과 의자들을 여유있게 배치하여 편안하고 고급스러운 분위기를 연출하고 있으며 전면의 통유리를 통해 밖에서도 내부의 분위기를 느낄 수 있도록 하고 있다. 특히 게임기와 컴퓨터 등을 설치하여 자녀를 동반한 젊은 여성들이나 젊은이들이 편리하게 이용할 수 있는 환경을 마련해 놓고 있다.

다. 두 지역 간판을 비교해 볼 때, 덕산마을은 거주자의 연령면에서 뿐 아니라 소비문화적 특성에 있어서도 요즘의 소비문화적 특성을 반영하지 못한다는 점에서 주변화 되어 있음을 알 수 있다.

4. 주변화와 지역인의 의식

2, 3절을 통해 덕산마을과 신도시 지역의 공간 분화와 간판매체에 반영된 덕산마을의 주변화 양상을 확인할 수 있었다. 이어서 이러한 공간 분화와 주변화에 대한 덕산마을 주민들의 다양한 의식을 살펴보겠다.

1) 중심의 이전과 피해의식, 그리고 좌절

덕산마을 사람들이 마을에 대해 공유하고 있는 인식 중에 가장 두드러지는 것은, 덕산마을이 과거 이 지역의 중심지였다는 것이다. 지금은 이 마을이 신도시 개발계획에서 제외되어 변두리가 되었지만, 예전에는 이곳에 면사무소가 있었고 사람들은 이 마을을 면사라고 불렀다고 기억한다. 어린 시절에는 면사에 산다는 것에 자부심을 가지고 있었고, 다른 곳에 사는 아이들도 면사에 사는 아이들한테는 함부로 못했다고 한다(허○종). 지금도 이곳의 버스 정류장 간판이 '정관'이라고 강조하고, 옛날에는 정관에 들어오거나 정관을 나가려면 모두 이 길 아니면 안 되었다고 말한다(이○식).

덕산마을이 과거 정관의 중심지였다는 의식은 주변화 된 마을의 현재 상황과 대조되면서, 더욱 강조되고 있다. 경관적 측면에서 직선 도로, 큰 건물, 화려하게 치장한 상가, 편의시설이 들어서 전형적인 계획도시의 모습을 갖춘 신도시와 차이가 날 뿐만 아니라, 간판을 통해 살펴본 것처럼 시간적 흐름에서 뒤처지고 자본의 규모도 열세이며 거주 연령마저 높아 다층적인 면에서 주변화 된 모습을 보이는 것이 현재의 덕산마을이다.

주변화 된 현재와 과거의 정관에 대한 상반된 기억은, 마을의 주변화 과정에 대한 인식에 많은 영향을 끼친 것으로 보인다. 덕산마을은 원래 신도시 계획에 포함되어 있었으나 낮은 보상가 때문에 주민들이 반대함으로써 계획에서 제외되었다. 하지만 시간이 지나면서 마을의 발전은 답보 상태를 보이거나 오히려 쇠퇴하는 모습을 보이게 되자 주민들의 생각도 다양하게 변화하게 되었다. 그 중에서도 구술 과정에서 가장 많이 드러나는 것이, 신도시 개발과정에 개입되었던 공권력과 자본에 대한 인식이다.

① 보상을 해도 시세에 맞게 해줘야지, 무조건 주는 대로 받아라 그렇게는 안 되잖아요. 그래서 우리는 빼달라고 했지요. 잘 빠졌어요(조○자).

② 보상가를 너무 작게 주니까 우리가 반대를 했어요. 그러니까 주택공사도 얼씨구나 좋다고 여기를 뺀거죠. 자기들도 논밭을 싸게 넣는 게 낫지 비싼 우리 땅을 넣고 싶었겠어요. 그래서 빠진거죠(문○만).

③ 당시에 평당 60만 원씩 하던 땅을 25∼30만 원에 강제로 수용했어요. 그러고서는 그게 요새는 상가자리가 돼서 평당 1,000만 원씩 가요. 보상가가 워낙 낮아서 반대가 많았어요(신○호).

④ 지금 중심상업지에 땅을 가지고 있었어요. 그런데 공직에 있어서 반대를 할 수도 없고 그랬어요(허○종).

⑤ 상권이 죽었는데 공시지가만 올려놓고, 평당 400~500만 원 하는데, 여기 누가 들어오겠어요(이○선).

⑥ 신도시 택지개발을 하면서 저쪽 지역의 땅을 높였어요. 그래서 이쪽이 낮아졌어요. 비가 오면 물들이 전부 좌광천으로 모이는데, 만약에 폭우가 쏟아지면 이쪽이 잠길지도 몰라요. "주민들 죽이면서 신도시 만들지 마라"라고 했지요(김○연).

⑦ 자연마을을 끼고 신도시를 안 만들어야 됩니다. 일 터전도 없어지고 회사가 생겨도 한 달에 150만 원밖에 못 받아요. 그걸로 어떻게 삽니까? 가만있는 땅, 납뒀으면 좋겠습니다. 앞으로는 이런 신도시는 만들면 안 됩니다(최○열).

주민들은 신도시 계획을 수립한 건설교통부와 지자체가 공권력으로 자신들의 땅을 신도시 개발계획에 포함시키려 했던 것, 그리고 LH공사의 현실보다 낮은 보상가 책정과 개발 후의 폭리 등에 대해서 반감을 보이고 있다. 그리고 자신들이 반대해서 제척지가 된 것에 대해서도, 재산권을 보호하기 위해 그렇게 할 수밖에 없었으며, LH공사에서는 주민들의 반대를 오히려 반겼다고 생각하고 있다. 이러한 구술을 통해 주민들의 반대는 개인의 재산권 보호 차원에서 당연한 것이었고, 이에 대한 LH공사의 대응은 자본의 횡포로 인식하고 있다는 것을 알 수 있다. 또한 일방적인 신도시 중심의 개발과정에서 덕산마을이 피해를 입고 있다는 인식과 함께 신도시 개발정책에 대한 강한 비판을 보이고 있다.

덕산마을 사람들의 피해의식의 또 다른 모습은 덕산마을의 발전 전망에서도 드러난다.

⑧ 여기도 저기처럼 개발되면 좋지요. 그런데 그렇게는 안 돼요. 누가 개인이 해야 되는데 누가 하겠어요(조○자).

⑨ 상권이 살아나면 야 좋죠. 그런데 여기는 해당 안 돼요(김○연).

⑩ 한번 정해진 건데 안 바뀝니다. 공시지가가 비싸서 주택공사가 그걸 보상해주고 개발할 거 같습니까? 택도 없습니다(최○열).

⑪ 장사도 안 되고 발전성도 없어요(문○만).

마을 사람들 대부분은 덕산마을의 발전에 대한 기대감이 없다. 한 번 손을 뗀 LH공사가, 지가가 오를 대로 오른 이곳을 다시 사들일 이유가 없다고 생각한다. 따라서 이곳이 개발되려면 개인이 투자를 해야 하는데, 실질적으로 그렇게 되기도 어렵다는 것이다. 이미 공권력과 자본의 횡포를 경험한 사람들은 더 이상 마을의 발전을 기대하기 힘들다고 여긴다. 이처럼 덕산마을 사람들은 신도시 개발과정을 통해, 공권력과 자본의 횡포에 대한 반감과 함께 피해의식을 가지고 있으며, 미래의 전망에 대해서도 좌절감을 가지고 있음을 알 수 있다.

2) 후회, 선망과 질시

구술자들 대부분은 신도시 계획에서 빠진 것에 대해 당연한 선택이었으며 그것이 잘한 선택이었던 것처럼 이야기한다. 하지만 극소수의 사람들은 자신들의 선택에 대해 후회하는 태도를 보이기도 한다.

⑫ 나이드신 분들이 반대를 해서 그렇지 우리 아저씨 같은 경우는 그게 낫다고 했지요. 그런데 어른들이 반대하시니까 뜻을 따를 수밖에 없었지요. 우리도 들어가는 게 낫다고 생각했지요(이○선).

⑬ 당시에 자녀 세대와 부모 세대 간에 의견이 나뉘었습니다. 결국 부모 세대의 의견에 따라 신도시 계획에서 빠졌는데, 2006년에 다시 포함시켜 달라고 건의를 했습니다. 그런데 예산이 이미 편성되어서 안 된다고 거절 당했지요. 결국 미래를 못 내다 본 거지요(신○호).

⑫의 구술자는 신도시 계획에서 빠진 것이, 자신들의 의지와는 달랐음을 강조함으로써, 마을이 현재 상황에 이르게 된 데 대한 후회를 간접적으로 드러내고 있다. 덕산마을 출신의 사람들에게서 들을 수 없었던 이야기를 들은 것은 상곡리 출신의 구술자를 통해서이다. 구술자는 ⑬에서 보듯이 덕산마을 사람들이 '2006년에 다시 신도시 계획에 포함시켜 달라고 건의를 했다'는 사실을 구술한다. 이러한 구술들을 통해 덕산마을 사람들의 내면에는, 마을을 현재의 상황에 이르게 한 선택에 대한 후회가 자리하고 있음을 알 수 있다. 그리고 2006년 마을의 요청이 거절당함으로써, 권력과 자본으로부터 소외당했다는 피해의식이 더욱 강하게 자리잡게 되었고, 자신들이 선택을 번복한 것과 거절당한 것을 외부인들에게 드러내지 않으려는 의식도 존재함을 알 수 있다. 이렇게 자신들의 후회를 외부인들에게 드러내지 않으려는 것은 지역민들이 가진 자존심으로 보인다.

이러한 마을 사람들의 의식은 신도시 지역을 바라보는 시선에서도 드러난다.

⑭ 사람들하고 차들이 너무 많아요. 더 이상 이사 안 왔으면 좋겠어요. 시끄러워서 싫어요(조○자).

⑮ 상가에 들어와서 장사가 안 돼서 나가는 사람들도 많다고 하던데요. 자릿세가 비싸서. 평당 1,000만 원이라는데(이○년).

⑯ 공원하고 녹지는 많이 조성되어 있는데, 상대적으로 나무가 적어요. 몰라 지금 나무들이 자라면 모르겠지만요. 그런데 저렇게 개발되면 안 돼요. 상가 주변에 주차장이 없는데(최○열).

구술자들은 신도시가 들어서면서 교통이 편해지고 홈플러스와 공원이 많이 생겨서 좋다고 말한다. 그러면서도 한편으로는, 위의 구술에서처럼 신도시 지역의 인구 증가에 대한 불만과 함께 신도시 쪽 상가도 장사가 잘 안 된다, 공간 조성에 문제가 있다는 등 신도시의 부정적인 측면들을 말한다. 하지만 구술에서 말한 부정적인 측면이 사실과 반드시 일치하지는 않는다. 구술자들이 실제로 신도시 지역에서 장사가 안 돼서 나가는 사람이 많다는 것을 확인한 것도 아니며, 또한 정관 신도시 지역은 다른 신도시 지역들보다 공원과 녹지 비율이 높고 나무가 많이 심어져 있으며, 각 건물마다 주차장이 있기 때문이다. 신도시 지역에 대한 이러한 부정적인 시선은, 신도시 지역에 대한 질시의 감정을 드러내는 것으로 볼 수 있다. 이러한 의식은 대부분의 덕산마을 사람들이 신도시 지역에는 사람 사는 정이 없다는 내용을 구술하는 데

에서도 나타난다(김○연, 이○년). 구술자 대부분은 신도시가 들어서면
서 생긴 혜택에 대해서는 긍정적으로 받아들이지만, 그 지역 자체에
대해서는 곱지 않은 시선을 보내는 것이다.

하지만 앞에서 살펴보았듯이, 다시 신도시 개발에 포함되고자 신청
했던 점 등을 생각하면, 질시의 이면에 존재하는 또 다른 의식의 일면
을 읽어낼 수 있다.

⑰ 저쪽은 저렇게 발전했는데, 여기도 발전하면 좋지요. 기대는 안 하지
만 그래도 10년 쯤 지나면 발전하지 않을까요? 아무튼 좀 더 변화가 있었으
면 좋겠어요. 여기도 깔끔하게 바뀌었으면 좋겠어요(김○연).

상권이 살아났으면 좋겠다고 하는 구술자들의 공통된 대답이나 저
쪽의 발전과 비교하면서 여기도 저쪽처럼 발전하고 깔끔하게 바뀌었
으면 좋겠다는 위의 구술에서, 마을 사람들의 내면에는 저쪽 신도시를
선망하는 의식이 있음을 알 수 있다. 이렇게 신도시 개발을 둘러싸고,
덕산마을 사람들의 의식 속에는 후회와 함께 선망과 질시의 이중적인
의식이 자리하고 있는 것이다. 그런데 이러한 선망과 질시는 덕산마을
사람들의 일상과 앞으로의 덕산마을 변화 방향에 대한 생각에도 영향
을 끼친다.

3) 소비행위와 공동체 의식

덕산마을 사람들의 소비행위는 주로 마을 내에서 이루어진다. 예를 들어 생필품을 구입할 경우, 마을 사람들은 도보로 15~20분 정도의 거리에 있는 홈플러스를 이용하기보다는 주로 마을 내의 빅마트나 동양마트를 이용한다. 빅마트와 동양마트의 경우에도 구술자에 따라 다소 차이는 있으나, 규모가 크고 상품도 많은 동양마트보다 빅마트를 더 자주 이용한다고 답한 경우가 많다(조○자, 김○연, 황○숙, 이○선). 그리고 홈플러스에 가는 경우는 이곳에 없는 것들을 사러 가거나 특별히 세일기간이거나 구경하러 가는 경우라고 한다.

마을 사람들은, 홈플러스나 GS슈퍼마켓처럼 상대적으로 규모가 큰 마트를 선호하지 않는 이유에 대해, 가까이서 살 수 있는데 굳이 멀리 갈 필요가 없으며 대형마트에 가면 충동구매를 하기 때문이라고 한다. 그래서 가격이 크게 차이 나지 않는다면, 주변에서 물건을 산다고 한다(이○선, 이○년). 덕산마을 사람들의 이러한 소비행위는 자본의 힘을 등에 업은 대형마트가 다양한 상품들을 통해 소비자의 욕망을 자극해도, 이에 흔들리지 않고 주체적으로 소비행위를 하고 있음을 보여주는 일례라고 할 수 있다.

신도시 지역 마트에 가지 않는 또 다른 이유로 이곳 사람들이 친절하고 물건을 사기도 편하기 때문이라고 한다. 빅마트에 가면, 매장이 크지 않아 물건이 어디 있는지 쉽게 찾을 수 있고 혹시 위치를 모른다고 하더라도 점원 아가씨에게 물으면 찾아다 주거나 혹은 위치를 가르쳐 준다고 한다. 이에 비해 홈플러스에 가면, 물건이 많아서 찾기도 어렵고 아가씨들이 있으나 그들에게 말 붙이기가 어렵다고 한다(조○자, 김○연). 이런 대답을 통해 볼 때, 덕산마을에 있는 마트 사람들이 친절하다는 의미는 친숙함의 의미를 내포하고 있는 것으로 해석된다. 일반적으로 사람들은 대형마트에 근무하는 직원들에 대해 친절하다는 인식을 갖고 있다. 그런데 덕산마을 사람들이 이들에게 말 걸기가 어렵다고 느끼는 것은, 낯선 공간과 낯선 사람, 그리고 큰 공간이 주는 위압감 때문인 것으로 보인다. 이러한 낯섦과 위압감은 신도시 지역에 대한 부정적 시선으로 연결되어 표출된다. 앞 장의 신도시 지역에 대한 질시의 모습에서 보았던 것처럼, 신도시 지역은 자신들의 일상공간인 '이쪽'과 구별되는 '저쪽', '사람 사는 정이 없는 공간'이 되는 것이다. 이에 비해 마을 상가는 마을 사람들의 일상생활이 이루어지는 공간이다. 일상생활 속에서 만나는 공간이며, 일상에서 마주치는 사람들인 것이다. 그들에 대한 친숙함과 공간의 친숙함이 어우러져 사람들에게 편안한 공간으로 인식되는 것이다. 이것은 덕산마을의 상가지역이 사람과 사람이 면대 면으로 만날 수 있는 공간이기 때문이라고도 할 수 있다.

마을 사람들은 화려하고 번화가지만 친근감 없고 사람 사는 정이 없다고 느껴지는 저쪽 공간보다, 소박하지만 반복되는 일상의 중요함[13]과 그것을 통해 만들어진 사람들 사이의 관계가 있는 이쪽 공간에 의미를 두는 것이다. 이것이 마을사람이 대형마트를 선호하지 않는 이유 중의 하나인 것이다. 이런 점에서 마을 사람들의 질시는 단순한 비방

---

13 이무용, 「비판적 공간문화연구의 동향과 과제」, 『지리학논총』 45, 서울대 사회과학대학 지리학과, 2005, 449~450쪽.

이나 비판의 차원으로만 머무는 것이 아니라, 자신들에게 의미 있는 것을 찾아내고 의식적이든 무의식적이든 그것을 소비행위의 차원으로 연결시키고 있다고 할 수 있다. 그리고 이러한 일상은 마을 사람들을 하나의 공동체로 의식하게 하는 기능도 가지고 있다.

마을의 마트를 이용하는 또 다른 이유로 우리 마을에 있는 상점이니 이용한다는 답도 있었다. 마을에 있는 상점들이 장사가 잘 되어야 마을도 같이 발전할 수 있다고 했다(조○자, 김○연). 물건값에 약간 차이가 있어도 우리 마을에 있는 상점인데, 우리가 팔아 주어야 한다는 생각이다. 이러한 의견은 덕산마을이라는 장소를 중심으로 한 마을 사람들의 공동체 의식을 드러내는 것이라고 할 수 있다.[14] 구술조사 과정에서, 덕산마을 사람들을 통해서는 2006년의 신도시 계획 신청 요구를 거절당한 사건에 대하여 들을 수 없었던 것도 공동체 의식과 관련 있는 것으로 볼 수 있다.

덕산마을 사람들은 앞으로 마을의 변화 방향에 대해 다음과 같이 구술한다. 덕산마을에 있던 모든 것을 없애고 새로운 도시로 개발할 것이 아니라, 이곳이 고향인 사람들에게 고향이 있다는 느낌을 줄 수 있는 향수의 완충 지대와 같은 곳이 되었으면 좋겠다고 한다. 그래서 특히 어린 시절 놀던 좌광천 주변을 도시에서 흔히 볼 수 있는 산책 공간이 아닌, 옛 정관의 모습을 살려 자연 그대로의 하천으로 만들었으면 좋겠다고 한다(허○종). 이러한 의식의 다른 모습은 정관초등학교의 이

---

14 이러한 공동체 의식은 간판을 통해서도 확인된다. 파손된 양복점의 간판을 옛 생각이 나니 그대로 두었으면 좋겠다는 의견은, 주변화 된 마을의 오래된 간판이 도리어 마을의 정체성이나 공동체 의식을 강화하는 역할을 하기도 한다는 것을 보여준다.

전에 대한 생각에서도 나타난다. 신도시 개발이 이루어지면서 덕산마을에 있던 정관초등학교는 신도시 지역인 매학리로 옮겨가게 되었다. 그때 졸업생들이 신도시 개발이 끝나면 다시 옛 위치로 돌아오는 조건으로 이를 승인했다고 한다. 그래서 마을 주변의 아파트 단지에 사람들이 입주하게 되면, 학교가 다시 옛 자리로 돌아온다고 생각하고 있다(이○선, 최○열, 정○봉).

이 지역 사람들은 마을의 발전을 바라면서도, 그것이 자본의 논리에 따른 일방적인 개발이 아니라 장소에 쌓인 시간을 기억하고, 구불구불한 길을 따라 걷는 사람들이 만들어낸 이야기를 담을 수 있는 공간을 희망하는 것이다. 이것은 자본에 대한 끝없는 선망이 아니라, 인간적인 삶이 뿌리내릴 수 있는 가능성 안에서의 선망, 절제된 선망을 의미하는 것이다. 덕산마을 사람들이 생각하는 이러한 마을의 발전 방향은, 신도시 지역에 대한 그들의 선망과 질시가 긍정적인 방향으로 작동한 것이라고 할 수 있다. 선망과 질시가 열등의식과 경쟁의식으로 인간의 삶을 피폐하게 만드는 것이 아니라, 인간의 삶을 회복하고 주체적으로 지역 발전의 밑그림을 그리는 긍정적인 모습으로 나타나는 것이다.

5. 일상공간과 주체적 삶

본 연구는 정관 신도시 개발에 따라 중심지역에서 주변지역화한 덕산마을을 중심으로 간판매체에 반영된 주변화 양상과 주변화 과정에서 나타나는 지역인들의 의식을 살펴보는 것이 목적이다. 이를 위해 먼저 덕산마을과 신도시 지역의 간판매체 비교를 통해 덕산마을의 주변화 양상을 살펴보고, 또한 구술조사를 통해 주변화 과정에서 나타나는 지역인들의 의식을 살펴보았다.

신도시 지역의 간판매체의 특징이 현대 자본주의의 급속한 시공간적 압축을 반영하고 있는데 반해 주변화 된 덕산마을의 간판매체는 시공간적 압축과는 거리가 먼 경관을 보이고 있었다. 덕산마을의 상점 간판에 반영된 주변화 양상은 크게 세 가지 측면으로 구별해 볼 수 있다. 첫째, 자본 규모의 측면이다. 체인점 간판이 많은 신도시 지역에 비해 덕산마을에는 소규모 단독 자영업 간판이 많으며, 체인점의 경우에는 전국유통망이 아닌 지역유통망을 가진 체인점 간판이라는 점을 통해, 신도시 지역 상가에 비해 소규모 자본이 들어와 있다는 것을 알 수 있다. 이는 과거 중심상권을 형성하던 덕산마을 상가가 자본의 규모면에서 상대적으로 주변화한 모습을 보여준다. 둘째, 시간적 층위의 측면이다. 신도시 지역은 최근 성행하는 업종의 간판들이 주류를 이루며 현재의 사회적 흐름을 반영하고 있다. 이에 비해 덕산마을에는 1980~1990년대에 성행하던 업종의 간판들이 여전히 남아 있어, 느린 시간적 흐름과 함께 시간적 측면에서 상대적으로 주변화 된 모습을 보인다. 셋째, 거주자 연령과 소비문화의 측면이다. 신도시 지역 간판이 젊은 구매층과 그들의 소비문화적 수요를 담고 있는 반면, 덕산마을의 간판은 장노년 구매층의 소비문화적 수요를 담고 있다.

간판에 반영된 주변화 양상과 함께 신도시 개발과정에서 나타난 중심의 이전, 개발되지 않는 현실, 개발여부에 대한 선택의 번복, 경제적 차이 등으로 인해 덕산마을 주민들은 피해의식, 좌절, 후회, 선망과 질시 등의 감정을 동시에 경험하고 있는 것으로 나타났다. 그러나 다른 한편으로 덕산마을 사람들은 공동체 의식을 바탕으로 한 소비행위를 통해, 상품화된 소비공간이나 자본이 부추기는 욕망이 아닌 일상의 공간에서 주체적 삶의 방식을 실천하고 있음을 확인할 수 있었다.

참고문헌

권해수, 「경기도 신도시 개발에 따른 지역갈등과 해소방안—소지역주의의 형성과정과 정책과제를 중심으로」, 『경기21세기』, 경기개발연구원, 1996.

김진경·이재준, 「동탄2 신도시 제척지역의 주민과 시행사의 이해갈등조정에 관한 사례연구—화성시 동탄면 성원아파트를 대상으로」, 『한국지역개발학회지』 22(4), 한국지역개발학회, 2010.

김혜숙, 「간판 매체 어휘의 분석으로 본 언어문화적 차별성과 동질성—한국 명동과 연변 서시장 간판 매체 어휘의 비교를 통하여」, 『이중언어학』 28, 이중언어학회, 2005.

변정민, 「언어활동의 사회문화적 고찰—간판 언어와 광고 언어를 중심으로」, 『새국어교육』 72, 한국국어교육학회, 2006.

손장권, 「신도시와 구도시의 생활실태 및 생활만족도에 관한 비교연구」, 『사회와문화』 10(1), 고려대 사회학연구회, 1996.

심승희·한지은, 「압구정동·청담동 지역의 소비문화 경관 연구」, 『한국도시지리학회』 9(1), 한국도시지리학회, 2005.

윤현신, 「신도시와 주변 구舊도시 주민의 삶의 질에 관한 의식의 비교 연구—일산신도시와 구舊일산을 사례로」, 『지리학논총』 36, 서울대 사회과학대학 지리학과, 2000.

이무용, 「비판적 공간문화연구의 동향과 과제」, 『지리학논총』 45, 서울대 사회과학대학 지리학과, 2005.

임주호·안건혁, 「신도시 개발에 있어 제척지의 지가상승효과 연구」, 『국토계획』 35(5), 대한국토·도시계획학회, 2000.

조흡·강준만, 「간판의 문화정치학」, 『한국언론학보』 53(6), 한국언론학회, 2009.

채 완, 『광고와 상표명의 언어 연구』, 지식과교양, 2010.

최성호·이창무·성장환, 「중심성과 수요에 따른 시설의 규모 및 이용 양태—분당신도시 및 주변지역을 중심으로」, 『부동산학연구』 13(1), 한국부동산분석학회, 2007.

던킨도너츠, http://www.dunkindonuts.co.kr(검색일 : 2012.6.5)

엔제리너스, http://www.angelinus.co.kr(검색일 : 2012.6.5)

정관면사무소, http://www.junggwan.gijang.go.kr(검색일 : 2012.4.10)

파리바게뜨, http://www.paris.co.kr(검색일 : 2012.6.5)

3부

자본과 공간분절

자본주의적 종교와
로컬리티의 세속화*

G. 아감벤의 성스러운 것과 세속적인 것을 중심으로

하용삼

1. 로컬과 개인의 경계

현장조사를 위해서 해운대를 갔었다. 사실 해운대에서 어디가 중동인지 좌동인지 우동인지 구별할 수 없었다. 해운대 지하철역에 있는 지도를 보고서 해운대 좌동·중동·우동의 경계를 알 수 있었다. 또한 거리의 표시판에서 좌동·중동·우동 사이의 경계를 대략 구별할 수 있었다. 이와 같이 로컬경계는 인위적으로 구성되어있고, 해운대를 구경 온 사람들에게 해운대 바닷가의 풍광 외에 각 경계는 아무런 기능도 할 수 없을 것이다. 마찬가지로 이 경계들은 자본에 대해서도 특별

---

* 이 글은 새한철학회 『철학논총』 제69집 제3권(2012)에 수록된 하용삼의 「자본주의적 종교와 로컬리티의 세속화—G. 아감벤의 성스러운 것과 세속적인 것을 중심으로」를 수정, 보완한 것이다.

한 기능을 하지 않을 것이다. 여행자에게 해운대는 소비하기 위한 장소이고, 자본가에게 해운대는 자본을 증식시키는 공간일 뿐이다. 그래서 근본적으로 로컬의 경계는 행정적 관리 혹은 사람들의 편리를 위해서 만들어진다. 지금과 같이 경제적 여건에 따라서 자유롭게 이동할 수 있는 경우에 로컬경계의 의미는 상당히 약화될 수밖에 없다.

로컬경계는 사회적 체제와 결부된 인간과 밀접한 관계를 가진다.[1] 근대 자본주의는 인간을 개체적 존재로 취급하고, 법으로 이 개체적 인간을 사적소유의 담지자로 규정한다. 이 개체적 인간은 분리될 수 없는 존재이지만, 그러나 다른 개체적 존재와 비개체적 존재(공기, 물, 언어, 강, 바다)와 연결되어있어야 한다. 즉 개인은 하나의 생명체·사회적 존재로서 죽기 전에는 분리될 수 없지만, 또한 개인은 다른 개체적·비개체적 존재와 관계해서 살아갈 수밖에 없다. 그러나 현재 국가와 자본이 개인과 다른 개체적·비개체적 존재 사이의 관계를 독점하고 있을 뿐만 아니라, 근대적 효율성이란 명목으로 개체적 인간들의 자발적 관계를 통제하고, 또한 자발적 관계들의 역사를 폄하하거나,

---

1 경계는 일차적으로 자기를 보존하기 위해서 필요하지만, 그러나 입장이 바뀌게 되면 자기를 파괴시키는 장벽이 된다. 우리는 자신이 경계 안쪽이 아니라, 경계 바깥쪽에 있을 수 있다는 것을 성찰해야한다. "자기보존(주체보존, 안)과 객체(밖)와의 관계(객체반대), 곧 안과 밖을 구분하는 '경계frontière'는 금기의 시작이다. 이러한 금기의 시작인 경계가 세계 곳곳에 생겨나고 있다." 경계들의 이러한 폭발적 증식 속에서 '민주주의'가 소멸될 수 있다. 이러한 상황에 대해서 경계들의 민주화가 대안으로 제시된다. 즉 상이한 정치공동체에 속하는 사람들이 평등한 권리를 누리는 정치를 실현시켜야 한다(최병학, 「'경계'로 본 이란 영화-압바스 키아로스타미, 모호센 마흐말바프와 자파르 파나히를 중심으로」, 『철학논총』 제66집 제4권, 새한철학회, 2011, 382~384쪽).
이하에서 한 번 표기된 문헌은 저자와 출판연도만 표시하고, 외국문헌에 대한 한글번역본이 있는 경우에 외국문헌에 표기된 저자, 출판연도, 외국문헌 페이지, 한글번역본 페이지 순서로 줄여서 표시한다.

기억하지 못하게 한다. 이런 상황에서 공동체는 과거의 산물이거나, 자본주의사회에 상응하지 못하는 것으로 평가되고 있다. 이제 관점을 전환해서 공동체가 자본주의사회의 대안이 아니라, 오히려 공동체는 자본주의를 포함하는 모든 사회의 토대라는 것을 밝혀야한다.

공동체가 개체적 인간의 토대라면, 먼저 우리는 인간은 개체인가 혹은 비개체인가라는 물음에 대해서 생각해야한다. 다르게 말하면 인간의 개체적·비개체적 경계는 무엇을 통해서 구별되는가? 아니면 개인은 개체적 존재이자 또한 비개체적 존재일 수 있는가? 이와 더불어 로컬경계의 유무와 개인적 경계의 유무의 동시적 가능성이 무위의 공동체를 가능하게 하는 조건인가? 이런 문제의식에서 본 논문은 로컬경계의 의미와 무의미 그리고 개인적·비개인적 존재의 의미를 아감벤의 이미지·스페키에스·스펙터클·몸짓·성스러운 것·세속적인 것 그리고 낭시의 무위공동체와 관계에서 다루고자 한다.

2. 총체적 삶

우리가 총체적 삶(소유와 사용·효율성과 비효율성)을 위해서 집을 구하게 되지 않고, 우리가 집을 노동(노동력 재생산과 생산을 포함해서)을 준비하기 위한 공간으로 간주하거나, 마찬가지로 집 자체를 투자와 투기의 수단으로 간주하는 경우에 우리는 집과 공장·사무실을 단지 공간적 차이에서만 구별할 수 있다. 다시 말해 집과 공장을 이러한 단일한 목적 외의 수단으로 사용하지 못한다는 것이다. 그리고 우리는 집은 거주자의 소유이고, 일터는 자본가의 소유라고 분리해서 생각한다. 여기서 집은 일할 수 없는 공간이 되고, 좁은 의미에서 잠만 자는 공간이고, 공장은 거주할 수 없고, 노동만을 위한 공간으로 된다. 이러한 집과 공장의 배타적 분리는 한국의 아파트라는 거주공간에서 가장 적나라하게 드러나고 있다. 집이 투기 · 투자로서 상품 · 소유물로 되는 순간 모든 사람이 결국 투기 상품으로서 집에서 살 수 밖에 없게 된다. 상품으로서 집을 팔고, 그는 또 어디로 갈 것인가? 그는 상품으로서 집을 마지못해 살기 위한 공간 또는 만족스럽게 투기하기 위한 공간으로 간주한다. 이런 의미에서 집과 공장은 아감벤의 말처럼 사용불가능하고, 종교의 성스러운 영역에 속한다.

자본과 노동은 이성에 의해서 작동한다. 이성은 인간을 효율성에 종속시킨다. 이런 점에서 인간은 내면적으로 감성을 억제하고, 반면에 이성적으로만 살게 된다. 또한 인간은 외면적으로 놀이 · 축제 · 향락(삶의 비효율적 부분)을 만족시키지 못하고, 반면에 자본과 노동에 종속된다. 인간이 이성의 효율성을 따라서 살게 되면, 자본과 화폐는 인간의 보편적인 신으로 된다.[2] 이런 측면에서 인간의 욕망은 노동과 자본에 의해

---

2 화폐가 소비를 위한 소비가 되는 경우에 화폐는 단지 교환수단이지 자본이 아니다. 그러나 화폐가 생산을 위한 소비가 되는 경우에 화폐는 자본이 된다. "자본은 노동자의 착취수단이자 지배수단으로 봉사하는 그런 조건에서만 자본으로 된다."(K. Marx, *Das Kapital I, Marx Engels Werke Bd.* 23, 1983, S. 794. K. 마르크스, 김수행 역,『자본론』I(상 · 하), 비봉출판사, 1990, 963쪽.)
   "기독교는 경건함, 곧 신에 대한 열망을 인간 영혼의 항구적인 상태로 만든 최초의 종교이다. 이에 반해서 그 이전의 신앙 형식들은 종교적 분위기를 특정한 시간과 장소에 연결시켰다. 마찬가지 이치로, 돈에 대한 열망은 정착된 화폐 경제에서 인간의 영혼이 보여주는 항구적인 상태이다. (…중략…) 돈은 우리들에게 개별적인 것을 초월하도록 해주며, 돈이 지닌 전능을 마치 하나의 최고 원리가 지니는 전능인 양 신뢰하도록 한다."(G. 짐멜, 김덕영 · 윤미애 역,『짐멜의 모더니티읽기』, 새물결, 2005, 27~28쪽.)

서 저지된다. 그리고 인간의 욕망은 노동과 자본의 저지와 사회적 금기를 통해서 극대화 된다. 그러나 총체적 삶이란 관점에서 인간은 항상 감성과 이성, 자연과 인간적 세계에 동시에 접하고 있기 때문에 저지되는 만큼에 비례해서 극렬한 방식으로 인간의 욕망은 충족되어야 한다.

현대라는 지속적인 변화 속에서 사람들은 전문화와 파편화되어서, 삶은 총체적이라는 기본적인 사실을 망각한다. 그러나 우리가 인간의 삶을 근본적으로 통찰하고자 한다면, 인간의 내면과 외면을 포괄하는 총체성을 보아야 한다. 이런 맥락에서 우리는 자본주의적 생산·소비와 소모(아감벤의 의미에서 사용)의 분리된 세계를 그 어디에서도 만날 수 없을 것이다.

법적인 삶과 구별되는 인간의 삶, 우주 한구석에 자리잡은 지구의 곳곳에서 밤부터 낮까지 일어나는 그대로의 인간의 삶은 어떤 경우에도 인간에게 배정된 합리적 개념이라는 폐쇄적인 체계에 갇힐 수 없다. 폐쇄적 체계를 벗어날 때 인간의 삶은 비로소 삶의 본질인 버림, 흐름, 폭풍 등의 방대한 작용을 할 수 있다. 어쨌든 인간의 삶이 인정하는 질서와 유보는 어떤 것에도 예속되지 않는 최종 목적을 위해, 질서정연하게 예비되어 있던 힘들이 한껏 자유롭게 해방될 때에 비로소 의미를 갖게 된다. 아무리 비참하게 느껴진다고 해도 반항에 의해서만 인류는 물질적 사물의 조건을 벗어날 수가 있는 것이다. [3]

---

3 G. 바타이유, 조한경 역, 『저주의 몫』, 문학동네, 2011(2000), 47쪽.

자본주의에서 인간은 항상 유익한 효율성에 종속되고, 매몰되어있다. 또한 자본의 욕망은 이러한 유익한 효율성을 목표로 삼는다. 이 효율성이 인간의 저지된 욕구로서 노동에 의해서 생겨나고, 통상적으로 인간의 욕구는 일시적인 저지를 통해서 더 높은 만족을 실현한다. 그러나 자본의 욕망은 인간의 욕망을 효율성의 목적 아래에 종속시키는 정치와 기술을 통해서 인간성을 심대하게 왜곡하고, 종국에 인간의 삶을 파탄에 이르게 한다. 그래서 인간은 "불필요한 가치를 가지는 것이 오히려 '유익하다'"라고 말해야 한다.[4] 마찬가지로 좁은 의미에서 자본은 비효율적으로 보이는 공유물(인간·토지·물·숲·바다·강 등)과 부불不拂노동·산업예비군을 통해서 잉여가치를 창출한다.

폐쇄적인 체계를 벗어난 인간의 총체적인 삶은 노동, (비)효율적인 자유로운 활동(놀이·축제·향락, 정치적 행위)을 포함한다. 그리고 다시 각 부분의 상호관계가 인간의 총체적 삶에 영향을 미친다. 아리스토텔레스는 인간의 필요와 욕구에 의해서 행해지는 노동과 작업을 자유로운 활동에서 배제하고, 정치적 행위를 자유로운 활동이라고 말한다. 그러나 근대 사회는 이러한 노동과 정치적 행위의 계층적 분리를 법적으로 명시하지 않는다. 다만 노동자가 자신의 생계활동에 전념함으로써 자신의 노동시간을 결정하는 정치적 행위를 자율적으로 수행하지 못한다. 비 자율적 정치적 행위가 노동자를 다시 노동에 필연적으로 종속되게 한다. 좀 더 자세히 말하면 근대이후 생산성의 비약적 발전으로 인하여 노동과 행위의 계층적 분리가 아니라 노동과 행위의 동시

---

4 위의 책, 12쪽.

적 수행이 가능해졌다. 그러나 노동자의 자유로운 활동이 국가와 자본의 장치에 의해서 한편으로 다시 노동으로 전환되는 상품의 소비로 이어지고, 다른 한편으로 폭력적으로 차단된다. 따라서 국가와 자본의 장치에 대항하는 자율적인 자유로운 활동이 노동시간의 축소와 (비)효율적 자유로운 활동의 확대를 결정한다. 총체적 삶의 각 부분이 정치적인 행위에 의해서 임의적으로 분할되어있기 때문에, 개인과 계층의 노동시간과 (비)효율적인 자유로운 활동시간의 분할은 자율적인 자유로운 활동에 의해서 끊임없이 새롭게 배분될 수 있다.

3. 성스러운 것과 세속적인 것의 분리

성스러운 것과 세속적인 것의 분리에 관한 논의를 본격화하기 전에 우선 아감벤의 '자본주의적 종교'가 무엇을 의미하는지 살펴보자. 아감벤에 의하면 그리스도교 이전의 종교에서는 성스러운 것과 세속적인 것의 분리가 국부적으로 행해졌지만, 그리스도교에서는 이 분리가 일반화·절대화되었으며, 그리고 이러한 분리가 자본주의에서 더욱 극단화되었다고 한다.

자본주의는 그리스도교에 이미 현존하던 경향을 극단으로 밀고 간다는 점에서, 종교를 정의한 분리의 구조를 모든 영역에서 일반화·절대화한다고 말할 수 있으리라. 희생제의sacrifice, das Opfer가 세속적인 것the profane, das Profane에서 성스러운 것the sacred, das Heilige으로, 성스러운 것에서 세속적인 것으로의 이행을 표시했던 곳에는 이제 모든 것, 모든 장소, 모든 인간활동을 그 자체로부터 분리하기 위해서 그것들을 포괄하는 단일하고 다형적이며 쉴 새 없는 분리의 과정이 완성된다. 이 과정은 성스러운 것과 세속적인 것, 신적인 것과 인간적인 것의 분할선에는 완전히 무관심하다.[5]

자본주의는 성스러운 것과 세속적인 것의 분리를 극단화한다. 자본주의의 이러한 극단적 분리는 세속적인 것을 더 이상 남겨두지 않을 정도에 이른다. 자본주의가 그리스도교에서 이 분리를 더욱 극단적으로 추구한다는 점에서 아감벤은 현대 자본주의를 종교적 자본주의라고 명명한다.

아감벤은 벤야민의 「종교로서 자본주의Kapitalismus als Religion」를 인용하면서, 고대 로마의 성스러운 것과 세속적인 것의 분리의 관점에서 자본주의적 종교die kapitalistische Religion에 대한 논의를 전개한다. 여기서는 아감벤과 다르게 벤야민의 「종교로서 자본주의」는 다음과 같이 스케치될 수 있다.

자본주의에서 일종의 종교를 볼 수 있다. (…중략…) 자본주의의 이러한 종교적 구조를 증명하는 일은 (…중략…) 오늘날에도 끝없는 보편 논쟁으로 빠져들게 할 수 있다. 우리는 우리를 감싸고 있는 그물망을 잡아당길 수는 없다. 하지만 나중에 이 모습은 조망이 가능해질 것이다. (…중략…) 종교가 존

---

5   G. Agamben, *Profanations*, trans. by Jeff Fort, New York : Zone Books, 2007, p.81. G. Agamben, *Profanierungen*, aus dem Italienischen von Marianne Schneider, Frankfurt a. M. : Suhrkamp, 2005, S. 79. G. 아감벤, 김상운 역, 『세속화 예찬』, 난장, 2010, 118쪽.

재의 개혁이 아니라 존재의 붕괴인 점에 바로 자본주의가 지닌 역사적으로 전대미문의 요소가 있다. 절망이 종교적 보편 상태로까지 확장되어, 그 상태에서 구원을 기대한다는 것이다. 신의 초월성은 무너졌다. 그러나 신은 죽은 것이 아니라 인간의 운명 속에 편입되었다. (…중략…) 걱정들Die Sorgen은 자본주의 시대에 고유한 정신병이다. (…중략…) '걱정들'은 이 탈출구 없음의 죄의식을 나타내는 지표다. '걱정들'은 개인적이고 물질적인 차원에서가 아니라 공동체 차원에서 탈출구를 찾지 못한다는 불안에서 생겨난다.[6]

벤야민은 이 사회에 자본주의 아닌 어떤 것도 끼어들 여지도 없이 자본주의적 종교가 완성되었고, 그리고 성스러운 것과 세속적인 것의 분리가 신과 인간의 분리가 아니라 인간에게 속하게 되었다고 한다. 이제 자본주의적 종교가 인간을 포괄하고, 인간에 내재함으로써 인간은 자본주의적 종교를 조망하기도 어렵고, 또한 더 이상 공동체 차원에서 자본주의적 종교를 세속화할 수 없다고 한다. 아감벤은 벤야민의 인용에 이어서 자본주의적 종교에 대한 구체적인 사실로서 '자본주의의 극단적 국면'으로서 '스펙터클'과 사용할 수 없음으로서 '소비'에 대해서 상론한다.

그 극단적 형식에서 자본주의적 종교는 분리할 것이라고는 아무것도 남겨져 있지 않은 지점에 이르기까지 분리의 순수한 형식을 실현한다. (…중략…) 상품의 경우 분리는 사용가치와 교환가치로 쪼개지고 포착할 수 없

---

6   W. 벤야민, 최성만 역, 「종교로서의 자본주의」, 『역사의 개념에 대하여 / 폭력비판을 위하여 / 초현실주의 외』, 길, 2008, 121~125쪽.

는 물신으로 변형되는 대상의 형식 자체에 내재한다. 행해지고 생산된 모든 것, 혹은 경험된 모든 것(인간의 신체, 섹슈얼리티, 언어활동 등까지)도 마찬가지이다. 이제 이것은 그 자체와 분할되며, 더 이상 그 어떤 실체적 분할도 규정하지 않고 모든 사용이 지속적으로 불가능해져버리는 분리된 영역에 자리한다. 이 영역이 소비이다. (…중략…) 스펙터클과 소비는 사용하기라는 단일한 불가능성이 지닌 두 측면이다. 사용될 수 없는 것은 그 자체로 소비나 스펙터클한 진열에 넘겨진다. 이것은 곧 세속화하는 것이 불가능하게 됐음(혹은 적어도 특별한 절차를 요구함)을 뜻한다. 만일 '세속화하다'가 성스러운 것의 영역으로 분리됐던 것을 공통의 사용으로 되돌린다는 뜻이라면, 그 극단적 국면에서의 자본주의적 종교는 절대적으로 세속화할 수 없는 어떤 것을 창조하려고 목표한다.[7]

아감벤은 『자본』의 「상품의 물신적 성격과 비밀」에서 상품의 판다스마고리아(환영극)를 간단하게 언급하고 있다. 마르크스에 의하면 "상품형태의 신비성은 상품형태가 생산자들의 사회적 관계를 그들의 외부에 존재하는 물건들의 사회적 관계로 보이게 한다." 이와 같은 치환에 의하여 인간들 사이의 특정한 사회적 관계가 "감각적임과 동시에 초감각적" 상품 사이의 관계라는 '판다스마고리아(환상적인 형태, die phantamagorische Form)'로 나타난다. 이로 인해 상품에 대한 '물신숭배'가 이루어진다.[8] 이러한 물신숭배가 살아있는 노동을 죽은 노동으로서 자본에 희생 제물

---

7 G. Agamben, 2007, pp.81~82・S. 79~80・118~119쪽.
8 K. Marx, 1983, S. 85~86・91~92쪽.

로 봉헌하는 자본주의적 종교를 성립시킨다. 아감벤은 상품의 판다스마고리아(환영극)에 관한 언급과 더불어 스펙터클과 상품의 관계를 명시적으로 지적한다.

자본의 '이미지 되기'는 상품이 행하는 최후의 변신일 뿐이다. 거기에서 교환가치는 이제 사용가치를 완전히 가려버리고, 사회적 생산 전체를 위조한 뒤에 삶 전체를 지배하는 절대적이고 무책임한 주권의 지위에 도달할 수 있다. 하이드파크의 크리스탈 궁전(거기에서 상품은 처음으로 베일을 벗고 자체의 신비를 전시했다)은 이런 뜻에서 스펙터클에 대한 예언, 혹은 오히려 19세기가 20세기에 대해 꾸었던 악몽이다.[9]

아감벤은 상품의 소비, 스펙터클이 자본의 축적이라는 단일한 목적(자본주의적 사적소유)과 결합되어서, 더 이상 이것들이 다른 목적과 결합될 수 없게 된다는 의미에서 '사용될 수 없다'고 한다. '사용될 수 없다(소유됨)'는 것은 목적없는 수단이 될 수 없다는 것이고, '공통의 사용'으로서 세속화되지 못한다는 것이다. 아감벤은 사용에 대한 본질적인 정의를 프란체스코 수도회와 교황 요한네스 22세의 논쟁에서 이끌어낸다.

교황의 논변에서 순수한 사용은 비존재하는 어떤 것이 아니라(실제로 순수한 사용은 소비 행위 속에서 찰나적으로 존재한다) 오히려 사람들이 결코

---

9 G. Agamben, *Means without End*, trans. by Vincenzo Binetti and Cesare Casarino, Minneapolis / London : University of Minnesota Press, 1996, p.105. G. 아감벤, 김상운·양창렬 역, 『목적없는 수단』, 난장, 2010, 85쪽.

가질 수 없는 것, 사람들이 결코 재산권으로 구성할 수 없는 것처럼 보인다. 요컨대 사용은 항상 전유될 수 없는 어떤 것과의 관계이다. 그것은 사물이 소유의 대상이 될 수 없는 한에서 사물을 지시한다. (…중략…) 즉, 소유는 인간의 자유로운 사용을 일종의 분리된 영역으로 옮기는 장치일 뿐이며, 그 영역에서 사용은 하나의 권리로 전환된다. 만일 오늘날 대중사회의 소비자들이 불행하다면, 그 이유는 단지 사용하기에 적합하지 않은 것이 그 내부에 통합된 대상들을 소비하기 때문만은 아닐 것이다. 무엇보다도 우선 자신이 이런 대상들에 대한 소유권을 행사하고 있다고 믿기 때문에, [그렇지만 결국](이하, []는 역자에 의한 것임) 그 대상들을 세속화 할 수 없게 됐기 때문에 소비자들은 불행한 것이다.[10]

결국 사용하기(소비하기)가 소유로 이전되어서, 단지 소유될 뿐이지 사용(소비)되지 않게 된다. 이런 현상은 현실에서 "모든 것이 박물관"이 되고, 이 박물관에 진열된 물건이 사용(소비, 거주, 경험)될 수 없음을 보여준다. 또한 세계 도처에 산재하는 박물관을 관람하는 관광객들은 마치 신자들의 성지순례에 비견된다. "관광객은 모든 가능한 사용의 파괴라는 고통스런 경험으로 이뤄진 희생제의적 행위를 스스로 기념한다." 관광객들은 자신들의 거주지에서와 마찬가지로 관광지에서 사용·경험·거주불가능성을 더 극단적으로 보게 된다. 이제 관광객들은 "가장 절망적인 경험(모든 사용의 회복 불가능한 상실, 세속화하기의 절대적인 불가능성)을 몸소 수행"한다.[11]

---

[10] G. Agamben, 2007, p.83 · S. 81 · 121~122쪽.

"세속화한다는 것이 분리를 새로운 사용에 집어넣는 것을 배운다는 것"이라면,[12] 아감벤은 스펙터클에서 세속화가 불가능하다고 말한다. 즉 스펙터클은 수단으로서 이미지와 언어를 구체적인 상황에서 '자율적인 영역'으로 분리해서, 조직적으로 재배치함으로써 수단을 무화無化하고, 수단의 잠재력능력을 고갈시킨다. 이런 점에서 '스펙터클-민주주의 체제'는 국가형태의 완성이고, 이 체제는 각 민족의 "언어적 본질을 소외"시키고, "언어 속에서 생기 넘치게 거주하던 각 민족을 그 언어로부터 뿌리째 뽑아"내어서 근절시킨다.[13] 다른 측면에서 아감벤은 "세속화할 수 없는 것을 산출하려는 자본주의의 꿈을 실현한 것처럼 보이는 장치들"에서 순수 수단의 무화無化를 발견한다.[14] 이 순수 수단은 에로틱한 사진의 역사의 마지막 단계에서 등장하는 '전시가치'로서 포르노그래피이다. 순수 수단 혹은 순수 수단의 무화無化로서 포르노그래피는 에로틱한 행동, 사디즘, 마조히즘에 상응하는 표정(몽롱한 모습, 때리고 맞으면서 쾌락을 느끼는 표정)을 무표정(타인의 시선에 의해서 굳어진 표정)하게 만들어서, 새로운 사용을 불가능하게 한다. 포르노그래피의 장치는 "에로틱한 행동을 그 직접적인 목적으로부터 떼어내 헛돌게 만듦으로써 그 행동을 세속화할 수 있는 인간의 능력"을 포획한다.[15]

이제 자본주의적 종교를 공간적인 측면에서 보면 국가와 자본은 장치apparatus[16]를 통해서 로컬들과 사람들에 대한 차별을 정교하고, 공고

---

[11] G. Agamben, 2007, pp.84~85 · S. 82~83 · 122~123쪽.
[12] G. Agamben, 2007, p.87 · S. 85 · 126쪽.
[13] G. Agamben, 1996, p.85 · 96쪽.
[14] G. Agamben, 2007, pp.88~89 · S. 87 · 128쪽.
[15] G. Agamben, 2007, p.91 · S. 90 · 134쪽.

하게 한다. 국가와 자본은 공유(물)로서 무생물, 생물, 이것들과 관계, 정서적 교류, 대가없는 사랑을 장치를 통해서 소유물, 화폐, 도시, 건축물, 물적 상품, 서비스 상품으로 변화시킨다. 다시 말해 국가와 자본은 장치를 통해서 공유지와 공유(물)를 특정한 소유자 외에 다른 사람들이 접촉할 수 없도록 분리하고, 그 토지와 물품을 자본주의적 가치(교환가치)로만 소유하도록 내면화한다. 자본주의적 장치는 끊임없이 자본주의적 것과 비자본주의적 것의 분리를 마치 성스러운 것과 세속적인 것으로 분리하고 있다. 아감벤은 고대 로마 법학자들의 "세속화하다profanare, profane"라는 용어에서 세속적인 것과 성스러운 것(종교적인 것)의 관계를 말한다.

성스러운 것이나 종교적인 것religious, religiös은 모종의 방식으로 신들에게 속하는 것이었다. 그 자체로 성스러운 것이나 종교적인 것은 인간의 자유

---

16 장치라는 용어는 대단히 포괄적이다. 그래서 장치라는 용어를 적절하게 이해하기 위해서 아감벤은 신학적인 어원에서 이 용어의 의미를 밝힌다. 즉 장치는 "신의 존재, 신의 본성이나 본질"과 분리되는 "신의 프락시스" 즉 "신이 피조물의 세계를 관리하고 통치하는 데 사용하는 작업"을 의미한다. "장치라는 용어는 존재 안에 어떤 토대를 두지 않는 순수 통치활동이 그것으로, 그것에 의해 실천되는 것을 명명한다. 이 때문에 (…중략…) 장치들은 그 주체를 생산해야만 한다."(G. Agamben, *What is an Apparatus*, trans. by David Kishik and Stefan Pedatella, Stanford, Stanford University Press, 2009, p.11. G. 아감벤, 『장치란 무엇인가?』, 양창렬, 난장, 서울, 2010, 28쪽.) 아감벤은 생명체와 장치라는 두 개 부류로 분할한다. "그 분할의 한쪽에는 생명체들(혹은 실체들)이 있고, 다른 한쪽에는 그들을 끊임없이 포획하는 장치들이 있다. 즉, 신학자들의 용어법"으로 "한쪽에는 피조물의 존재론이 있고, 다른 쪽에는 그 피조물을 선善으로 이끌어 통치・지도하려는 장치들"이 있다. 또한 아감벤은 푸코의 장치개념을 더 일반화해서 "생명체들의 몸짓, 행동, 의견, 담론을 포획, 지도, 규정, 차단, 주조, 제어, 보장하는 능력을 지닌 모든 것을 문자 그대로 장치"라고 한다. 따라서 "감옥, 정신병원, 판옵티콘, 학교, 고해, 공장, 규율, 법적 조치 등과 같이 명백히 권력과 접속되어 있는 것들뿐만 아니라 펜, 글쓰기, 문학, 철학, 농업, 담배, 항해(인터넷서핑), 컴퓨터, 휴대전화 등도, 그리고 언어 자체"도 권력과 접속되어 있는 장치이다(G. Agamben, 2009, pp.13~14・33쪽).

로운 사용libero uso, free use과 상업거래에서 떼어내졌다. (…중략…) 성스러운 것이나 종교적인 것은 천상의 신들을 위해서만 배타적으로 비축된 것이었다(천상의 신들을 위한 경우에는 정확히 '성스러운'이라고 불렀으며, 저승의 신들을 위한 경우에는 단순히 '종교적'이라고 불렀다). 그리고 '봉헌하다(신에게 바치다, sacrare, to consecrate)'가 인간이 만든 법의 영역에서 사물을 떼어낸다는 것을 가리키는 용어였다면, 거꾸로 '세속화하다'는 사물을 인간이 자유롭게 사용하도록 돌려준다는 뜻이었다. 그래서 고대 로마의 위대한 법학자 가이우스 트레바티우스 테스타는 이렇게 썼다. '엄격한 의미에서 '세속적'이란 과거에는 성스럽거나 종교적이었던 것이 인간의 사용과 소유로 되돌려지는 것을 가리키는 용어이다.'[17]

고대 로마의 성스러운 것과 세속적인 분리보다 근대 이후 국가와 자본의 장치는 더 광범위하고, 세세하게 자본의 가치를 성스러운 것으로 만들어서, 공유지·공유(물)와 소유(지)·상품으로 분리한다. 이와 병행해서 국가와 자본의 장치는 경제적·사회적·문화적 분리를 점점 위계적으로 차별화한다. 동시에 장치는 차별화된 소유물과 상품에 주체를 부여하고, 다시 이 주체는 탈 주체화된다. 국가와 자본은 로컬주민·아파트 소유자·휴대폰사용자로서 주체화하고, 다시 주민등록번호·주소·휴대폰번호로 탈 주체화한다. 자본주의적인 의미에서 성스러운 것은 국가와 자본의 장치에 포섭·분리되어있어서 숫자와 기호로서 위계적으로 차별된다는 것이다.

---

[17] G. Agamben, 2007, p.73·S. 70·107~108쪽. 아감벤은 좀 더 명확하게 "세속화Profanation 란 희생제의에 의해 분리·분할된 것을 공통으로 사용할 수 있게 되돌리는 역–장치counter-apparatus 이다"라고 말한다(G. Agamben, 2009, p.19·40쪽).

우리는 성스러운 것과 세속적인 것의 분리를 극복하기 위한 실마리
를 얻기 위해서 다시 고대 로마에서 이 분리의 시초와 분리의 과정을
살펴보고자 한다.

희생제의의 중심에는 어떤 결정적인 행위가 있는데, 그 자체로 배제에 의
해 분리되고 눈에 띄게 된다. 이렇게 그 행위는 성스러운 것이 되며 일련의 금
기와 의례적 계율로 채워진다. 그러나 성스러움에 의해 눈에 띄게 되는 금기
된 행위는 그저 배제되는 것이 아니다. 아니, 이제는 특정 인물이 특정한 규칙
에 따라 접근할 수 있다. 이런 식으로 그 행위는 사회와 그 무근거적 입법에
(새로운) 시작이라는 허구를 공급한다. 사실상 공동체에서 배제된 것에 근거
해 공동체의 삶 전체가 성립되고, 그리고 이것은 사회에 의해서 기억할 수 없
는 과거 그리고 그럼에도 불구하고 기억할 수 있는 과거로서 간주된다. 모든
시작은 실제로 창시이고, 모든 창조conditum는 은폐abs-conditum이다.[18]

희생제의를 행하는 성스러운 행위는 이전의 공동체에서 발생한 것이
다. 그러나 이전의 공동체에서 배제된·분리된 성스러운 것이 새로운
공동체의 기원이 된다. 그리고 새로운 공동체는 이전의 공동체를 은폐
하면서 동시에 포함하고 있다. 이런 의미에서 세속화는 성스러운 것에
의해서 분리되기 이전의 공동체와의 관계를 회복하는 것이다. 이전의
공동체와 새로운 공동체와의 분리의 시간적 전도는 인간의 의식에서

---

[18] G. Agamben, *Language and Death*, trans. by Karen E. Pinkus with Michael Hardt, Minneapolis
/ London : University of Minnesota Press, 1991, p.105.

자연스러운 현상이다. 이와 관련해서 마르크스는 경제학이 두 종류의 사적 소유를 혼동하고 있다고 한다. 즉 하나는 "생산자 자신의 노동"에 입각한 사적 소유이고, 다른 하나는 "타인의 노동의 착취"에 입각하는 것이다.[19] 이와 관련해서 한편으로 마르크스는 자본주의 체계(타인노동의 착취에 입각한 체계)의 자연성과 편재성을 무의식으로 인정하는 경제학자들과 자본가에 대해서 통렬하게 비판하고, 다른 한편으로 자본주의 사회의 시작이 국가 관료와 자본가에 의한 임의적인 창시라는 것을 시사했다. 이와 더불어 근대 이후 국가와 자본은 인간과 공동체에 자본주의적 분리와 종교화를 체계적으로 심화시키고, 또한 국가와 자본은 자본주의적 종교화에 대한 원천으로서 공동체를 은폐한다. 이 은폐는 자본주의적 종교에 대항하는 세속화를 부정하는 것이다.

아감벤은 호모 사케르라는 용어가 "공동체에서 배제됐으며 죽여도 죄가 되지 않으나 신들에게 제물로 바쳐질 수 없는 개인"이라는 이중성을 가진다고 한다.[20] 이 용어의 이중성은 일견 모순적으로 여겨진다. 하지만 성스러운 인간이 신들에게 제물로 바쳐졌지만, 다시 살아서 세속적인 삶을 살게 된다면, 이 희생제물은 성스러움과 세속의 잔

---

19 마르크스는 이 두 가지 사적소유의 혼동(자본주의와 전자본주의의 생산양식에 대한 혼동)에 관한 사례를 『자본』 1의 「근대적 식민이론」 장에서 보여준다. 웨이크필드는 그의 저서 『영국과 미국』에서 영국의 자본가 필이 £50,000의 생활수단과 생산수단을 영국으로부터 서부 오스트레일리아의 스완강 지역으로 가져갔다. 필은 선견지명이 있어 노동계급의 남녀 성인과 아동 3,000명도 데리고 갔다. 그러나 목적지에 도착하자 필을 위해 물을 길어다줄 하인 한사람도 남아있지 않았다. 이러한 사태가 발생한 이유는 아직 오스트레일리아에는 자본주의 생산관계가 아직 정착되지 못했고, 또한 자본가의 공장에서 임금을 받는 것보다 당시에 개간되지 못한 비옥한 공유지에서 '생산자 자신의 노동'으로 일하는 것이 더 많은 수익이 있었기 때문이었다(K. Marx, 1983, S. 792~794 · 961~963쪽).
20 G. Agamben, 2007, p.78 · S. 75~76 · 114쪽.

여물을 동시에 내포하게 된다. 한편으로 이 희생제물은 세속적 잔여물이 남아있기 때문에 더 이상 신들에게 바쳐질 수 없고, 다른 한편으로 죽음의 세계에 속하는 성스러운 것의 잔여물로 인해서 삶의 세계에 속하는 세속적인 인간들과 함께 지닐 수 없다. 이런 의미에서 아감벤에 의하면 희생제의에 바쳐진 제물이 세속적인 것과 명확하게 분리되어서 성스러운 것(신)의 영역에 온전히 할당되지 않는다고 한다.

요컨대 희생제의의 기계에서 '성스러운 것'과 '세속적인 것'은 한 체계, 어떤 부유하는 기표가 동일한 대상을 지시하기 위해서 한 영역에서 다른 영역으로 멈추지 않고 이동하는 한 체계의 두 극을 표상한다. 바로 이것이 이 기계가 인간 존재와 신적 존재 사이에서 사용의 배분을 보증하는 방식인바, 경우에 따라서는 신들에게 봉헌된 것을 인간에게 되돌려줄 수 있다. 그리하여 로마의 희생제의에서는 두 개의 작업이 서로 뒤섞이게 된다. 로마의 희생제의에서는 [신들에게] 봉헌된 동일한 제물의 일부가 접촉에 의해 세속화되고 인간에 의해 소비되지만, 다른 부분은 신들에게 할당된다.[21]

장치로서 자본주의적 사적소유는 성스러운 것과 세속적인 것을 투명하게 분리할 수 없다. 사적 소유는 기술의 발전과 더불어 공유물(바닷물, 강물, 지하수, 바람, 햇빛, 공중, 대지의 지하 등등)과 더 많은 접촉면을 가질 수밖에 없다. 따라서 사적 소유는 국내외법에 의해서 허가와 제한을 받을 수밖에 없다. 이런 점에서 자본주의적 사적소유는 분리불가능하게 공

21　G. Agamben, 2007, pp.78~79・S. 76・115쪽.

유물과 접촉·관계한다.[22] 희생제물로서 공유(지)는 자본주의적 종교의 사적소유와 접하고 있다. 세속의 잔여물(하늘, 햇빛, 바다, 바람, 풍광)과 접촉으로 인하여 자본주의적 사적소유는 법적인 제한을 받는다. 이와 같이 이 희생제물에 세속적인 것이 접하고 있어서, 온전히 자본주의적 종교의 영역(죽은 노동)에 온전히 할당될 수 없다. 자본의 성스러운 공간과 세속의 공간의 분리불가능한 지대가 있다. 소문자 인민popolo, people[23]은 이 분리불가능한 지대를 통해서 희생제물로서 공유물을 세속화할 수 있는 가능성을 가지고 있다. 즉 자본주의적 사적소유는 공유지·공유(물)와 기원적 분리불가능성을 자체에 내포하고 있다.

---

22 이와 관련해서 부산 해운대 108층이 한 가지 사례가 된다. 국가와 부산시는 지역과 국가의 이익이라는 선전으로 해운대 바닷가의 고도제한(2005년의 부산시 해수욕장 6개 지역에 대한 해안경관개선지침에 따르면 중심미관지구는 14m이고, 일반미관지구는 60m이다)을 없애 버리고, 심지어 477.8m의 초고층 빌딩을 짓도록 허락했다. 단지 국가와 결탁한 특정한 자본가들의 이익을 위해서 공적 공간이 사적 소비 공간으로 되고, 반면에 대부분의 주거공간은 고층화와 조밀화를 통해서 햇빛과 주변의 풍경으로부터 배제되는 것이다. 건설업자들은 공유(지)로서 바다, 구름, 햇빛의 해운대를 관광지로서 자본주의적 종교의 공간으로 전환시키려고 한다. 몇 년 후 108층 부지마저도 초고층빌딩으로 채워지면, 해운대의 바다와 하늘은 이전 보다 훨씬 좁아질 것이다. 더 이상 해운대는 시민(인민, people)들의 공적·세속적공간이 아니라, 시각적으로 완벽하게 자본을 위한 사적·성스러운 소비 공간으로 될 것이다.(참조 윤일성,「해운대 관광리조트의 도시정치학」,『지역사회학』제13권 제2호, 지역사회학회, 2012, 47~83쪽.)

23 근대 유럽의 여러 언어에서 인민이란 용어는 대문자 인민Popolo, People과 소문자 인민popolo, people로 구별된다. "인민popolo, people이라는 용어의 정치적 의미에 관한 모든 해석은 이 말이 근대 유럽의 여러 언어에서 언제나 가난한 자, [사회적] 혜택을 받지 못하는 자, 배제된 자를 가리켜왔다는 특이한 사실에서 출발해야만 한다. 즉, 동일한 하나의 용어가 구성적인 정치적 주체를 가리키는 동시에, 권리상은 아니더라도 사실성 정치로부터 배제된 계급도 가리키는 것이다. (…중략…) 한편에는 총체적이자 일체화된 정치체로서의 [대문자] 인민Popolo, People이 있고, 다른 한편에는 가난하고 배제된 자들의 부분적이자 파편화된 다수로서의 [소문자] 인민popolo, people이 있다."(G. Agamben, 1996, p.29, p.31·38쪽, 40쪽.)

4. 성스러운 것의 이미지 인간 대 세속화의 몸짓 인간

로컬경계는 인간의 편리를 위해서 인위적으로 구성되어있다. 마찬가지로 자본주의적 종교에 의해서 공유(지)·세속적인 것은 극단적으로 성스러운 것·자본주의적 사적소유로 변화하고 있다. 이러한 상황에서 인간은 성스러운 것을 세속적인 것으로 변화시킬 수 있는가? 다시 말해 인간은 이것을 위한 잠재력을 가지고 있는가? 이 물음 이전에 무엇이 세속적인 것을 성스러운 것으로 변화시키고 있는가? 이 두 가지 물음은 하나의 물음으로 될 수 있다. 우선 자본주의적 사적소유의 주체는 개체로서 인간이다. 이런 점에서 근대의 인간은 개인적인·개체적인·주체적인 존재이다. 특히 근대에서 인간이 개인화되고, 개인의 권리·의무와 생산·소비가 사회적 삶에서 중심축을 형성하게 되면서, 인간은 개인적인 것·가시적인 것이고, 그 반대의 것은 사회적으로 의미를 상실하게 되었다. 더 나아가서 인간의 스페키에스species는 정치적·경제적·사회적·문화적 장치에 의해서 확립된 동일성과 분류의 원리를 통해서 개인이 된다.

현실적으로 인간의 개체로서 특징은 이미지image, Bild와 스페키에스를 통해서 드러난다. 이미지, 스페키에스는 "그 자체로 존재하는 것이 아니라 다른 어떤 것 속에서 존재하는 것이다." 즉 이미지와 스페키에스는 독립된 사물이 아니라, 독립된 사물에서 생기는 가시적 외관이다. "무엇보다 이미지는 실체가 아니다. 이미지는 어떤 장소로서의 거울이 아니라 기체subject로서의 거울 속에서 발견되는 우유이다."[24] 이미지와 스페키에스가 존재, 독립된 사물 자체와 동일시되면, 이것은 '특별한 것special'이다.

각 사물의 스페키에스는 그 사물의 가시성, 즉 순수한 이해 가능성이다. 자신의 보이게 되기와 일치한다면, 자신의 드러냄과 일치한다면, 그 존재는 '특별한 것'이다. 거울은 우리가 이미지를 갖고 있다는 것, 그와 동시에 이 이미지가 우리로부터 분리될 수 있다는 것, 우리의 스페키에스나 이마고가 우리에게 속하지 않다는 것을 깨닫는 장소이다.[25]

존재와 독립된 사물에서 그것의 이미지, 스페키에스가 발생한다. 또한 이미지와 스페키에스의 기체로서 존재와 독립된 사물은 비가시적인 것을 포함하고 있다. 마찬가지로 인간은 개인적인 것·비개인적인 것, 개체적인 것·비개체적인 것, 인격적인 것·비인격적인 것, 이해될 수 있는 것·이해될 수 없는 것, 이미지로 드러나는 것·이미지로 드러날 수 없는 것, 드러난 욕망·드러나지 않는 욕망, 기억·망각을 포함한다. 다시 말해 인간은 개체로서 가시적 이미지·스페키에스의 존재이고, 그리

---

24 G. Agamben, 2007, p.56·S. 52·82쪽. 스페키에스는 다음과 같은 다양한 의미를 포함하고 있다. "라틴어 단어 스페키에스는 '외관·나타남appearence', '모습·겉면aspect'이나 '광견·시선vision'을 뜻한다. 원래 '응시하다to look 혹은 보다to see'를 뜻하는 어근에서 파생된 이 용어의 어근은 거울speculum, mirror, 이미지·유령spectrum, image·ghost, 투명한·분명히 보이는perspicuus, transparent·clearly seen, 아름다운·자신을 보이게 만드는speciosus, beatiful·giving itself to be seen, 견본·기호specimen, example·sign, 스펙터클spectaculum, spectacle에서도 발견된다. 철학적 용어로 쓰이는 경우 스페키에스는 그리스어 에이도스(형상, eidos)를 번역하기 위해 사용됐다. (…중략…) 그 뒤로 이 용어는 자연과학적 의미(동물이나 식물의 '종')뿐만 아니라, (…중략…) '상품', (…중략…) 현금espèces, money을 의미하게 된다."(G. Agamben, 2007, pp.56~57·S. 52~53·83쪽.) 주관·주체·기체·주어Subject라는 말은 "그리스어인 hypokeimenon(아래에 놓인 것)의 라틴어 번역 subjectum(아래에 던져진 것)에서 온다. 근대 이전에 subjectum은 이러한 어원 그대로 다양한 성질의 근저에 놓여 그것들을 떠받치는 '기체'라는 존재론적인 의미를 지니고 있었다. 이러한 subjectum은 오늘날의 의미와는 정반대로 정신이나 의식에서 독립하여 존재하는 실체, 의식 바깥에 그 자체로서 존재하는 것을 가리키는바, 오늘날의 '객관적인 것'에 오히려 더 가깝다."(기다 겐·노에 게이이치·무라타 준이치·와시다 기요카즈, 이신철 역, 『현상학사전』, b, 2011, 347쪽.)

25 G. Agamben, 2007, p.57·S. 53·84쪽.

고 동시에 비개체로서 비가시적 게니우스의 존재이다.[26] 근대적 개인은 자신에게 자신의 정체성을 확인시키기 위해서, 타인에게 자신을 드러내기 위해서 이미지·스페키에스를 가져야만 한다.[27]

우리가 존재의 드러남, 이미지, 스페키에스를 통하지 않고, 존재를 알 수 없다고 한다면, 인간의 이미지와 스페키에스가 동일성과 분류의 원리(빈부, 사회적 지위, 주민등록번호, 주소 등)에 의해서 개인으로 된다. 이러한 난점에 의해서 인간은 비개인적·공동체적·개인적 존재이지만, 현대사회에서 인간은 개인적 이미지로 축소되거나, 또한 어떤 존재와 인간의 이미지가 미화·정치화·신화화될 수 있다. 이런 점에서 개인이 여권 사진의 이미지에 의해서 확인·통제되고, 정치가와 스타가 이미지에 의해서 미화·상품화된다.[28]

---

26 아감벤은 이러한 인간의 비개체적인 것을 게니우스라고 말한다. "게니우스에 내포된 인간의 개념을 이해한다는 것은 인간이 '자아'이자 개체적인 의식일 뿐만 아니라 태어나서 죽을 때까지 비개인적·전 개체적 요소가 늘 함께 한다는 것을 이해한다는 뜻이다."(G. Agamben, 2007, p.11·S. 9·12쪽) 이런 점에서 망각된 것은 기억된 것만큼 인간에게 강력한 영향력을 행사한다. "망각된 것의 형체 없는 카오스는 무력하지도, 효력이 없지도 않다. 반대로 그것은 우리의 의식적 기억만큼이나 강력하게 우리에게 영향을 끼친다. 비록 다른 방식으로이기는 하지만 말이다. 비록 의식에 비추어 측정될 수도 없고 세습 재산처럼 축적될 수도 없지만, 모든 지식과 의식의 위계를 집요하게 지배하는 것은 바로 망각된 것의 힘, 그리고 아마도 망각된 것의 호명이리라. 잃어버린 것은 기억되고 충족되기를 요구하지 않는다. 그저 망각되거나 잃어버린 채로 남아 있기를 요구할 뿐이며, 바로 그 때문에 잊힐 수 없다."(G. Agamben, 2007, p.35·S. 29·52~53쪽)

27 아감벤은 스페키에스에 인텐티오라는 의미를 추가하면서, 스페키에스가 개인적·사회적 의미를 가진다는 것을 말한다. "이 용어(intention, 의도)는 각 존재가 이미지가 되게끔 하고, 자기 자신과 소통하게끔 만드는 그 내부의 긴장을 가리킨다. 스페키에스는 각 존재가 자기 자신을 욕망하고, 자기 자신의 존재함 속에서 스스로를 보존하고, 자기 자신과 소통하고자 욕망할 때의 긴장, 사랑에 다름 아니다. 이미지 속에서 존재와 욕망, 실존 existence, Dasein과 코나투스conatus, Versuch는 완전히 일치한다. 다른 존재를 사랑한다는 것은 그것의 스페키에스를 욕망한다는 것, 즉 그 존재가 자신의 존재함 속에서 스스로를 보존하고자 욕망할 때의 욕망을 욕망한다는 것을 뜻한다. 이런 의미에서 스페키에스적 존재는 공통의 존재 또는 일반적인 존재이며, 이것은 인류의 이미지 또는 얼굴 같은 것이다."(G. Agamben, 2007, p.58·S. 54·85~86쪽)

28 "개인the person은 스페키에스를 포획해 자신이 동일화할 수 있는 어떤 실체에 자신을 정

특별한 존재는 자기 자신의 소통가능성만을 소통할 뿐이다. 그러나 이런 소통가능성은 자기 자신으로부터 분리되며, 하나의 자율적 영역에서 구성된다. 특별한 것은 스펙터클로 변형된다. 스펙터클은 일반적인 존재의 분리이다.[29]

스펙터클은 정치적·경제적·사회적·문화적 목적에 의해서 구성되고, 구체적인 상황과 독립된 자율적인 것이 된다. 우리는 스펙터클을 구체적인 상황과 관계하는 얼굴, 몸짓, 사건으로 되돌려서, 이 얼굴, 몸짓, 사건을 가시적인 것·비가시적인 것, 이해되는 것·이해되지 못한 것, 욕망된 것·욕망되지 못한 것, 기억된 것·망각된 것으로서 전체적인 것을 드러내야한다. 이 경우에 전체적인 것은 스펙터클에 의해서 추상화·왜곡된 얼굴, 몸짓, 사건을 다시 구체적인 상황·시간과 관계에로 환원되는 것이다.

푸코는 「저자란 무엇인가?」에서 특정한 작품의 저자에게 개인적 이름을 부여하는 것은 어떤 양식과 문화에 의해서 규정되는 것이고, 또한 저자가 자신의 작품의 고유한 창작자가 아니라, 단지 저자의 기능

박시키는 것이다. [그래서] 신분증명서에는 사진(또는 스페키에스를 포획하는 또 다른 장치)이 포함되는 것이다. 확실히 모든 곳에서 특별한 것the special은 개인적인 것the personal으로 환원되고, 개인적인 것은 실체적인 것으로 환원된다. 스페키에스가 동일성과 분류의 원리로 변형된다는 것이 우리 문화의 원죄이며, 우리 문화의 가장 무자비한 장치dispositivo, apparatus이다. 자신의 특별함specialità, specialness을 희생하는 대가를 치러야만(그리고 동일성과 관계를 맺어야만) 그 무엇은 개인화된다. 하나의 존재(하나의 얼굴, 하나의 몸짓, 하나의 사건)는 다른 어떤 것도 닮지 않으면서 다른 모든 것을 닮을 때 특별한 것이다. 특별한 존재Special being가 흥겨운 까닭은 그것이 자기 자신을 공통의 사용에 탁월하게 내놓을 뿐, 개인적 소유의 대상일 수 없기 때문이다. 하지만 개인적인 것the personal과 더불어 사용use도 향유enjoyment도 가능하지 않다. 거기에는 그저 전유와 질투만 있을 뿐이다"(G. Agamben, 2007, p.59·S. 55~56·87~88쪽)

[29] G. Agamben, 2007, p.60·S. 56·88쪽.

을 할뿐이라고 한다.[30] 그래서 푸코는 작품 속에서 저자는 부재·죽음으로 있다고 말한다. 푸코는 작품에서 현실화된 저자-주체의 기능과 고유한 이름을 가진 저자-주체를 분할하지만, 고유한 이름의 저자-주체가 작품에서 무엇을 하는지 말하지 않는다.[31]

아감벤은 푸코의 「저자란 무엇인가?」에서 몸짓으로서 저자 — 주체와 저자 — 주체의 기능이 현실화되는 장치로서 작품을 분할한다. 우리는 이런 분할에 근거해서 몸짓과 이미지·스페키에스의 관계를 주체와 장치의 관계로 푸코-아감벤의 논의를 확장할 수 있다. 이런 점에서 저자-주체는 이미지·스페키에스로서 작품의 저자 — 기능이고, 다른 한편으로 저자-주체는 작품을 만드는 과정에서 사유와 감정으로서 저자의 몸짓이다.

---

[30] 푸코는 저자의 기능을 네 가지로 요약한다. ① 저자 기능은 사법적·제도적 체계와 연결됨. ② 저자 기능은 모든 시대와 모든 형태의 문명에서 동일한 방식으로 수행되지 않음. ③ 저자 기능은 특수하고 복잡한 일련의 조작에 의해서 정의됨. ④ 저자 기능은 몇 개의 자아와 몇 개의 주체-위치를 동시에 야기함. (M. Foucault, "What Is an Autor?", *Textual Strategies : Perspectives in Post-Structualist Criticism*, ed. Josué V. Harari, Ithaca : Cornell Unversity Press, 1979, p.153. M. 푸코, 장진영 역, 「저자란 무엇인가?」, 『미셸 푸코의 문학비평』, 문학과지성사, 1989, 256쪽) 푸코는 기능으로서 주체는 창작자가 아님을 명시한다. "주체(혹은 그의 대체물)로부터 창작자(originator)로서 그의 역할을 제거하고 담론의 가변적·복합적인 하나의 기능으로서 주체를 분석해야 한다." (M. Foucault, 1979, p.158·264쪽)

[31] "한 담론이 저자의 이름을 가지고 있다는 사실은 어떤 양식에 의거해서 받아들여져야 할 말, 주어진 문화 속에서 어떤 위치를 차지해야 할 말이다. 저자의 이름은 다른 고유명사와 달리 담론 내부에서 그 담론을 낳은 현실적·외적 개인에까지 도달하지 않는다. (…중략…) 저자의 이름은 호적상의 신분에 자리하지도 않고 작품의 허구 속에 위치하지도 않는다. 그것은 담론구성과 그것의 독특한 존재 양태를 만들어내는 틈 속에 위치하고 있다. 따라서 우리 문화와 같은 문화 속에는 '저자' 기능을 갖춘 많은 담론이 있는 반면 다른 문화에는 그 기능이 없다고 말할 수 있을 것이다. (…중략…) 따라서 저자의 기능은 한 사회 내부에서 어떤 담론들이 존재하고 순환하고 기능하는 방식을 특징짓는 것이다."(M. Foucault, 1979, pp.147~148·249~250쪽)

저자는 자신의 작품을 채우는 의미작용의 무한정한 원천이 아니다. 저자
는 자신의 작품보다 선행하지 않는다. 저자는 규정된 기능적 원리이고, 이
원리에 의해 우리는 우리의 문화에서 한계를 정하고, 배제하고, 선별한다.
요컨대 이 원리, 이것에 의해 우리가 허구의 자유로운 순환, 자유로운 조작,
자유로운 합성 · 분해 · 재합성을 저지한다.[32]

인간은 비개인적 것 · 개인적인 것, 비개체적인 것 · 개체적인 것이지
만, 근대에서 개인으로서 인간은 단지 이미지와 스페키에스의 존재로
드러날 수밖에 없다. 마찬가지로 개인-주체는 한편으로 저자-주체의
기능을 수행하고, 이 기능이 수행된 작품으로서 장치에 포획된다. 다른
한편으로 저자는 장치로서 작품을 저술하는 몸짓을 수행하고, 독자는
장치로서 작품을 독해하는 몸짓을 수행한다. 다시 말해 저자-주체의 몸
짓은 우선 가시적인 이미지와 스페키에스로 되고, 더 나아가서 이것은
동일성과 분류의 원리(저자-주체의 기능)에 의해서 저자-주체-개인의 작
품이 된다. 이와 반대로 독자는 작품의 이미지와 스페키에스를 구체적
인 상황 · 시간과 관계하는 독자-주체의 몸짓으로 환원할 수 있다.

만일 우리가 각각의 표현행위에 있어서 표현되지 않은 채로 남아 있는
것을 '몸짓'이라고 부른다면, 저자는 그 표현 속 한가운데에 빈 공간을 수립
함으로써 표현을 가능케 하는 하나의 몸짓으로서만 텍스트에 현존한다고
말할 수 있다.[33]

---

32 M. Foucault, 1979, p.159.

저자는 몸짓으로 자신의 사유와 감정을 작품의 언어로 전환하고, 반대로 독자는 작품의 언어를 몸짓으로 자신의 사유와 감정으로 전환한다. 다시 말해 한편으로 주체는 이미지·스페키에스·작품·개인·스펙터클로서 장치에 포섭되거나, 다른 한편으로 주체는 장치에 저항하면서 이미지·스페키에스·작품을 구체적인 상황에서 구체적인 관계로 환원시키는 몸짓을 수행할 수 있다.[34]

저자가 구체적인 상황과 관계에서 발생한 자신의 사유와 감정을 표현한 것이 저자의 작품이다. 그러나 저자의 사유와 감정은 언어로 구현된 작품 속에서 충족될 수 없을 것이다. 그래서 저자의 사유와 감정으로서 몸짓은 작품의 여백에 언어로 표현·충족되지 못한 채로 남아 있다. 마찬가지로 독자는 언어로 된 작품을 읽으면서 작품의 구체적인 상황과 관계에서 저자가 수행한 몸짓을 독자 자신의 감정과 사유를 통해서 독자의 몸짓으로 구성할 수 있다.

저자와 독자는 작품 속에서 자신이 표현되지 않은 채로 있다는 조건에서만 작품과 관계를 맺게 된다. 하지만 텍스트는 이 부재의 증거에서 쏟아지는 불투명한 빛 외에는 그 어떤 빛도 지니고 있지 않다.[35]

---

33 G. Agamben, 2007, p.66·S. 62·96쪽.

34 "단순히 도덕률에 복종되는 삶이 윤리적이 아니라, 오히려 삶의 행복과 불행이 단 한 번에 결정될 위험에서 조차 자신의 몸짓에 있어서 돌이킬 수 없고 아무런 유보도 없이 자신을 거는 각오가 되어있는 삶이 윤리적이다. 저자는 삶이 작품 속에 스스로를 거는 지점을 표시한다. 걸리게 되는 것이지, 표현되는 것이 아니다. 걸리게 되는 것이지, 충족되는 것이 아니다. 이 때문에 저자는 작품에서 만족하지 못하고 말해지지 않은 채 머물 수밖에 없다. (…중략…) 저자는 자신이 창조한 열림 내부에 자신을 다시 가두는 것으로 쉴 새 없이 돌아간다. (…중략…) 그러나 이처럼 읽을 수 없는 몸짓, 텅 빈 채로 남아 있는 이 자리야말로 독해를 가능케 한다."(G. Agamben, 2007, pp.69~70·S. 65~66·100~102쪽)

몸짓으로서 주체-저자·주체-독자는 개인·비개인, 개체·비개체, 인격·비인격, 기억·망각, 욕망하는 것·욕망되지 못한 것을 포함하고 있다. 반면에 기능으로서 주체-저자·주체-독자는 가시적인 작품의 글쓰기·독해라는 장치에 포섭·저항을 통해서 발생한다.

주체는 어딘가에 현존하는 실체적인 현실로서 직접적으로 입증될 수 있는 것이 아니다. 이와 달리 주체는 주체가 걸려있는, 스스로를 걸었던 장치들과 마주침으로부터, 직접적인 대면으로부터 생겨나는 것이다. 왜냐하면 글쓰기(…중략…) 역시 일종의 장치이며, 인간 존재의 역사란 어쩌면 인간 스스로가 생산한 장치들(특히 언어활동)과 쉼 없는 대면에 다름 아닐 것이기 때문이다. 저자가 작품 속에 표현되지 않은 채 머물러야 하지만 바로 그런 식으로 자신의 환원할 수 없는 현존을 입증하듯이, 주체성 역시 주체성의 장치들이 주체성을 포획하고 거는 바로 그 지점에서 자신을 드러내고 있는 힘껏 저항해야 한다. 살아 있는 존재가 언어활동과 마주치고, 아무런 유보 없이 스스로를 언어활동 속에서 걸면서도 자신을 언어활동으로 환원하는 것이 불가능함을 어떤 몸짓 속에서 전시하는 곳, 바로 그곳에서 주체성이 생산된다.[36]

인간은 장치와 관계해서 가시적 주체-기능(저자, 독자, 사적 소유자, 자본가, 노동자, 공무원)으로 드러나고, 국가와 자본의 장치는 이 가시적인 주체-기능을 통해서 비가시적 주체-몸짓을 포섭하거나, 아니면 배제하

---

35 G. Agamben, 2007, pp.71~72·S. 68·104쪽.
36 G. Agamben, 2007, p.72·S. 68~69·104~105쪽.

려고 시도한다. 다시 말해 이 장치는 이미지·스페키에스의 주체-기능만을 주체로 인정하고, 그 외 구체적인 상황에서 구체적인 주체-몸짓을 현실에서 인정하지 않거나, 또한 주체-몸짓의 존재를 부정한다. 사유하는(사유작용을 하는) 주체는 주체-기능으로서 이미지·스페키에스 외에 사유하는 주체 그 자체(순수자아, das reine Ich)를 자신의 사유 속에서 만날 수 없다. 또한 캄캄한 극장 속 혹은 수많은 군중 속에서 주체는 자신을 드러낼 수 없고, 아직 드러나지 않았다. 작용하는 지각·사유로서 주체는 자기 외부에 존재하는 국가와 자본의 장치에 의해서 주민등록증·운전면허증·증명사진 등으로 동일성과 분류의 원리에 의해서 전도되어서 주체로 확인되고 있다. 그러나 주체-몸짓은 구체적인 상황과 시간에서 개체·비개체, 개인·비개인, 인격·비인격으로서 다른 주체-몸짓과 함께 행동하고, 대화한다. 그리고 곧장 주체-몸짓은 흔적도 없이 사라진다. 추후에 반성적으로 주체는 행동과 대화의 주체-기능으로서 타인의 시선에 의해서 이미지·스페키에스로 드러나거나, 또한 사진·문서 기록의 주체-기능으로 확인된다. 사실 몸짓의 행동은 개체·비개체, 개인·비개인, 인격·비인격으로 존재할 뿐이다. 보고, 듣고, 느끼고, 춤추고, 달리는 주체가 지각·행동하면서 개체로서 주체를 확인하고자 한다면, 이 주체는 주체를 반성적으로 확인하고 있지, 더 이상 지각·행동하지 않는다. 지각·행동하는 주체-몸짓은 주체와 몸짓을 분리할 수 없다. 다시 말해 이 주체-몸짓은 부재하는 주체로서 순수 몸짓이다. 주체-몸짓은 몸짓을 행동하고 난 후에 타인으로서 자신의 시선에 의해서 주체-기능(신분증의 개인)으로 확인된다.

인간은 두 개의 국면으로 이뤄진 하나의 존재이다. 즉 아직은 개체화되지 않아 활성화되지 않은 부분과 운명이나 개인적 경험을 흔적으로 간직한 또 다른 부분 사이의 복잡한 변증법이 낳은 결과가 바로 인간이라는 존재이다. 그러나 비인격적·비개체적 부분은 우리가 잊고 있다가 이따금 기억해낼 수 있는 과거가 아니다. 그것은 여전히 우리 속에 현존하며, 여전히 우리와 함께 있고, 우리 근처에 있으며, 좋든 나쁘든 우리에게서 떼어낼 수 없다.[37]

근대의 인간은 개인적인·개체적인·주체적인 존재이다. 그러나 인간은 개인적인 의식·인격적인 것·자아일 뿐만 아니라 비개인적 것·비개체적 것을 포함하고 있다. 인간과 마찬가지로 로컬리티·장소와 사물들도 개체적인 것과 비개체적인 것을 포함하고 있다. 이러한 인간의 이중성이 공동체의 잠재력이다.

5. 자본의 현상학적 환원으로서 공동체

우리는 이미지·스페키에스와 몸짓의 차이를 니체의 영겁회귀에서 가장 극적으로 드러낼 수 있다. 아감벤은 니체의 영겁회귀에 대한 적절한 대응으로서 정체성과 귀속성을 가지지 않는 몸짓이라고 말한다.

---

[37] G. Agamben, 2007, p.11·S. 9·12~13쪽. 아감벤은 인간의 비개체적·비인격적 부분을 더 자세하게 다음과 같이 말한다. "우리가 오로지 자아와 의식일 뿐이라면, 우리는 심지어 오줌조차도 누지 못할 것이다. 이런 의미에서 게니우스와 함께 산다는 것은 비의식의 지대와 항구적으로 관계를 맺으며, 낯선 존재와 내밀한 관계를 맺으며 살아간다는 것을 뜻한다."(G. Agamben, 2007, p.12·S. 10·14~15쪽)

이런 몸짓이야말로 가장 구체적 상황에서 가장 구체적으로 반응할 수 있는 목적없는 순수수단이다. 현실적으로 구체적인 상황에서 가장 구체적으로 관계하는 것은 몸짓이다.

> 악령이 너의 가장 깊은 고독 속으로 찾아들어 이렇게 말한다면 그대는 어떻게 하겠는가 : '네가 지금 살고 있고, 살아왔던 이 삶을 너는 다시 한 번 살아야만 하고, 또 무수히 반복해서 살아야만 할 것이다. (…중략…) 모든 것이 같은 차례와 순서로─나무들 사이의 이 거미와 달빛, 그리고 이 순간과 바로 나 자신도. 현존재의 영원한 모래시계가 거듭해서 뒤집혀 세워지고─티끌 중의 티끌인 너도 모래시계와 더불어 그렇게 될 것이다!' (…중략…) '너는 이 삶을 다시 한 번, 그리고 무수히 반복해서 다시 살기를 원하는가?'라는 질문은 모든 경우에 최대의 중량으로 그대의 행동Handlung 위에 얹힐 것이다.[38]

너의 삶의 상황이 동일하게 영원히 반복될 것이라는 악령의 말은 인간을 가장 무겁게 누르는 최대의 중량이다. 악령은 반복적 삶의 상황을 극대화시켜서, 인간의 삶은 고통이고, 지옥에서 삶과 다를 바 없는 것이라고 시사한다. 반면에 인간이 가장 구체적인 상황에서 가장 구체적인 반응하는 것은 몸짓이고, 이 몸짓들의 반복이 삶이다. 인간의 삶은 구체적인 상황에 구체적·일회적으로 관계하는 몸짓의 연속적인 반복으로 이루어져 있다. 몸짓이 장치로서 규범에 속하는 언어·이미지·스페키에

---

38 F. Nietzsche, *Die fröhliche Wissenschaft*, KGW V 2, 1973, S. 250. 니체, 안성찬·홍사현 역, 『즐거운 학문 외─니체전집 12』, 책세상, 2005, 315쪽.

스·스펙터클로서 표현되는 경우에 마치 끊임없는 동일한 반복인 것처럼 보인다. 그러나 구체적인 상황에 반응하는 구체적인 몸짓은 단지 일회적인 것이다. 행동으로서 몸짓 자체와 몸짓의 재현으로서 표현·이미지 사이의 차이를 무시하면서 악령은 구체적·일회적 몸짓에 대한 이미지와 언어적 표현에 의한 반복의 지루한 고통을 부각시켜서, 구체적인 상황에서 구체적·일회적 몸짓으로서 전체적인 삶을 파괴하려고 시도한다. 이에 대해서 차라투스트라는 구체적인 상황에서 일회적 몸짓 자체를 강조해서 되돌려 줌으로써 악령의 속임수를 드러낸다. 다시 말해 인간의 몸짓은 표현된 것으로 볼 때 반복적으로 보이지만, 과거·현재·미래에서 이 몸짓은 단 한 번 행해지는 일회적인 것이다. 이런 점에서 인간은 구체적·일회적 현실에 대해서 구체적·일회적 몸짓으로서 행동Handlung을 통해서 바로 자신의 현실을 혁명적으로 바꿀 수 있는 역량을 내재하고 있다. 즉 삶을 누르는 최대의 중량에 대해서 인간은 목적없는 수단으로서 몸짓을 통해서 가장 구체적·일회적 상황에 상응하는 삶을 수행할 수 있다.[39] 이런 점에서 차라투스트라는 구체적인 상황에서 몸짓을 수행하는 인민들peoples에 대응하고, 악령은 스펙터클 국가에 해당한다.

---

[39] 니체는 "모든 행동Handlung은 일회적이고 재귀 불가능한 방식으로 행해진 것이다"라고 말한다. 그리고 "행동의 모든 규범은 조잡한 외적 측면에만 관계된다. (…중략…) 규범을 통해서는 평등의 가상, 오직 가상에만 도달할 수 있다. ― 행동을 전망하거나 회고하는 경우 각각의 행동이란 꿰뚫어 볼 수 없는 불가해한 것이며, 또 그런 것으로 남아 있을 것이다. ― '선함', '고귀함', '위대함'에 대한 우리의 견해는 우리의 행동을 통해서는 결코 증명될 수 없다. 왜냐하면 모든 행동은 인식 불가능한 것이기 때문이다. (…중략…) 우리는 우리로 있는 그러한 우리 자신이 되고자 한다! 새롭고, 일회적이고, 비교 불가능하고, 자기 스스로가 입법자이고, 자기 스스로를 창조하는 인간이 되고자 한다!"(F. Nietzsche, 1973, S. 243·306~307쪽.) 니체의 이런 견해에서 삶의 영원한 반복은 규범을 통해서 파악된 행동에 관한 외적인 가상이다.

무대 위에서나 구축된 상황에서나 [그곳에서] 일어나는 것은, 어떤 잠재태의 현실화가 아니라 차후에 있을 역량의 해방이다. 몸짓은 삶과 예술, 현실태와 잠재태, 일반과 특수, 텍스트와 상연이 마주치는 이 교차점을 가리키는 이름이다. 몸짓은 개인적 전기biography의 맥락context에서 벗어난 삶의 조각, 그리고 미학적 중립상태에서 벗어난 예술의 조각 : 순수한 실천이다. 사용가치도, 교환가치도, 전기적인 경험도, 비개인적인 사건도 아닌 몸짓은 상품의 이면이다. 몸짓 때문에 '공동체적common, gemeinschaftlichen 사회적 실체의 결정체'는 상황 속으로 빨려 들어간다.[40]

인간의 몸짓은 정체성과 귀속성을 가지는 언어와 달리 목적을 위한 수단이 되지 않는다. 이런 이유로 구체적·일회적 상황에서 영원히 반복적으로 표현되는 것처럼 보이는 구체적·일회적 몸짓은 삶의 영겁회귀를 긍정하는 것이다. 즉 최대의 중량의 상황에서 행동은 매번 구체적·일회적으로 몸짓으로 수행되는 것이다. 이 행동은 제작(목적을 위한 수단 : 연극을 상연하기 위한 대본의 제작)과 행위(수단 없는 목적 : 연기자가 제작된 대본에 따라서 무대에서 하는 행위) 사이에서 순수수단으로서 몸짓이다.[41] 그래서 아감벤은 몸짓으로만 말하는 마술나라에서 인간은 행복해진다고 한다.

---

[40] G. Agamben, 1996, pp.79~80·90쪽.
[41] 아감벤은 몸짓은 행동이고, 제작과 행위와 다르다고 말한다. "시인이 희곡을 제작하지 그것을 행위하지는['어떤 역할을 맡는다'] 않는 것처럼 말이다. 거꾸로 배우는 희곡을 행위하는 것이지 제작하는 것이 아니다."(G. Agamben, 1996, p.57·67쪽)

비밀스런 이름은 피조물이 에덴동산에서 불렸을 때의 이름이었다. 일단 그 이름이 발음되면 겉으로 드러난 모든 이름(이름들의 바벨탑 전체)은 산산조각난다. 이 교설에 따르면, 바로 이런 이유 때문에 마술은 행복에의 외침이다. 비밀스런 이름은 피조물을 아직 표현되지 않는 것으로 되돌려주는 몸짓이다. 최종심급에서 마술은 이름에 관한 앎이 아니라 일종의 몸짓, 이름과의 단절이다. (…중략…) 어린아이의 슬픔은 마술의 이름을 모른다는 것보다는 자신에게 부과된 이름에서 자유로워질 수 없다는 것에서 온다. (…중략…) 행복하게, 그리고 이름 없이 행복하게 피조물은 몸짓으로만 말하는 마술나라의 문을 두드린다.[42]

언어는 문법과 문화적 정체성·귀속성을 가지고 있기 때문에 구체적·일회적 상황을 추상적·피상적으로 표현할 수밖에 없다. 그러나 마술의 나라에서 인간은 언어의 문법·귀속성·정체성 그리고 이미지의 추상성과 편집성을 벗어나서, 구체적인 상황에 구체적·일회적 몸짓으로 행동한다. 이러한 몸짓을 통해서 구체적 상황에 구체적으로 상응하기 때문에 인간은 마술의 나라에서 행복해진다. 그러나 이름이 정해진다는 것은 분류와 동일성에 의해서 자본과 국가의 장치에 포섭되거나, 배제된다. 더 넓은 의미에서 이름은 인간과 사물의 잠재적 능력을 동일성에 고착시켜서 다른 가능성을 부정한다. 이런 의미에서 이름은 행복의 부정이다.

아리스토텔레스는 폴리스에서 이성적 기능의 탁월한 발휘를 인간의

---

42 G. Agamben, 2007, p.22 · S. 50 · 32쪽.

행복이라고 한다. 반면에 아감벤은 마술의 나라에서 아무 할 일도 없는·무기능한·이름 없는 인간의 몸짓을 인간의 행복이라고 말한다. 또한 아감벤은 『니코마코스 윤리학』에서 아리스토텔레스와 다른 관점에서 자본주의적 사적 소유에서 사용불가능에 놓여 있는 인간에 대한 근본적인 성찰을 제시한다. 아리스토텔레스는 각각의 기능을 수행하는 개인과 유적 존재로서 인간의 기능에 놓여있는 차이에 관해서 묻는다.

> 피리 연주자와 조각가, 그리고 모든 기술자에 대해서, 또 일반적으로 어떤 기능과 해야 할 행위가 있는 모든 사람에 대해서, 그것의 좋음과 잘함은 그 기능_{ergon} 안에 있는 것처럼 보인다. 그처럼 인간의 경우에도 인간의 기능이 있는 한, 좋음과 잘함은 인간의 기능 안에 있을 것 같아 보인다. 그러니 목수와 제화공은 어떤 기능과 행위를 갖고 있지만 인간은 아무런 기능도 갖고 있지 않으며, 본래 아무 할 일도 없는_{argōs} 존재라고 할 수 있을까?[43]

아리스토텔레스는 인간의 행복이 무엇인지를 밝히기 위해서 인간의 기능이 무엇인지 알아보고, 인간이 자신의 기능을 가장 탁월하게 발휘하는 것이 행복이라고 말한다. 그는 인간의 고유한 기능은 "이성_{logos}에 따른 영혼의 활동"이라고 말한다. 그리고 그는 인간의 행복을 이성의 탁월성을 따르는 영혼의 활동이라고 말한다.[44]

그러나 아감벤은 아리스토텔레스가 인간의 기능을 '이성에 따른 영

---

43 아리스토텔레스, 강상진·김재홍·이창우 역, 『니코마코스 윤리학』, 길, 2011, 1097b / 29쪽.
44 아리스토텔레스, 2011, 1097b, 1099b / 29쪽, 37쪽.

혼의 활동'이라고 규정한 것과 다르게 인간의 기능을 '아무 할 일도 없는 존재', '일을 하지 않는 무위inoperosità적인 것'이라고 말한다. 아리스토 텔레스가 인간에게서 기능 안에 있는 것과 아무 할 일도 없는 존재를 분리하는 반면에 아감벤은 기능과 기능 없음의 분리 이전의 인간을 말한 다. 다시 말해 기술자가 기능을 가진다는 것은 특정한 사회(폴리스·공동체)의 양식과 문화가 그 기능을 요구하거나, 필요로 한다는 것이다. 기 술자의 기능은 성스러운 것과 세속적인 것의 분리에서 발생하기 때문 에 아리스토텔레스와 같이 기술자의 기능과 비교해서 인간의 유적 기 능을 도출하는 것은 특정한 사회에 의해서 요구된 기술자의 기능을 먼저 전제하는 것이다. 이와 반대로 아감벤은 기능과 비기능이 분리되는 전제에 대한 물음을 제기한다. 이런 의미에서 분리 이전부터 존재하는 '아무 할 일도 없는 존재'와 무위의 공동체가 서로 상응한다.

정치는 인류의 본질적인 무위에 상응하는 것, 인간공동체의 근본적인 일 -없이-존재함에 상응하는 것이다. 이처럼 인간이 할 일 없는argōs 존재이 기 때문에, 어떤 고유한 직업에 의해서도 정의될 수 없기 때문에 정치가 있는 것이다. 다시 말해서 인간은 어떤 동일성·정체성이나 소명으로도 고 갈시키는 게 불가능한 순수 잠재성의 존재이다(이것이 인간의 정치적 소명을 잠재적인 지성과 연결하는 아베로에스주의의 진정한 정치적 의미이 다). 이 아르기아argia, 즉 본질적인 무위와 잠재성이 역사적 과제가 되지 않 고 수행되는 방식, 다시 말해서 정치가 인류의 일-하지-않음을 전시할 뿐 만 아니라 어떤 과제에 대한 인류의 창조적인 반半 무관심을 전시하는 방 식, 오직 이런 의미에서만 정치가 행복에 완전히 복속되는 방식 속에서야 도래할 정치의 주제가 전 지구에 걸쳐 벌거벗은 생명을 지배하고 있는 경제를 넘어 구성될 수 있을 것이다.[45]

아감벤은 '인간 공동체의 근본적인 일-없이-존재함'에 정치의 원천적 가능성을 부여한다. 이와 더불어 낭시에 의하면 공동체가 인위적으로 만들어지는 것이 아니라, 오히려 나와 타자 그리고 우리 사이에 항상 있다. 이 공동체는 인위적이 아니라 무위적으로 우리 사이에 있다. 즉 우리 사이의 공동체는 '얼굴의 드러냄'과 '언어자체의 드러냄'에 의한 열림에 의해서 형성되는 공간이다.[46] 낭시의 공동체는 개인적인 나와 타자를 인위적 묶는 정치적 · 경제적 · 문화적 · 사회적 공동체가 아니고, 오히려 내가 타자를 향하는 · 타자가 나를 향하는 현상학적 환원으로서 무위의 공동체이다.[47]

---

45 G. Agamben, 1996, pp.140~141 · 152~153쪽.

46 G. Agamben, 1996, p.92 · 102쪽. 서로 얼굴을 대면하는 것은 인간들을 원천적으로 상호 교류하게 하는 소통의 장이고, 공동체이다. "정치인들 · 미디어 통치가들 · 광고업자들은 얼굴, 그리고 이 얼굴이 여는 공동체의 비실체적 성격을 이해했다. 그들은 얼굴을 어떤 대가를 치러서라도 확고하게 통제해야 할 비참한 비밀로 변형시킨다."(G. Agamben, 1996, p.95 · 106쪽)

47 이 환원은 "생각하는 '나'로 환원이 아닌 서로 겹쳐지는 '우리'로의 환원"이다.(박준상, 「『무위無爲의 공동체』의 몇몇 개념들에 대하여」, 『철학과 현상학 연구』 제46집, 한국현상학회, 2010, 66쪽) 후설은 자연적 태도를 판단중지하고, 생활세계에서 대상들을 코기토(생각하는 나)에로 환원하는 현상학적 환원을 수행한다. 생각하는 · 대화하는 내가 항상 타인과 외부세계를 전제하고 있다는 점에서 우리는 후설의 코기토를 넘어 인간과 외부세계를 포함하는 우리 사이로 현상학적 환원을 수행해야한다. 이런 의미에서 우리가 자연적 태도에 닻을 내리고 있는 국가와 자본의 장치를 판단중지하고, 우리 사이에로 현상학적 환원을 수행하면, 바로 우리의 사이 공간이 무위의 공동체이다. "그렇기에 공동체는 사회와 단절되었거나 사회가 잃어버렸던 것이기는커녕 사회를 근거로 해서 우리에게 도래하는 것 ─물음 · 기다림 · 사건 · 명령─이다. 따라서 어떠한 것도 상실되었던 적이 없으며, 그렇기에 어떠한 것도 상실되어 있지 않다. 오직 우리 자신만을, 우리의 창조물인 '사회적 관계'(관계들, 소통)가 경제적 · 기술적 · 정치적 · 문화적 올가미 그물처럼 무겁게 내리누르고 있는 우리만을 상실한 것이다. 그 그물코에 걸려 꼼짝할 수 없게 된 우리는 상실된 공동체라는 환상을 날조해냈던 것

나는 먼저 타인에게 노출되고, 또한 타인의 노출에 노출된다는 사실에 대한 지식이 따르지 않는, '의식' 없는 인식이. 에고 숨 엑스포지투스(Ego sum expositus; 나는 노출되어 존재한다). 이 사실을 잘 들여다본다면 (…중략…) 오직 공동체가 있어야만 한다는 역설을 간파할 것이다. (…중략…) 본질적으로 공동체는 블랑쇼가 무위라고 명명한 것에 자리 잡는다. 과제 내에서 또는 과제 너머에서, 과제로부터 빠져나오는 것, 생산과 완성을 위해 할 일이 더 이상 없으며, 다만 우연히 차단되고 분산되며 유예에 처하게 되는 것, 공동체는 단수성들의 차단 또는 단수적 존재들 자체가 유예되는 가운데 이루어진다. 공동체는 그들이 이루어야 할 과제가 아니고 그들 자체를 만들어낸 성과들도 소유하지 않으며, 마찬가지로 공동체는 단수적 존재들의 성과도 아니고 그들의 작용 자체도 아니다. 왜냐하면 공동체는 그들의 존재 — 공동체의 한계에 매달린 그들의 존재 — 이기 때문이다. 소통이란 사회적·경제적·기술적·제도적 과제에서 벗어나 무위에 처하게 되는 것이다.[48]

낭시는 무위의 공동체가 공동체의 대립이 아니라 공동체의 전제라는 것을 마르크스의 인용에서 명시적으로 보여준다. "개인들의 노동이 사적 노동으로, 마찬가지로 생산물이 사적 생산물로 되지 못하게 막는 것은, 전적으로 생산 이전에 정립된 공동체이다. 바로 그 공동체가 개인의 노동을 사회적 유기체의 한 구성원이 직접 행한 기능으로 나타나게 만든다."[49] 이런 맥락에서 무위의 공동체는 자본에 의한 '생산수단

이다."(J. -L. 낭시, 박준상 역, 『무위의 공동체』, 인간사랑, 2010, 40~41쪽)
[48] J. -L. 낭시, 2010, 78~79쪽.
[49] J. -L. 낭시, 2010, 167쪽.

의 집중'에 대립되어서 나타나는 '노동의 사회화'에 상응하는 공동체이다. 이 공동체는 "궁핍과 외부적인 합목적성에 의해 규정되는 노동이 끝나는 곳에서 비로소 실제로 시작되고, 그 본성상 고유한 물질적 생산의 영역 저 너머에" 있고 그리고 "목적 그 자체로서 인간적 힘의 개화 Kraftentwicklung가 시작되는" 곳에 위치한다.[50] 따라서 무위의 공동체는 나와 타자 그리고 우리의 삶에 본질적으로 전제되어있다. 우리는 다만 이 공동체를 인위적인 공동체로 대치하거나, 인위적인 공동체의 상실과 더불어 무위의 공동체에 대해서 잊기를 강요당하고 있다.

그러나 우리는 잊기를 강요당하는 무위의 공동체를 '톈안먼'에서 볼 수 있다. 우리는 '톈안먼'에서 '통합된 스펙터클국가'에 대한 대항 극으로서 "모든 정체성과 귀속조건에 관계하지 않는 새로운 공통존재being-in-common, gemeinsames Sein"를 볼 수 있다. 이러한 공통존재는 국가의 존립을 위협하는 최대의 존재이다. 따라서 중국지도부는 이 공통존재에 대해서 무자비한 조치를 취할 수밖에 없었다.

귀속 자체, 자신이 고유하게 언어활동-안에-있음을 고유화하려는 독특성, 그 때문에 모든 정체성과 귀속조건을 굴절시키는 독특성이야말로 도래하는 정치의 주체적이지도 사회적으로 안정되지도 않은 새로운 주인공이다. 이런 독특성이 평화적으로 각자의 공통존재를 현시하는 곳에서라면 어디에나 톈안먼이 있을 것이며, [이를 진압하기 위해] 조만간 전차들이 나타날 것이다.[51]

---

50 K. Marx, 1981, S. 828 · 1010~1011쪽; 참조 J. -L. 낭시, 2010, 172쪽.

우리는 톈안먼에서 스펙터클에 대항하는 가능성을 찾을 수 있다. 통합된 스펙터클국가가 모든 정체성과 귀속조건을 분해해서 더 이상 구체적인 소문자 인민들peoples을 대변하지 않는 정체성이 비워진 공중을 '구체적이고 계획적으로' 생산한다. 이에 반해서 인민들은 톈안먼의 구체적 상황에 맞추어서 모든 (민족)국가의 귀속성과 모든 언어의 정체성을 벗어버린 가장 순수하고 구체적인 몸짓과 언어활동을 통해서 스펙터클국가에 대항한다. 우리는 톈안먼에서 "모든 정체성과 귀속조건에 관계하지 않는 새로운 공통존재"를 볼 수 있다. 이런 의미에서 아감벤의 공동체는 구체적인 상황에 구체적으로 관계하기 위해서 잠재성과 능력으로 있는 '아무 할 일도 없는' 존재들에 의해서 형성된다. 이 존재들은 '모든 정체성과 귀속조건에 관계하지 않는 새로운 공통존재'들이고, 이들이 바로 무위의 공동체와 상응하는 소문자 인민들peoples이다. 모든 정체성과 귀속조건에 관계하지 않음으로서 공동체를 이룰 수 있는 인민들이 구체적 상황에 구체적으로 관계하는 정치를 수행할 수 있다. '아무 할 일도 없는' 인민들이 항상 존재하고 있고, 이들이 바로 무위 공동체에 상응하는 전제이다. 그러므로 자본주의적 종교에 종속된 로컬리티는 다만 무위의 공동체라는 모래 위에 잠시 그어져 있는 선에 불과할 뿐이다. 인민들이 구체적인 상황에 구체적으로 관계하면 로컬리티는 세속화될 것이다.

---

51 G. Agamben, 1996, p.89 · 101쪽.

6. '아무 할 일도 없는 존재'와 무위의 공동체

근대 이후 국가와 자본의 장치는 공유지·공유(물)를 극단적으로 소유(지)·상품으로 전환시키고 있다. 이와 병행해서 국가와 자본은 장치를 통해서 세속적인 것과 성스러운 것의 분리와 자본주의적 사적 소유를 전면화한다. 동시에 국가와 자본의 장치는 토지와 상품에 주체를 부여하고, 다시 이 주체를 숫자와 기호로 탈주체화하면서, 포섭·배제한다. 한편으로 근대 자본주의는 인간·로컬리티·사물을 개체적인 것으로 취급하고, 이 개체적 인간을 법적 장치를 통해서 로컬리티·사물의 사적소유자로 규정한다. 그럼으로써 국가와 자본의 장치에 의해서 로컬리티는 분리된 공간 또는 상품으로 정체성과 귀속성이 부여된다. 이러한 방식으로 국가와 자본에 의해서 로컬리티·공간은 포섭, 통제, 배제된다. 다른 한편으로 이 개체적 인간은 분리될 수 없는 존재이고, 또한 다른 개체적 존재와 비개체적 존재와 연결되어야만 한다. 그러나 현재 국가와 자본이 개인과 다른 개체적·비개체적 존재와 관계를 독점한다. 관계의 독점에 의해서 상품의 소비, 스펙터클이 자본의 축적이라는 단일한 목적과 결합되어서, 더 이상 이것들이 다른 목적을 위한 (순수)수단으로 사용될 수 없다. 사용될 수 없음의 수단으로서 스펙터클은 이미지와 언어를 구체적인 상황에서 '자율적인 영역'으로 분리해서, 조직적으로 재배치함으로써 수단을 무화하고, 수단의 잠재력을 고갈시킨다. 순수수단을 확보하기 위해서 우리는 스펙터클을 다시 구체적인 상황과 관계하는 얼굴, 몸짓, 사건으로 되돌려서, 전체적인 것을 드러내야한다.

우리는 상품의 소비, 스펙터클을 구체적인 상황에서 인간의 몸짓으로 환원시키기 위해서 공유물과 사유물의 분리불가능과 개체와 비개체로서 인간에 대해서 근본적으로 성찰해야한다. 국가와 자본의 장치는 성스러운 것·자본주의적 사적 소유와 세속적인 것·공유물을 투명하게 분리할 수 없다. 장치로서 사적 소유는 기술의 발전과 더불어 공유물과 더 많은 접촉면을 가질 수밖에 없다. 공유물과 접촉으로 인하여 자본주의적 사적소유는 법적인 제한을 받는다. 이와 같이 자본의 성스러운 공간은 세속적인 공간과 맞닿아 있다. 시민·인민은 이 접촉면을 통해서 자본의 희생제물을 세속화할 수 있다. 특히 근대에서 개인의 권리·의무와 생산·소비가 사회적 삶에서 중심축을 형성하게 되면서, 인간은 개체적인 것·가시적인 것이고, 그 반대의 것은 사회적으로 의미를 상실하게 되었다. 그러나 개체적 것과 비개체인 것을 포함하는 개인으로서 주체는 타자와 소통할 수 있고, 또한 소통을 매개로 공동체에 속하게 된다. 이러한 인간·로컬리티·사물의 이중성이 공동체의 잠재력이다.

인간·로컬리티·사물의 이중성에 상응해서 아감벤은 '인간 공동체의 근본적인 일-없이-존재함'에 정치의 원천적 가능성을 부여한다. 이와 더불어 낭시에 의하면 공동체가 인위적으로 만들어지는 것이 아니라, 오히려 나와 타자 사이에 항상 있다. 이 공동체는 나와 타자 사이에로 현상학적 환원으로서 무위의 공동체이다.

우리는 다만 자유로운 분산된 개체로 있거나 혹은 인위적인 공동체에 속할 수밖에 없고, 무위의 공동체에 대해서 잊기를 강요당하고 있다. 그러나 무위의 공동체는 구체적인 상황에 구체적으로 관계하기 위

해서 잠재성과 능력으로 있는 '아무 할 일도 없는' 존재들에 의해서 형
성된다. 이 존재들이 바로 무위의 공동체와 상응하는 인민들이다. 모
든 정체성과 귀속조건에 관계하지 않음으로서 공동체를 이룰 수 있는
인민들이 구체적 상황에 구체적으로 관계하는 정치를 수행할 수 있다.
인민들이 구체적인 상황에 구체적으로 관계하면 로컬리티는 세속화
될 것이다. 로컬경계의 유무의 동시적 가능성·공유와 사적 소유의 분
리불가능성, 개체적·비개체적·기능적·비기능적 인간이 무위의 공
동체를 무시간적으로 개방할 수 있다.

참고문헌

기다 겐 · 노에 게이이치 · 무라타 준이치 · 와시다 기요카즈, 이신철 역, 『현상학사전』, b, 2011.

낭시, J. -L., 박준상 역, 『무위의 공동체』, 인간사랑, 2010.

마르크스, K., 김수행 역, 『자본론』 I · III(상 · 하), 비봉출판사, 1990 · 1991.

바타이유, G., 조한경 역, 『에로티즘의 역사』, 민음사, 2010(1998).

__________________, 『저주의 몫』, 문학동네, 2011(2000).

박준상, 「『무위無爲의 공동체』의 몇몇 개념들에 대하여」, 『철학과 현상학 연구』 제46집, 한국현상학회, 2010.

벤야민, W., 최성만 역, 「종교로서의 자본주의」, 『역사의 개념에 대하여 · 폭력비판을 위하여 · 초현실주의외』, 길, 2008.

아감벤, G., 김상운 역, 『세속화 예찬』, 난장, 2010.

아감벤, G., 김상운 · 양창렬 역, 『목적없는 수단』, 난장, 2010.

아감벤, G., 양창렬 역, 『장치란 무엇인가?』, 난장, 2010.

아리스토텔레스, 강상진 · 김재홍 · 이창우 역, 『니코마코스 윤리학』, 길, 2011.

윤일성, 「해운대 관광리조트의 도시정치학」, 『지역사회학』 제13권 제2호, 지역사회학회, 2012.

짐멜, G., 김덕영 · 윤미애 역, 『짐멜의 모더니티읽기』, 새물결, 2005.

최병학, 「'경계'로 본 이란 영화-압바스 키아로스타미, 모흐센 마흐말바프와 자파르 파나히를 중심으로」, 『철학논총』 제66집 제4권, 새한철학회, 2011.

푸코, M., 장진영 역, 「저자란 무엇인가?」, 『미셸 푸코의 문학비평』, 문학과지성사, 1989.

하용삼 · 문재원, 「공공성과 로컬리티의 재구성」, 『철학논총』 제66집 제4권, 새한철학회, 2011.

Agamben, Giorgio, *Language and Death*, trans. by Karen E. Pinkus with Michael Hardt, Minneapolis / London : University of Minnesota Press, 1991.

__________________, *Means without End*, trans. by Vincenzo Binetti and Cesare Casarino, Minneapolis / London : University of Minnesota Press, 1996.

__________________, *Profanierungen*, aus dem Italienischen von Marianne Schneider, Frankfurt

a. M. : Suhrkamp, 2005.

__________, *Profanations*, trans. by Jeff Fort, New York : Zone Books, 2007.

__________, *What is an Apparatus*, trans. by David Kishik and Stefan Pedatella, Stanford : Stanford University Press, 2009.

Foucault, Michel, "What Is an Autor?", *Textual Strategies : Perspectives in Post-Structualist Criticism*, ed. Josué V. Harari, Ithaca : Cornell Unversity Press, 1979.

Nietzsche, Friedrich, *Die fröhliche Wissenschaft, Kritische Gesamtausgabe V 2*, Giorgio Colli und Mazzino Montinari(Hg.), Berlin / New York : Walter de Gruyter, 1973(KGW V 2).

Marx, Karl, *Das Kapital I · III, Marx Engels Werke Bd. 23 · 25*, hrsg. v. Institut für Marxismus-Leninismus beim Zentralkomitee der Sozialistischen Einheitspartei Deutschlands, Berlin(Ost) : Dietz Verlag, 1983 · 1981.

부산 기지촌 주민들의 역사적 경험과 양면성[*]

차철욱

1. 기지촌의 새로운 이해

2010년 미군이 사용해 오던 하야리아부대가 부산시로 이관되면서, 이의 사용과 관련한 논의가 활발하게 진행되었다. 부산시는 이곳을 시민공원으로 조성할 계획을 세우고 추진 중이다. 그 과정에서 공원의 성격을 둘러싼 논쟁이 격렬하였으나, 부산의 역사성과 장소성을 포함하는 공원이라는 지향점을 향해 진행되고 있다. 무엇보다 부산시, 연구자와 시민들이 머리를 맞대고 고민한 결과라고 할 수 있다.

그런데 이 논의 과정에서 아쉬운 부분은 정작 하야리아부대와 생활을 함께해 온 사람들이나 기지촌의 이야기가 빠졌다는 것이다. 부산

---

* 이 글은 부경역사연구소 『지역과 역사』 제28집(2011)에 수록된 차철욱의 「하야리아부대 주변 마을 주민들의 역사적 경험과 로컬리티」를 수정, 보완한 것이다.

사람들의 삶과 하야리아부대가 어떤 관계였는가에 대한 많은 이야기가 공원 조성에 투영되어야 한다. 공원 조성에 필요한 각종 시설물의 보존이 필요하다면 공원과 관련있었던 부산 사람들의 이야기도 공원 조성에 담겨야만 시민공원으로서의 자격도 부여되는 것이다.

본고는 부대 주변의 기지촌과 그곳에서 살아온 사람들에 관심을 가져야 한다는 취지로 준비되었다. 하야리아부대와 부산 사람들과의 관계는 기지촌이라는 성격을 중심으로 언급되어 왔다.[1] 미군부대와 관련한 기지촌 연구는 주로 문학작품 분석을 중심으로 진행되었다. 기지촌 연구는 '양공주' '성매매' 등 여성들의 인권과 관련한 논의에 집중되었다. 부산의 기지촌에서도 미군과 살림을 했던 양공주에 대한 이야기가 전해지고 있다. 하지만 하야리아부대와 주변 사람들에 대한 관심은 그다지 높지 못했다. 최근 기지촌 연구는 기존 연구에서 밝힌 측면 외에 문화공간, 소통공간으로서의 의미에 관심을 가지는 방향으로 진행되고 있다.[2] 본 연구 또한 이러한 기지촌 연구의 방향에 동의한다. 그런데 여기에 한 가지 더 추가하고 싶은 것은 기지촌 주민들의 능동적인 활동 모습이다. 기지촌 주민들은 미군이라는 우월적인 지위를 이용한 집단과 관계에서 다양한 경험을 하였다. 물론 양공주, 성매매라는 키워드를 통해 그 지배적인 행태를 확인할 수도 있으나, 기지촌 사람들의 경험은 이 보다 훨씬 더 폭넓은 것이다. 이러한 경험이 마을 주민

---

1 홍성철, 『유곽의 역사』, 서울 : 페이퍼로드, 2007.
2 송도영, 「종교와 음식을 통한 도시공간의 문화적 네트워크—이태원 지역 이슬람 음식점들의 사례」, 『비교문화연구』 13-1, 서울대 비교문화연구소, 2007; 김상수 외, 『이태원 공간과 삶』, 서울역사박물관, 2010.

<그림 1> 하야리아부대 전경과 범전동 1통, 3통

들로 하여금 자기 생활의 추동력으로 작용할 수 있었는가에 관심을 가져 보려고 한다. 마을 주민들에게는 미군 혹은 미군부대는 경제적으로 도움이 될 수 있는 존재였던 반면 다른 한편에서는 자신들의 인간성을 짓누르는 존재로 인식되었다. 주민들은 이 양자 속에서 고민하면서, 현재에 이르고 있다.

본고에서는 기지촌이라는 기존의 저속한 문화가 유행하고, 미군에 의한 폭력적인 지배가 이루어지던 곳이라는 시각에서 벗어나, 기지촌 사람들의 이중적인 삶에 주목하면서, 이것이 하야리아부대와 기지촌, 하야리아부대와 부산을 어떤 관계로 만들었는가에 관심을 가지고 검토할 것이다.

본 연구는 하야리아부대의 남쪽에 위치한 부산시 부산진구 범전동 1통과 3통으로, <그림 1>의 ○안에 삼각형 모양의 마을을 대상으로 한다. 미군시설 주변 마을이기 때문에, 특별한 사건과 관계되지 않으면 사회적인 주목을 받을 수 없었다. 따라서 기지촌 사람들의 이야기는 문헌자료보다 부대 주변에서 살아온 사람들의 경험을 토대로 하지 않을 수 없다.

2. 기지촌의 시·공간적 특징

　분석대상인 범전동 1통과 3통은 하야리아부대 출입구 G3 주변에 형성되어 있다. 이 마을 주변에는 동해남부선 부전역, 경부선 가야역, 지하철 1호선 부전역이 있고, 부산의 중심지 역할을 하고 있는 서면 로타리가 1km 이내에 위치하고 있어 부산 교통망의 중요 시설이 있다. 행정관청으로는 부산진구청이 걸어서 5분 거리에 위치하고 있으며, 부전역 주변의 부전시장, 서면로타리 부근의 롯데호텔(백화점) 등이 가까운 곳에 위치하였다. 이런 점에서 이 마을은 부산 교통과 상권의 중심지에 위치해 있다. 하지만 하야리아라는 미군부대 옆에 위치한 이유로 건축물 고도제한을 비롯한 각종 문화적인 혜택에서 소외되어 있다.

　이 마을의 형성은 오래되어 보인다. 하야리아부대 내 시굴조사에서 밝혀진바에 따르면 청동기시대, 삼국시대, 조선시대, 일제강점기의 유물과 주거지 흔적들이 발견되었다.[3] 기지촌 사람들의 구술에 따르면 이 마을에 오래된 성씨는 이씨, 임씨, 박씨, 문씨들이라 한다. 구술자 박○○는 약 100년 전 증조부가 부전동에서 현재의 위치로 이사왔다고 하는 것으로 봐 마을 사람들의 기억을 통해서도 마을 형성은 오래되었던 것으로 보인다. 아래 〈그림 2〉에서처럼 마을 내에는 오래된 기와집들이 많이 보인다.

　마을 내 구술자들의 기억에 따르면 일제강점기부터 마을 주민들은 대부분 농업에 종사했던 것으로 보인다. 초읍방향에서 내려오는 물줄기는 초읍못(현 초읍시장), 연지못(연지초등학교)을 거쳐 부대와 마을을 관

통해 전포천 방향으로 흘러간다. 하야리아부대 내 구 경마장 위치를 제외한 동쪽은 해방 후 일시 마사회가 운영하는 경마장이 있었기는 하지만 대부분 농지였다. 경마장이 만들어지기 전에도 이곳은 농지였고, 일본인 지주들의 소유였지만, 소작은 조선인이 담당하였다.

일제강점기 경마장이 이곳에 설치되면서 마을 주민들에게 두 가지 기회를 제공했다. 하나는 경마장에 위치했던 농토로부터 경작권을 박탈당하는 기회, 다른 하나는 경마라는 근대적인 놀이를 보고 즐길 수 있는 기회를 동시에 제공했다. 부산에 경마가 처음 등장한 것은 1921년 4월 4일이었다. 1926년 경마를 담당하는 기구로 부산경마구락부가 조직되었다. 경마를 위한 장소가 중요하였는데, 부산진매축지, 조선방직 광장에서 진행하다가 1930년 범전동 현재의 위치로 결정하여 조성하였다.[4] 경마장의 위치는 〈그림 1〉의 부대 내 왼쪽이다. 부대시설 사이로 트랙의 원형을 확인할 수 있다.

경마장 부지는 대부분 일본인 지주들의 소유지였다. 다만, 문제는 이 농지의 소작인들이 대부분 조선인이어서 경마장 건설로 인한 경작지 상실이 예상되었다.[5] 그리고 경마장 부지 앞쪽에 서면공립보통학교(1924년 개교, 현 성지초등학교)가 있었는데, 경마 군중의 함성으로 인한 수업 방해, 마권 매매하는 투기적 모습이 어린이들의 정서를 해칠 것이라는 비판도 함께 제기되어,[6] 조선인 주민들과 갈등이 있었다. 경마

---

4 이금도, 「일제강점기 부산 '서면경마장'의 조성과정을 통해 본 (구)하야리아부대 이전부지의 도시사적 의미」, 『대한건축학회논문집』 28-6, 대한건축학회, 2012, 136쪽.

5 「경마장 설치로 삼십작인 낭패」, 『동아일보』, 1930.11.11.

6 「경마장재이로 서면공보에 방해」, 『동아일보』, 1931.1.2.

는 일본인들의 문화였을 뿐 조선인들은 가끔 호기심을 가지고 근대 문화를 구경하는 정도였다.

그런데 경마장은 1941년 일본군 노구치부대의 군사시설로 사용되면서 기능을 일부 상실했다. 군사시설은 경마장만이 아니라 오른쪽의 농지도 편입해 버렸다. 당시 경마장은 부산항 부두에서 하역되는 군수품을 이곳으로 옮겨 보관하는 역할을 하게 되었다.[7] 천막으로 임시 건물을 만들어 식료품과 의류 계통을 저장하였다. 이곳의 물자는 부전역을 통해 출입하였다. 이처럼 일제강점기 말 경마장이 군사시설로 활용되었다는 점 때문에 해방 후 미군이 점령하는 계기가 되었다.

한편 경마장 주변의 마을 또한 변화하기 시작했다. 1937년 무렵 수립된 부산시 시가지계획으로 이 마을이 위치한 부전지구가 당시 부족해지는 부산시의 택지를 조성할 수 있는 지역으로 설정되었고, 동시에 공업단지도 계획되었다.[8] 마을 사람들의 증언에 따르면 마을의 젊은 처녀들은 일제강점기 말 인근 공장에 다니면서 위안부 징용을 피할 수 있었다고 한다.[9] 서면 일대의 공업화는 한국전쟁을 계기로 더욱 활발해졌다. 서면 복개천과 전포천 주변에 등장한 섬유공업과 고무공업 공장들은 한국전쟁 피란민들의 좋은 일자리가 되었다. 이 마을 주변으로도 하야리아부대, 진양화학(1963), 부전시장 등은 한국전쟁 이후 새로운 일자리와 경제적 기회를 제공하였다. 피란민들이 호구책으로 옮겨온 경제시설이 서면 부근에 많았다. 이와 같은 경제적인 변화에 따라

---

7 이문규 증언.
8 김경남, 『일제하 조선에서의 도시 건설과 자본가 집단망』, 부산대 박사논문, 2003. 2, 112~174쪽.
9 가○○ 증언.

피란민들도 이 마을로 많이 들어와 살게 되었다.[10]

무엇보다 마을의 변화에 결정적인 역할을 한 것은 하야리아부대의 등장이다. 한국전쟁 시작과 함께 들어온 미군부대는 관련한 다양한 사람들을 이 마을로 모여들게 했다. 미군들과 살림을 차리는 한국인 여자들, 부대 내에서 흘러나오는 물건을 취급하는 사람, 미군을 상대로 영업하는 사람들이 기존 마을 사람들과 섞여 사는 계기를 만들었다. 1960~80년대는 항공모함이 부산항으로 입항하고, 수 천 명의 미군들이 하야리아부대에서 휴식을 하는 일이 잦아지면서 이 일대는 미군을 상대로 하는 장터가 생겼다. 많은 사람들이 붐볐고, 마을 사람들은 한 칸의 방이라도 더 만들어 세를 놓았다. 이 마을이 가장 번성했던 시절로 생각된다. 마을 내 가정집에는 빈 마당은 모두 방을 만들었다. 〈그림 2〉에서처럼 마당에 나무가 자랄 틈이 부족할 정도로 방을 만들어 세를 놓았다.

하지만 이 마을은 88올림픽 이후 쇠퇴하기 시작했다. 1992년 이웃한 진양화학이 부도가 나면서 많은 노동자들이 이 마을에서 떠났다. 하야리아부대 주둔 미군 수가 감소하다가, 2006년 부대가 해체되고 미군이 떠나면서 마을은 한산한 빈민마을로 변해갔다. 주변 시설의 변화에 따라 마을의 인구도 변화하였다. 집집마다 빼곡하게 만들었던 방들은 이제 사람이 거처하지 않는다. 그동안 기지촌이었기 때문에 주거지를 개선할 수 없었고, 가스같은 생활문화의 혜택도 누릴 수 없었다. 때문에 젊은이들은 마을을 떠났고, 아침에 가방 메고 등교하는 학생들을 볼 수 없게 되었다.

---

10 박○○ 증언.

<그림 2> 빈 공간에 빼곡이 들어선 주택구조　　　<그림 3> G3방향 도로변에 남아있는 흔적

3. 미군 점령과 기지촌 주민의 반응

1) 미군의 점령과 주민의 권리상실

경마장이 일제강점기 말 군사시설로 편입되었기 때문에 이 시설은 해방과 함께 미군이 관리하게 되었다. 국제적인 관례에 따라 적의 재산을 점령군이 수용하는 원칙에 따른 것이다. 일본인 개인재산은 귀속재산 처리절차에 따라 한국정부가 담당했으나, 일본 정부 즉 공공자산 가운데 군사시설은 대부분 미군이 그대로 접수하였다. 해방 직후 주민들의 증언에 따르면 직접적인 관리가 제대로 되지는 않았고, 계속해서 경마장으로 이용되었던 것으로 보인다. 그런데 한국전쟁이 상황을 바꾸어 놓았다.

한국전쟁이 일어나자 미군은 하야리아부대를 점령하였다. 마을 사람들 누구도 자신들의 땅에 들어오는 점령자를 막을 수 없었다. 탱크로 밀고 들어왔기 때문이다. 현재 이 부분을 구술한 두 사람 모두 '밀고 들어'왔다고 표현한다. 탱크가 앞장섰던 것으로 기억하고 있는 모양이다. 그만큼 미군의 공간 점령은 폭력적이었다. 시기는 마을 사람들의 기억에는 보리가 자라 벨 무렵이라고 하니까 한국전쟁이 시작된 직후였던 것으로 보인다.

우리 집이 농사짓고 있는데 보리가 이 마이 커 있는데 그때 미군이 탱크 밀고 들어왔다 (…중략…) 원 경마장은 왼편에만 있고, 오른편은 주로 논, 밭이었어요. (원 경마장 자리에)일본 사람들 전쟁 물자가 있으니까, 여기는 비어 있으니까 다시 경마장을 다시 만들었어요. 한국마사회에서 만든 거예요.[11]

농사 많이 지었지. 요 주변에. (시집)온케 할배가 농사짓고 살데. 땅이 요 짝으로, 부대 안에 들어갔지. 부대로 편입되었지. 편입될 때는 언제인지 잘 모르겠네. 시집 올 때는 경마장에 다 안 들어갔는데, 보리가 물 때 되었는데, 밀고 들어왔지 싶어.[12]

미군의 점령은 마을 주민과 엄격한 경계구분을 의미하는 것이었다. 경계의 안과 밖이 물리적인 선긋기에 의해 구분되었다. 구분을 위한 경계선과 출입구가 만들어지면서 미군이 점령한 경계 안은 마을 사람들이 종전처럼 자유롭게 드나들 수 없게 되었다. 심지어는 부대를 관통하는 시냇물도 경계를 그어 철조망을 쳐 버렸다.

---

11 박○○ 증언.
12 김○○ 증언.

미군의 점령은 마을 사람들에게 직접적인 피해를 주었다. 하야리아부대 동쪽은 원래 농지였고, 대부분 마을 주민들 소유였다. 그런데 일제강점기 말 태평양전쟁기 일본군이 군사시설을 위해 강제편입해 버렸다. 해방후 한국정부는 농지를 주변 농민들에게 불하해 주었다. 그런데 하야리아부대가 들어오자 또다시 자신의 권리를 박탈당해야 했다. 국가는 토지소유자들을 검찰청으로 압송하여 강제로 소유권을 넘기도록 협박하였다.[13] 국가권력 앞에 힘없는 백성들이 당해낼 재주가 없었다. 지역 주민들은 최근 하야리아부대가 한국정부로 반환되자 자신들에게로 와야 한다고 생각한다. 주민들은 온갖 복잡한 법을 적용하여 마을 사람들의 권리를 빼앗는 정부나 부산시의 일방적인 행정조치에 못마땅해 하고 있다.

하야리아부대 때문에 받은 마을 주민의 피해는 적지 않았다. 마을 주민들은 주거지를 3층 이상 짓지 못하도록 고도제한을 당했고, 부대쪽으로 창문을 낼 수 없었다.[14] 이러한 규제가 풀린 것도 약 25년 전이라고 한다. 이뿐만이 아니다. 마을 사람들이 누려야할 교통문제나 연료공급문제와 같은 사회복지 혜택도 누릴 수 없는 실정이다.

2) 기지촌 주민들이 본 미군

한국전쟁 당시 어린이들에게 미군은 호기심의 대상이었다. 미군으로부터 깡통을 구해 '깡통차기'를 하거나, 자동차 베아링을 가지고 '구슬

---

13 「인디언어로 '아름다운 초원' 의미」, 『국제신문』, 2005.9.21.
14 「하얄리아 60년(4) 그늘진 삶터」, 『국제신문』, 2005.9.23.

치기'를 하면서 놀았다. 츄잉껌, 초코렛, 짬뽕밥, 씨레이션 등 먹거리도 미군들로부터 쉽게 얻어 먹을 수 있었다. 미군의 등장으로 새로운 놀이 문화를 만들어 낼 수 있었고, 경험하지 못했던 음식문화를 접할 수 있었 다. 그리고 무엇보다 경제적으로 미군을 상대로 하여 돈을 벌 수 있었다 는 점은 한국전쟁 당시 이 마을 어린이들의 공통된 경험이다.

동시에 하야리아부대에서 생활하던 미군들은 동네 어린이들에게 놀림 의 대상이기도 하였다. 지나가는 미군들을 상대로 시비를 걸기도 하고 '갓 뎀'하면서 욕을 하기도 하였다. 심지어는 간이화장실에서 볼일을 보고 있 는 미군에게 화장실 아래로 불을 붙여 넣는 심한 장난을 하기도 하였다.

저 위에 정문인데, 변소 어데 있노하면, 위에는 비었고 아래만 가리고, 위 에는 트였고, 밑에는 도라무통인데, 똥 누거든 불 이래가지고 미군 밑에 데 면 불을 찌지부는 거라, 넘버워 넘버원 했지. 난리 나지[15]

이처럼 미군부대와 미군들은 어린이들에게 호기심 있는 미국식 문 화를 전달하는 역할도 했지만, 놀림의 대상이 되기도 했다. 이런 어린 이들의 장난은 단순한 짓궂은 행동이 아니었다. 미군을 바라보는 눈은 서양사람 = 성적으로 문란한 이미지로 바라보았다.

미국인에게 악세사리, 나쁘게 말하면 '포리에잇', 성 자세, 마흔 여덟 가지 등 사해가 팔았지. 저 뭐고 등사되어 있는 거를 팔고. 그게 어디서 나왔는지, 다

---

15 박○○ 증언.

나왔다. 악세사리 하는 점방이 많았습니다. 미군 애들 그 사가고 그랬지.[16]

미군을 상대로 돈벌이를 하는 어린이들, 일상 생활용품 뿐만 아니라 '포리에잇'으로 불렸던 성적 도구까지 판매하면서, 어린이들은 미군에 대한 이미지가 굳어졌던 것으로 보인다. 아마도 이러한 미군에 대한 인상은 다른 한편으로는 한국인 여성들과의 관계를 연상시켜 더욱 확고해졌다.

> (산토끼) "양갈보(양공주) 똥갈보 어디로 가느냐 / 깡충강충 뛰어서 할로 (미군)한테 갈테야"
> (뻐꾸기왈츠) "할로 할로 ㅈ몽디가 성하나 / 할로 할로 ㅈ몽디가 성하나"
> "손 때우소 냄비 때우소 / 지나가는 양갈보 ㅂㅈ때우소……"

이 노래들은 기지촌 어린이들이 미군과 양공주를 비아냥거리는 욕 노래이다.[17] 잘 알려진 동요를 개사한 가사들에서 당시 어린이들이 미군과 양공주를 바라보는 시선을 확인할 수 있다. 마을 어린이들에게 미군은 한국인 여성들을 점령한 점령군으로 이해되었고, 양공주는 같은 종족이 아닌 백인 흑인들과 어울리는 성적으로 저속하고 수치스러운 존재로 생각되었다.

미군과 함께 살림을 사는 양공주를 바라보는 마을 주민의 생각은 어린이들의 노랫말과 거의 다르지 않다.

---

16 박○○ 증언.
17 정판수, 『아버지의 자전거』, 서울 : 에세이퍼블리싱, 2010.

미군이 주둔하면서 생활에, 묵고살고, 거게서 부대에서 사람들이 많이 끓고 하니까, 셋방 주고 묵고 살게 됐지만, 미군들이 여기와가 여자들하고 사는 사람이 많았어요. 연지하고. 풍기문란은 뻔한 거 아니에요. 다 방마다 미군들 다 살고, 한국여자하고 살고, 그라모 대강 풍기가 어떠했다는 거 짐작하모 되었지.[18]

미군들을 상대로 방을 빌려주고 돈을 벌면서도 다른 한편 미군과 생활하는 한국인 여성들에 대해 '풍기문란'이라는 윤리적인 기준을 적용시켰다.

3) 이미지로 덧씌워진 기지촌

우리나라에 만들어진 기지촌 이미지는 미군, 술집, 양공주, 폭력 혹은 마약 등으로 대표된다. 부산의 기지촌 또한 그다지 다르지 않았다. 특히 양공주와 관련해서는 많은 사람들이 언급하고 있다. 마을 내 집집마다 빈터가 있으면 방을 만들어 미군과 양공주의 살림집으로 빌려줬다.

하지만 양공주 이미지는 마을 사람들과 섞여 생활하는 일상적인 생활만이 아니라, 미군과 살아가는 저속한 부류로 인식되면서, 마을의 이미지도 이와 함께 규정되었다. 특히 미군과 양공주와의 관계는 비정상적인 부부관계로 여겨졌다. 1962년 하야리아부대 인근 개울바닥에서 알몸의 여인 시체가 발견되면서[19] 하야리아부대-양공주-기지촌

---

18 박○○ 증언.
19 「오래되어 신원불명」, 『동아일보』, 1962. 2. 13.

의 이미지는 뭔가 특별한 공간처럼 인식되기에 충분했다. 하지만 주민들의 구술에서 양공주는 그다지 저속한 부류로만 기억되고 있지 않았다. 경제적인면에서 열심히 살려는 부류와 그렇지 못한 부류로 구분하기도 하고, 부르는 호칭에 대해서 '양색시'로 불렀다고 한다. 시기에 따라서 이들에 대한 이미지도 바뀌었다.

> 15일 밤 11시 20분경 시내 부전 1동 287번지 하야리아 부대 앞 골목에서 이 부대 근무 미군 MP 하사 로리(24)가 술배달원 서모씨를 돌로 면상을 찍은 다음 다시 단도로 서씨의 옆구리와 둔부 등 2곳을 찔러 빈사상태에 빠뜨린 사건이 발생하였다.[20]

위 신문기사와 같은 상해사건은 언론에 자주 노출되는 하야리아와 그 주변마을의 관계를 잘 보여주고 있다. 이 외에도 살인사건, 마약 관련사건 등을 비롯한 비윤리적인 사건들은 언론을 통해 부각되어 하야리아부대 기지촌의 이미지를 만들었다. 물론 이러한 내용은 실재했다. 부대로 통하는 골목길에서는 미군들 사이의 싸움, 한국인과의 말다툼, 풍기를 문란하게 하는 행동들이 빈번하였다.

이러한 마을 분위기에 마을 주민 스스로 마을을 타자화하는 경향을 보인다. 이 마을에서 태어나 지금까지 60년 이상을 살고 있는 조○○의 이야기는 마을 주민들의 내재화된 마을 인식을 잘 보여준다.

---

20 『국제신보』, 1957.8.17.

> 기지촌이다 보니까 남들이 집이 어디냐고 물으면 서면이라고만 말하고,
> 말 잘 안하지

요즘과 달리 미군부대에서 근무하는 것조차 좋지 않은 인상이었다. 그러니 기지촌에 산다는 것은 남에게 숨기고 싶은 이야기였다. 이 마을에 가까이 있는 서면이라면 당시 부산에서 가장 중심지 가운데 하나였으니까 자랑할 만한 장소였다. 마을 사람들 자신에게 자신의 공간을 어떻게 타자화시켰는가를 잘 알 수 있다. 그것은 하야리아부대가 제공하는 이미지와도 커다란 관련이 있었다.

4. 기지촌 주민과 미군부대

1) 주민들의 이중성

마을 주민 중 도로변 혹은 도로 안쪽 가운데 어디에 사느냐에 따라 마을에 정착한 시기나 부대와 관련한 경험이 달랐다. 대체로 도로변은 1960~80년대 미군을 상대로 한 한국산 물건 장사가 성업하자 외지에서 많은 사람들이 유입되면서 조성된데 비해 마을 안쪽에는 오랫동안 마을에서 살아온 원주민들이 대부분이었다. 마을 주민들에게 미군의 주둔은 그리 달갑지 않았다. 그들이 경작하던 농지를 강탈당하였고, 생활과 관련한 다양한 규제, 풍속의 변화 등 때문이었다. 그런데 다른 한편에서는 미군의 존재는 마을주민들의 생활과 관련하여 중요한 요

소가 되었다.

마을 주민들과 하야리아부대가 처음으로 대면한 기회는, 세탁업이었던 것으로 보인다. 한국전쟁으로 많은 군인들이 상주했고, 전방과 교대도 수시로 있었다. 많은 군인들의 군복 세탁이 부대 내 시설 빈약으로 마을 주민들에게 맡겨졌다. '란더리laundry'라고 마을 주민들은 기억하고 있다. 이 마을만이 아니라 반대편 연지 방면에서도 많이 했다고 한다. 어떤 할머니는 자기 아버지가 이 무렵 필리핀 군인과 찍은 사진도 있다고 한다. 집 앞에 '란더리'라고 써 붙여 놓으면 미군이 세탁물을 갖다 주었다. 조○○는 부친이 마을에서 세탁업을 하다가 부대 내로 들어가서 했다고 한다. '돈도 귀찮을 정도로 벌었'단다. 일하는 사람을 4∼5명 데리고 했다고 한다. 하지만 그리 오래하지 못하고 부대 내 시설이 갖춰지면서 세탁업도 재미가 없어졌다.[21] 아마 부친이 세탁업을 독점하면서 골고루 배당되던 마을 주민들의 세탁업은 사라졌던 모양이다.

그런데 삼○○는 아마 6·25 지난 후 이 마을에 들어와 전문 세탁업을 했던 것으로 보인다. 군복뿐만 아니라 일반 세탁물도 취급했다고 한다. 세탁업을 하면서 도둑을 당하는 일도 자주 있었다. 누구 옷을 찾으러 왔다해서 내 주고 나면 잠시 뒤 진짜 주인이 찾으러 와 또 속았구나 하는 생각을 했다. 하지만 옷을 도둑 당한 미군 장교는 그다지 세탁업을 하는 한국인들에게 배상을 요구하지 않았다고 한다.[22]

---

21 조○○ 증언.
22 삼○○ 증언.

최초에 전쟁 때에는 집집마다 란더리, 세탁, 미군 옷 빨아주고, 기본이 원 달러. 란더리라고 종이 붙여 놓으면 그 사람들이 빨아달라고 가져오는 기라. 6·25사변 나가, 아래위로 군인이 오르내릴 때, 많았다. 물 사정이, 우리 동네는 샘이 우리 여기뿐이었고, 그 담에 수도가 안 들어 왔으니까나. (…중략…) (할머니)우리 연지도 미군부대 빨래 많이 했어요. (…중략…) 친정의 아버지가 필리핀 사람들 사진 보니까.[23]

부친이. 세탁소는 밖에서 했는데, 들어오라 하니까 들어가서 했다. 미군 군복 세탁. 군인이 많으니까 시설이 없으니까. 돈도 귀찮을 정도로 벌었다. 사람들 다려서 했다. 초기에는 엄청나게 많았지.[24]

이런 세탁업을 통해 마을 사람들과 미군 혹은 외국인들과 사진도 찍을 정도로 거리감이 적었던 것으로 보인다. 조○○부친은 미군이 진주할 당시 자신의 토지를 강제 수용당했음에도 불구하고 미군이 요청한 세탁업을 하지 않을 수 없었다. 기지촌 주민들이 미군을 바라보는 양면적인 시선을 확인할 수 있는 부분이다.

다음으로 주민들과 미군이 만날 수 있는 기회는 미군의 셋방살이였다. 미군이 한국 여자들과 결혼하면, 기본적으로 부대 내에서 살림집을 마련해야 했으나, 사병의 경우 대부분 그러지 못해 마을에서 셋방을 구해 살았다. 대부분 방값은 부대에서 지불되었다. 이 때문에 마을

23　박○○ 증언.
24　조○○ 증언.

주민들은 빈 마당에 불법이었지만 방을 만들어 미군과 한국인 여자에게 임대했다. 물론 일반적으로 알려져 있는 미군과 한국인 여자들 사이의 인연과 관련해서는 잘 알려져 있는 사실이지만, 마을 주민들에게 이들과 동거는 새로운 경험이기는 했지만, 소득을 올릴 수 있는 기회라는 점이 중요했다. 미군들이 보여주는 자유로운 모습이 전통적인 생활습관에 익숙해져 있던 마을 주민에게 풍기문란으로 보여지기는 해도 경제적 수익 때문에 받아들일 수밖에 없었다.

> 우리 집에 미군들이 세를 살았다. 영내 집이 부족하니까 여자하고 결혼하고 그라모 그 안에 집이 없으면, 혼자는 많이 잇는데, 결혼한 살림집이 없으니까, 부대에서 돈을 지원해 밖에서 살림을 하였다. 부대 내에는 단독주택이 부족했다. 장교들이 살고, 사병은 밖에서 살았다. 오래 살지는 않고 살다가 나가고, 한 두어 집 정도 살았다. 방이 좀 있었다.[25]

그래도 마을 주민들은 부대 덕분에 방을 세놔서 먹고 사는데 커다란 도움이 되었다고 기억한다. 마을 주민은 도로변에서 가게를 운영하는 사람과 자신을 구별한다. 그쪽에는 한국산 물건을 미군들에게 팔거나 부대 물건을 가지고 나와 국제시장에 팔아 큰 돈을 벌고 부자가 되었다고 생각한다. 정작 자신들은 외국인들의 생김새가 무서워 접촉을 꺼렸다는 기억을 앞세운다. 마을 원주민이 외부에서 들어와 장사한 사람들과 구별하는 것은 아마 돈벌이 방식에 있어 도덕성 여부와 관련있을

---

25 조○○ 증언.

것으로 보인다. 자신들은 방을 세 놔 정당하게 수입을 올렸으나, 바깥 사람들은 한국 물건이나 부대 물건을 빼내어 국제시장에 파는 행위가 불법적인 행위로 이해하고 있다.

> 미군들 상대하면, 우리는 겁이나서, 무서워요, 새까만 사람들도 있고, 집 너른 사람들은 더러 줬지.[26]

이처럼 마을 원주민들은 세탁업, 셋방 등으로 부대와 관련을 맺고 있었다. 마을 원주민에게 미군부대는 점령자였고, 불편한 요소였으나, 다르게는 세탁업이나 셋방 등으로 경제적인 이익을 가져다주는 양면 성을 지닌 존재였다.

2) 경계를 넘는 사람과 미국상품

하야리아부대는 철조망으로 둘러쳐져 법적으로는 치외법권 지역이 었으나, 실제로는 그렇지 않았다. 이 부대는 부산과 밀접한 관련이 있 었고, 부대와 부산을 연결하는데는 기지촌 마을이 존재했다. 기지촌 마을에는 전통적으로 살아오던 사람, 미군부대가 들어오면서 장사를 하기 위해서 들어오는 상인, 미군과 살림살이를 하기 위해서 들어온 양공주 등으로 구성되어 있었다.

---

26 다○○ 증언.

한국전쟁에 참전한 미군이 있는 곳에 반드시 따라다니는 '양공주', 이들과 거래하면서 미군부대의 물건을 몰래 빼내 돈을 버는 중간상인 들의 이야기는 기지촌 모습에서 뺄 수 없는 이야기다. 양공주와 함께 기지촌에 등장한 부류가 중간상인들이다. 하야리아부대가 지니고 있 던 또 다른 매력, 즉 미국 제품을 보유하고 있으며, 이 가운데 일정량을 외부로 유출시킬 수 있다는 점 때문에 기지촌에 새로운 사람들을 끌어 모으는 계기가 되었다. 하야리아부대의 물건은 부산 서면의 공구상가 를 번창하게 만들었고, 국제시장과 깡통시장을 대표적인 외래상품 판 매지역으로 만들어 놓았다.

한국전쟁 직후 하야리아부대를 드나들던 군무원의 호주머니에 있 던 화장지나 귤이 부대 밖으로 나오면 돈이 되던 시절이었다. 이 시절 부터 부대의 PX물건은 많은 수요자들만큼이나 돈벌이 수단이 되었다. 이 기회를 이용하려는 상인들이 마을로 모여들었다. 물건 판매로 돈을 번 사람들은 원주민들이 아니라 외부에서 장사하러 들어온 사람들이 많았다. 현재 마을 원주민들 또한 그렇게 생각하고 있다. 이런 이야기 는 사실일 수도 있겠지만, 부대와의 경제적인 관계에서 조금 떳떳해지 고 싶어 하는 마을 원주민들의 바람도 포함된 듯하다.

이 동네 집은 더럽아도, 부대 덕에 살게 됐지. 집 한 채라도 가 있는 사람 은 전부 방세 놔가지고 그랬지, 여 사람들은 장사도 할지 모르고, 밖에 사람 들이 와가지고, 물건 사가 가지고 국제시장 가서 팔고. 시방은 장사도 하나 없고. 시방은 후문인데, 한 번씩 배가 들어오고, 미군들 들어왔다 하면 그 쪽(도로쪽) 나람에는 담요도 팔고 뭐도 팔아가 그런 사람들 다 부자됐지,

안에 들앉은 사람들은 뭐……(별로 돈 벌은 것 없다는 의미)[27]

부대 물품이 국제시장으로 흘러가는 것은 오랜 역사를 지닌다. 한국 전쟁 당시 국내 산업의 붕괴로 물자난에 시달렸고, 밀수품과 미군 군수품은 부족한 물자난을 보충하는 역할을 하였다. 밀수품은 주로 일본으로부터 들어오는 것이었던 반면, 미군 군수품은 대체로 미군부대에서 흘러나온 물건이었다. 이들 부정 유통되는 물자를 단속하기 위해 미군헌병이나 경찰, 세관직원들이 국제시장 주변을 샅샅이 뒤지고 다니고, 시장 상인들은 먹고살기 위해 온갖 수단을 동원하여 감시망을 빠져나갔다.[28]

미군부대 물품을 국제시장으로 유통시키는 방법은 다양했던 것으로 보인다. 소규모 식료품인 경우에는 중간업자가 미군과 결혼한 여성의 소개로 부대 내에서 PX물건을 구입하거나, 결혼 여성들이 가지고 나온 물건을 중간에서 매개하는 방식이 있었다. 한편 대규모 절도범들도 있었던 것으로 보인다. 1967년 있었던 한 사건을 소개하면 그 특징을 잘 이해할 수 있다.

17일 하오 이곳 미군 하야리아부대 PX지배인 토마스씨에 대한 관세법 위반 사건을 수사해 오던 부산지검 이기태검사는 관련된 한국인 김삼수(중간 상인), 이영순(텔리비수리업), 우상룡(PX종업원) 등 3명만 관세법 위반혐의

---

27 가○○ 증언.
28 차철욱, 「한국전쟁 피난민과 국제시장의 로컬리티」, 『한국민족문화』 38, 부산대 한국민족문화연구소, 2010, 18~19쪽.

로 구속기소하고 스태크씨에 대해서는 공소권이 없다고 결정을 내렸다. 김씨 등은 지난 2월 22일 스태크씨가 가졌던 중고품 텔레비 전축 냉장고 등 시가 66만 원 상당을 41만 원에 사들여 특관세 23만여 원을 포탈한 혐의로 검거되었다.[29]

그런데, 미군 물자를 취급하는 상인들마다 취급 물자의 품목이 정해져 있었다고 한다. 45년 동안 이 마을에서 미군물자를 취급한 청○○ 할머니 구술에 따르면 본인은 주로 식료품과 의약품을 취급했다고 한다. 담배를 취급한 사람도 있었으나, 사람마다 취급 품목이 나뉘어져 있었다. 미군 물품은 주로 미군과 결혼한 한국인 여성을 통해 수집되었다. 그녀들이 미군 PX에서 구입해 나와 자신들에게 전달하고, 이들이 국제시장, 깡통시장에 내다 팔았다. 물론 이들 여성들 또한 자신들처럼 단골 중간 거래꾼이 있었고, 이들 또한 시장 상인들과도 주거래 장사꾼들이 있었다. 이들의 거래는 순탄한 것은 아니었다. 판매할 물건을 국제시장에 도착하면 경찰들이 먼저 알고 그들을 기다린다고 한다. 잡히면 돈도 쥐어 주기도 하고, 달려들어 대항 해보기도 하고, 빌면서 살려달라고 애원하기도 하는 등 여러 가지 방법으로 위기를 모면하려고 하였다. 이것도 저것도 아니면 경찰서로 잡혀가고, 더 심하면 하루 구류를 살기도 했단다. 이 할머니의 거래 경력은 지금도 그대로 유지되고 있다. 미군이 남아있는 진해, 대구, 왜관 등의 미군과 살고 있는 한국인 여성들로부터 물건이 조달되고, 시장에 전달하고 있다. 이런

---

29 「한국인 3명만 구속 관세법 위반 사건」, 『매일경제』, 1967.4.18.

거래꾼들의 생활을 잘 보여주는 구술 한토막이다.

　　주로 경찰들, 세관, 전매청, 형사들이 단속. 택시를 타면 알아요. 대기하
고 있다고 택시에서 내리면 알아요. 잡히면, 돈도 쥐 주고, 대항도 해보고,
일당하고 온다카고 안옵니까.[30]

　　이러한 미군 상품의 매매에는 한국인들만의 힘으로는 어려웠다. 미
군들 또한 여기에 공모자였다. 미군들이 물건을 가지고 나와 팔았고,
나름 큰 이익을 남기기도 하였다. 이 뿐만 아니라 하야리아부대에서
나오는 자동차부품들은 서면 공구상에게로 모였고, 이들 공구상은 부
산 기계공업의 중요한 거점으로 발전하였다.

　　따라서 이 마을 상인들은 많은 달러를 취급하고 있었다. 자연히 외
환거래가 여기서 이루어지기도 했고, 외국에 나가는 사람들이 여기서
달러를 사 가기도 했다.

　　그러나 여기서 돈을 번 사람들이 모두 성공한 것은 아니었다. 장사
해서 마을을 떠나 텍사스촌으로 가기도 하고 다른 곳으로 가기도 했으
나, 털어먹은 사람도 많았다.

---

30 청○○ 증언.

3) 미국문화의 경험과 감시

마을 사람들은 하야리아부대와 이러저러한 관계를 맺고 있었기 때문에 미국문화를 경험할 수 있는 기회는 많았다. 특별한 사람들만이 출입할 수 있을 것이라 생각했던 필자로서는 다소 충격이었다. 부대 안으로 들어가려면 국제 결혼한 여자가 동반하면 3명까지는 들어갈 수 있었다. 부대안에서 경험할 수 있는 미국 문화는 클럽에서 식사(주로, 스테이크), 노래 듣고, 빠징고 경험 등이었다. 패티김의 노래를 많이 들었다고 한다. 식사비는 한국 식당의 절반 값에 해결할 수 있었고, 자식들 생일 때에는 파티를 열수도 있었다고 한다. 조금 젊은 여자들에게 미군부대의 매력은 영화관이었다. 국내 영화관에서는 소위 '가위질'이 많이 되었으나, 부대 안에서는 '오리지널'을 볼 수 있었다. 물론 국내에는 개봉되지 않은 영화도 많이 볼 수 있었다고 한다.[31]

해마다 열린 부대의 축제기간에는 다양한 게임을 즐길 수도 있었고, 미국 음식인 햄버거, 치킨, 스테이크 등을 사 먹을 수 있었다고 한다. 마을 주민들의 부대 내 경험은 주로 음식문화와 관련하고 있는데, 이들 경험은 2세들에게도 미국 음식을 동경할 정도라고 한다

그리고 마을 어린이들이 부대와 관련해 얻은 문화적인 경험은 야구였다. 현재 부대 내 시설물에는 야구장을 확인할 수 없으나 과거에는 미군이나 미국 어린이들이 야구를 했던 것으로 보인다. 박○○의 기억에 오늘날 부산 야구가 이렇게 활발한 것은 하야리아부대와 관련있다

---

31 청○○ 증언.

고 한다. 물론 본인의 경험이기는 하지만, 이 부대에서 야구공이나 장비를 주워 자신들이 경기도 하고, 미군들이 하는 경기를 보면서 야구 규칙을 익히기도 하였다고 한다. 이런 어릴 때 문화가 고등학교(부산상고 출신)로 이어지고, 결국 프로야구 관람으로 이어진다고 생각한다.

미군 애들이 의자로 만들어진 벤치가 있었으나, 뒤에는 벌판이니까 우리가 본다아가. 공 날라 오면 공 주울라고. 공 주워서 그 안에 캐실 가지고 양말 짤라고. 지금은 철조망이 있었으나, 당시에는 철조망이 없었다. 전쟁이 나가 있고, 우리가 맨날 소 먹이러 가거든요. 지금도 풀을 잘 비는 것도 풀을 벴기 때문이다. 낫 이리 던져서 풀 베어 놓은 거 따 먹기 하거든. 소 메어 놓고, 미군은 야구 한다고. 글러브 놔두면 그걸 가져오고, 훔쳐 온다고, 알아도 아~들이 가져가는 건데, 말 안한다. 숏볼 이거 하는 사람이 있고, 주로 야구 많이 하지. 그럴 때 여기 배트는 금 한번 가면 못쓰면 우리는 못질하고, 테이프 발라 쓰지. 그 아이면 성지 초등학교 가서 야구하지. 야구를 그리했으니까.[32]

어릴 때 학교 다닐 때, 야구선수였으니까. 야구장에서 친선 게임하였다. 내부에 학교 학생들과 친선게임을 하였는데, 군인 자제들이지. 정식 게임 할 때는 구덕운동장 가서, 저거들이 차 내어서 하고. 게임을 통해 서로 교류하였다.[33]

---

[32] 박○○ 증언.
[33] 조○○ 증언.

실제 조○○는 1960년대 인근 초등학교를 다녔는데, 부대 내 어린이 야구단과 친선경기를 자주 했다고 한다. 이처럼 어릴 때 하야리아부대에서 익힌 야구경험은 자식에게까지 영향을 주어 부산 사람의 야구사랑을 대물림할 수 있는 원천이었음을 강조한다.

미국문화의 경험은 다른 한편으로는 권력에 의한 감시의 대상이 되기도 하였다. 특히 하야리아부대에서 흘러나오는 미국 문화 가운데 양담배는 철저한 감시 품목이었다.

> 담배. 양담배 피면 단속할 때니까. 몰래 피고. 오해받은 경우도 있었다. 가방들고 서울 간다고 가는데, 범내골 가서 앞에 차가 세우더라고. 택시를 세웠어. 형사들이 가방 보자 이거라. 고등학교 때. 혹시 담배나 물건 운반하는지 알고. 이 동네 사는지 알고 미행하는 거지. 이 동네 살면서 택시타고 가니까 조사하였다. 실제 이렇게 하는 경우가 많았다. 그라고 전매청이나 이런데서 집에 조사 나오고, 정보를 듣고 나오는 것 같았다. 자주 있었다.[34]

> 경찰한테 잡혀서, 중부서, 남부서, 세관도 가고, 부산은행자리가 북부서였다. 하여튼 안간데 없어. 세관은 벌금 내야 하고, 압수 다 당하고, 경찰서는 봐 주지오, 애들 키워야 한다고 하면 나이 들면 봐주고, 젊으면 안 봐줘요. 구속은 안되어도 하루 정도 구류하는 경우도 있음. 소시지, 햄, 피자, 초코렛, 비스켓, 오렌지, 바나나 다 있어. (…중략…) 담배는 난 취급 안 했어요. 전매청에 걸리면 벌금이 상당히 많기 때문에, 애들 둘 키우면서 만약에 입건당해

---

34 조○○ 증언.

나올 수 없으면 안 되니까. 옛날에 캔트, 말보루 등 많았어. 모든 것 다함. 식
품, 약품, 종합비타민 같은 거. 오메가3 등 취급했다.[35]

이처럼 권력에 의한 감시는 부대와의 소통에 항상적으로 따라다니
는 뒷면이었다. 하야리아부대와 소통하는 마을에 산다는 점은 남보다
먼저 미국 문화를 향유할 수 있는 기회이기도 했지만, 다른 한편으로
는 국가권력으로부터 항상적으로 감시를 당하는 대상이 되기도 했다
는 점에서 양면성이 존재하였다.

참고문헌

『부산일보』,『국제신보』,『국제신문』,『매일경제』,『동아일보』.

김경남, 「일제하 조선에서의 도시 건설과 자본가 집단망」, 부산대 박사논문, 2003.2.
김기수, 「공원내 건축물의 가치」,『하야리아 시민공원의 바람직한 조성을 위한 심포
　　　지엄 자료집』, 2010.
김상수 외,『이태원 공간과 삶』, 서울역사박물관, 2010.
송도영, 「종교와 음식을 통한 도시공간의 문화적 네트워크―이태원 지역 이슬람 음
　　　식점들의 사례」,『비교문화연구』 13-1, 서울대 비교문화연구소, 2007.
이금도, 「일제강점기 부산 '서면경마장'의 조성과정을 통해 본 (구)하야리아부대 이
　　　전부지의 도시사적 의미」,『대한건축학회논문집』 28-6, 대한건축학회, 2012.
정판수,『아버지의 자전거』, 서울 : 에세이퍼블리싱, 2010.
차철욱, 「한국전쟁 피난민과 국제시장의 로컬리티」,『한국민족문화』 38, 부산대 한
　　　국민족문화연구소, 2010.
홍성철,『유곽의 역사』, 서울 : 페이퍼로드, 2007.

구술자료

가○○(2010.9.8 구술, 여, 78세).
김○○(2010.9.7 구술, 여, 67세).
김금자(2010.9.21 구술, 여, 85세).
다○○(2010.9.10 구술, 여, 75세).
박○○(2010.9.18 구술, 남, 74세).
삼○○(2010.9.20 구술, 여, 82세).
서○○(2010.9.18 구술, 여, 73세).
조○○(2010.9.10 구술, 여, 58세).
청○○(2010.9.20 구술, 여, 72세).
* 이 마을에서 진행되는 재개발 문제와 관련하여 많은 분들이 마을과 관련한 이야기를
하기를 꺼려 이름을 생략하였다. 심지어 姓까지도 달리 표현해 달라는 요청이 있었다.

이탈리아 '북부문제'와 지역주의*
로컬경제와 유럽연합의 지역정책과 관련시켜

장세용

1. 지역의 탄생

통일Risorgimento 이후 이탈리아 정치엘리트들은 국민교육, 국가 필수
mandatory서비스 제공, 공통과세제도, 상징적 가치와 신념 구조 생성과
통합제도 구성에 진력하였다. 북부지역에서는 연방주의가 상대적으로
강했지만 통일국가 견본을 벗어나는 제도적 배치는 사고되지 않았다.
일차대전과 파시스트당 지배기간에는 민족주의가 압도하면서 지역주
의 담론의 흥기를 막았다. '지역'[1]이 무대에 등장한 것은 1948년 민주공

화정이 지방자치local autonomies를 인정하고 촉진하면서 부터이다. 그러나 지역이 진정한 권위를 부여받고 자치와 지방분권이 공식적으로 제도화된 계기는 1970년대 총선이다. 이 시기 이탈리아의 지역별 정치지형도는 안토니오 그람시가 성찰한 너무나도 유명한 '남부Mezzogiorno문제'[2] 만이 아니라, 임박한 포드주의 축적체제의 붕괴와 그에 따른 북서부지역 산업대도시에 발생한 내부적 차이를 보여주기 시작한다. 이런 상황은 1980년대 후반 나타난 지역주의 운동의 토양으로 작용했다.

지역주의가 이탈리아 사회 이해에 핵심 키워드가 되고 폭발적으로 표출된 계기는 정치권에 만연한 부패가 백일하에 드러난 뇌물공화국Tangentopoli 스캔들 결과였다. 1992년 2월 밀라노 검찰 피에트로Antonio di Pietro 검사의 사회당 경리국장 수사로 시작된 부패추방운동 '깨끗한 손Mani pulite'이 3천여 명의 정재계 인사를 체포하고 구속함으로써 '제1공화국'과 그것을 지탱하던 정당체제가 붕괴되었다. 그 결과 기독교민주당DC, 3공산당PCI에 사회당PSI이 끼어든 불완전한 양당제 체제의 전후 이탈리아 정치구도가 격변하여 새 정치운동이 출현하였다. 대표적인 현상이 기업가(Finninvest 그룹 회장) 실비오 베를루스코니가 만든 전진 이탈리아당Forza Italia의 약진이다.[3] 이들은 과거에 파스시트 무솔리니가 '흑색셔츠단'을 동원하여 '민족의 이름'으로 로마로 진군한 것 같이, 미디어

국가의 하위공간 범주이지만 '지역'은 국가경계를 넘어서도 성립이 가능하다. '지역주의'와 '로컬리즘'의 차이는 전자가 '분리주의', 후자가 '지방분권'을 지향하는 점이다. Richard Briffault, "Localism and regionalism", Buffalo Law Review 48-1, 2000, pp.1~30.

2 Antonio Gramsci, "Note on Italian history", in *Selection from Prison Notebooks*, London : Lawrence and Wilshart, 1978, pp.70~71.

3 Cathrina Paolucci, "From Democratia Christiana to Forza Italia and the Popolo della Libertà : partisan change in Italy", *Modern Italy* 13-4, 2008, pp.465~480.

를 앞세워 1987년 인수한 AC밀란의 '축구팬'을 조직 동원하여 엘리트주의 정치를 거부하는 '팬의 이름'으로 로마를 제도적으로 점령했다.[4]

이 때 두드러진 현상은 경제적으로 발전된 북부의 지리적, 문화적, 정치적 및 역사적 독자성을 강조하며 분리주의를 표방하던 북부동맹 자율주의자leghe autonomiste들의 북부지역주의 운동이 정당으로 변신한 것이다.[5] 지도자 움베르토 보씨(Umberto Bossi, 1943~현재)는 오랜 집권당이었던 기민당이야말로 정치 안정을 명분으로 '후견제clientelismo'를 도입하여 남부의 정치적 이해를 대변한 부패한 정당이라고 내몰며 반-과세, 반-정당정치, 반-남부를 내세우는 지역주의 운동을 개시하였다. 그리고는 1989년에는 유럽의회 선거를 겨냥하여 베네토 동맹Liga Veneta과 롬바르디아 동맹Lega Lombarda을 비롯한 여섯 개 동맹주 정당이 '롬바르디아 동맹-북부연합Lega Lombardia-Alleanza Nord'이란 명칭으로 선거연합을 구성하였고 1991년에는 롬바르디아 동맹을 주축으로 동맹주의 정당들이 통합하여 북부동맹Lega Nord을 성립시켰다. 이들은 기민당의 선거유

---

4   전진이탈리아당은 2008년에 네오파시스트당 등과 통합하여 자유국민당Popolo della Liberta을 성립시켰다. cf. Paul Gisborg, *Silvio Berlusconi, Television, Power and Patrimony*, Verso, 2004; Alexander Stille, *The Sack of Rome, Media+Money+Celebrity=Power=Silvio Berlusconi*, Penguin Books, 2006; Michael E. Shin and John A. Agnew, *Berlusconi, Mapping Contemporary Italian Politics*, Temple U. P., 2008; Michele Prospero, *Il comico della politica, Nichilismo e aziendalismo nella comunicazione di Sylvio Berlusconi*, EDISSE, 2010.

5   Hans-Georg Betz, "Against Rome : The Lega Nord", Betz and Stefan Immerfall ed., *The New Politics of the Right : New populist parties and movements in established democracies*, Macmillan, 1998, pp.45~57; Benito Giordano, "Italian regionalism or 'padanian' nationalism-the political project of the Lega Nord in Italian politics", *Political Geography* 19, 2000, pp.445~471; "'Institutional thickness', political sub-culture and the resurgence of (the 'new') regionalism in Italy-a case study of the Northern League in the province of Varese", *Trans Inst Br. Geography* 26, 2001, pp.25~41; Giordano B. and Elisa Roller, "A comparision of Catalan and 'Padanian' nationalism : more similarities than differences?", *Journal of Southern Europe and the Balkans* 3-2, 2001, pp.111~130.

산을 상속하여 지방정부를 장악하고 남부에서는 네오파시스트 정당과 '좋은 정부'라는 선거연합을 수립하며, 베를루스코니의 전진이탈리아당과는 중도우파 선거연합 '자유의 집Casa delle Liberà'을 기반으로 중도우파연정을 성립시켰다. 국가 체제의 항방을 두고 처음에는 연방제를 내세우다가 1994년 총선에서 의석 117석으로 125석의 좌파민주당에 이어 하원 제2정당이 되고 나서는[6] 독립국가 '파다니아Padania' 건설을 공언하였다. 그러나 2001년 선거에서 로마노 프로디(Romano-Prodi, 1939~현재)가 이끈 중도좌파 '올리브 연맹'이 승리하고 통합적 연방제federalismo integrale[7]를 지지하면서 다시 연방제를 긍정하는 모습을 보였다. 북부동맹은 2001년과 2006년 선거에서는 각각 3.9%와 4.6%로 지지도가 하락하였으나 2008년 자유국민당과 제3차 연정을 수립한 후 8.3%로 상승하여 2009년 유럽의회선거, 2010년 지방선거에서 계속 만족스러운 성과를 거두었다.[8] 한발은 정부에 다른 발은 분리주의 운동에 걸친 이중적인 북부동맹의 성격을 두고는 정치적 성격 규정에 많은 논란이 있다. 대체적으로 기본적으로 역사적이고 온건한 기민당의 지역주의를 새로 다듬고 손질하여 신장개업하며 정치적 의제로 삼는 분리주의적centrifugal

---

6 득표율은 8.4%로 다섯 번째 정당인바 이것은 75% 단순다수제, 25% 비례제도라는 선거제도의 왜곡효과였다. 즉 북부동맹은 북부지역 제1당이 됨으로써 이 지역 단순다수 대표를 장악했던 결과였다. 그러나 1996년 선거에서는 비례대표득표에서 역대 최고득표율인 10.1%을 얻었지만 의석은 59석에 불과했다.

7 주권을 가진 연방주의 연합이 아니라 단일제 국가에 재정자치 같은 연방제적 성격을 가미한 정도를 의미한다.

8 Padania는 라틴어로 Po강 유역을 말한다. Danielle Albertazzi and Duncan Mcdonnell, "The Lega Nord in the second Berlusconi government : In a League of it's own", *West European Politics* 28-5, 2005, pp.952~972; "The Lega Nord back in government", *West European Politics* 33-6, 2010, pp.1318~1340. 움베르토 보씨는 지금도 여전히 베를루스코니 지지를 공언하고 있다.

지역주의에 바탕을 둔 우익 포퓰리즘 정당이라는 평가를 받고 있다.[9]

이탈리아 지역주의에서 '북부문제'는 어떻게 생성되었는가? 그것은 국민국가 형성 과정에서 '남부문제'를 비롯한 장애물 극복에 실패한 현실의 산물이다. '남부문제'는 그람시 이래로 많은 역사가와 사회과학자들의 관심사였고 국내에도 선구적 연구 성과가 축적되어 있다. 그러나 1980년대 말에 새로 나타난 북부, 정확히 말하면 북동부지역주의는 이론과 내용이 너무 가변적이고 현재진행형이어서 역사학이 손대기 머뭇거려지는 주제이다. 본 연구는 로컬리티 연구의 일환으로 이탈리아 지역주의를 중심으로 로컬리즘과 글로벌화가 서로 얽혀드는 양상을 검토하려 시도한다. 그리고 기본적으로 국민국가 형성이 특수한(또는 실패한) 이탈리아에서 남부문제와 북부문제의 심층부에 '내생적인 로컬'과 로컬리티의 요소와, '외생적인 유럽연합'과 세계화라는 요소가 함께 작용하여 생성된 산물이라는 관점에서 접근한다.[10] '남부문제'에 전자의 요소가 강하게 작용했다면 '북부문제'는 두 요소가 함께 작용한 산물이라는 관점에서 로컬리즘-지역주의-국민국가-유럽연합-전지구화로 공간규모scale가[11] 확장

---

9 하위문화 정당, 민족-지역주의정당, 정치기업가 정당, 신민족주의 현상이라는 평가까지 다양하다. Anna Cento Bull and Mark Gilbert, *The Lega Nord and the Northern Question in Italian Politics*, Palgrave, 2001, pp.45~60; Margarita Gómez-Reino Cachafeiro, "La Lega Nord : mobilisation et revendication du 'nationalism padan", *Pôle sud* 20, 2004, pp.133~146.

10 최근 연구는 특수한 길sonderweg 테제를 표명하는 관점과 실패를 강조하는 관점이 있다. 전자는 Michel Huysseeune, *Modernity and Secession : The Social Sciences and the Political Discourse of the Lega Nord in Italy*, Berghahn Books, 2006, pp.80~124. 후자는 Manlio Greaziano, *Italia senza nazione? Geopolitica di un' identià difficile*, Donzelli, 2007, B. Knowlton tr., *The Failure of Italian Nationhood : The Geopolitics of a Troubled Identity*, Palgrave Macmillan, 2010, pp.167~176.

11 여기서 북부문제라는 말은 사실은 '북동부문제'라고 해야 하지만 '남부문제'라는 오랜 명제와 선명하게 대비시키는 목적에서 '북부문제'로 서술한다. '남부문제'에 관한 국내 연구로는 다음을 참조. 강옥초, 「이탈리아 남부문제의 역사적 형성」, 『서양사 연구』24, 한국서양사연구회, 1999, 77~112쪽; 정문수, 「이탈리아 남부문제의 발명과 해체」, 『국제지역연구』

되는 연쇄 가운데서 작동하는 양상에 주목한다. 여기서 질문은 다음과 같이 진행된다. ① 북부동맹이 표방하는 '파다니아' 분리주의 국가의 토대는 무엇인가? 필자는 여기서 북부이탈리아 공간에 대한 '기억의 정치'가 작동하는 양상에 주목한다. ② 생산력과 생산관계에서 포드주의 체제가 포스트 포드주의 체제로 이행하면서 경제구조 변화가 로컬과 지역 그리고 글로벌 관계를 어떻게 변화시켰는가? 이탈리아 중소기업구조가 지역주의를 생성시킨 측면과 세계화와 함께 이탈리아 지역주의의 물적 토대가 변화하는 양상을 검토한다. ③ 유럽연합이 지향하는 신지역주의 전망이 '남부문제'와 '북부문제'의 접근을 변화시키는 추동력으로 작동한 현상과 연방주의와 연관성은 어떠한가?[12] 이들 문제의 검토를 목표로 먼저 북부 지역주의의 현재적 상황과 이탈리아의 로컬리즘과 지역주의 생성의 관계에 주목한다. 끝으로 유럽연합의 유럽지역주의Euro-regionalism와 이탈리아 지역주의의 관계를 검토한다.

2. 지역주의와 기억의 정치

이탈리아는 중세 이래 오랜 자치시commune 전통을 유지해왔고, 그것은 가족주의와 맞물려 독특한 정치문화를 탄생시켰다. 강력한 정부의

6-2, 국제지역학회, 2002, 295~315쪽; 정병기, 「이탈리아 정치적 지역주의의 생성과 북부동맹당의 변천」, 『한국정치학회보』, 34-4, 한국정치학회, 2001, 397~419쪽; 김시홍, 「이탈리아 지역주의의 사회적 기원」, 『유럽연구』 17, 한국유럽학회, 2003, 169~186쪽.

12 Th. W. Gold, *The Lega Nord and Contemporary Politics in Italy*, Palgrave Macmillan, 2003, p.5.

부재는 가족과 친족 중심 사회구조를 만들었고 20세기 후반기 정치행태에서도 정치인과 정당이 유권자의 투표에 따른 대가로 반대급부를 제공하는 '후견제' 관행이 자리 잡도록 만들었다. 이것은 지역정치는 물론 언론에도 작용하여 결국 권언유착을 심화시켰다. 최근 총리직에서 물러난 실비오 베를루스코니는 권언유착의 대명사이지만 사실 그는 원인제공자는 아니고 그것을 비판하면서도 더욱 심화시키는 이중적 태도를 보인 인물이다. 1990년대 초에 들어오면 1960~70년대에 후견제를 이용하여 남부지역의 발전을 도모했던 기민당이 남부와 정치적 유착관계를 심화시키면서 남부에 정치적 발언권을 과잉부여하고 정치적 부패가 심화되었다는 부정적 여론이 형성되었다. 이런 와중에서 북부지역민들은 자신들의 의사가 과소대표되는 현실을 비판하면서 기민당이나 공산당 같은 전국정당이 결국은 로마중심의 기득권 정당에 불과하다고 비판하고, 지역에 고도의 자율성 부여를 요청하는 지역주의 정당 출현의 당위성을 강조하는 분위기를 조성하는데 성공했다.[13]

북부지역주의 정당의 출현은 이탈리아가 근대국가 실현에서 실패하였다는 사실을 말한다. 이것은 그 동안 정치권이 고질적인 현안으로 고심해온 남부문제 만이 아니라 북부문제 역시 이탈리아 정치의 중요 의제라는 사실을 각인 시켜 지역주의 이해에 관점의 대폭적인 전환을

---

13 여기서 북부지역은 북서부와 북동부를 포함하는데 피에몬테Piemonte, 롬바르디아Lombardia, 리구리아Liguria, 트렌티노 말토 아디게Trentino Alto Adige, 베네토Beneto, 프리울리-베네치아 지울리아Friuli-Venezia Giulia 그리고 에밀리아-로마냐Emilia-Romagna를 포함한다. 북부동맹의 주요 지지 기반은 롬바르디아, 베네토, 프리울리-베네치아 지울리아이다. Adrian Lyttelton, "Shifting identities : nation, region and city", Carl Levy ed., *Italian Regionalism, History, Identity and Politics*, Berg, 1996, pp.33~52.

가져왔다. 그러한 전환을 추동한 분리주의의 이론적 토대는 과연 무엇인가? 그것을 먼저 '파다니아'의 정체성에서 찾아보는 것은 유용한 접근이 될 것이다. 여기에는 일정한 '기억의 정치'가 작동한다. 기억, 이미지, 전통이란 상징적 차원이 마치 민족국가를 정당화하듯 지역주의 국가를 정당화하는데 동원된다. 이들은 동맹의 역사를 고대 켈트족과 롱고바르드Longobards족, 특히 신성로마 제국 프리드리히 I세 바르바로싸에 맞서 성립된 중세의 롬바르디아 동맹으로 소급시키고, 그 역사적 정당성을 끌어낸다.[14] 독특한 것은 이들이 작동시키는 기억의 정치가 이탈리아 역사의 공식 기억을 부정한다는 사실이다. 다시 말하면 자유국민당과 연립정부 수립에 다른 한축인 우익 신파시스트 정당 민족동맹Alleanza Nazionale과는 달리 이탈리아인들이 영광의 시대로 자부하는 로마제국을 거부한다. 우익정당이 제국과 민족국가의 긍정과 거리를 두는 것은 북부의 역사가 남부의 역사와 기원부터 다름을 강조하려는 목적에서 비롯하였다. 북부는 로마인들이 정복하기 이전에 이미 켈트족의 일파였던 골 족이 자유를 누리던 땅이며, 이들의 후예가 파다니아 정체성의 핵심을 형성했고 로마제국이 몰락하고 나서는 롱고바르드족이 이를 계승했다는 것이다.

그러나 사실 본래 19세기 초까지 롬바르드 동맹의 역사는 북부이탈리아 도시국가들과 영주들이 신성로마제국 황제 프리드리히 1세에 저항하고자 형성한 동맹체로서 이탈리아 통일의 애국적 신화에 동원되

---

14 Danielle Albertzzi, "'Back to our roots' or self-confessed manipulation? The uses of the past in the Lega Nord's positing of Padania", *National Identities* 8-1, 2006, pp.21~39.

었던 역사이다. 그러나 움베르토 보씨는 그와 정반대로 도시의 자율성을 성취하고자 싸운 동맹의 역사라는 반-통일의 신화를 부여하였다. 북부동맹의 대표적 이데올로그 길베르토 오네토는 저술『파다니아의 창조』에서 과거 켈트인들은 로마인들에 맞서 세력 결집에 실패했지만, 중세도시들은 '차이를 방어하고자' 결집했노라고 선언하며 이들을 애국적 상징으로 부각시켰다. 그리고 1176년 레냐노 전투La Battaglia di Legnano 에서 대활약한 알베르토Alberto da Giussano 기사를 상징적 인물로 삼았다.[15]

움베르토 보씨가 알베르토 기사를 북부이탈리아를 상징하는 신화를 형성하는데 중심 동력을 가진 인물로 주목하면서, 기사는 이제 군사력의 열세에도 불구하고 전제군주에 굴복하지 않은 인간형으로 재창조되었다. 그리하여 왕조에 충성하거나 특정 신분이나 계급의 덕성을 가진 인물이 아니라 모든 덕성의 원천으로서 '전체' 인민과 공동체가 영감을 받아야할 전설적 인물로 부각되었다. 알베르토 기사가 파다니아를 상징하는 인물이 된 것은 북부동맹의 가치지향이 신화적 과거로 귀환한 측면을 잘 드러낸다.[16] 아울러 레냐노전투가 1842년 3월 9일 밀라노 스칼라극장에서 초연한 주세페 베르디(Giuseppe Verdi, 1813~1901)의 4막 오페라 합창곡 나부코(Nabucco, 느부갓네살) 3막에서 이탈리아인의 애국심을 고취시킨 유명한 합창(히브리 노예들의 합창)과 연관시켜 잘 알려져서 강력한 대중적 설득력을 가진다는 사실과도 무관하지

---

15 Gilberto Oneto, *L.invenzione della Padania*, Bergame : Foedus, 1997, pp.84~85. 1176년 프리드리히가 론카리아Roncaglia에서 개최된 제국의회에서 이탈리아 직접통치를 선언하자 롬바르디아 동맹이 교황 알렉산더 III세의 지원을 받으며 싸운 전쟁 이다.

16 D. Albertazzi, "'Back to our roots' or self-confessed manipulation? The uses of the past in the Lega Nord's positing of Padania", *National Identities* 8-1, 2006, p.31.

않다. 그러나 움베르토 보씨는 1994년 여름부터 북부공화국이 아니라 독립국가 파다니아 건설을 내세우면서, 상징을 전사 알베르토 보다는 '알프스의 태양'으로 바꾸고, 상징색을 적(좌파)과 백(우파)의 결합에서 더 구체적이면서도 영역의 확장성이 큰 알프스 자연을 상징하는 녹색으로 바꾸는 전환을 시도했다.

북부이탈리아와 연관시켜 또 이렇게 물을 수 있다. 스페인의 카탈로냐, 바스크 또는 영국의 스코틀랜드가 확실한 역사적 정체성을 가진 것과 달리 롬바르드 동맹은 잠정적인 성격을 가진 것에 불과하지 않았나? 그러나 이들은 이 문제를 심각하게 받아들이지 않는다. 도리어 동맹의 근거가 '불확실'한데 가치를 부여한다. 이런 의미에서 북부동맹의 지역주의는 단순히 역사적 근거가 불확실하다고 비판할 대상이 아니라, 도리어 근대국가의 중앙집중성을 비판하고 권력의 유동성이라는 탈근대적 속성을 인정한다고 평가할 수 있다. 독특한 것은 이들이 피렌체, 밀라노, 베니스 등 도시국가들이 이끌었던 르네상스 역사를 비롯한 5세기의 기간을 파다니아 역사에서 배제하는 것이다. 이것은 굴곡은 있었지만 큰 틀에서는 연방주의를 지향하는 북부동맹의 입장으로 보기에는 납득하기 힘들다. 르네상스 시기는 도리어 연방적 질서의 상징으로 볼 수 있을 것이기 때문이다. 그들에게 르네상스는 이탈리아성italianité을 구현하는 역사적 사건들이었을 뿐이다. 이들은 도리어 18세기에 나폴레옹의 침공이 이탈리아에서 새롭게 로컬의 자의식을 보여줄 계기를 제공했다고 평가한다. 나폴레옹이 세운 반종교적 자코뱅 공화국에 맞선 농민들은 '마리아 만세'를 외치며 민중봉기를 일으켰다. 북부동맹 이데올로그들은 이 사건을 중앙집권에 맞서 예배의 자유는 물론 로컬의 자유를 수호하려는 시도로 평가한다. 이와 같이 이탈리아 역사를 자치 / 중앙집권이라는 거친 이분법으로 재단하는 것은 오랜 미시-국가 곧 도시국가 전통을 가진 북부와, 로마 제국은 물론 근대에도 부르봉왕조가 지배한 중앙집권국가의 전통을 가진 남부지역과 역사적 차이를 부각시키는 '기억의 정치'를 작동 시킨 방법이었다.[17]

그러나 사실 '기억의 정치'가 작동되는 '파다니아'란 장소 자체가 행정 및 역사적으로 실체가 존재한 적이 없는 수사에 불과하다.[18] 곧 실제의 지리적 공간이 아니라 가상의 공간에 불과하다. 거기에다 이들이 말하는 역사적 지식은 세부 사항으로 갈수록 내용이 불확실하거나 자의적 해석이 많아서 역사가들로부터 부정확하다는 비판을 받는다. 이것을 두고 정치적 동원의 기제로서 '가상의 민족주의론' 구성이라는 관점도 있지만[19] 도리어 여기서는 '기억의 정치'가 작동하여 지역주의를 생성하는 방식에 더 주목할 만하다. 흥미로운 것은 지역주의에서 '기억의 정치'가 북부이탈리아 만이 아니라 스위스의 이탈리아어 사용 칸톤에서 티치네시 동맹Lega dei Ticinesi 형식으로도 나타난 점이다.[20] 이것을 알프스라는 지리적 환경이 지역주의 생성에 기여한 것이며 이 점에서 '역사의 기억 정치'라기 보다는 '인문 및 자연 환경의 기억 정치'가

---

17 Martina Avanza, "Une histoire pour la padanie : La Ligue du Nord et l'usage politique du passé", *Annales HSS* no.1, 2003, pp.85~107.

18 Benito Giordano, "The contracting geographies of 'Padania' : the case of Lega Nord in northern Italy", *Area* 33-1, 2001, pp.27~37.

19 Damian Tambini, *Nationalism in Italian Politics : The Stories of the Northern League, 1980~2000*, Routledge, 2001, p.12.

20 Daniele Albertazzi, "The Lega dei Ticinesi : The embodiment of populism", *Politics* 26-2, 2006, pp.133~139.

작동한 것이라고 말할 수 있다. 그래서 파다니아가 알파인Alpaine 지역
이라는 지리적 공간의 생성물이며 알파인 지역주의 포퓰리즘이란 평
가를 받는다. 지역주의 생성에서 환경의 역할이 과연 재해석의 주제가
될 수 있을까? 베니토 죠르다노는 북부동맹의 지역주의 기획이 특수한
지리적 요소에다 종족성ethnicity을 결합하여 초점을 맞추는데 주목한
다. 그 결과 전국정당화를 포기하고 오직 로마의 중앙정부 권력의 장
악으로만 달려간 북부동맹을 단순한 급진 우익 포퓰리즘 정당이란 차
원을 넘어서 지역주의적 포퓰리즘 정당으로 공간화시켜서 이해하는
것도 가능해졌다.[21]

북부동맹의 정치담론에서 알프스는 민족 전통과 정체성에서 국민
의 뿌리인 동시에 이들 전통과 근대성 사이에 고유한 관계를 상징한
다. 또한 알프스는 산악공동체의 자치와 로컬의 정치적 자율성 전통뿐
아니라 '파다니아'의 저지대로부터 밀려오는 공격에 맞서 지역의 가치
를 보호하는 요새라는 상징을 구현한다. 경제적으로 주변적인 영토로
서 알프스는 저지대에서 과도한 산업개발로 악화된 환경과 대비되는

---

21 북부동맹의 이념적 성격을 두고 지역주의적 포퓰리즘 정당이라고 보는 입장과 급진 우익
포퓰리즘 정당으로 보는 입장으로 나누어진다. 전자는 Duncan McDonnell, "A Weekend in
Padania : Regionalist populism and Lega Nord", *Politics* 26-2, 2006, pp.126~132. 반면에 급
진 우익정당 이념을 더 강조하는 입장 Andrej Zaslove, "Alpine populism, Padania and
beyond : A Response to Duncan McDonell", *Politics* 27-1, 2007, pp.64~68. 맥도넬의 반론
Duncan McDonell, "Beyond the radical right straitjacket : A reply to Andrej Zaslove's critique
of 'regionalist populism and the Lega Nord'", *Politics* 27-2, 2007, pp.123~126. 맥도넬을 변
호하는 입장 Daniele Albertazzi, "Addressing 'the people' : A comparative study the Lega
Nord's and Lega dei Ticinesi's political rhetoric and styles of propaganda", *Modern Italy* 12-3,
2007, pp.327~347. 자슬로브의 종합적 반론은 다음을 참고 바람 A. Zaslove, *The Re-invention of
the European Radical Right : Populism, Regionalism, and the Italian Lega Nord*, McGuill Queens Univ.
2011. 필자는 지역주의 포퓰리즘이라는 차원에 더 방점을 두는바 북부동맹은 지역주의만이
확고한 요소이고 나머지 이념은 너무나 가변적으로 작용한다고 보기 때문이다.

징후를 표현한다. 또한 근대화와 문화와 영토의 보존 및 새로운 발전 전략의 견본을 수립할 필요성을 상징한다.[22] 북부동맹의 정치담론이 북부의 경제적 성공이라는 '근대성'과 알프스의 경관이라는 '전통성'을 강조하는 이중구조로 형성된 것은 파다니아 국가의 뿌리를 산업화라는 근대성이나 민족적 정체성이라는 전통만으로는 확립할 수 없다는 치밀한 계산이 작용한다. 알프스 전통은 부패한 로마, 마피아가 날뛰는 남부의 지중해 세계와 달리 산악공동체의 자치와 로컬의 정치적 자율성의 전통을 구현하는 것으로 표상된다. 그러나 사실 경제적 성과를 강조하면서 경제적 주변부 지역인 알프스에 초점을 맞추는 것은 새로운 문제를 발생시킨다. 문화와 영토의 전통 안에서 근대성을 실현하는 국가라는 두가지 목적을 실현하려는 의도가 작동하는 것은 사실이지만 그 내용에서 서로 모순되는 측면이 있기 때문이다. 그럼에도 알프스라는 자연환경이 조상과 영웅, 상징과 신화를 내포한 지역주의 정치적 수사에 동원되는 것은 역사적 사건과 인물이 기존 전통을 재전유하는 새로운 전략의 맥락에서 새로운 의미를 획득해 나가는 과정으로 이해할 수 있다.

알프스라는 자연환경과 함께 북부 지역주의에 정체성을 부여한 또 다른 요소는 언어이다. 북부이탈리아에는 이차대전 이후에 발레다오스타(Valle d'Aosta, 프랑스어) 트렌티노 알토-아디제(독일어), 프리울리-베네치아 지울리아(슬로베니아어) 등과 같은 소수언어 사용자를 비롯하

22　Michel Huyssenune, "Landscapes as a symbol of nationhood : the alps in the rhetoric of the Lega Nord", *Nations and Nationalism* 16-2, 2010, pp.354~373.

여 여러 방언 사용자들이 거주하고 있다.[23] 북부동맹의 자율주의자들은 개별 지역마다 차이를 인정하면서 로컬의 방언과 문화적 전통의 중요성을 강조하였다. 그리고 정치 행정적 자율성의 요구를 정당화하고자 종족성을 부각시켰다. 그러나 북부동맹의 언어와 종족성의 차이를 강조하는 전략은 그리 성공적이지는 못했다. 그 이유는 비록 일부에서 관심을 가지는 분위기도 나타났지만 이탈리아 전체는 물론 북부에도 너무나 많은 소수언어와 방언이 산재해 있어서 북부지역의 언어적 정체성을 확인하기도 어렵고 강조하기도 어려운 측면이 크게 작용하였다. 여기에다 국민교육을 통해서 소수언어와 방언의 사용자가 급속도로 줄어들고 표준어 사용이 급속하게 증가하는 현실, 그리고 이들 언어 사용자가 대부분 노년층인 사실과 연관이 있다.[24]

그러면 인구 3천만에 이르는 파다니아는 과연 단일의 통합공동체라고 말할 수 있는가? 북부동맹 이데올로그들은 장차 나타날 파다니아 국가를 지역에 근거한 '공동체'로 규정한다. 이 공동체는 명료하게 단일한 인종 및 민족적 정체성을 가진 단일 공동체가 아니라 서로 다른 문화와 다양한 정체성을 결합한 '차이의 장'으로서 다양성을 가진 통일체인 한편, 공통의 적이며 '타자' — 이 '타자'는 대상이 고정되어 있지는 않다 — 에게 당파구성원leghisti이 맞서 단결해 싸우는 '요새'이다. 이들이 동유럽 이주민 특히 발칸반도의 혼란 가운데서 이주해온 알바

---

23 Anna Laura Lepschy, Giulio Lepschy and Miriam Voghera, "Linguistic Variety in Italy", Levy ed., *Italian Regionalism, History, Identity and Politics*, pp.69~80.

24 Paolo Coluzzi, "Endangerd minority and regional languages('dialect') in Italy", *Modern Italy* 14-1, 2009, p.42; Massimo Cerruti, "Regional varieties of Italian in the linguistic repertoire", *International Journal of Social Language* 210, 2011, pp.9~28.

니아인이나, 서아프리카 세네갈인의 이주를 지속적으로 반대하는 이유가 여기 있다. 그러면 이들의 입장은 파다니아를 '차이의 장'으로 보는 것과는 모순되지 않는가? 이들은 북부 이탈리아 지역이 너무나 크게 다른 삶의 양식들이 만나 형성된 산물이라는 사실 자체는 인정한다. 하지만, 너무 '확고한 타자'의 '문화'가 유입되는 것은 장차의 국가건설에 위협이 될 것으로 보는 — 종족이나 인종주의 관점에서가 아니라 — 이중적 관점이 이들의 공동체주의론이 가지는 특징이다.[25] 북부동맹은 이주민 문제를 '안보 문제'로 격상시켰다. 현재 유럽에서 이탈리아가 영국과 더불어 이주민 문제에 가장 강경한 태도를 보이는 것도 이런 분위기와 무관하지 않다.

이 현상은 어떻게 설명할 것인가? 마누엘 카스텔은 '개인주의화와 사회적 원자화의 과정에 저항하는 자들은 시간이 지나면 일종의 소속감을 발생시키는 공동체 조직을 결집시키고 많은 경우에는 공동체적 문화적 정체성'을 형성하는 경향을 가진다고 지적하였다.[26] 북부동맹도 글로벌 자본주의에 저항하거나 서유럽을 거부하는 Eurojectionism 장소로서 미시국가적 정체성을 세련시키는 반동적 기획이라고 이해할 수 있다. 파다니아는 극우, 과격우익이라기 보다는 지적인 뉴-라이트들이 과거의 급진 민족주의 관념을 종족 지역적 후기 국민국가 ethno-regional post

---

25 Isabelle Fremeaux and Danielle Albetazzi, "Discoursive strategies around 'community' in political propaganda : The case of Lega Nord", *National Identities* 4-2, 2002, p.149. 이주민 문제에서 같은 우익정당이면서도 '북부동맹'과 포스트 파시스트 정당 '민족동맹'은 서로 입장의 차이가 있다. 전자가 국경 폐쇄를, 후자는 개방을 지지한다. Damian Spuruce, "Empire and Counter-Empire in the Italian far-right : Conflicting nationalism and the split between the Lega Nord and Alleanza Nazionale on immigration", *Theory, Culture & Society*, 24-5, 2007, p.101.

26 Manuel Castell, *The Power of Identity*, Blackwell, 1997, p.61.

nation-state로 '의미-만들기meaning-making'하면서 지역을 새롭게 조직하는 형식 가운데 하나라고 말할 수 있다.[27]

　　그런 의미에서 이탈리아 현실에서 북부동맹과 같은 지역주의 정당의 출현은 부정적으로만 볼 수 없다. 도리어 그것은 남부와 북부의 극심한 사회경제적 차이가 정치까지도 왜곡시키고 이것이 북부지역의 불만을 가중시켜 결국 '남부문제'를 역전시킨 양상의 '북부문제'라는 새로운 형식의 지역주의를 만들어낸 산물이다. 그 과정에서 북부지역주의가 이탈리아 정치에 끼친 영향은 국가거버넌스를 제도주의 및 신지역주의적 관점으로 전환시키면서 영토발전 정책과 문화적 접근의 진화에 중요한 역할을 한 점도 있다. 아울러 북부 지역 사회에 자치self-governing의 역할에 심원한 호소력을 발휘하였고, 국가정부가 다양한 단계의 제도개혁을 수행하도록 자극하였다. 특히 제도적으로 지방행정당국이 지방분권을 지향하고, 연방제 국가구조를 구상하도록 이끈 것은 큰 성과이다.[28] 이 구상은 남부와 북부가 독자적인 발전 경로를 걷는 것이 도리어 이탈리아 국가 유지에 적합한 방도라는 관점을 제시하면서 이탈리아 국가의 근대성을 재구성하려는 시도라고 볼 수 있다.[29]

27　종족적 지역주의는 이주민들을 자유롭게 허용하는 자유주의 혹은 민주주의적 시민권이 아니라 종족적 지역에 근거한 경제와 문화적 정체성의 정치를 옹호한다. Alberto Spektorowski, "Ethnoregionalism : The intellectual new right and the lega nord", *The Global Review of Ethnopolitics* 2-3, 2003, pp.55~70; Th. W. Gold, *The Lega Nord and contemporary politics in Italy*, p.103.

28　김수진, 「이탈리아 지방자치와 분권화-역사적 조망」, 『EU학 연구』 13-2, 한국EU학회, 2008, 79쪽.

29　Michel Huysseune, "A nation confronting a secessinist claim : Italy and the Lega Nord", Bruno Coppieters ed., *Contextualizing sucession : normative studies in comparative perspective*, Oxford U. P., 2003, p.47.

3. 포스트 포드주의 생산양식과 북부지역주의 생성

그렇다면 이탈리아 북부지역주의가 생성된 원인은 어디에 있는가? 그것은 1980년대 후반부터 국제경제 질서가 구조와 생산양식에서 근본적으로 변화하면서 북부 특히 북동부 지역이 대응 방법을 필사적으로 모색한 것이 가장 큰 배경이라고 볼 수 있다. 전지구적 자본주의의 관철과 상품 교환의 폭발적 증가, 기술공학 혁명의 가속화, 전지구적 경쟁의 극적인 증가와 노동 이동의 급증 그리고 정부의 효과적 개입을 제한하는 금융경제와 금융시장이 역설적으로 국가의 경제적 운명을 결정하는 현상이 강도 높은 압박으로 다가왔다. 거기에다 밀라노, 토리노, 제노바의 삼각축을 중심으로 하는 북서부에서 노동계급의 보호망인 노동조합조직을 지탱하는 역할을 해왔던 포드주의 생산체제 대기업들이 연쇄적으로 붕괴되면서 사회경제적 관계 전반을 변화시켜 기존의 좌파와 우파라는 정치적 모델을 넘어서야할 필요까지 요청받았다.[30]

본래 전후 1970년대 까지 이탈리아 경제는 피아트 자동차를 상징으로 하는 '경제적 기적'을 이루었다. 그러나 70년대까지 산업화를 이끈 북서지역의 포드주의 대규모 산업화 발전 모델은 로컬 수준에서는 해결할 수 없는 너무 심각한 문제들을 야기 시켰다. 산업적 관계들은 제도

---

[30] 특히 사회주의 모델의 붕괴 이후 앵글로-아메리카 모델이 전면적으로 부상하면서 이탈리아 경제계에서도 경영자 총협회Confindustria의장을 역임한 조르죠 포사Giorgio Fossa 안토니오 다마토Antonio D'Amato 루카 디 몬테제몰로Luca di Montezemolo, 그 밖에 많은 정치학자들, 유럽위원회 위원EU Commitee commissioner이며 이번에 총리로 지명된 마리오 몬티Mario Monti 같은 경제학자들이 대안 경제 모델이 없는 신자유주의 질서의 수용불가피성을 강조하였다. 이들은 국가개입 약화, 고용 유연화, 모든 하부구조 개선, 재화와 자본의 제한 없는 이동 가능성 허용, 국가 재정지출의 감소를 요구하였다.

화가 너무 빈약하였고 지방정부는 특히 주택과 사회복지서비스에서 효과적인 정책을 수행할 재정자원을 확보하지 못했다. 그 결과 북서부 산업삼각지대는 도리어 국가의 장래에 심각한 부담으로 등장하기에 이르렀다. 산업화된 지역 문화가 압박을 받고 전통적인 사회 정치적 통합이 남부에서 흘러들어온 대도시 지역 이주민과 과잉 도시화로 부식되었다. 1969~73년 사이에 산업 및 사회적 갈등이 폭발하고 대규모 산업과 공장이 그 영향권에 들어왔다. 대기업은 경쟁력이 급속도로 약화되고 대도시는 혁신적 역할을 수행할 수 없었다. 생산 비용 상승, 인플레이션, 환율가치의 평가절하는 사회갈등, 공공지출과 공공부채를 급속도로 증가시켜, 절박한 생존 위기를 느낀 노동조합의 사회복지 요구를 강화시켰다.

이에 대응하여 1980년대부터 이탈리아에서 산업 생산의 포스트 포드주의로 패러다임 전환이 발생하면서 국가의 규제 메커니즘과 제도가 지역적 제도를 통해서 매개되는 현실이 다양한 양상으로 발생했다. 이런 변화의 급속한 진행에 직면하여 매우 역동적인 지역경제 중심지로서 북부는 1980년대 경제적 번영기에 '중소기업 중심의 세계화'라는 모델을 제시하였다. 그 동안 북부는 중앙정부에 정치자금을 제공하는 대가로 탈세를 묵인 받고 안전 규제에서 면제되었고, 중앙정부는 거두어들인 자금을 남부 지역에 후견제 형식으로 투자 해왔다. 문제는 이 과정에서 북부에서 주도적인 가족경영과 전통적 제조분야에 종사하는 중소기업 경영자와 노동자들이 정치적 주변부로 밀려난 사실이다. 북부동맹은 바로 정치적으로 주변부로 밀린 부자와 노동자들이 반란을 일으킨 현상이라고도 말할 수 있다. 북부지역주의가 영토, 문화, 정치의 측면에 그치지 않고 경제적으로 중소도시에 자리 잡고서 대기업과 국가의 간섭으로 부터 독립적이며 전문화된 제품을 생산하는 '산업지구industrial districts'의 이해관계를 표현한다는 평가를 받는 이유가 여기 있다.[31]

산업지구는 주로 중간공정과 하청을 담당하는 중소기업SMEs이 분야 별로 수평적으로 결합한 것을 말한다. 중소기업은 통상 인구 10만 미만 — 물론 그것을 넘어서는 경우도 있지만 — 의 소도시 지역 로컬경제 체계에 속해 있었고, 이들 지역은 로컬노동시장LLMAs과 로컬에서 집단 적인 경쟁력을 갖춘 재화LCCGs의 특성화 분야로 구성되었다. 대표적인 분야는 전통적인 소비재였지만 현대적인 기계공학과 기계공구[32] 최근 에는 하이-테크와 소프트웨어 분야의 의미 있는 발전도 출현하였다.[33] 하청기업과 구매기업 사이에 협력관계가 공식화되면서 혁신과 품질개 선으로 생산성 향상을 이루어졌다. 그것은 숙련공과 집합적 서비스, 인 프라의 전문화된 협력관계가 존재했고, 소기업가와 노동자와 대기업가 들 사이에 높은 수준의 신뢰 못지않게 지식과 정보의 급속한 확산과 순 환이 있었기에 가능했다. 그 결과 산업지구의 기술공학 및 생산적 역동 성이 고임금과 높은 고용률을 제공하였다. '산업지구'는 더 나아가서 서 로 연결되면서 '산업지구 그룹'을 형성하는 지역까지 나타났다. 그리하

---

31 Sarah Wild, "The Northern League : the self-representation of Industrial districts in their search for regional power", *Politics* 17-2, 1997, pp.95~100.

32 에밀리아-로마냐에 속하는 볼로냐의 경우 Henry Farrell and Ann-Louise Holten, "Collective goods in the local economy : The packing machinery cluster in Bologna", Colin Crouch, Patrick Le Galès, Carlo Trigilia and Helmut Volezkov eds., *Changing governance of local economies : responses of European local production systems*, Oxford U. P., 2004, pp.23~45.

33 Carlo Trigilia, "High-tech districts", Crouch, Le Galès, Trigilia and Volezkov eds., *Changing governance of local economies : responses of European local production systems*, pp.229~237.

여 산업지구의 중소기업은 전통산업인 섬유, 피혁, 제화, 의류, 목재가구, 타일 등과 같이 첨단산업은 아니지만, 디자인과 기능craft 집약적 경공업 제품들을 다품종 소량생산 곧 포스트포드주의 방식 생산으로 틈새시장을 찾아서 지역경제의 세계화를 가져왔다.[34]

그 결과 로컬 노동시장에서 로컬 생산체계 개념이 등장하였고 지역화된 자본주의 체제가 나타났다. 이것은 자본주의 경로, 나아가서 신자유주의 경로가 매우 다양하다는 것을 지적한 것과 연결시켜 이해 가능하다.[35] 이탈리아 경제는 그 동안 북부와 남부지역으로 구분되었지만 이제 제3의 지역 이탈리아Terza Italia가 주목받기에 이르렀다.[36] '제3지역 이탈리아'-베네토Veneto, 에밀리아-로마냐Emilia-Romagna, 토스카나Toscana, 움브리아Umbria, 마르케Marche 등의 행정 도道 들이 북부동맹의 지역경제를 구성하는 행정지리적 기반이다. 이 지역에 나타난 새로운 산업공간은 북서부에서 나타났던 대규모 산업집중과는 발전경로가 다른 상업지구로서 활력을 가진 전통적인 매뉴펙춰 활동으로 특화된 것이 특징이다. 그것은 시장과 비-시장영역이 상호의존하면서 지원하는 중소기업 관계망을 둘러싸고 조직된 데서 비롯되었다. 그 결과

---

34 F. Sforzi, "The industrial district and the 'New Italian economic geography'", *EPS* 10-4, 2002, pp.439~447; Andrew Ross, "Made in Italy : The trouble with craft capitalism", *Antipode* 36-2, 2004, pp.209~216; 권오혁, 「제3 이탈리아 산업지구 발전과정에 대한 비교연구-모데나와 미란돌라를 중심으로」, 『한국경제지리학회지』 6-1, 한국경제지리학회, 2003, 21~44쪽.

35 Colin Crouch, Martin Schröder and Helmut Voelzkov, "Regional and sectoral varieties of capitalism", *Economy and Society* 38-4, 2009, pp.654~678; Jamie Peck, Nik Theodore, "Varigated capitalism", *Progress in Human Geography* 31-6, 2007, pp.731~772; Neil Brennner, Jamie Peck, Nik Theodore, "Varigated neoliberalism : geographies, modalities, pathways", *Global Networks* 10-2, 2010, pp.182~222,

36 이탈리아 사회학자 Arnaldo Bagnasco가 1977년 처음 사용한 말이다. Anna Cento Bull and Mark Gilbert, *The Lega Nord and the Northern Question in Italian politics*, Palgrave, 2001, p.73.

이탈리아 국가발전을 남부와 북부로 구분하여 설명하던 기존의 이중주의 견본을 넘어, 새로운 로컬 생산체제의 출현을 설명해야할 필요와 직면하였다. 그 결과 이탈리아 산업은 토리노, 밀라노, 제노바 삼각축의 대도시 산업지역인 북서부, 낙후된 시골지역 남부, 거기에 중소도시 관계망으로 산업화된 북동부 지구로 3분되었다는 평가받는다.[37]

그러나 20세기 말에 들어와서 북동부지역 중소기업들은 급속한 정보화 사회로 이행과 하이테크 산업에서 뒤처지면서 자신들의 의사를 전달할 통로를 점차 상실할 위기를 자각하였다. 거기에다 WTO체제의 등장과 급속한 전지구화가 중소기업 중심 경제에 타격과 침체를 가져올 것이라는 위기의식을 자극하였다. 이런 경제적 분위기야 말로 북부동맹의 독자적 신지역주의 생성에 토대로 작용했던 핵심요소이다. 이런 측면에서 북동부지역주의는 대기업 중심 포드주의 체제의 약화에 따라 중소기업의 역할 부담이 가중되는 동시에, 이들이 직면한 세계화와 신자유주의 무한경쟁이란 난국을 타개하려는 시도라고 볼 수 있다. 그러나 이들의 전략이 일관성 있게 추진된 것은 아니고 끊임없이 유동하는 이중적 태도가 작용한다. 예컨대 효율적이고 합리적인 근대성을 구현하는 유럽문화와 연대하고 유럽의 중심부에서 어깨를 겨루고 시장을 유지하는 것이 바람직하다는 유럽지향성을 강하게 표출하는 한편, 신자유주의 정책이 주도하는 유럽에 대응하려면 부패한 국가정치와 낙후

---

[37] Carlo Salone, "Institutional arrangements and political mobilization in the new Italian regionalism : The role of spatial policies in the Piedmont region", *European Planning Studies* 18-8, 2010, pp.1207~1226. 북동부에서도 아드리아해 연안은 지방정부가 주도하는 지금도 여전히 산업화가 뒤떨어져 있다. Stefano Solari, "Decentralisation of competencies and local development agencies in North-Eastern Italy", *Local Economy* 19-1, 2004, pp.55~68.

된 '남부'가 국가 운영에 장애요소라고 판단하고 이러한 '족쇄'에서 벗어나고자 독자적 신지역주의를 표방하는 다른 측면이 공존한다.[38]

반이주민 정책을 요청한 것도 그런 모순된 상황과 역설을 잘 나타내는 현상이다. 실제로는 북부의 중소기업에는 값싼 임금의 노동력의 공급이 절실하여 이주민이 매우 유용하다. 신자유주의 무한경쟁으로 중소기업 경제체제의 위기를 절감하면서도 자유로운 노동이동과 유연 노동을 강요하는 신자유주의 견본을 수용하지 않을 수 없는 것이 북부지역 기업가들이 당면한 현실이기 때문이다. 그 결과 그들은 외국인 노동자들을 공동체에서 비가시적인 한도 안에서만 인정하고, 외국인 노동자들은 잠재적 시민으로 받아들이지 않는다. 그러면서도 이들은 이주민이 경제성장을 지탱하는데 불가피한 필요악이라고 판단한다. 이것은 북부의 기업가 계급들이 세계화에 직면하여 이익을 유지할 자유무역 시장이 필요한 한편, 그것에 무관심한 정치권력도 필요한 모순된 상황과 맞물린다. 북부지역 분리주의는, 노동과 금융의 전면적 자유경쟁에 직면한 북부의 중소기업가들이 해묵은 골칫거리인 '남부 문제'라는 부담을 털어내고 영·불·독 유럽 선진 국가의 지역과 경쟁하고 전지구적 차원의 경쟁에 나서려는 의도가 내포되어있다. 분리주의 '파다니아' 국가라는 수사는 바로 그 내심의 발로라고 볼 수 있다.[39]

---

38 Jaro Stacul, "Claiming a 'European ethos' at the margins of the Italian nation-state", in Jaro Stacul, Christina Moutsou and Helen Kopnina eds., *Crossing European Boundaries : Beyond Conventional Geographical Categories*, Berghahn Books, 2006, pp.210~228.

39 Bull and Gilbert, *The Lega Nord and the Northern Question in Italian Politics*, pp.73~78. 이 논문에서는 북부동맹을 지지하는 기업가들과 유권자들에 대한 좀 더 구체적이고 상세한 분석이 필요하지만 거기까지는 미치지 못하는 한계를 가지고 있다.

북부지역 기업가 계급의 진정한 관심은 북부동맹이 블루칼라노동자와 화이트칼라 노동자들을 로컬사회와 로컬문화라는 정체성을 이용하여 자기편으로 끌어들이는 것이었다. 북부동맹이 제기한 종족/민족적 정치 담론도 남부문제에 관심을 쏟는 것이 불가피한 중앙정부에 맞서 북부의 자본과 노동자들의 결속을 도모하는 것이라고 볼 수 있다. 그러므로 기업가들의 진정한 관심은 민족적ethnic 국가 건설의 기획이기 보다는 자유무역 경제의 확립이라고 볼 수 있다. 북부동맹이 베를루스코니의 신자유주의 개혁에 동의하고 연립정부를 구성한 것도 이런 맥락에서 비롯한다. 비록 베를루코니가 파다니아 독립국가 기획에 동의하지 않았지만, 이미 기업가들을 베를루스코니 지지를 철회할 마음이 없었다. 그리고 값싼 외국인 노동자들을 들여오기 보다는 외국인 노동자와 경쟁을 피하고 싶어 하는 블루칼라노동자들에게, 남부가 분리되어 나가면 더 높은 임금을 제공받을 것이라고 회유하는 것이라고 말할 수 있다.[40]

북부동맹의 출현 토대로서 제3지역 이탈리아는 또한 가톨릭과 사회주의 및 공산주의 운동과 연관된 로컬정치와 제도적 전통이 강한 영향 아래 있었다. 북부동맹이 처음에 상징색을 '백'과 '적'으로 선택했던 이유가 이 지역이 '백'과 '적'의 혼합지역이었기 때문이다. 결국 북부동맹의 정치적 기반은 가톨릭과 좌파가 지역정치, 나아가 더 밑으로는 로컬정치의 하부문화를 형성하였고, 이들이 지역이란 명분을 매개로 연합한 것이라고 설명할 수 있다.[41] 비록 작동방식은 다르지만 이와 같은 정

---

40 Francesco Cavatora, "The role of the Northern League in transforming the italian political system : from economic federalism to ethnic politics and back", *Contemporary Politics* 7, 2001, pp.29~38.

41 Carlo Trigilia and Luigi Burroni, "Italy : rise, decline and restructuring of a regionalized

치적 하위문화는 역사적으로 독특한 사회경제적 구조fabric를 보존하는
데 기여했다. 근대적 요소와 전통적 요소의 독특한 혼합과 높은 수준의
사회적 통합을 가진 소도시의 관계망은 소규모 공장이 성장하는데 중
요한 신뢰의 관계망과 사회적 패턴을 강화시켜 이것은 상대적으로 낮
은 거래 비용을 요구했다. 그리고 가톨릭과 사회-공산주의 문화의 혼
합은 산업관계와 로컬정부의 활동에 유연성을 발휘하는데 방해하지 않
는 지역적 합의에 바탕을 둔 소규모 공장의 성장에 도움을 주었다.[42] 또
한 지방정부는 노동유연성 유지에 도움이 되는(탁아소, 운송, 주택) 사회봉
사 때로는 경제서비스와 인프라(산업지역, 교육 훈련 등)를 제공하였다. 끝
으로 이주와 도시화가 상대적으로 낮아서 로컬의 정치적 제휴와 로컬
정부의 안정성이 서로 결합하여 가족, 친족, 공동체의 결속에 근거한 전
통적인 사회통합 형식을 유지하는데 도움이 되었다.[43]

이와 같은 제3의 이탈리아에서 중소기업의 성장은, 이탈리아 중앙
은행의 리라화 평가절하 정책이나 재정보호 정책이 소기업에 유리했
기 때문에 중앙정부의 일부 정책이 영향을 끼치지 않았던 것은 아니지
만, 사실은 미리 계획되지 않은 과정이었다. 그럼에도 로컬 생산 체계
와 산업지구의 성장은 주로 로컬 수준에서 유용한 사회, 경제, 정치적
자원에 바탕을 두었다. 이런 의미에서 중소기업의 성장은 로컬 관계망

---

capitalism", *Economy and Society* 38-4, 2009, p.639.

42 Michel Huysseeune, *Modernity and Secession : The Social Sciences and the Political Discourse of the Lega Nord in Italy*, Berghahn Books, 2006, p.140.

43 Francesco Brioschi, M. S. Brioschi and Giulio Cainelli, "From the industrial district to the district group : An insight into the evolution of local capitalism in Italy", *Regional Studies* 36-9, 2002, pp.1037~1052.

과 강한 협력이라는 비-시장적 메커니즘에 바탕을 둔다고 말할 수 있다. 이런 경향은 생산, 수출, 고용에서 대기업에는 결핍된 조건을 채우거나 보완하도록 도움을 주었다. 이것은 국민경제에 인플레이션과 공공적자, 공채의 증가에도 불구하고 상당한 수준의 생산적 역동성을 제공하였다. 다시 말하면 소기업회사의 역동성은 국민 국가 경제위기의 충격을 완화하여 이탈리아의 거시경제운영에서 변화를 강요하는 압력을 감소시키도록 작용하였다.[44]

1980년대 이래로 이탈리아 자본주의의 로컬화 나아가서 지역화 모델은 지역개발에서 성공한 사례로 주목받았다. 그러나 지난 15년간 이 발전모델에 의미 있는 세 가지 억압요소가 발생하며 역동성이 억압받거나 상실되었다. 첫째는 서비스 분야에서 효율성의 지속적인 결핍이 나타났다, 둘째 세계화의 압력이 이탈리아 중소기업 제조회사들의 생산 전문화에 특별히 강하게 부과되었다. 셋째는 로컬발전을 위한 적절한 지역정책 설정과 구현이 어려워졌다. 이 문제의 기원은 로컬 경제의 역동성과 무능한 거시경제 운용 사이에 특수한 관계와 연관되어 있다. 이탈리아 국가 차원의 거시경제는 어려워졌지만 로컬 역동성이 유지되면서 경제의 구조조정이 자꾸 연기되는 결과를 가져왔고, 정부는 선거지원을 위해서 고도의 정치비용을 담당하는 결과를 수반하였다. 이러한 상황은 이탈리아가 다른 유럽국가보다 더 심각한 공공적자, 공공채무와 인플레이션을 겪도록 이끌었고 현재 직면한 경제위기를 가

---

44 Carlo Trigilia, "The political economy of a regionalized capitalism", *South European Society and Politics* 2-3, 1997, pp.52~79.

져온 주요 요인이 되었다. 공공서비스와 사적서비스의 인프라의 비효율이 증가하고 국제경쟁에 노출된 중소기업은 높아지는 국내 비용으로 점차 불이익을 받게 되었기 때문이다.

여기에 사태를 악화시킨 또 다른 요인이 있다. 다름 아닌 1990년대 초에 실행된 유로화 가입은 단기적으로는 이탈리아 화폐에 대한 투기 자본의 공격을 현저하게 감소시키고, 공채 이자율 감소와 두자리수 인플레이션을 3%대로 낮추었다. 문제는 이것이 이탈리아식 생산모델에 급격한 도전을 가져온 것이다. 먼저 세계화가 서비스 분야의 고비용 저효율이 외국 기업과 경쟁하는 부담을 지게 되었고, 전통적인 '이탈리아제품'의 질적 생산 고취와 지식경제 육성의 요구와 직면하였다. 끝으로 이런 도전에 직면한 국가는 탈규제화와 금융지원 정책에 직면했지만, '로컬 집단경쟁 재화' 생산을 위한 효과적 지역 정책 도입의 필요성을 간과하도록 이끌었다.[45] '로컬집단 경쟁재화'란 무엇인가? 그것은 다름 아닌 이탈리아가 1970년대 이후 대기업의 몰락과 함께 특화산업으로 삼아온 경공업 곧 섬유, 의복, 구두, 가구, 공작기계 같은 것이었고 이것이 2001년 국가총수출액의 57%에 달했다. 그러나 이것은 부정적인 양상도 초래했는데 무엇보다 하이테크 산업이 다른 유럽국가보다 절대 열세 상황에 처해지게 만들었다. 거기에다 기업의 고용이 너무 빈약했다. 2006년 국립통계청에 따르면 고용인원 250명 이상의 기업은 0.3%에 불과하고 10명 이상은 83%였다. 자동차와 전화를 제외

---

[45] Luigi Burroni and Carlo Trigilia, "Italy : Economic development through local economies", C. Crouch, P. Le Galès, C. Triglia, & H. Volezkov, *Local production systems in Europe : Rise or demise?*, Oxford U. P., 2001, pp.46~78.

한 대기업은 주로 공기업이었다. 그 결과 생산 특화된 중소기업은 국제시장에서 중국을 비롯한 후발 산업국가들의 맹렬한 추격에 직면하여 경제위기의 원인 가운데 하나로 지목받고 있다.[46]

경제가 국제경쟁력을 목표로 삼으면서 기본정책방향은 노동시장 유연화, 복지체제 개혁, 사기업에 금융지원에 두어졌고 나름대로 반짝 실업율 감소(1993~2003년 간 10.1%에서 8.4%로 감소)와 고용율 증가(52.5%에서 56.2%로 증가)라는 성과가 나타났다. 그러나 여기서 모두 간과한 것이 있다. 다름 아닌 로컬경쟁상품 생산을 통한 로컬경제 경쟁력 증가 문제가 소홀히 다루어졌다. 국가정책은 로컬자원 동원, 로컬과 국가 공공활동가 사이에 더 효과적인 수직적 협력, 대학 같은 공적 제도와 사기업 간에 수평적 연계 관계를 증가시키려는 노력이 결핍되었다. 지방분권 정도가 아니라 밑바닥에서 로컬 정책 공동체를 강화하고 촉진시키는데 소홀하였다는 것이다. 그럼에도 불구하고, 트릴리아와 뷰로니에 따르면 최근 지역의 중소기업과 그것의 관계망이 부분적으로 재조정 되면서 경제회복의 기미를 보이는 측면도 있다는 진단도 제시된다. 그것은 먼저, 매뉴팩춰 활동의 지역적 집중으로 산업지구와 로컬 생산 체계가 새로 흥기하는 측면이 작용하고 있다. 둘째 로컬생산체계가 제3이탈리아를 넘어서 북서부와 남부까지로 확장되고 있다. 셋째 로컬생산체계에서 고용에서 중규모 기업이 현저하게 성장하고 있는 현상과 연관되어 있다.[47]

46　G. Beccatini and G. Dei Ottati, "The performances of Italian industrial district and large enterprise areas in the nineties", *European Planning Studies* 14-8, 2006, pp.1147~1170; Marcello de Cecco, "Italy's dysfunctiinal political economy", *West European Politics* 30-4, 2007, pp.763~783.

현재 이탈리아에서 지역화된 자본주의는 세계화의 진전과 함께 변신을 요구받고 지역마다 차이는 있지만 중규모 기업으로 재편성과 혁신을 진행하며 로컬을 넘어서 지리적 관계망을 확장시키고 있다. 특히 로컬 공동체에 뿌리를 둔 중규모 기업은 전형적인 이탈리아 제품에 관한 생산 노하우, 문화 및 숙련노동과 결합하여 품질, 유연성, 고객서비스 등에서 로컬 경제시스템과 글로벌 경제시스템을 연결시켜 복지와 고용 및 경영기술에서 유리한 조건에 있다는 평가를 받는다.[48] 그러나 이것이 로컬경제가 국가경제 모델에 흡수된다는 말은 아니다 그것을 넘어서는 새로운 모델을 모색하고 있다고 말하는 것이 더 정확할 것이다. 그 관계망이 국내의 지역과 지역 관련정책 범위에 그치지 않고 유럽연합의 지역정책인 '동반자 관계partnership' '추가성additionality' '보충성subsidiarity'의 원리에 따라 외국기업과도 협력을 강화하고 있다.

4. 신지역주의와 로컬리즘

이탈리아 지역주의는 유럽연합과의 관계를 통해서 새롭게 내용이 변화하고 성격이 새롭게 정의되는 양상을 볼 수 있다. 눈여겨 볼 것은 유럽연합과의 관계에서 북부동맹이 선택하는 전략의 이중성이다. 자유주의

---

47 Trigilia and Burroni, "Italy : rise, decline and restructuring of a regionalized capitalism", Epp.643~645.
48 Claudio Gagliardi, "Supply-chain strategies and local roots of Italy's medium-sized industrial firms", *Review of Economic Conditions in Italy* 3, 2006, pp.413~444; Costis Hadjimichalis, "The end of Third Italy as we knew it", *Antipode* 38-1, 2007, pp.82~106.

우익정당으로서 유럽세계화를 긍정하는 한편 파다니아 건설을 선언한
분리주의적 지역주의가 북부의 순수성과 경제적 보호주의를 요청하는
이중성을 어떻게 볼 것인가? 여기서 우리는 이탈리아 지역주의와 유럽
연합의 정책 방향의 상관관계를 검토할 필요가 있다. 유럽연합은 1991년
마스트리히트 조약에서 '지역의 유럽'을 표방하며 '지역위원회Committee
of Regions'를 두고 지역에 권력 부여를 촉구하는 신지역주의 전략을 채택
하였다.[49] 유럽연합이 표방한 신지역주의란 무엇인가? 이 문제는 사실
유럽연합이 세계화의 '행위자'인가 아니면 세계화의 '관리자'인가 판단
여부에 따라서 대답이 달라질 수밖에 없는 미묘한 질문이고 해답이 마
땅치 않다. 필자는 시기와 상황에 따라서 유럽연합의 역할이 달라진다
고 보지만, 신지역주의 전망은 전지구화의 압력에 맞서 지역을 유럽연
합이 관리하려는 의도로 천명되었다고 본다. 그것은 로컬발전 전략에
서 세 가지 주제에 초점을 둔다. 첫째 포드주의 생산양식을 넘어서 포스
트포드주의 출현에 발맞춘 새로운 경제질서가 형성되도록 국내의 사회
경제적 구조를 변화시킨다. 둘째 이런 구조변화를 추동하거나 지원하
도록 로컬행정에서 지방자치의 성격을 변화시키고, 특히 무엇보다 다층
적multi-level 로컬거버넌스의 진행을 추동하는데 주목한다. 셋째로 국가
의 정치사회적 공간의 재구성 전략으로 로컬(지역) 공간규모를 재조정
rescaling하면서 새로운 지역발전 전략을 모색한다.[50] 이탈리아 지역주의

---

49 관련 논의는 다음을 참조. Eve Hepburn, *Using Europe : territorial party strategies in a multi-level system*, Manchester U. P. , 2010, pp.11~17.

50 여기서 지역과 로컬은 상호교환적으로 사용된다. Luigi Burroni, "The new regional policies implemented in partnerships in Italy", Mark Considine and Sylvian Giguère eds. , *The Theory and practice of local governance and economic development*, Palgrave Macmillan, 2008, pp.188~189;

를 유럽연합과 연관시켜 재평가할 필요가 여기 있다.

　유럽연합의 '지역의 유럽' 개념은 유럽통합이 중앙집권국가 권위의 지방분권과 정치문화적 다원주의와 지역 간의 초국가적 협력을 고무시킬 것이라는 기대감을 폭넓게 불러일으켜 유럽 각국에서 활동하는 여러 형식의 지역주의 정당들의 많은 지지를 받았다. 그 결과 지역주의 정당들은 정당의 목표를 재조정하면서 '지역 위원회'와 '유럽의회'에 적극 참여하여 지역의 유럽화를 진전시켰다. 북부동맹의 지도자들도 역시 북부이탈리아를 서구의 근대성 모델과 동화시키고 유럽이란 틀 안에 자리 잡고 '파다니아'가 바로 그런 위상을 확보하기를 추구했다. 2001년 5월 28일에는 카탈로니아, 스코틀랜드, 플랑드르, 바바리아, 사르데냐를 비롯한 유럽 여러 나라의 지역정당 지도자들이 유럽연합에서 '지역'의 위치를 유럽헌법이 인정한 '헌법적 지역constitutional regions'으로 격상시키는 패러다임의 전환을 요구한 것이 대표적인 사례이다. 그러나 최근 유럽연합의 정책 집행 과정에서 국가중심화와 지역의 주변화가 진행되면서 그런 기대가 약화되고, 심지어 유럽연합의 정책을 거부하고 부정하는 경향까지 나타나고 있다. 북부동맹도 2001년 유럽연합이 너무 관료적이고 심지어 회원국가의 주권을 지나치게 침해한다고 비판하고 나섰다.[51] 실제로는 유럽공동체의 관료적이고 엘리트주의 경향이 '지역의 유럽'을 제대로 진척시키지도 않았고 유럽의회 안에서 실천되

Frederik Söderbaum and Alberta Sbragia, "EU studies and the 'New regionalism' : what can be gained from dialogue?" *European Integration* 32-6, 2010, pp.563~582.

51　Michel Huysseune, "A Eurosceptic vision in a Europhile country : The case of the Lega Nord", *Modern Italy* 15-1, 2010, pp.63~75.

지도 않았기에 기대에 어긋났다는 비판이었다.[52]

북부동맹의 비판에서 제기되는 문제는 지역주의 정당이면서도 유럽연합이 국가주권을 침해한다고 비판하는 점이다. 지역정당이 국가주권을 옹호하는 기묘한 사태는 어디서 비롯된 일인가? 그것은 유로euro 화폐의 통용과 관련이 있다. 본래 1990년대 중반 이탈리아가 유로 단일통화에 가입하였을 때 북부동맹 지도자들은 그것이 북부의 기업과 유럽연합의 다른 지역들 사이에 교역을 더욱 촉진하여 더 폭넓은 유럽경제에 통합될 것이라고 기대하며 유럽통화연합European Monetary Union을 적극 지지하고 나섰다.[53] 사실 북부동맹의 정치적 기반인 북동부 지역은 수출주도 기업 공동체로서 성격이 두드러져 유럽통합과 자유주의 글로벌 무역을 지지하는 것이 불가피한 것으로 받아들여졌고 보호주의는 크게 고려되지 않았다. 지금도 이탈리아 전체는 물론 북부의 일반유권자들은 유럽연합과 자유무역질서에 호의적이라고 알려져 있다. 그러나 움베르토 보씨가 1993년 저술에서 피아트 자동차 같은 대기업을 비난하고 중소기업을 옹호하는데서 자유주의 경제에 전적으로 호의를 보인 것은 아니었다. 그런 측면에서 지정학적 판단이 북부동맹의 경제적 관점에 수시로 작용했을 것으로 본다. 그러나 1998년 이후 북부동맹에서 보씨를 비롯한 지도자들의 입장은 크게 바뀌기 시작하여, 파다니아 지역의 특권적인 경제적 이익을 보호하고 독자적

---

52 Benito Giordano, "The politics of the Northern League and Italy's changing attitude towards Europe", *Perspectives on European Politics and Society* 5-1, 2004, p.72.
53 Stephen George, "Multi-level governance and the European Union", in *Ian Bache and Mattew Flinders, Multi-level governance*, Oxford U. P., 2004, p.114.

산업정책 수립을 허용할 것을 요청하고 나섰다.[54] 1990년대 초에는 북부동맹이 저항하는 대상인 '타자'가 로마였으나, 이제 21세기에 들어서면서 부터는 '세계화하는 힘들'이 그 대상이 되었다.

북부동맹이 세계화를 저항의 대상으로 삼게 된 이유가 무엇인가? 그것은 먼저 세계화의 관철은 정체성의 전지구적 동종화를 심화시키므로 북부의 정체성을 지켜야한다는 우려에서 비롯한다. 북부동맹은 경제적 세계화가 북동부의 전통적인 가족기업구조를 위태롭게 할 것이라고 진단한다. 길베르토 오네토는 세계화가 파다니아 산업구조 뿐 아니라, 이주민의 유입으로 로컬과 지역의 문화적 정체성이 약화되고 건축 및 알프스 환경에 전면적 위협이 될 것이라고 비판하고 나섰다. 이들이 터키의 유럽연합 가입을 극력 반대하고 유럽연합 헌법을 비판한 이유도 아랍과 이슬람에 맞서 정체성을 보호해야한다는 명분에서 비롯하였다.[55] 이주문제와 연관시켜 반-이슬람적 입장은 외국인 혐오주의를 부추기고 기독교적 가치와 자연의 이름으로 성적소수자를 배제하고 특권과 불평등을 옹호하며 북부동맹을 더욱 우경화시키는 결과를 가져왔다. 그러나 북부동맹의 입장은 내부 모순을 내포하고 있다. 북부지역의 많은 소기업들은 젊은이들이 취업을 기피하여 노동력을 확보하려면 노동 이주민에 의존이 현실에서 불가피하기 때문이다.[56] 최근 북부동맹이 계절노동자나 임시노동자를 인정하는 방향으

---

54 Umberto Bossi con Daniele Vimercati, *La Rivoluzione*, Spering & Kupfer Editori, 1993, pp.192~193; Michel Huysseune, "Defending national identity and interests : The Lega Nord's asymmetric model of globalisation", *Studies in Ethnicity and Nationalism* 10-2, 2010, pp.224~226.

55 Gilberto Oneto, "Un camino contro il mondialismo", 2002.11.2. www.giovannipadani.lega nord.org/articoli.asp?ID=385

로 선회한 것이나 2002년 민족동맹 지도자 잔 프랑코 피니와 북부동맹 움베르토 보씨의 공동법안이 70만 불법체류 이주민을 합법화하여 '독사과'를 먹게 되었다는 평가를 받은 것도[57] 그 배경에는 온갖 정치적 수사를 내걸었음에도 불구하고 내막은 바로 현실에서 직면한 노동력 부족에 있었다.

이에 맞물려 유로 단일화폐 사용과 자유무역의 전면화는 북부동맹에 위기의식을 고조시켰다. 한편 자유무역에서는 90년대에 중국이 WTO 체제에 가입하자 중국의 값싼 섬유가 이탈리아 섬유분야에 치명적 위협이 될 것이란 우려가 심화되면서 중국제품에 관세 부과를 요구하였다. 그러나 이것이 반-중국제품 요구라기보다는 반-덤핑 입장이었고, 베를루스코니 정부와 유럽연합에 보호주의 채택을 요구하였으나 실현되지는 못했다. 다만 북부동맹 차원에서 지방의회에 이탈리아 중소기업 보호 법안의 입법을 도입하였다.[58] 심각한 것은 단일 통화가 이탈리아 인들의 예상 이상으로 물가상승과 생계비 증가의 고통을 가져왔다는 현실이다. 이에 북부동맹은 반-유럽연합과 반-세계화를 통합시켜 심지어 북부이탈리아에서 유로화의 철수까지도 검토할 것이라고 암시하였다. 이것은 최근 유럽발 금융위기의 진앙지인 그리스, 포르투갈, 스페인

---

56 Heidi Beirich and Dwayne Woods, "Globalization, workers and the Northern League", *West European Politics* 23-1, 2000, pp.130~143; Gold, *The Lega Nord and contemporary politics in italy*, p.127.

57 Asher Colombo and Giuseppe Sciortino, "The Bossi-Fini law : explicit fanaticism, implicit moderation, and poisoned fruits", Jean Blondel and Paolo Segatti ed., *Italian Politics : The Second Berlusconi Government*, Berghahn Books, 2003, pp.162~179. 잔 프랑코 피니(Gianfranco Fini, 1952~)는 현재 이탈리아 하원의장이다.

58 Dwayne Woods, "Pockets of resistence to globalization : The case of the Lega Nord", *Patterns of Prjudice* 43-2, 2009, p.166.

을 비롯한 남유럽에서 확산되는 유로 단일통화의 유용성에 대한 회의와 불만이 증가하는 현실 곧 유로화 회의주의euroscepticism 물결의 출발점이기도 하다.[59] 우리는 여기서 베를루스코니 퇴진 이후 취임했다가 얼마 전 물러난 마리오 몬티 총리(2011.11.16~2013.4.28)에게 유럽연합이 부여한 역할이 바로 이 비판을 잠재우라는 특명이었다는 것은 잘 알려져 있다.

이탈리아 지역주의는 '북부문제'가 제기되고, 유럽연합이 '지역의 유럽'이란 신지역주의를 표명하면서 새로운 전망의 수립이 불가피해졌다. 이탈리아 내부에서 특기할 것은 1990년대 이후부터 남부를 보는 기존의 관점을 전환시킨 '신남부론'이 제기된 것이다.[60] 북부지역주의는 역설적으로 남부문제를 새롭게 보도록 자극하였고 그것은 정치문화적 차원만이 아니라 경제적 차원의 새로운 분석을 끌어내는 계기로 작용하고 있다. 그 결과 클라우디오 셀라니는 심지어 논쟁이 북부문제에서 남부문제로 되돌아갔다는 평가조차 내린다. 이미 로버트 퍼트남은 북부와 남부의 사회적 자본의 자질endowment에서 차이를 지적한 바 있다.[61] 독립연구소 "Imes"의 학자들이 발간하는 『남부Meridiana』는 후진과 빈곤화라는 명제로 획일화시킨 기존의 남부담론에 맞서 포스트 남부주의post-meridionalismo 관점을 확산시키는데 적극적이다. '신남부론'은

59　Raj S. Chari, Suvi Iltanen and Sylvia Kritzinger, "Examining and explaining the Northern League's 'u-turn' on Europe", *Government and Opposition* 39-3, 2004, p.447; L. Quaglia, "The Ebb and flow of Euroscepticism in Italy", *South European Society and Politics* 16-1, 2011, pp.1~29.

60　John Davis, "Perspectives on the 'Southern Problem'" in Levy ed., *Italian Regionalism, History, Identity and Politics*, Berg, 1996, p.56.

61　Robert D. Putnam, *Making democracy work : Civic traditions in modern Italy*, Princeton U. P., 1994 (안청시 외역, 『사회적 자본과 민주주의』, 박영사, 2000); Claudio Celani, "Italy debates return to Mezzogiorno development", *Executive Intelligence Review* 14, 2009, pp.40~43.

먼저 전후 수십 년 사이에 남부 자체에도 사회경제적으로 다양한 내부적 차이 곧 로컬마다 차이의 발생을 인정한다. 그리고 기본적으로 남부를 구성하는 요소와 부분들의 내부적 차이에 주목하고 '중부-북부'와 같은 종류의 블록bloc으로 대비되는 것을 거부한다.[62]

곧 남부는 남부 자체의 내생적 사회발전을 검토해야하고 '중부-북부'와 동등한 기준으로 평가하는 것은 오류라는 지적이다. 이들은 60년대 이후 기민당이 남부를 '북부-중부'와 같은 사회구조를 만들려던 시도가 실패한 이유도 거기서 찾는다. 이들은 일반적 평가와 달리, 전후 이탈리아 남부에 대한 국가의 '후견제도적 개입'은 남부에서 상대적 번영 지역과 도시에 자본집약적 투자와 이식의 정착이 양극화 효과에 바탕을 둔 경제발전 과정을 촉발시키도록 경영되지 않았다고 부정적으로 평가한다. 도리어 지난 30년간에 이르는 특별한 임시개입Intervento Straordinario 기간의 마지막 단계에서는 남부의 경제지리학은 국가주도 산업정책으로 외생적 특혜를 받은 지역은 쇠퇴했지만, 그에 비교해서 이전에 국가가 소홀히 다루었지만 수십 년간의 내생적 성장의 새로운 역동성을 경험한 지역이 당대에 출현한 것을 목격하는 것이 특징이라고 강조한다.

심지어 잔 프랑코 비에트리는 '남부'의 폐지 곧 남부문제는 더 이상 없다고 선언한다. 그는 과감한 수사로 이제 남부에서 '대전환'이 발생하여 후진지역이며 경제적 낙후지역과 동종의 의미를 표상하던 특수

---

62 P. Bevilaqua, "New and old in the Southern Question", *Modern Italy* 1-2, 1996, pp.81~92;
    G. Gribaudi, "Images of the South. The Mezzogiorno as seen by insiders and outsiders" in
    R. Lumley and J. Morris eds., *The New history of the Italian South. The Mezzogiorno revisited*,
    University of Exter Press, 1996.

한 분석 범주로서 '남부'는 폐지되었다고 선언하였다.[63] 남부는 국가 지역정책에서 특별한 연구대상이 아니라, 이탈리아의 다른 낙후지역과 마찬가지로 사회과학에서 일상적인 이론의 적용 대상일 뿐이란 것이다. 이러한 '신남부론'은 남부에서 로컬 매뉴팩처 시스템, 소수의 경우이지만 혁신 기업클러스터들이 국가시장 및 국제시장에서 점차 경쟁력을 획득해 나가는 현실에 주목한다. 가장 성공적 사례는 전 세계적으로 유명한 소파 생산회사가 주도한 루카니아Lucania의 마테라Matera 산업지구와 피혁과 제화 분야에서 각각 유명한 캄파니아Campania의 솔로프라Solofra 그리고 아풀리아Apulia의 카사라노Casarano가 유명하다. 시실리의 에트나 계곡에서 번성하는 전기 관련 산업지구의 경우도 그에 못지 않은 명성을 가지고 있다.[64] 최근 연구들은 남부의 내생적 성장의 발전이, 경제에 대한 정치적 규제, 로컬 사회구조에서 범죄조직 마피아의 영향, 공적영역에서 부패와 다른 지속적 퇴행현상과 같은 불리한 환경조건에도 불구하고 시장세력의 역동성 덕분에 발생한 것을 강조한다. 현재 '신남부' 테제는 경험적 증거가 결핍되었다는 비판도 없지 않지만 그것을 넘어서, 새로운 사회조사연구자들의 적극적인 현지조사의 지원을 받으며, 남부지역 자체에서 로컬 경쟁력과 추진력self-propulsive의 출현 양상에 주목하고 있다.[65]

---

63 Gianfranco Viesti, Giorgio Bodo, *La Grande svolta : II Mezzogiorno nell'italia degli anni novnta*, Donzelli, 1997; G. Viesti, *Abolire il Mezzogiorno*, Rome and Bari, Laterza, 2003; G. Viesti, Guido Pellegrini and Giovanni Luzzolino, "Convergence among Italian Regions, 1861∼2011", *Quaderni di Storia Economica* 22, Rome, Banca d'Italia, 2011, p.93.

64 V. Aniello, "The competitive Mezzogiorno(southern Italy) : some evidence from the clothing and textile industry in san Giuseppe Vesuviano", *International Journal of Urban and Regional Research* 25-3, 2001, pp.517∼536.

이와 같은 전망들은 이탈리아 지역주의 연구에 새로운 관점 사실을 더 해줄 것으로 기대한다. 예컨대 우고 로씨는 남부의 포스트 포드주의 공간 분할에서 서발턴적 입장의 노동자가 나타나는 현상에 주목한다. 다름 아닌 노동시장에서 포드주의 이전 시기에 발생했던 노동착취가 재발한 사실이다. 북동부 지역에서는 노동유연화의 충격이 그나마 상대적으로 흡수가 용이하였다면, 남부의 로컬생산 체계에서 노동계급의 상황은 새로운 '유럽의 포스트포드주의 지리학'에서 이탈리아 남부의 서발턴적 환경의 산물로 설명할 수 있다. 국가최저임금 기준에 못미치는 임금, 잔업, 비위생적 작업장 환경, 노조활동에 대한 은밀한 반대 등이 나타났다. 여전히 기세를 유지하는 마피아 조직의 역할, 로컬은행의 비효율성, 남부 로컬 사회의 요구에 적합한 공공정책의 결여로 노동조건의 극도로 취약한 현실을 볼 수 있다. 이것은 신남부 명제가 분열이 심화된 이탈리아 국가체제에서 볼 때는 새로운 잠재력을 전망하지만 유럽연합의 견지에서는 여전히 낙후된 공간인 것을 보여준다.[66] 이탈리아를 특징짓는 일인당 평균소득과 고용율의 극심한 불평등에서 주요 원인은 바로 지역 간의 소득 불평등에서 비롯한다. 신지역주의 논의는 기본적으로 협상계획negotiated planning에 따른 기업의 생산력과 경쟁, 공간규모재조정과 도시경쟁력에 주목하지만 노동자의 권리문제 등은 소홀히 다룬다. 이것이 신지역주의 전망이 내포한 한계이다.

---

65   Ugo Rossi, "New regionalism contested : Some remarks in the light of the case of the Mezzogiorno of Italy", *International Journal of Urban and Regional Research* 28-2, 2004, pp.466~476.

66   Rossi, "New regionalism contested : Some remarks in the light of the case of the Mezzogiorno of Italy", *Ibid.*, p.471.

끝으로 이러한 지역주의는 현재 이탈리아 국민들의 전폭적인 지지로 진행 되는 연방제 논의와 어떤 관계를 설정할 수 있을까? 기본적으로 연방제는 좌파민주당과 올리브연맹이 더 적극 지지한다. 중도우파 동맹에서 우파정당인 민족연맹이 중앙집권, 북부동맹이 연방제 지지 그리고 중도우파 자유국민당이 모호한 입장을 보였지만 퇴임 전 베를루스코니가 연방제 지지를 천명함으로써 연방제는 이탈리아 정치의 중요한 현안으로 떠올랐다. 연방제는 개념이 확장되고 있는바 만일 그것이 전개되면 지역주의 중심의 이탈리아 정치가 전면 변화를 가져오고 그 결과 도시(대도시) 중심의 로컬리즘이 전면적으로 부각되리란 추정이 가능하다.[67] '지역주의에서 로컬리즘'으로 전환 결과, 마치 르네상스 시기 이탈리아를 상기시키는 정치의 새로운 양상이 출현하고 로컬 거버넌스 문제가 더욱 부각 될 것이라는 것이 이 연구의 잠정적 판단이다.

5. 재성찰되는 지역주의

지난 2011년 11월 12일 사임했고 지금도 여전히 중요한 정치적 영향력을 행사하는 베를루스코니가 오랫동안 권력을 유지할 수 있었던 것은 '이탈리아 CEO' '경영 대통령'을 표방하며 텔레비전을 적극 활용하는 미디어 정치를 장악하여 오락과 낙관주의, 소비주의적 쾌락주의를 제공하고 대중의 지지를 관철시킨 것[68] 못지않게, 경제적 우위에도 불

---

[67] Vittorio Ferri, "Metropolitan cities in Italy. An institution of federalism", *Review of the Economic Conditions of Italy* 2, 2009, pp. 201~236.

구하고 정치적으로 소외되었다는 불만을 가진 북동부이탈리아 지역
주의 정당과 동맹을 수립한 것이 크게 작용했다.

그 동안 이탈리아 지역주의는 남부문제에 초점이 주어졌고 그것은
근대 국민국가 형성에서 지역과 국가라는 내생적 요소가 가장 크게 작
용하였다. 그러나 1980년대 후반 나타난 북부문제는 더 복잡한 현상으
로서 지역과 국가 관계를 넘어서 내생적 요소로는 로컬리즘, 외생적
요소로는 유럽연합과 전지구화라는 중층구조가 작용한 결과로 볼 수
있다. 그러므로 북부문제가 제기된 것은 국민국가 형성에 실패한 이탈
리아가 탈근대적 전망에서 국가의 재구성을 시도한 현상으로 평가하
는 것도 가능하다. 그런 의미에서 지역주의 포퓰리즘 정당 북부동맹은
80년대 말 가속화되기 시작한 전지구적 세계화가 가져오는 외부적 압
력에 맞서 '중심의 주변'에서 특화된 소비재를 생산하는 중소도시 산업
지구 중소기업들의 기업주와 노동자들이 당면한 생존을 절박하게 모
색한 시도였다고 볼 수 있다. 북서부 대기업중심지의 붕괴와 포스트
포드주의, 노동유연화로 대응하던 북동부 산업지구 중소기업의 활로
모색이 지역주의로 나타났다고 말할 수 있다.

북부문제가 현안으로 부각되면서 나타난 흥미로운 현상은 그 동안
이탈리아 지역주의 문제의 핵심 쟁점이던 남부문제가 재평가되면서

---

68 Pierre Musso, *Sarkoberlusconisme la crise finale?*, l'aube, 2011. 그의 실각은 온갖 성추문과 비리
의혹에 따른 여론악화와 11월 8일 치러진 2010년 예산지출승인안 투표에서 일부연정세
력이 이탈하고 핵심동맹 세력인 북부동맹의 외면, 집권당의원 탈당으로 지지기반 약화
현상이 작용한 것은 사실이다. 그러나 결정적 원인은 유럽의 그리스발 금융위기에 따라
이탈리아 금융위기가 가속화되면서 신자유주의적 경제개혁을 요청하는 금융시장과 유
럽연합 국제기구의 압력이다. 그 결과 2011년 11월 12일 상원에 이어 하원에서 경제안정
화 법안이 통과되면서 유로 존 부채위기에 책임을 지고 사임하였다.

남부는 그 자체로서 내생적 발전역량을 가진 지역으로 재평가하는 관점이 부각되고 있다. 이탈리아 지역문제가 다시 남부문제로 귀환하고 있다는 평가가 나올 정도이다. 하지만 여전히 북부지역주의는 유럽연합의 관계와 맞물려 관심사이다. 한편 남부 이탈리아에서도 로컬생산체제가 나타나고 있다. 그러나 이것은 심화되는 전지구화 국제경제에서 경쟁력을 증가시키고자 저임 노동력을 찾는 중부-북부의 일부 지도적 기업이 수행한 탈로컬화 전략의 산물이기도 하다. 이러한 경험은 이탈리아 지역주의에 초점을 '남부문제' 혹은 '북부문제'에만 집중하지 않고 이탈리아 전체를 새롭게 관찰할 자극을 제공했다. 특히 장차 예상되는 연방제 논의와 그 결과는 지역 중심의 사고를 로컬(도시) 중심의 사고로 전환시킬 가능성을 제공한다.

'남부' 문제와 '북부' 문제에서 이탈리아 현대정치사의 정치담론은 '지역'을 중심으로 사유한다. 이 점에서 현재 영호남지역주의로 분열된 한국사회와 비슷하고 장차 통일이 성취되면 남부와 북부 지역주의의 대두 가능성을 예상하면 이탈리아 지역주의는 한국사회가 타산지석으로 삼을 수 있는 요소이다. 그러므로 로컬리즘이 지향하는 자치와 분권에 대한 관심은 바로 영호남 지역주의를 비롯하여 통일 이후 나타날 지역주의의 폐해를 극복하는데 유용한 지적 자산으로 작용할 수 있다. 이탈리아 지역주의에 대한 관심이 거꾸로 로컬리티와 로컬리즘 연구의 시의적절성을 뒷받침한다는 것이 연구자의 입장이다.

참고문헌

강옥초, 「이탈리아 남부문제의 역사적 형성」, 『서양사 연구』 24, 한국서양사연구회, 1999.
김수진, 「이탈리아 지방자치와 분권화-역사적 조망」, 『EU학 연구』 13-2, 한국EU학
　　회, 2008.
김시홍, 「이탈리아 지역주의의 사회적 기원」, 『유럽연구』 17, 한국유럽학회, 2003.
권오혁, 「제3 이탈리아 산업지구 발전과정에 대한 비교연구-모데나와 미란돌라를
　　중심으로」, 『한국경제지리학회지』 6-1, 한국경제지리학회, 2003.
정문수, 「이탈리아 남부문제의 발명과 해체」, 『국제지역연구』 6-2, 국제지역학회, 2002.
정병기, 「이탈리아 정치적 지역주의의 생성과 북부동맹당의 변천」, 『한국정치학회보』,
　　34-4, 한국정치학회, 2001.

Albertzzi, Danielle, "'Back to our roots' or self-confessed manipulation? The uses of the
　　past in the Lega Nord's positing of Padania", *National Identities* 8-1, 2006.
　　＿＿＿＿＿＿＿＿＿, "The Lega dei Ticinesi : The embodiment of populism", *Politics* 26-2, 2006.
　　＿＿＿＿＿＿＿＿＿, "Addressing 'the people' : A comparative study the Lega Nord's and Lega
　　dei Ticinesi's political rhetoric and styles of propaganda", *Modern Italy* 12-3, 2007.
Albertzzi, Danielle and Duncan Mcdonnell, "The Lega Nord in the second Berlusconi
　　government : In a League of it's own", *West European Politics* 28-5, 2005.
　　＿＿＿＿＿＿＿＿＿＿＿＿＿＿＿＿＿＿, "The Lega Nord back in government", *West*
　　European Politics 33-6, 2010.
Aniello, V., "The competitive Mezzogiorno(southern Italy) : some evidence from the
　　clothing and textile industry in san Giuseppe Vesuviano", *International Journal of*
　　Urban and Regional Research 25-3, 2001.
Avanza, Martina, "Une histoire pour la padanie : La Ligue du Nord et l'usage politique du
　　passé", *Annales HSS* no.1, 2003.
Beccatini, G. and G. Dei Ottati, "The performances of Italian industrial district and large
　　enterprise areas in the nineties", *European Planning Studies* 14-8, 2006.
Beirich, Heidi and Dwayne Woods, "Globalization, workers and the Northern League",
　　West European Politics 23-1, 2000.

Betz, Hans-Georg, "Against Rome : The Lega Nord", Betz and Stefan Immerfall ed., *The New Politics of the Right : New populist parties and movements in established democracies*, Macmillan, 1998.

Bevilaqua, P., "New and old in the Southern Question", *Modern Italy* 1-2, 1996.

Bossi, Umberto con Daniele Vimercati, *La Rivoluzione*, Spering & Kupfer Editori, 1993.

Brennner, Neil, Jamie Peck, Nik Theodore, "Varigated neoliberalism : geographies, modalities, pathways", *Global Networks* 10-2, 2010.

Brioschi, Francesco, M. S. Brioschi and Giulio Cainelli, "From the industrial district to the district group : An insight into the evolution of local capitalism in Italy", *Regional Studies* 36-9, 2002.

Bull, Anna Cento and Mark Gilbert, *The Lega Nord and the Northern Question in Italian Politics*, Palgrave, 2001.

Burroni, Luigi, "The new regional policies implemented in partnerships in Italy", Mark Considine and Sylvian Giguère eds., *The Theory and practice of local governance and economic development*, Palgrave Macmillan, 2008.

Burroni, Luigi and Carlo Trigilia, "Italy : Economic development through local economies", C. Crouch, P. Le Galès, C. Triglia, & H. Volezkov, *Local production systems in Europe : Rise or demise?*, Oxford U. P., 2001.

Cachafeiro, Margarita Gómez-Reino, "La Lega Nord : mobilisation et revendication du 'nationalism padan", *Pôle sud* 20, 2004.

Cavatora, Francesco, "The role of the Northern League in transforming the italian political system : from economic federalism to ethnic politics and back", *Contemporary Politics* 7, 2001.

Cecco, Marcello de, "Italy's dysfunctiinal political economy", *West European Politics* 30-4, 2007.

Celani, Claudio, "Italy debates return to Mezzogiorno development", *Executive Intelligence Review* 14, 2009.

Cerruti, Massimo, "Regional varieties of Italian in the linguistic repertoire", *International Journal of Social Language* 210, 2011.

Chari, aj S., Suvi Iltanen and Sylvia Kritzinger, "Examining and explaining the Northern League's 'u-turn' on Europe", *Government and Opposition* 39-3, 2004.

Colombo, Asher and Giuseppe Sciortino, "The Bossi-Fini law : explicit fanaticism, implicit moderation, and poisoned fruits", Jean Blondel and Paolo Segatti ed., *Italian Politics : The Second Berlusconi Government*, Berghahn Books, 2003.

Coluzzi, Paolo, "Endangerd minority and regional languages('dialect') in Italy", *Modern Italy* 14-1, 2009.

Crouch, Colin, Martin Schröder and Helmut Voelzkov, "Regional and sectoral varieties of capitalism", *Economy and Society* 38-4, 2009.

Farrell, Henry, and Ann-Louise Holten, "Collective goods in the local economy : The packing machinery cluster in Bologna", Colin Crouch, Patrick Le Galès, Carlo Trigilia and Helmut Volezkov eds., *Changing governance of local economies : responses of European local production systems*, Oxford U. P., 2004.

Ferri, Vittorio, "Metropolitan cities in Italy. An institution of federalism", *Review of the Economic Conditions of Italy* 2, 2009.

Fremeaux, Isabelle and Danielle Albetazzi, "Discoursive strategies around 'community' in political propaganda : The case of Lega Nord", *National Identities* 4-2, 2002.

George, Stephen, "Multi-level governance and the European Union", in *Ian Bache and Mattew Flinders, Multi-level governance*, Oxford U. P., 2004.

Giordano, Benito, "Italian regionalism or 'padanian' nationalism-the political project of the Lega Nord in Italian politics", *Political Geography* 19, 2000

______________, "'Institutional thickness', political sub-culture and the resurgence of (the 'new') regionalism in Italy-a case study of the Northern League in the province of Varese", *Trans Inst Br. Geography* 26, 2001.

______________, "The contracting geographies of 'Padania' : the case of Lega Nord in northern Italy", *Area* 33-1, 2001.

______________, "The politics of the Northern League and Italy's changing attitude towards Europe", *Perspectives on European Politics and Society* 5-1, 2004.

Giordano Benito and Elisa Roller, "A comparision of Catalan and 'Padanian' nationalism : more similarities than differences?", *Journal of Southern Europe and the Balkans* 3-2, 2001.

Gisborg, Paul, *Silvio Berlusconi, Television, Power and Patrimony*, Verso, 2004.

Gold, Th. W., *The Lega Nord and Contemporary Politics in Italy*, Palgrave Macmillan, 2003.

Gramsci, Antonio, "Note on Italian history", in *Selection from Prison Notebooks*, London : Lawrence and Wilshart, 1978.

Greaziano, Manlio, *Italia senza nazione? Geopolitica di un' identià difficile*, Donzelli, 2007, B. Knowlton tr., *The Failure of Italian Nationhood : The Geopolitics of a Troubled Identity*, Palgrave Macmillan, 2010.

Gribaudi, G., "Images of the South. The Mezzogiorno as seen by insiders and outsiders" in R. Lumley and J. Morris eds., *The New history of the Italian South. The Mezzogiorno revisited*, University of Exter Press, 1996.

Hepburn, Eve, *Using Europe : territorial party strategies in a multi-level system*, Manchester U. P., 2010.

Huysseune, Michel, "A nation confronting a secessinist claim : Italy and the Lega Nord", Bruno Coppieters ed., *Contextualizing sucession : normative studies in comparative perspective*, Oxford U. P., 2003.

___________, *Modernity and Secession : The Social Sciences and the Political Discourse of the Lega Nord in Italy*, Berghahn Books, 2006.

___________, "A Eurosceptic vision in a Europhile country : The case of the Lega Nord", *Modern Italy* 15-1, 2010.

___________, "Defending national identity and interests : The Lega Nord's asymmetric model of globalisation", *Studies in Ethnicity and Nationalism* 10-2, 2010.

___________, "Landscapes as a symbol of nationhood : the alps in the rhetoric of the Lega Nord", *Nations and Nationalism* 16-2, 2010.

Levy, Carl ed., *Italian Regionalism, History, Identity and Politics*, Berg, 1996.

McDonnell, Duncan, "A Weekend in Padania : Regionalist populism and Lega Nord", *Politics* 26-2, 2006.

___________, "Beyond the radical right straitjacket : A reply to Andrej Zaslove's critique of 'regionalist populism and the Lega Nord'", *Politics* 27-2, 2007.

Musso, Pierre, *Sarkoberlusconisme la crise finale?*, l'aube, 2011.

Paolucci, Cathrina, "From Democratia Christiana to Forza Italia and the Popolo della Libertà : partisan change in Italy", *Modern Italy* 13-4, 2008.

Peck, Jamie, Nik Theodore, "Varigated capitalism", *Progress in Human Geography* 31-6, 2007.

Prospero, Michele, *II comico della politica, Nichilismo e aziendalismo nella comunicazione di Sylvio Berlusconi*, EDISSE, 2010.

Putnam, Robert D., *Making democracy work : Civic traditions in modern Italy*, Princeton U. P., 1994(안청시 외역, 『사회적 자본과 민주주의』, 박영사, 2000).

Quaglia, L., "The Ebb and flow of Euroscepticism in Italy", *South European Society and Politics* 16-1, 2011.

Rossi, Ugo, "New regionalism contested : Some remarks in the light of the case of the Mezzogiorno of Italy", *International Journal of Urban and Regional Research* 28-2, 2004.

Salone, Carlo, "Institutional arrangements and political mobilization in the new Italian regionalism : The role of spatial policies in the Piedmont region", *European Planning Studies* 18-8, 2010.

Sforzi, F., "The industrial district and the 'New Italian economic geography'", *EPS* 10-4, 2002.

Shin, Michael E. and John A. Agnew, *Berlusconi, Mapping Contemporary Italian Politics*, Temple U. P., 2008.

Söderbaum, Frederik and Alberta Sbragia, "EU studies and the 'New regionalism' : what can be gained from dialogue?" *European Integration* 32-6, 2010.

Solari, Stefano "Decentralisation of competencies and local development agencies in North-Eastern Italy", *Local Economy* 19-1, 2004.

Spektorowski, Alberto, "Ethnoregionalism : The intellectual new right and the lega nord", *The Global Review of Ethnopolitics* 2-3, 2003.

Spuruce, Damian, "Empire and Counter-Empire in the Italian far-right : Conflicting nationalism and the split between the Lega Nord and Alleanza Nazionale on immigration", *Theory, Culture & Society*, 24-5, 2007.

Stacul, Jaro, "Claiming a 'European ethos' at the margins of the Italian nation-state", in Jaro Stacul, Christina Moutsou and Helen Kopnina eds., *Crossing European Boundaries : Beyond Conventional Geographical Categories*, Berghahn Books, 2006.

Stille, Alexander, *The Sack of Rome, Media+Money+Celebrity=Power=Silvio Berlusconi*, Penguin Books, 2006.

Tambini, Damian, *Nationalism in Italian Politics : The Stories of the Northern League, 1980 ~ 2000*, Routledge, 2001.

Trigilia, Carlo, "The political economy of a regionalized capitalism", *South European Society and Politics* 2-3, 1997.

Trigilia, Carlo and Luigi Burroni, "Italy : rise, decline and restructuring of a regionalized capitalism", *Economy and Society* 38-4, 2009.

Viesti, G., *Abolire il Mezzogiorno*, Rome and Bari, Laterza, 2003.

__________, Guido Pellegrini and Giovanni Luzzolino, "Convergence among Italian Regions, 1861~2011", *Quaderni di Storia Economica* 22, Rome, Banca d'Italia, 2011.

Viesti, Gianfranco, Giorgio Bodo, *La Grande svolta : II Mezzogiorno nell'italia degli anni novnta*, Donzelli, 1997.

Woods, Dwayne, "Pockets of resistence to globalization : The case of the Lega Nord", *Patterns of Prjudice* 43-2, 2009.

Zaslove, Andrej, "Alpine populism, Padania and beyond : A Response to Duncan McDonell", *Politics* 27-1, 2007.

__________, *The Re-invention of the European Radical Right : Populism, Regionalism, and the Italian Lega Nord*, McGuill Queens Univ. 2011.

필자 소개

오미일吳美一 Oh, Mi-il은 부산대학교 한국민족문화연구소 HK교수이다. 한국 근현대사 전공이며, 성균관대학교 문학박사학위를 받았다. 역사적 구성물로서의 로컬리티의 형성과 변화, 역사에서 기억정치의 작동기제 등에 대해 관심을 가지고 연구하고 있다.

조정민趙正民 Cho, Jung-min은 부산대학교 한국민족문화연구소 HK교수이다. 일본 근현대문학 전공이며, 일본 규슈대학교 비교사회문화학박사학위를 받았다. 기억, 경험, 서사 등이 빚어내는 여러 국면과 그 구조에 관심이 많다.

문재원文載媛 Mun, Jae-won은 부산대학교 한국민족문화연구소 HK교수이다. 한국 현대문학 전공이며, 부산대학교 문학박사학위를 받았다. 지역문학과 문화연구를 연구과제로 삼고 있다.

조명기曹鳴基 Cho, Myung-ki는 부산대학교 한국민족문화연구소 HK교수이다. 한국 현대소설 전공이며, 부산대학교 문학박사학위를 받았다. 한국 대중문학, 지식인문학, 로컬 문화 등을 연구하고 있다.

양흥숙梁興淑 Yang, Heung-sook은 부산대학교 한국민족문화연구소 HK교수이다. 한국 중세사 전공이며, 부산대학교 문학박사학위를 받았다. 부산 지역사와 근대 이행기 지역의 변화 등을 연구하고 있다.

손은하孫銀河 Son, Eun-ha는 부산대학교 한국민족문화연구소 HK연구교수이다. 영상공학 전공이며, 부산대학교 공학박사학위를 받았다. 도시의 환경색채이미지, 영화와 영상을 통해 재현된 로컬리티와 관련된 연구에 관심을 가지고 있다.

신지은辛智恩. Shin, Ji-eun은 부산대학교 한국민족문화연구소 HK교수이다. 문화사회학 전공이며, 프랑스 파리 5대학교 사회학박사학위를 받았다. 일상생활의 사회학, 공간 사회학 등에 관심을 가지고 있다.

차윤정車胤汀 Cha, Yun-jung은 부산대학교 한국민족문화연구소 HK교수이다. 국어학 전공이며, 부산대학교 문학박사학위를 받았다. 언어나 매체를 대상으로 로컬리티의 재현 메커니즘과 양상, 그리고 주체의 문제에 관심을 두고 있다.

공윤경孔允京 Kong, Yoon-kyung은 부산대학교 한국민족문화연구소 HK연구교수이다. 도시공학 전공이며, 부산대학교 공학박사학위를 받았다. 산동네, 자연마을 등의 공간구조와 장소성의 변화에 관한 연구를 수행하고 있다.

하용삼河龍三 Ha, Yong-sam은 부산대학교 한국민족문화연구소 HK연구교수이다. 독일 근대철학 전공이며, 독일 브레멘대학교 철학박사학위를 받았다. 후설의 현상학, 아감벤의 정치철학과 공동체의 관계를 연구하고 있다.

차철욱車喆旭 Cha, Chul-wook은 부산대학교 한국민족문화연구소 HK교수이다. 한국 현대사 전공이며, 부산대학교 문학박사학위를 받았다. 현장연구를 통해 피란민, 이주민 등 자신의 삶터를 떠나와 새로운 장소에서 정착해 가는 사람들이 만들어 가는 로컬리티에 관심을 가지고 있다.

장세용張世龍 Jang, Se-yong은 부산대학교 한국민족문화연구소 HK교수이다. 서양 근현대사상사와 역사이론 전공이며, 영남대학교 문학박사학위를 받았다. 서양 현대사상의 한국적 변용과 지역적 변용에 관심을 가지고 있다.